JN415731

1ST EDITION

인사관리와 고용관계 SE

MANAGING HUMAN RESOURCE AND INDUSTRIAL RELATIONS

경영학박사 최중락 저

상경사
www.SKBOOKS.co.kr

최중락(崔中洛)

나무경영아카데미 경영학 전임강사
공단기 경영학 전임강사

[학력]

서울대학교 경영대학 경영학과 (경영학사, B.B.A.)
서울대학교 대학원 경영학과 (경영학석사, M.S.)
서울대학교 대학원 경영학과 (경영학박사, Ph.D.)

[경력]

서울대학교 노사관계연구소 연구원
현대경제연구원 컨설팅본부 연구원
합격의 법학원 경영학 전임강사
베리타스법학원 경영학 전임강사
삼성그룹 인사관리론 강사
LG인화원 경영학개론, 인사관리론, 경영조직론 강사
SK텔레콤 인사관리론, 경영조직론 강사
롯데그룹 경영학개론, 인사관리론 강사
삼성물산, 한화생명 등 다수 기업체 특강

[저서]

- 인사조직 들어가기 (상경사)
- 재미있는 경영학 1,2,3 (상경사)
- 재미있는 경영학개론 (상경사)
- 경영학 워크북 (상경사)
- 인사조직 워크북 (상경사)
- 공기업 경영학 워크북 (상경사)
- 파이널특강 경영학 (상경사)
- 국가시험 경영학 최종정리 (상경사)
- 조직행동과 조직설계 (상경사)
- 인사관리와 고용관계 (상경사)
- 조직행동과 조직설계 SE (상경사)
- 인사관리와 고용관계 SE (상경사)
- 동차경영조직 (상경사)
- 동차인사관리 (상경사)
- 고용노사관계론 (상경사)
- 재미있는 재무관리 (상경사)
- CPA 객관식 경영학 (샘앤북스)
- 인사관리연습 (샘앤북스)
- 경영조직연습 (샘앤북스)
- 경영조직에센스 (샘앤북스)
- 인사관리에센스 (샘앤북스)
- 경영학 기출실록 (북포레)
- 국가시험 객관식 경영학 (북포레)

인사관리와 고용관계 SE

지은이 최중락

2025년 4월 2일 1판 1쇄 펴냄

펴낸곳 상경사
펴낸이 김희철
영업 · 마케팅 김병훈 · 김희은
편집 · 북디자인 성진우 · 배정영 · 이은정 · 임경순
경영지원 배정민

등록일 1988년 6월 27일
등록번호 제 1-753 호

06784 서울특별시 서초구 동산로12길 13-8 B01,02 (양재동,담덕궁)
전화 02-577-3835, 팩스 02-573-2240, https://www.skbooks.co.kr

COPYRIGHT © 2012~2025 by 최중락
이 책은 저작권법에 따라 보호받는 저작물이며, 저작권자의 서면 허락 없이는 내용의 일부 혹은 전부를 사용할 수 없습니다.

- ISBN 979-11-6137-399-7 93320

- 저자와의 협의에 의해 인지를 생략합니다.
- 값은 표지 뒷면에 있습니다.
- 파본은 구입하신 서점에서 교환해드립니다.

1ST EDITION

인사관리와 고용관계 SE

MANAGING HUMAN RESOURCE AND INDUSTRIAL RELATIONS

경영학박사 최중락 저

상경사
www.SKBOOKS.co.kr

PREFACE

이 책은 기존에 출간한 기본서『인사관리와 고용관계』(10판)를 절반 분량으로 압축한 요약서입니다. 그래서 제목에도 Silm Edition(동시에 Special Edition)의 준말인 SE를 붙였습니다. 기본서에서 문장 간의 논리적 연결을 위한 부연설명, 예시의 소개, 역사적 배경과 함의의 보충설명 등에 해당하는 내용은 제거하고 문장을 어색하지 않게 다듬어서 꼭 숙지해야 하는 주요 키워드를 부각시켰습니다. 학부와 MBA 과정 수준의 인적자원관리론 수강생 및 공인노무사 · 경영지도사 2차 시험을 준비하시는 분들의 시험대비에 반드시 필요한 내용만을 담아 제공하고자 하였는데, 집필 의도가 얼마나 잘 구현되었는지 궁금합니다. 아무쪼록 독자 여러분께 조금이나마 도움이 되기를 기대합니다.

당연한 이야기지만 이 책은 요약서의 특성상 '정리용'으로 기획된 도서입니다. 풍부한 이해를 목적으로 하는 기본서는 아닙니다. 따라서 스스로 책을 읽고 이해하거나 강의에서 다루는 다양한 내용들을 접하고자 하시는 분들, 대학과 대학원의 경영학과에서 개설되는 ＜인적자원관리론＞과 ＜노사관계론(고용관계론)＞ 과목의 학습에 구체적인 도움을 얻고자 하는 분들, 인사부서의 초급실무자들께서는 이 책의 본서라 할 수 있는『인사관리와 고용관계』를 활용하실 것을 추천드립니다.

오랫동안 고민만 해 오던 새로운 컨셉의 책을 내는 과정에서 절대적인 도움을 주신 상경사의 김희철 사장님, 김병훈 · 배정영 · 성진우 부장님께 깊이 감사드립니다. 항상 부족함이 많은 제 강의를 사랑해 주시고, 두껍고 어려운 기본서를 독해하기 위해 고군분투하셨던 독자 여러분들께 이 책을 바칩니다. 여러분의 목표가 성취되시기를 진심으로 소망합니다.

2025년 봄의 길목에서
가족의 사랑을 생각하며
경영학박사 최중락

CONTENTS

MANAGING HUMAN RESOURCE AND INDUSTRIAL RELATIONS

PART I 서론

PART Ⅱ 직무

PART Ⅲ 기능

PART Ⅳ 전 략

PART I 서론

Chapter 1 : 인사관리의 의의와 연구대상

MANAGING HUMAN RESOURCE AND INDUSTRIAL RELATIONS

CHAPTER 1
인사관리의 의의와 연구대상

단원개요

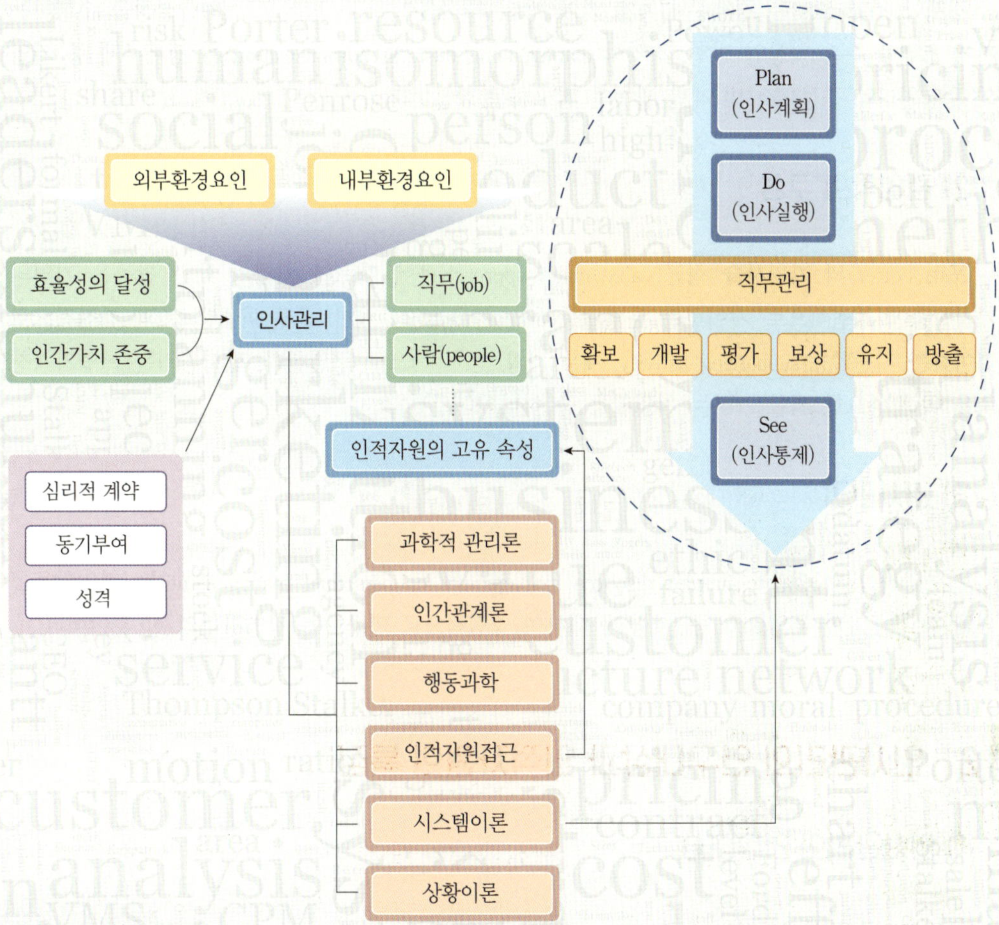

외부환경요인
내부환경요인
효율성의 달성
인간가치 존중
인사관리
직무(job)
사람(people)
인적자원의 고유 속성
심리적 계약
동기부여
성격
과학적 관리론
인간관계론
행동과학
인적자원접근
시스템이론
상황이론
Plan
(인사계획)
Do
(인사실행)
직무관리
확보
개발
평가
보상
유지
방출
See
(인사통제)

제1절 인사관리의 의의와 목표

MANAGING HUMAN RESOURCE AND INDUSTRIAL RELATIONS

|1| 인사관리와 경영학

1) 경제활동과 경영학

경제학(economics)은 경제주체(가계, 기업, 정부, 외국)들이 어떤 방식으로 의사결정을 수행하는지에 초점을 두는 학문인 반면, 경영학(management, business administration)은 경제주체 중 기업의 운영원리와 구성요소 및 제반 활동을 탐구하는 학문이다.

2) 경영학의 구성

포터(Porter)의 가치사슬 접근(value-chain approach)[1]에 따르면 기업의 제반 활동은 기업의 가치창출에 직접적으로 기여하는 운영활동(primary activity, 생산, 물류, 마케팅 등)과 간접적으로 기여하는 지원활동(supporting activity, 재무, 기획, 인사 등)으로 구별한다. 인사관리는 기업가치창출을 위해 중요한 역할을 하는 지원활동 중 하나이다.

3) 인사관리

인사관리(인적자원관리, human resource management or personnel management)는 경영활동을 위해 필요한 제반 투입요소 중 '사람'에 대하여 중점적으로 연구하는 경영관리의 한 분야이다.

|2| 인사관리의 연구대상과 인적자원의 특징

1) 인사관리의 연구대상

학문으로서의 인사관리는 직무(일, job)와 이를 수행하는 인간(노동, labor)을 양대 연구대상으로 삼는다.

2) 인적자원의 특징

인적자원은 기업의 목표달성을 위한 3가지 필수요소(3M : man, money, material)[2] 중 핵심이다. 오라일리(O'Reilly)와 페퍼(Pfeffer)의 저서 『숨겨진 가치(Hidden value)』에 따르면 인적자원(human resource)은 기업의 가장 중요한 생산요소로서[3] 다른 생산요소(예 토지, 자본 등)와는 차별화된 가치를 기업에 제공해 준다.

인적자원이 다른 자원에 비해 가지는 차이점을 정리하면 다음과 같다.[4]

① 인적자원은 스스로가 성과의 수행 주체가 된다.

② 인적자원은 독립된 인격적 주체로서 개인적인 목표와 욕구를 가지고 있다.

③ 인적자원은 스스로 생각하고 판단을 내릴 수 있는 의사결정자라는 점에서 물적자원과 차이를 보인다.

④ 인적자원은 고립된 존재가 아니라 가정이나 사회 등의 외부환경과 지속적 상호작용을 한다.

| 3 | 인사관리의 목표

1) 인사관리의 두 측면

인사관리는 그 속성상 기업의 입장에서 성과 창출과 효율성을 추구하는 경제적 측면과 조직구성원(종업원)의 입장에서 자아실현과 만족을 추구하는 사회적 측면을 모두 가지게 된다.[5]

2) 인사관리의 통합적 목표[6]

인사관리의 경제적 측면과 사회적 측면을 통합하면 이른바 "성과적 공동체 목표"가 도출된다.

3) 인사관리 목표와 관련된 개념들

인사관리의 경제적 목표와 관련이 있는 개념으로는 효율성, 이익추구, 사용자 중심적, 직무의 표준화와 전문화 등이 있으며, 사회적 목표와 관련이 있는 개념으로는 만족, 신분보장(부당해고방지), 인간성 회복(의미 있는 노동) 등이 있다.

제2절 인사관리의 역사

MANAGING HUMAN RESOURCE AND INDUSTRIAL RELATIONS

(1991년) 제3회 공인노무사시험
경영조직의 발전과정을 과학적 관리론, 인간관계론, 근대적 조직론(조직행동론) 중심으로 비교 논술하라. (50점)

(2018년) 제27회 공인노무사시험
과학적 관리론이 직무설계, 선발과 훈련, 보상, 일선감독직무에 기여한 바를 논하고, 인간관계론을 과학적 관리론과 비교하여 호손실험(Hawthorne Study) 중심으로 논하시오. (50점)

(2021년) 제30회 공인노무사시험
전략적 인적자원관리(SHRM : Strategic Human Resource Management)와 관련하여 자원기반관점(RBV : Resource-based View)의 개념과 핵심요소 4가지를 쓰고 설명하고, SHRM 관점에서 인적자원관리 부서의 역할 4가지를 쓰고 설명하시오. (25점)

|1| 기계적 접근 : 과학적 관리론과 일반관리론 및 포드주의

1) 과학적 관리론[7]

① 의의

테일러(Taylor)에 의해 주창된 과학적 관리론(scientific management)은 그의 개인적 경험과 통찰에 의하여 고안된 생산성 및 작업능률 향상의 방법론이며, 경제적 인간관(economic man)에 입각하고 있다.

② 등장배경

19세기 말과 20세기 초의 미국 공장에서는 조직관리의 기초적인 몇몇 원칙(예 근로시간, 성과측정방법 등)조차 확립되지 않은 비과학적 관리 내지는 표류관리(drift management)가 횡행하였다. 테일러는 이를 비판하며 조직의 운영효율성을 높일 수 있는 몇 가지 원칙들을 노동의 분업(division of labor)에 입각한 직무전문화(job specialization)를 통해서 찾고자 하였다.

③ 과학적 관리의 원칙(principles of scientific management)

테일러는 근로자들의 동작, 작업순서, 작업시간에 관심을 둔 동작연구(motion study)와 시간연구(time study)를 수행하였으며, 그 결과 다음의 원리들을 도출하였다.[8]

a. 과업관리와 직무설계

과학적 관리법에 따르면 관리자는 시간과 동작연구(time & motion study)를 통하여 근로자의 직무를 설계(design)함과 동시에 최적의 직무수행방식(one best method)을 설정해 주는 직무연구(job study)의 책임을 져야 한다.

b. 과학적 선발과 훈련

이는 주어진 직무를 만족스럽게 수행할 수 있는 자격요건(specification)에 따라서 근로자들을 선발하며, 직무조건에 맞추어 훈련을 시켜야 한다는 원리이다.

c. 차등성과급제

과학적 관리법의 중요한 공헌 중 하나는 생산량에 비례하여 임금을 지불하는 성과급제(piece-rate payment)를 처음으로 적용하였다는 데 있다. 특히 테일러는 생산량에 정비례하여 임금을 지급하는 단순성과급제(straight piece-rate payment)와는 달리, 일정한 표준량까지는 단순성과급이 적용되지만 이를 초과하는 부분에 대해서는 더 높은 임금률을 적용하는 차등성과급제(differential piece-rate payment)를 창안하였다. 그 결과 고임금 · 저인건비(paradox of high wages and low costs), 즉 소수의 열심히 일하는 사람에게 많은 임금을 줌으로써 그들의 성과향상을 토대로 전체 인건비를 감축하는 것이 가능해진다.

[테일러식 차등성과급제의 도식화]

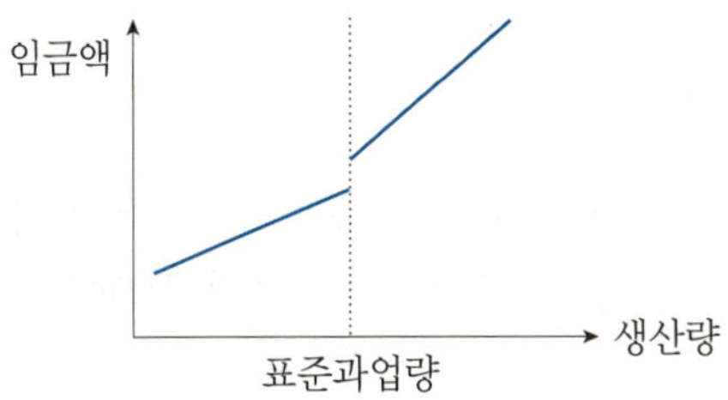

d. 기능적 감독자제도

테일러는 일선감독자(first-line foreman)에게 주어진 업무가 너무 많으면 생산성이 저하되므로, 일선감독자는 부하 근로자들의 생산을 감독에만 집중하게 하고, 생산계획 · 품질점검 · 교육훈련 등의 업무는 이를 전문적으로 취급할 수 있는 감독자를 따로 채용하는 기능적 감독자제도(functional foremanship)를 제안하였다.

④ 평가 및 한계

a. 현대 경영에의 영향

과학적 관리론을 통해 많은 조직은 생산성과 효율성을 높일 수 있었고, 테일러가 주창한 성과급이나 합리적 선발방식, 작업배치방식 등은 현대 조직관리에도 상당한 영향을 미쳤다.

b. 한계

분업을 지나치게 강조하여 조직구성원들이 일하는 재미를 잃게 된 점(인간 없는 조직, organization without people), 인간을 경제적 인센티브에만 매달리는 존재로 가정한 점, 현실의 대립을 무시하고 노사 간 협력관계를 지나치게 강조하였다는 점[노사관계에 대한 일원론(unitarism)적 가정], 각 조직이 처한 상황을 무시한 점(보편론적 함정) 등으로 인하여 비판을 받기도 한다.

2) 일반관리론[9]

① 의의

일반관리론 또는 행정관리론이라 불리는 이 이론은 페이욜(Fayol), 귤릭(Gulick), 어윅(Urwick) 등에 의해 체계화되었다. 이들의 연구는 경제적 인간관에 기초하여 조직의 관리자층이 맡아야 할 조직관리의 원칙들을 체계화하였다.

② 관리활동과 관리원칙

페이욜은 최고관리자의 관점에서 필수적으로 수행되어야 하는 관리활동을 여섯 가지로 설정하고(6대 관리활동 : 기술, 상업, 재무, 보호, 회계, 관리), 그중 관리 영역을 다시 세분화하여 계획(planning), 조직화(organizing), 명령(또는 지휘, leading), 조정(coordination), 통제(control)로 대별하였으며, 이상의 관리활동을 수행하기 위한 지침으로서 제시된 것이 14대 일반관리원칙이다.

③ 평가 및 한계

a. 현대 경영에의 영향

과학적 관리론에 비해 일반관리론은 조직 전반의 관리를 본격적으로 다루는 거시적 접근법이며, 페이욜의 관리원칙은 오늘날까지도 조직의 운영과 설계에 필수적인 각종 기준을 제시해주고 있다.

b. 한계

하지만 일반관리론에서는 대부분 과학적으로 검증되지 않은 원리들을 제시하여 이론 적용의 보편성과 일관성이 떨어진다. 또한 과학적 관리론과 마찬가지로 보편론의 함정에 빠졌으며, 인간소외와 기계적 조직설계를 야기하였다는 비판을 받는다.

| 2 | 인간관계론과 호손실험

1) 기본 전제

인간관계론(human relation theory)에서는 인간의 행위가 외적 요소(예 임금, 작업환경 등)보다 내적 요소(예 태도, 감정, 심리상태 등)에 의해 결정된다고 본다. 하지만 조직 내의 여러 관계를 형성하는 방식에 유일최선의 방법이 있다고 보는 점에서는 과학적 관리론과 유사한 측면이 있다.

2) 호손실험(The Hawthorne Study)[10)]

20세기 초 기업들이 종업원의 기계화를 촉진하면서 종업원들의 불만이 가중되고 노조의 강경화가 진행됨에 따라 새로운 관리방식이 요청되었다. 이러한 시대적 배경하에서, 하버드 대학교의 메이요(Mayo)와 뢰슬리스버거(Roethlisberger)는 미국 서부전기회사의 호손(Hawthorne)공장 종업원을 상대로 성과급이나 작업환경, 임률 등이 작업능률에 미치는 영향을 파악하기 위한 8년간의 연구를 실시하였으며, 이 실험은 인간관계론의 등장에 획기적인 이정표가 된다.

① 제1단계 : 조명실험(1924년 11월~1927년 4월)

밝기 변화와 생산성의 관계를 살펴본 연구이며, 실험집단뿐만 아니라 통제집단에서조차 작업성과가 향상되는 결과가 나왔다.

② 제2단계 : 계전기실험(1927년 4월~1929년 6월)

조립공들을 6인 1조의 비공식집단으로 편성하여 특정 작업조건(예 휴식시간 제공, 간식의 제공, 작업시간 단축 등)과 성과향상 간 관계를 검증하였으며, 작업조건의 변화에 불구하고 생산성에는 큰 차이가 없음이 발견되었다.

③ 제3단계 : 면접실험(1928년 9월~1930년 9월)

공장 전체 근로자들을 대상으로 면접을 실시하였으며, 작업의욕이 근로자가 속한 집단의 사회적 조건(분위기, 칭찬, 자부심, 책임감 등)에 따라서도 크게 달라질 수 있음이 밝혀졌다.

④ 제4단계 : 배전기실험(1931년 11월~1932년 5월)

14명의 남성 노동자 사이에 형성된 비공식집단을 관찰하였으며, 암묵적으로 합의된 집단규범이 작업능률과 상관관계가 크다는 것을 발견했다.

3) 인간관계론적 접근의 특징과 기여

① 직무관리의 측면에서 전문화와 분업의 역기능에 주목하였다.
② 인간의 행동은 사회적·비합리적 측면에 의해서도 영향을 받는다.
③ 비공식조직의 중요성을 강조함으로써 집단역학(group dynamics)의 제반 현상(예 집단귀속의식, 순응, 동조 등) 이해에 큰 도움이 된다.
④ 인간 행동을 종합적으로 설명하려 했던 행동과학(behavioral science) 분야의 발전에 기여하였다.

4) 한계

인간관계론은 조직의 사회적·심리적인 측면에만 집중한 조직 없는 인간(people without organization)이라는 관점에서 비판을 받는다. 또한 근로자들의 만족을 중시하면서도 그 궁극적인 목표를 만족을 통한 경영성과의 개선에 둠으로써 사람을 목적이 아닌 수단으로 다루었다는 점(소위 '사탕발림 인사관리')에서도 비판을 받는다.

| 3 | 시스템 이론

1) 의의[11)]

버틀란피(Bertelanffy)는 조직을 전체의 목적을 위해 함께 일하는 부분으로 구성된 시스템(system)으로 정의하고, 그 생존과 번영을 위한 외부 환경과의 지속적 상호작용을 중시하였다.

2) 시스템의 유형

① 폐쇄시스템(closed system)

이는 외부 환경과 상호작용을 하지 않는 자급자족적 체계이며, 프로그램화된 신호체계가 그 대표적 사례이다.

② 개방시스템(open system)

a. 의미

이는 외부와 상호작용을 필요로 하는 환경의존적 체계이며, 생명체나 기업조직이 그 대표적 사례이다. 일반적으로 시스템이라 하면 개방시스템을 의미한다.

b. 특징[12)]

i. 개방시스템은 외부에서 투입물(input)을 받아들이고 변환(transforming process)시켜 다시 외부에 산출물(output)을 내어놓는다.

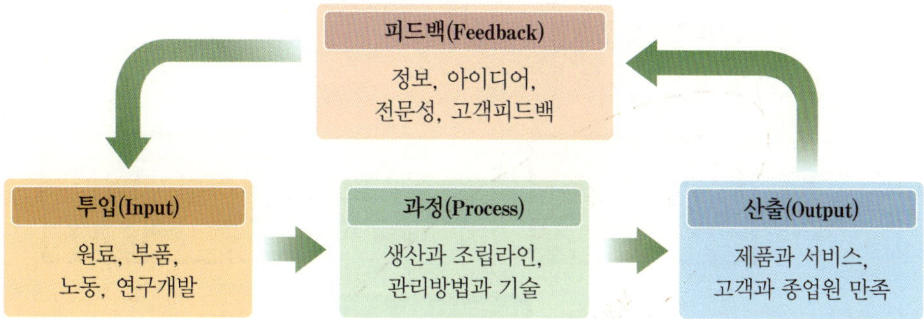

ii. 시스템은 내부의 부분적 개체들(하위시스템, subsystem)끼리 서로 연결되고 조화되면서 조직전체의 목표달성을 위해 움직인다.

iii. 개방시스템은 외부요소의 개입을 통하여 엔트로피(entropy, 무질서의 정도)를 감소시킴으로써 조직의 안정을 도모할 수 있다.

3) 경영학적 시사점

시스템론에 따르면 전체 경영시스템을 하위시스템(재무, 마케팅, 인사, 생산 등)으로 대별하여 구성함으로써 경영현상의 체계적이고 분석적인 설명이 가능해진다. 또한 전환과정(process)에 큰 비중을 두어 분석한다는 점에서 경제학과 경영학 간의 차이를 드러낼 수 있으며, 경영성과를 종속변수로 두어 조직과 환경 간의 적합관계(fit)를 실증적으로 연구할 수 있다.

|4| 상황이론

1) 이론사적 의의

상황이론(contingency theory, 狀況理論, 구조적 상황이론)은 모든 조직에 보편타당하게 적용되는 원리나 설계기법을 찾기보다는 각 조직이 처한 상황에 맞는 조직구성의 방법이 있다고 보는 관점이다. 이는 시스템이론의 연장선상에서 조직구조에 영향을 미치는 각종 상황변수(전략, 환경, 기술, 규모)의 역할에 주목하는 것이다.

2) 기본 관점

상황이론은 조직효과성(즉 성과나 능률 또는 유연성), 상황변수, 조직특성변수의 세 가지 항목에 초점을 둔다. 즉, 조직효과성에 영향을 미치는 요인을 상황변수와 조직특성변수로 보며, 이들 간의 적합성(fit)이 조직효과성을 결정한다고 주장한다.

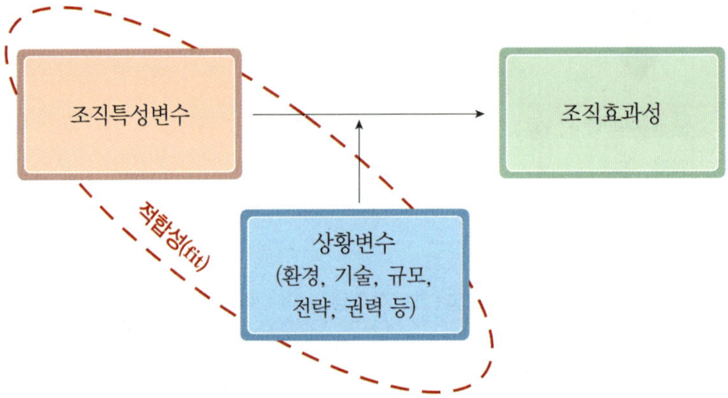

| 5 | 전략적 접근 : 자원기반관점

1) 개념

전략적 접근이란 마일즈와 스노우, 포터 등이 정립한 전략이론의 핵심원리를 인적자원관리 분야에 적용한 것으로서 인적자원접근(human resource approach)으로도 불리며, 구체적 이론으로는 자원기반관점이 있다.

2) 자원기반관점(resource-based view, RBV)

① 자원기반관점의 내용

자원기반관점(resource-based view, RBV)은 기업이 경쟁사가 가지지 못한 자원(= 내부역량)을 보유함으로써 경쟁우위를 확보할 수 있다는 이론적 관점으로서, 펜로즈와 바니 등에 의해 정립

되었다. 펜로즈(Penrose)는 그의 저서 『The theory of the growth of the firm』에서 기업이 가치창출자원의 묶음(a bundle of potential services)이라는 새로운 시각을 제시하였고[13], 그 뒤를 이은 바니(Barney)는 재무적 자원과 물적 자원에 이어 지속적 경쟁우위의 원천이 되는 인적자원(human resource)과 조직역량자원(organization capability resource)이라는 개념을 제시하였다.

종래에는 종업원을 비용(cost)으로 보는 관점이 지배적이었다. 하지만 점차 종업원을 자산(asset)이자 지속적 경쟁우위의 원천으로 보려는 관점이 확산되었다. 즉 종업원은 재무상태표(balance sheet)상의 무형자산과 유사한 개념으로서, 다른 경쟁기업들이 쉽게 모방할 수 없다.

② 자원기반관점의 기본가정[14]

자원기반관점의 핵심가정은 기업조직의 경쟁력이 그 조직이 보유하고 있는 자원의 특성에 의해 결정된다는 것이다. 대부분의 무형자원은 기업마다 이질적(heterogeneous)이며, 특정한 자원은 타 기업으로 쉽게 이전이 되지 않는다(immobility, 비이동성). 바니(Barney)의 두 명제(가정)는 다음과 같다.

명제 1. 기업이 보유한 전략적 자원은 완전히 이질적이다.

종래의 산업조직론에서는 조직의 전략적 자원이 동일산업 내에서는 유사하다고 보았다. 하지만 바니의 새로운 견해에 따르면 각 조직이 보유하는 물적자원이나 재무자원과는 달리, 인적자원이나 조직운영역량 등의 무형적 자원은 동시에 두 기업에 존재하기 쉽지 않으며, 설령 존재한다 하더라도 그 속성이 완전히 동일할 수가 없다.

명제 2. 이들 자원들은 조직 간의 이동이 어렵다.

조직이 보유한 자원은 서로 상이하므로, 특정 조직에서 성과를 거두는 데 기여하는 특정 자원을 타 조직이 흡수하거나 활용하기가 쉽지 않다. 이를 완전한 비이동성(perfect immobility)이라 한다.

[자원의 속성과 지속적 경쟁우위의 관계]

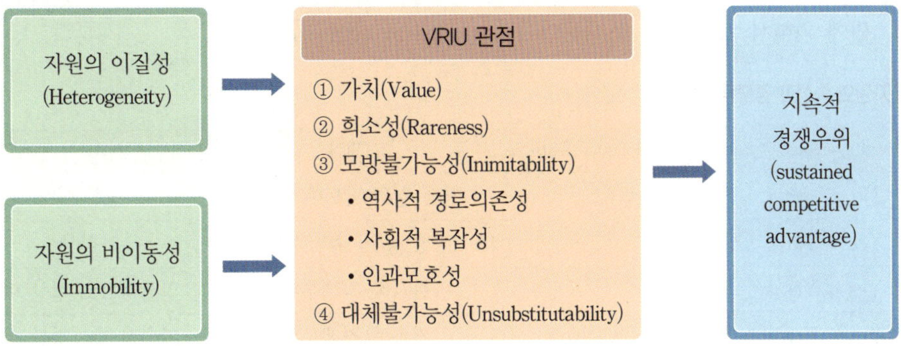

③ 인사관리상의 시사점

그동안 투입과 산출을 매개(mediating)하는 인사관리 과정이 구체적으로 어떻게, 그리고 얼마나 성과에 기여하는지에 관해서는 명확히 밝혀진 바가 없어서 일종의 블랙박스(black box)로 취급받았다. 그러나 라이트와 맥마한(Wright & McMahan)은 인적자원과 그 관리과정이 지속적인 경쟁우위의 원천이 될 수 있는 네 가지 상황을 바니의 RBV에 입각하여 제시하였으며, 이들 네 요소의 머리글자를 따서 흔히 VRIU 관점으로 부르기도 한다.[15)]

> V : Value ➠ 가치 있는 자원인가?
> R : Rareness ➠ 희소한 자원인가?
> I : Inimitable / Imperfect imitable ➠ 모방이 불가능한 자원인가?
> U : Unsubstitutability / Nonsubstitutability ➠ 대체가 불가능한 조직 특유의 자원인가?

a. 인적자원의 특수성(specificity)을 활용하여 기업이 가치(value)를 창출할 수 있다면 우선 해당 인적자원은 기업경쟁력의 원천이 될 수 있다. 이는 경제학에서 말하는 렌트(rent, 지대)로서 인적자원의 역할에 주목하는 것이다.[16)]

b. 일반적으로 다른 사람보다 우수한 능력을 갖춘 인재는 희소성(rareness, scarcity)을 가지고 있기 때문에 기업이 그러한 인적자원을 채용하고 유지시키기 위해서는 타당한 채용제도와 유연한 보상제도가 필요하다.

c. 경쟁기업이 모방할 수 없는(inimitable) 인적자원과 인사제도라야 지속적인 경쟁우위의 원천이 된다. 모방불가능의 주된 이유를 바니(Barney)는 세 가지로 요약하였다. 첫째는 경쟁기업이 갖지 못한 역사적 경험으로 인한 제도적 조건(경로의존성)이고, 둘째는 기업경영의 방식과 경쟁력 간에 존재하는 인과관계의 모호함(벤치마킹의 어려움)이며, 셋째는 인적자원과 조직운영방식 및 타 기업 간의 관계에 존재하는 사회적 복잡성(각종 관계관리의 어려움)이다.[17)]

d. 지속적인 경쟁우위의 원천이 되는 자원은 대체불가능(non/un-substitutable, original, organization-specific)성을 가진다. 즉 우수한 경쟁력을 갖춘 인적자원으로 인한 경쟁우위는 타 자원에 의해 완벽히 대체될 수 없다. 왜냐하면 인적자원은 조직의 사회적 및 심리적 측면에 의해서 영향을 받기 때문이다(supported by organization).[18)]

[자원의 속성과 경쟁우위]

Value	Rare	Inimitable	Unsubstitutable	경쟁력	성과
No	–	–	–	경쟁 열위(남보다 열등)	정상 이하
Yes	No	–	–	경쟁 동위(남과 같음)	정상
Yes	Yes	No	–	한시적 경쟁우위	일시적으로 정상 이상
Yes	Yes	Yes	No	지속적 경쟁우위	지속적으로 정상 이상
Yes	Yes	Yes	Yes	지속적 경쟁우위	지속적으로 정상 이상 우리 기업에 특화된 성과

3) 전략적 접근이 인사관리에 미친 영향

① 인사부서의 역할을 개별기능의 관리에서 기업 전체 시스템의 관점으로 전환시키는 인사정책의 패러다임 변화를 강조하였다.

② 과학적 관리론이나 인간관계론과 같은 보편론적 접근과는 달리 전략적 접근에서는 상황론적 시각(contingency approach)에서 환경－전략－인사제도 간의 유기적 연계와 적합성(fit)을 강조하고 있다.

③ 성과 창출을 강조함으로써 경쟁시장 및 노동시장의 변화에 기업이 큰 관심을 기울이도록 하는 데 기여했다.

④ 개별 인사제도가 전사적 수준에서 통합되게끔 하는 논리적 근거를 제시했다.

제3절 인사관리의 환경요인

MANAGING HUMAN RESOURCE AND INDUSTRIAL RELATIONS

(1999년) 제8회 공인노무사시험

기업환경 변화에 따른 인사노무관리의 대응방안을 논하라. (50점)

(2006년) 제15회 공인노무사시험

기업이 창업하여 중소기업에서 대기업으로 발전하는 과정에서 인사노무관리의 차이가 나타난다. 그 차이를 각 인사기능(인력확보, 인재평가, 보상, 인재개발, 인력유지)별로 중소기업과 대기업으로 구분하여 상황적합론의 관점에서 논하라. (50점)

(2013년) 제22회 공인노무사시험

최고경영층의 조직관리방식(협력적/경쟁적)에 따라서 인적자원관리(확보, 개발, 평가, 보상, 유지)가 다를 수 있다. 이러한 인적자원관리의 특징을 ①~⑩의 순서대로 각각 논하시오. (50점)

	확보	개발	평가	보상	유지
협력적	①	③	⑤	⑦	⑨
경쟁적	②	④	⑥	⑧	⑩

|1| 외부(거시)환경요인

1) 정치적 및 법적 환경(Political and legal environment)

정치적 환경(또는 정책적 환경)은 주로 법적, 제도적 경영환경의 변화를 주도하는 각종 요인으로서, 노동법의 개정이나 노사분규에 대한 정부의 개입, 근로자의 복지와 관련한 사회보장제도의 수립 등이 이에 해당한다.

2) 경제적 환경(Economic environment)

경제적 환경으로는 매우 다양한 변수를 고려할 수 있겠지만, 최근의 인사관리에 주요한 영향을 미치는 경제적 환경요인으로는 세계화(해외파견근로자, 외국인근로자)와 노동시장의 변화(고령화, 고학력화, 여성인력의 경제활동 증가)를 들 수 있다.

3) 사회문화적 환경

다양한 변수들이 사회문화적 환경요인으로 작용할 수 있겠지만, 우리나라에서는 급속한 산업화와 민주화로 인하여 세대 간의 격차(gap)가 상당한 편이다. 또한 삶의 질(quality of life)을 중시하는 사회로의 변화 추세 역시 인사관리의 사회문화적 영향변수가 된다.

4) 기술적 환경(Technological environment)[19]

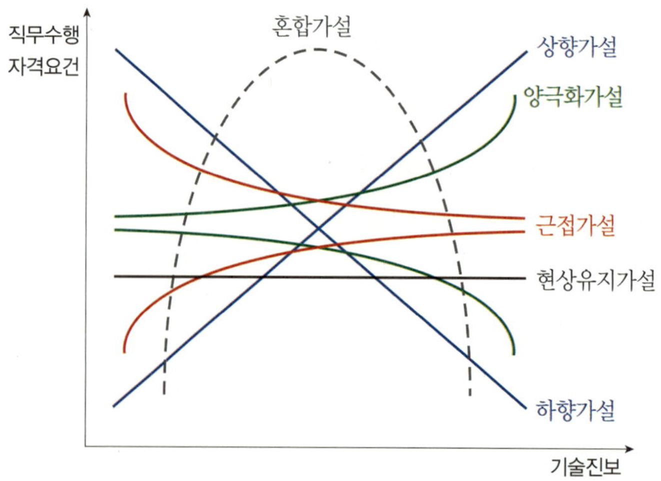

정보통신기술(ICT, information & communication technology)의 발달과 기술의 혁신 역시 인사

관리에 영향을 미친다. 특히 오늘날 초연결(hyper connectivity, 모든 사람 · 사물의 연결)과 초지능(hyper intelligence, 스스로 학습하고 진화함), 그리고 초융합[hyper convergence, 기존에 없던 이종(移種) 간의 결합]으로 대표되는 4차 산업혁명의 파괴적 혁신(disruptive innovation)에 따른 일자리 감축과 노동 패러다임 변화에 적극적으로 대응하기 위하여 기업들은 노동의 유연화(flexibility)와 이동성(mobility)을 높이기 위해 고민하고 있다.

기술의 발전과 직무수행 자격 간의 관계에 대해서는 상향가설, 하향가설, 근접가설, 양극화가설, 혼합가설, 현상유지가설 등이 있다.

① 상향가설은 기술이 발전함에 따라 기업에서 요구하는 직무자격의 수준도 상승한다고 보는 것이다.

② 상향가설과는 반대로 기술의 진보가 직무자격수준의 하락을 가져온다고 보는 관점을 하향가설이라고 한다.

③ 근접가설은 기술발전에 따라 상위직과 하위직 간 자격요건의 수준차이가 줄어든다는 관점이다.

④ 양극화가설은 기술진보가 제조분야의 자격요건은 하락시키는 반면 관리분야의 자격요건은 상승시킨다는 관점이다.

⑤ 혼합가설은 라이트(Wright)가 주장한 것으로서 기술의 발전과 직무자격요건간에 역U자형 관계가 존재한다는 것이다. 이는 기술이 발전하면서 어느 정도까지는 직무자격요건이 상승하다가 그 이후에는 하향곡선을 그리게 된다는 것이다.

⑥ 현상유지가설은 자동화수준에 따른 직무수준의 영향이 서로 혼합되거나 또는 작업환경에 따른 근본적인 변화가 없다는 관점이다.

|2| 내부(미시)환경요인[20)]

1) 경영전략	3) 최고경영층
2) 기업지배구조	4) 조직규모

1) 경영전략

기업의 전략(strategy)은 불확실한 상황 및 경쟁환경하에서 나아가야 할 방향을 설정하고 기업의 목적을 달성하기 위하여 체계적이고 합리적인 대응노력을 기울이도록 하는 기본방침이나 계획을 뜻한다. 특히 오늘날의 환경을 상징하는 용어인 VUCA(volatility, uncertainty, complexity, and ambiguity)는 전례에 없는 경영환경의 변동성과 불확실성을 의미하며, 경영진이 수립하는 전략과 관련 의사결정의 중요성을 일깨워준다.

최근 유행하는 개념인 '애자일 경영(agile management)'은 조직이나 경영자가 환경변화를 예견하고 그에 필요한 조직변화를 주도하며 조직구성원을 효과적으로 관리하는 과정을 의미하며, 애자일 경영의 핵심구성요소인 'Agile HR'이란 적응력, 변화관리, 속도, 혁신의 4대 개념을 반영하는 인적자원관리를 뜻한다.[21] 영국의 인사조직 컨설턴트인 홀비치(Holbeche)에 따르면 급격한 환경변화에도 살아남은 조직들의 공통점이 바로 조직운영상의 민첩성, 즉 agility를 갖췄다는 것이다.

이처럼 불확실성 속에서 전략경영이 성공하기 위해서는 인사관리의 관여 및 지원이 필수적이다. 실제로 조직의 민첩성을 제고하는 과정에서 구성원 간의 협업, 상향적(bottom-up)인 의사소통, 합리적인 직무설계, 수평적 리더십 등이 필요하다.

2) 기업지배구조

기업지배구조(corporate governance)는 기업을 둘러싼 이해관계자들 간에 통제권(기업의 ownership)이 분포되어 있는 형태를 의미한다. 크게 지배구조에는 주주가 주인이 되는 영미식의 주주중심주의, 각종 이해당사자가 동등한 지위를 누리는 독일식의 지배구조, 종업원 지향적인 일본식의 지배구조 등이 있다.

3) 최고경영층

최고경영층(top management team)은 최고경영자(CEO, chief executive officer)와 주요 의사결정에 참여하는 임원 및 이사회 구성원 등을 포함하는 개념으로서 이들이 수립하는 조직운영방식은 인적자원관리의 방향성을 제시한다는 점에서 그 중요성이 있다. 우리나라에서는 전통적인 협력중심적 인적자원관리 관행과 새로 도입된 경쟁지향적 인적자원관리 관행이 공존하고 있다.

4) 조직규모

조직규모(organization size) 역시 중요한 인사관리의 내부환경요소가 된다. 일반적으로 대규모 조직에서의 인사관리는 일반적으로 인사스태프들에 의해 이루어지게 된다. 반면 소규모의 조직에서는 라인관리자들이 인사관리를 담당하는 경우가 많다.

제4절 인사관리시스템

MANAGING HUMAN RESOURCE AND INDUSTRIAL RELATIONS

(1993년) 제5회 공인노무사시험
인사감사의 중요성과 유형을 약술하시오. (25점)

(2002년) 제11회 공인노무사시험
"평생직장"시대에서 "평생고용(life time employability)"시대로 개념이 바뀌어 가고 있는데, 그 대두배경과 이를 위한 대처방안(정부, 기업, 개인차원)에 관하여 논하라. (50점)

(2005년) 제14회 공인노무사시험
인사감사제도에 대하여 설명하시오. (25점)

|1| 인사관리의 통합적 시스템

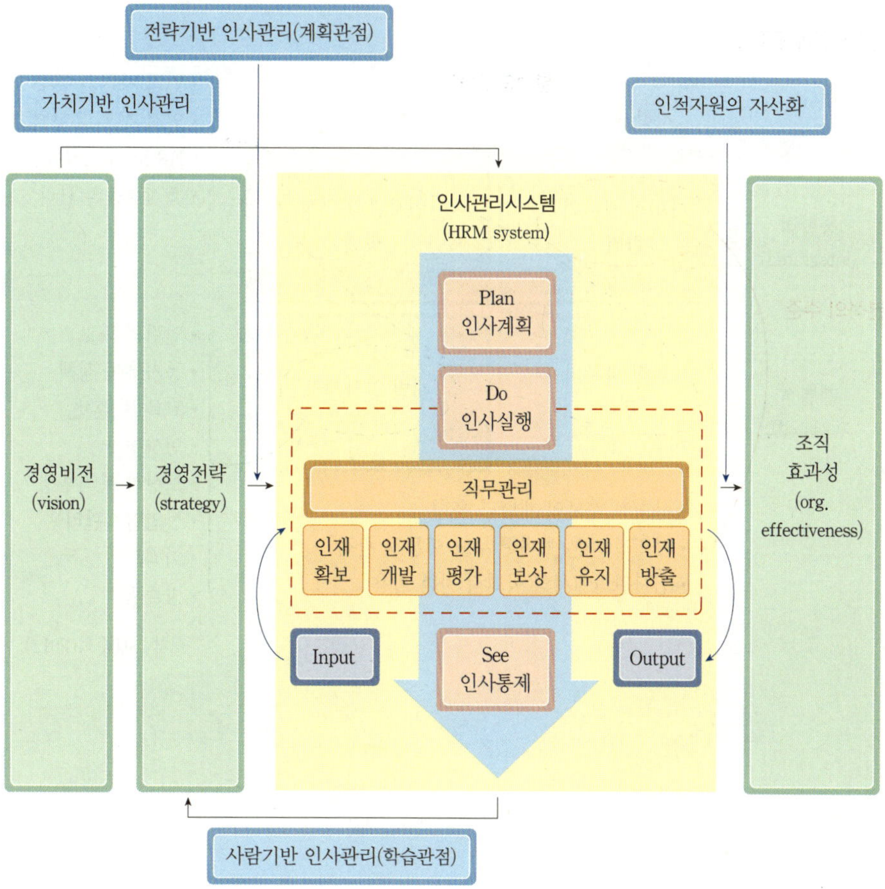

인사관리 시스템(human resource management system)을 바라보는 접근법에는 크게 두 가지가 있는데, 하나는 인사시스템에서 수행되는 각각의 과업을 중심으로 살펴보는 기능적 접근(functional approach)이고, 다른 하나는 인사계획-인사실행-인사통제로 이어지는 관리과정 접근(management process approach)이다.

| 2 | 인사관리의 기능적 접근

앞서 학문으로서의 인사관리가 직무(일, job)와 이를 수행하는 인간(노동, labor)을 양대 연구대상으로 삼는다는 점을 언급한 바 있다. 이는 인사관리 시스템을 구성하는 두 요소가 직무와 관련한 각종 제도(practice)와 사람(people)의 이슈로 설명됨을 의미한다.

한편, 인사관리를 분석수준에 따라 구분할 수도 있다. 일찍이 반데벤(Van de Ven)이 조직이론을 구분할 때의 한 축을 개별적(isolated, 개체 수준) 차원과 통합적(integrated, 조직군) 차원으로 설정한 바 있는데,[22] 인사관리에서도 고려 대상이 한 개인이나 하나의 제도가 되는 개별적 차원의 인사관리와 복수의 개인이나 제도군을 고려하는 통합적 차원의 인사관리로 구분하는 것이 가능하다.

[인사관리의 구조]

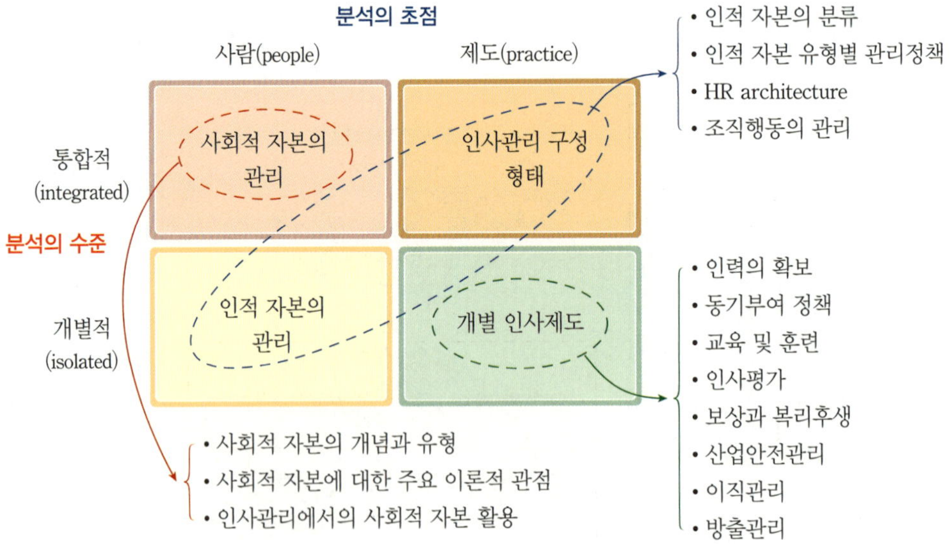

출처 : 배종석(2012), 수정인용

| 3 | 인사관리의 관리과정적 접근

앞서 제시한 인사관리의 제 기능(확보, 개발, 평가, 보상, 유지, 방출 등)의 효율적 수행을 위해서는 관리활동(management)에 따른 접근이 필요하다.[23] 여기서 관리란 페이욜의 일반관리론에서 언급된 바와 같이 어떤 활동을 보다 효과적으로 수행하기 위한 계획(planning), 조직화(organizing), 명령(또는 지휘, leading), 조정(coordination), 통제(control) 절차를 의미한다. 이러한 관리과정들은 일반적으로 계획(plan), 실행(do), 통제(see)의 3단계로 간단하게 구분하기도 한다.

1) 인사계획

① 인사계획의 의미와 수준

인사계획은 경영목적을 위하여 요청되는 인력의 확보 · 개발 · 유지 · 활용 등에 대한 계획 내지는 전략을 의미한다. 인사계획은 그 수준(level)에 따라 최고경영진의 과업에 해당하는 전략적(strategic) 인사계획, 중간관리자나 인사팀장의 과업에 해당하는 관리적(administrative) 인사계획, 일선현장에서 종업원과 소통하는 하급관리자의 과업인 업무적(operative) 인사계획의 세 가지로 나누어 볼 수 있다.

② 기업경영계획의 일환으로서의 인사계획

일반적인 인사계획은 그 의미를 좁게 해석하여 인력계획을 의미하는 것이 보통이다. 이를 협의의 인사계획이라 한다.

2) 인사실행

인사관리의 실행과 관련이 있는 부분은 '조직화–충원–지휘'이다. 조직과 충원의 핵심은 라인(line)과 스태프(staff)의 조직화 및 충원이며, 지휘의 핵심은 리더십과 동기부여 및 인간관계관리이다.[24]

3) 인사통제

인사통제는 수행된 일(성과)을 평가하고 이것을 계획된 것과 비교하여 그 차이를 발견하고 이를 수정하는 제 활동을 뜻한다.[25] 인사통제의 영역에 포함되는 이론적 주제로는 인적자원정보시스템과 e-HRM, 인적자원회계제도, 인사감사 등이 있다.[26]

인사통제는 목표 및 표준(기준, criteria)을 설정, 행동의 실적을 측정, 목표 및 표준과 실제 결과 간 비교, 수정조치 등의 4단계 과정을 거친다.[27]

① 인적자원정보시스템과 e-HRM[28)]

a. 의의

인적자원정보시스템(Human Resource Information System)은 경영정보시스템을 구성하는 한 부분으로서, 인사관리에 필요한 각종 정보들을 체계적이고 논리적으로 조직화한 체제를 말한다. 그중에서도 스피드와 유연성을 인적자원관리 분야에서 구현하는 도구(tool)로서 등장하게 된 것이 전자인적자원관리(e-HRM)이다.

b. 목적과 필요성

인적자원정보시스템은 다음의 목적을 달성하기 위해 필요하다.

첫째, 인사관리의 합리화에 기여한다. 비정형적 요소가 (경영의 타 분야에 비해) 상대적으로 많은 인사관리를 시스템화하여 과학적인 과정으로 유도한다.

둘째, 인사관리의 전체적 최적화에 기여한다. 인사정보시스템은 인사관련정보의 관리 수준이 부분최적화에 그치지 않고 일반최적화에까지 도달하도록 도와준다.

셋째, 인사관리가 급변하는 경영환경에 능동적으로 대응할 수 있도록 한다. 필요한 정보가 적시에 제공되어 경영관리의 고도화와 능률화에 기여한다.

c. e-HRM의 발전과정

종합적이면서도 효율적인 e-HRM 시스템은 다음의 과정을 거쳐 형성 · 발전 · 활용된다.

ⅰ. 인사정보의 데이터베이스(database : DB)화 작업

인사관리에 필요한 주요 자료와 그 변동사항을 수시로 정리하여 인사 DB를 구축하며, 정보검색 시스템(information retrieval) 및 기능목록(skills inventory)을 생성한다.

ⅱ. 셀프서비스 개념의 도입

셀프서비스(self-service)는 종업원 스스로 신상변동에 대한 정보를 입력 및 수정하는 방식으로서, 사내 인트라넷(intranet)의 구축과 더불어 활성화된다.

ⅲ. 웹 활용 단계

구축된 인적자원 데이터베이스를 쌍방향 커뮤니케이션이 가능한 웹(web)으로 전환하여 기업차원의 경영정보시스템(MIS, management information system)으로 통합하는 단계이다.

ⅳ. 포털(portal)단계

업무수행에 필요한 종합적 정보나 서비스를 제공하는 종합포털형태로 진화하는 단계이다.

ⅴ. 인사시뮬레이션 작업

장래 인사관리의 동향을 예측하여 사전에 문제의 대책을 강구하고 원하는 인사관리의 방향을 정하는 작업을 말한다.

d. 기존 인사정보관리와 e-HRM의 차이점

인터넷이 보편화되기 이전에는 인사정보관리가 주로 문서 위주로 이루어지다 보니 자료수집에도 상당한 시간이 소요되었으며 인사담당자 개인의 역량에 의존하는 정도가 커서 정보의 체계적 관리에 제약이 있었다. 하지만 e-HRM의 도입은 인사정보의 수집과 관리에 소요되는 시간을 획기적으로 줄여주며 이를 통해 인사담당자의 전략적 기능이 강화될 수 있다.

구분	기존의 인사정보관리 체계	e-HRM
관리대상	집단차원	개인차원
인사기능	자료수집 및 정보전달	전략적 인사관리
인사담당자	관리적 역할 수행	전문적 경영자문 및 지원수행
인사업무수행	서류(paper)중심이며 시간제약이 큼 (작업 자체에 많은 시간 소요)	가상공간(cyberspace)을 활용, 시간제약 적음(탄력적 운영 가능)
필요기술	관리능력 및 인간관계	IT관리기술 및 정보관리능력
자료수집	개인접촉을 통한 자료수집	컴퓨터, 이메일 등 다양한 도구 활용

e. 효과

잘 만들어진 e-HRM 시스템은 조직에 다음과 같은 이점을 준다.

ⅰ. 인사비용의 절감

시스템 구축에 필요한 초기비용이 들기는 하지만, 이후에는 단순반복적 업무들이 DB에 의한 자동적 관리로 대체됨으로써 인사관리 전반에 소요되는 비용이 줄어든다.

ⅱ. 종업원 만족도 제고

종업원의 니즈 충족을 위해 필요한 요소가 무엇인지를 적시에 파악할 수 있게 해 주어 인사서비스의 질과 종업원 만족도를 높인다.

ⅲ. 인사관리의 전략기능 강화

인사관리와 관련된 다양한 정보들이 전체 경영관리에서 차지하고 있는 전략적 위치와 중요도를 쉽게 파악할 수 있게 해 주어서 인사관리와 전략 간 정렬(alignment)을 강화시킨다.

ⅳ. 기업문화 혁신

e-HRM 하에서는 정보의 공개와 구성원의 참여 보장을 통해 경영진, 중간관리자, 구성원 간 활발한 소통이 가능해진다.

f. 활용영역

인터넷의 발달로 전자인적자원관리 시스템이 구축된다면, 인적자원관리분야의 각 영역에 다음과 같은 이점을 줄 수 있을 것이다.

활용가능 분야	• 셀프서비스(self-service) : 당사자가 직접 시스템에 접속하여 원하는 정보를 얻고 자료를 수정 可 • 온라인 채용(on-line recruitment) : 지원희망자가 기간/장소제약 없이 인적사항 기재하여 응시 可 • 웹기반 인사평가(web-based assessment) : 평가결과의 축적과 관리가 용이함 • 웹기반 교육훈련(web-based training) : 다품종 소량생산 방식의 맞춤형 교육이 가능[CAT(Computer Adaptive Testing)방식 등]

i. 확보관리

향후 인력부족이 예상되는 직무가 어디인지, 공석은 어디서 발생할 것인지, 인력이 과잉인 부서가 어디인지 등의 각종 인력수급정보가 전자인적자원관리 시스템하에서는 즉각적으로 파악될 수 있다.

ii. 개발관리

e-HRM은 교육의 계획 단계에서는 필요성 분석(needs analysis)에서, 실천 단계에서는 교육방법과 형식을 선택하는 과정에서, 통제 단계에서는 교육훈련의 성과기여도의 측정에서 활용 가능하다.

iii. 평가관리

인터넷의 도입과 그로 인한 셀프서비스(self-service)의 활성화는 인사고과의 전 과정을 단순화시킴으로써 평가업무에 소요되는 시간을 단축시킨다. 또한 평가상담을 통한 평가결과의 수정도 용이해진다.

iv. 보상관리

인터넷과 전자인적자원관리의 활성화는 보상의 절차적(과정적) 공정성 제고에 도움이 된다. 아울러 임금만족의 평가에 활용되는 기대임금의 조사에도 e-HRM 시스템을 활용할 수 있다. 또한 구성원의 희망을 반영할 수 있는 카페테리아식 복리후생 제도의 도입을 촉진한다.

v. 사내 커뮤니케이션 관리

전자 커뮤니케이션의 활성화는 기존 수직적 소통이 주류였던 조직 분위기를 수평적으로 전환하는 데 도움이 되며, 다양한 설문조사 등의 실시를 용이하게 하기에 인사정책의 수립과 집행에도 유용한 시사점을 얻을 수 있을 것이다.

g. 성공조건

인적자원정보시스템이 효과적으로 만들어지고 운영되기 위해서는 사전에 치밀한 계획과 기술적 준비가 있어야 하고, 인사스태프과 라인관리자 간의 업무협조가 원활해야 하며, 최고경영층의 적극적인 지원을 필요로 한다.

② 인적자원회계제도[29)]

a. 의의

인적자원회계제도(human resource accounting system)란 인적자원과 그 관리방식에 대한 제반 효과와 각종 비용을 측정(평가)하며 이들 정보를 이해관계자들에 전달하는 과정을 지칭한다.

b. 측정방법

인적자원회계에서는 노무비와 교육훈련비를 인적자원의 가치를 증가시키는 투자활동으로 보고, 인적자원의 개발 및 유지관리에 들어가는 금액을 투자자산으로 계상할 수 있다. 이를 통해 구체적으로는 종업원당 생산성, 인적자본의 경제적 부가가치(EVA, economic value added) 및 일반 부가가치, 인적자본의 시장가치 등을 회계학적 측정치로 삼을 수 있다.[30)]

c. 인적자원회계제도의 한계점

첫째, 인적자원회계제도 도입 초기에 설정된 성과평가 및 비용계정의 산정이 잘못될 경우 조직 의사결정에 악영향을 미친다.

둘째, 인적자원의 가치를 화폐화시킨다는 점에서 일반적으로 인정된 회계원칙(generally accepted accounting principle : GAAP)과 상충하는 측면이 있기에, 내부보고 목적의 관리회계에서는 인정될 수 있지만 외부보고 목적의 재무회계용도로 활용되기는 어렵다.

③ 인사감사[31)]

a. 의의

인사감사(personnel audit)란 기업의 사업성과를 인적자원관리의 관점에서 검토하고 따져보는 과정으로서, 인사통제의 핵심이라 할 수 있다.

b. 중요성

인사감사는 다음의 측면에서 중요하고 또 필요하다.

- 인사관리활동의 비판과 반성을 통한 경영합리화의 수단이 된다.
- 인력관리정책이 갖기 쉬운 획일적(몰개성적) 측면을 개선하고, 정책효과 측정의 수월성을 높인다.
- 인사관리가 시대와 환경 상황의 변화에 적응할 수 있도록 한다.
- 인적자원의 투입에 대한 산출효과는 즉각적으로 발생하지 않으므로, 특정 문제가 발생한 다음에 그 처리를 시도하면 적절한 대처가 이미 늦을 수 있다.

c. 절차

통상적으로 인사감사는 i) 목적과 범위의 설정, ii) 전문가로 구성된 감사위원회 구성, iii) 감사 실시, iv) 감사 보고서 작성, v) 개선도모(환류, feedback) 등으로 이루어진다.

d. 종류와 유형

i . 감사대상과 범위에 따른 분류

HR업무수행조직 전반을 대상으로 하는 전사적 차원의 감사(거시감사)와, 본사에 대한 감사, 각 부분별 감사(미시감사)로 나눌 수 있다.

ii . 감사주체에 따른 분류

인사감사는 그 시행주체에 따라 기업 내부의 인사스태프 중심의 내부감사, 기업 외부의 전문가(컨설턴트 등)에 의한 외부감사, 기업 외부 전문가와 인사스태프가 함께 실시하는 합동감사로 분류할 수 있다.

iii. 감사시기에 따른 분류

인사감사는 필요시마다 실시하는 수시감사와 일정한 시차를 두고 정기적으로 실시하는 정기감사가 있다.

e. 인사감사의 실제 : ABC 감사방식

이는 일본노무연구회의 노무감사위원회에서 개발한 것으로서 '삼중감사'로도 불리며, 인사관리 제도와 정책 일반에 대한 적합성과 타당성 여부를 평가하는 내용(**A**dministration)측면, HR업무관련 비용(예 교육훈련비, 복리후생비)과 예산(주로 인력비율에 근거하여 산정됨)을 비교하는 예산(**B**udget)측면, 그리고 인사관리의 실적(예 1인당 매출액, 1인당 생산량, 근로시간당 생산량 등)을 다각도에서 측정 · 검토하는 효과(**C**ontribution)측면으로 구성된다.

f. 감사결과의 보고

이는 인사감사에서 발견된 각종 문제점 및 개선점들을 보고하는 과정에서의 주요 고려사항은 다음과 같다.

- 감사결과가 경영진의 충분한 지지를 얻어야 한다.
- 감사결과가 특정인의 책임추궁에 그 목적을 두어서는 안 된다.
- 감사결과는 구체적인 정책이나 시책으로 반영되어야 한다.
- 감사결과는 경영자, 이사회 등 최고경영진뿐만 아니라 관련 이해당사자(stakeholders)들에게도 전달되어야 한다.

제5절 인사관리의 이론적 기초

MANAGING HUMAN RESOURCE AND INDUSTRIAL RELATIONS

|1| 동기부여 이론

동기부여는 사기(morale)와 밀접한 관련이 있는 개념으로서 원어 그대로 모티베이션(motivation)으로 불리기도 한다. 핀더(Pinder)는 직장에서의 작업동기(work motivation)를 개인의 작업행동을 일으키며 그 행동의 강도(노력의 정도), 방향성(목적성), 그리고 지속성(행동의 수행 기간)을 변화시키는 역동적인 힘의 집합으로 정의한다.[32)]

1) 매슬로우의 욕구단계이론

① 기본가정

매슬로우(Maslow)는 인간의 다양하고도 복잡한 욕구(needs)가 사람의 행동을 이끄는(drive) 주된 원동력이라고 보았다. 이러한 욕구에는 위계(hierarchy)가 있으며, 하위 단계의 욕구가 충분히 채워지면 그보다 높은 수준의 욕구가 인간의 행동을 유발한다고 보았다.

② 5대 욕구[33)]

매슬로우는 인간이 공통적으로 지니고 있는 다섯 가지 욕구를 크게 저차(low-order) 욕구와 고차(high-order) 욕구로 나누었다. 전자는 생리적 욕구와 안전 욕구를, 후자는 사회적 욕구, 존경 욕구, 자아실현 욕구를 포함한다.

[매슬로우의 욕구단계]

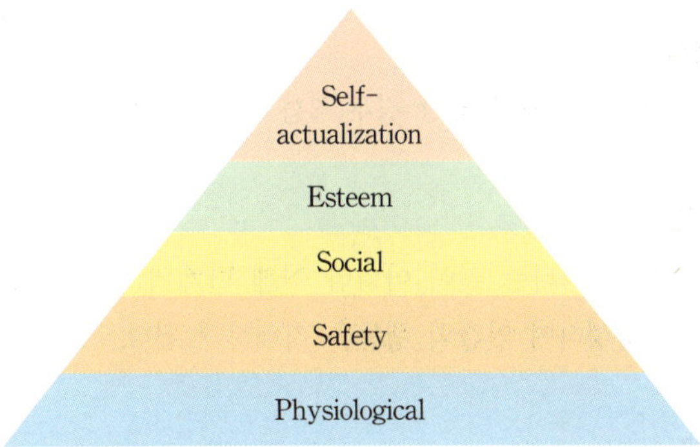

a. 생리적(physiological) 욕구

이는 식욕, 성욕, 수면욕, 배설욕 등 인간의 본능에 해당하는 욕구를 의미한다. 조직에서는 냉난방시설, 임금, 식당, 작업조건 등과 관련이 있다.

b. 안전(safety) 욕구

이는 신체적 위협이나 정서적 위해로부터 스스로를 보호하고 안전한 상태를 원하는 욕구를 의미한다. 조직에서는 복리후생이나 고용 안정 등과 관련이 있다.

c. 사회적(social) 욕구

이는 타인과의 원활한 상호작용과 집단에의 소속감으로서 다른 사람으로부터 동료로 받아들여지는 것(acceptance)과 관련이 있다. 조직에서는 멘토-멘티 간의 관계, 집단 구성원 간의 단합과 응집성 등과 관련이 있다.

d. 존경(esteem) 욕구

이는 자존심을 유지하고 주위로부터 인정을 받으며, 목표를 달성했을 때 개인적으로 느끼는 성취욕구를 의미한다. 타인이 자신을 중요한 사람으로 여기는 경우 존경욕구가 충족된다고 볼 수 있다. 조직에서는 높은 자리로의 승진, 동료나 상사로부터의 인정(recognition) 등과 관련이 있다.

e. 자아실현(self-actualization) 욕구

이는 개인적 성장과 잠재력의 실현을 추구하는 것으로서, 진정으로 원하는 바를 이룰 수 있게끔 추동(drive)하는 욕구를 의미한다. 조직에서는 쉽지 않은 업무의 달성이 주는 성취감, 오랫동안 꿈꾸었던 목표의 달성 등과 관련이 있다.

③ 욕구 간의 관계

a. 결핍-지배의 원리

일반적으로 욕구들은 이를 가지지 못할 경우(결핍 時) 인간의 행동을 지배하게 된다.

b. 충족-출현의 원리

5대 욕구들은 한꺼번에 나타나는 것이 아니라 아래 단계의 욕구가 충족되는 시점에 다음 단계의 욕구가 순차적으로 발생하여 인간의 행동을 지배하게 된다.

④ 시사점과 한계[34)]

a. 시사점

첫째, 매슬로우의 이론은 인간의 욕구에 대한 체계적 인식을 갖게 한 최초의 이론으로서, 구

성원의 동기부여를 위해서는 욕구의 개인차를 고려할 필요가 있다. (예 카페테리아식 복리후생제도)

둘째, 구성원을 지속적으로 동기부여 시키기 위해서는 상위욕구를 충족시켜 줄 수 있는 여건의 조성이 중요하다는 점을 환기시켰다.

b. 한계

첫째, 낮은 계층의 욕구가 충족되면 이 욕구가 더 이상 행동을 동기화하지 않는다는 주장은 적절하지 않다.[35]

둘째, 다섯 단계의 욕구계층이 미국이 아닌 타 문화권에서는 다른 형태로 나타날 수 있다.[36]

셋째, 욕구계층을 다섯 가지로 나눌 수 있는지에 관해서 많은 의문이 제기되고 있다.[37]

2) 브룸의 기대이론

① 기본가정[38]

브룸(Vroom)은 동기부여의 순차적 과정(인지적 사고 과정)에 초점을 두었다. 우선 개인의 노력이 특정한 성과로 이어지고, 그 성과에 대해 보상이 주어진다는 전제하에, 각 과정별로 동기부여와 관련된 세 가지 개념을 소개하였다.

[브룸의 기대이론 모형]

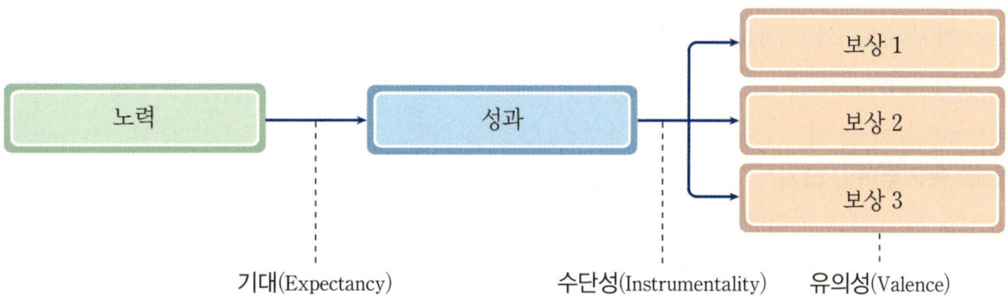

a. 기대(Expectancy)

i. 개념

이는 특정 행위나 노력이 특정한 성과(결과나 업적)로 이어질 것이라는 가능성에 대한 주관적 확률이다. ($0 \leq E \leq 1$)

ii. 영향요인

- 자기효능감(self-efficacy) : 반두라(Bandura)에 따르면 특정 업무를 잘 해낼 것으로 믿는 개인성향인 자기효능감은 직접적 성취(performance accomplishment), 대리 학습(vicarious learning), 언어적 설득(verbal communication), 각성(arousal) 등에 의해 향상된다.[39]
- 목표의 난이도(goal difficulty) : 쉬운 목표일수록 기대감이 커진다.

- 내재적 통제성향(internal locus of control) : 본인 스스로 업무를 처리할 수 있다고 믿는 성향이 클수록 기대감도 향상된다.

b. 수단성(Instrumentality)

i. 개념

이는 노력의 산물로서 형성된 성과(결과 또는 업적)에 대하여 보상이 주어질 것으로 믿을 수 있는 주관적 상관관계이다. $(-1 \leq I \leq 1)$

ii. 영향요인

- 신뢰(trust) : 조직을 구성원들이 신뢰할수록 수단성이 향상된다.
- 조직정치지각(perceptions on organizational politics) : 조직 내 주요자원의 배분이 정치적으로 결정된다는 구성원들의 인식이 낮을수록 수단성이 향상된다.

c. 유의성(Valence, 선호도 또는 유인가)

i. 개념

이는 주어진 보상에 대한 개인의 선호도, 매력도나 중요성, 또는 가치를 의미한다. $(-n \leq V \leq n)$

ii. 영향요인

- 개인적 욕구(personal needs) : 보상의 내용이 구성원의 욕구에 부합할수록 유의성이 향상된다.
- 가치(value)와 목표(goal) : 보상이 개인적 가치관이나 각자의 목표에 부합할수록 유의성이 커진다.

② 동기부여의 크기[40]

브룸에 의하면 기대와 수단성, 그리고 유의성이 모두 높은 값을 가질 때 비로소 동기부여가 된다고 한다. 즉, 동기부여의 크기는 기대, 수단성, 유의성의 곱함수로 표현가능하다.

$$M = E \cdot \sum(I \cdot V)$$

③ 이론의 의의[41]

a. 동기부여 현상을 매우 합리적이고 인지적으로 설명하였다.

b. 조직구성원들의 역량을 향상시켜 기대(E)를 높여야 한다. 이를 위해 각종 교육훈련 프로그램을 정비할 필요가 있으며, 조직구성원에게 요구되는 성과가 무엇인지를 구체적으로 알려주어야 한다.

c. 구성원이 요구되는 성과를 달성했을 때 제공되는 보상의 형태 및 크기가 일관성을 가져야 한다.

d. 개별 구성원이 원하는 보상을 제공할 때 유의성(V)이 높아짐을 강조함으로써, 하향식(top-down) 보상이 아닌 상향식 보상(bottom-up)의 중요성을 환기시켰다는 점에서 의미가 있다.

④ 이론의 한계 및 비판점[42)]

a. 인간이 늘 합리적으로 사고하고 예측하는 것만은 아니며, 충동적 의사결정을 하는 경우 더욱더 동기의 크기를 설명하는 것이 어렵다.

b. 기대 수준이 높을수록(즉 쉬운 과업일수록) 동기부여 정도가 클 것인지에 대한 논란이 존재한다.

3) 아담스의 공정성 이론[43)]

① 기본가정

아담스(Adams)는 페스팅거(Festinger)의 인지부조화 이론에 근거하여 조직과 구성원 간 사회적 교환(social exchange)의 과정에서 동기부여의 크기는 과업수행을 위해 한 사람이 투입한 노력(input)과 그에 따른 보상(output)의 비율에 대한 다른 사람과의 상대적 비교를 통해 결정된다고 생각하였다.

② 비교과정

사람들은 자신의 투입/산출 비율과 다른 사람(준거인물, referent)의 투입/산출 비율이 균형을 이룬다면 이 조직에서의 보상시스템은 비교적 공정한 것으로 인식된다. 만약 이 비교 과정에서 불공정성(inequity)이 지각된다면, 개인은 이에 대하여 긴장(tension)을 느끼게 되고 이를 줄여 나가기 위한 노력을 기울이게 된다.

[공정성 이론의 도식화]

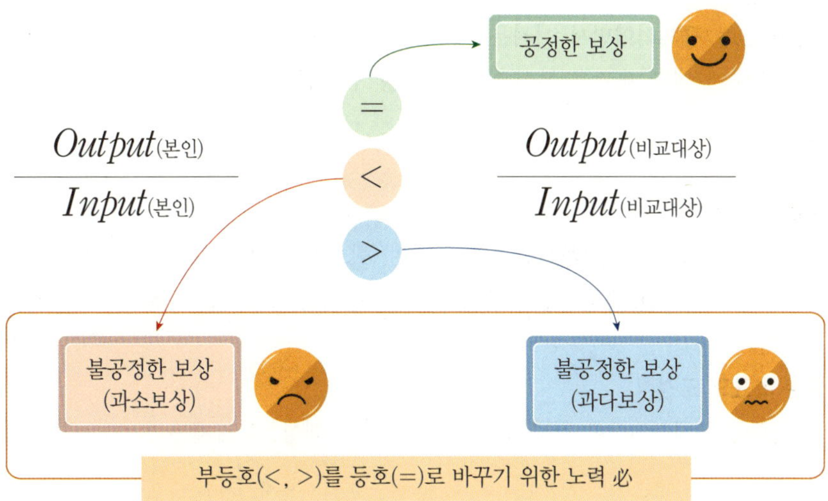

③ 불공정의 해소방안[44]

불공정성 지각 시 이를 줄이기 위한 개인의 행동 방식은 다음과 같다.

a. 자신의 투입이나 산출물을 변경한다.

b. 자기 자신이나 타인에 대한 지각을 왜곡한다.

c. 준거대상(referent)을 변경한다.

d. 상황(장, 場)을 변경한다.

④ 이론의 시사점[45]

a. 욕구이론에 비해서 동기가 일어나는 심리적 비교 과정을 합리적으로 분석하였기에 이론적 완성도가 높다.

b. 동기부여의 과정에서 투입과 산출의 객관적 규모보다는 개인이 인지하는 정도가 더 중요하므로 구성원의 지각에 관심을 기울일 필요가 있음을 강조하였다.

c. 성과증진을 위해서는 기대한 보상수준을 훨씬 뛰어넘는 수준의 과다보상을 제공해야만 심리적 횡령(초과보상분에 대해서 자신이 당연히 받아야 할 몫으로 생각하여 추가적인 노력을 투입하지 않는 현상)을 방지할 수 있다.

⑤ 이론의 한계점[46]

투입과 산출이 모두 상대적이고 주관적인 값이기 때문에 그 측정이 쉽지 않으며, 비교대상 역시 개인마다 다르기 때문에 조직의 입장에서는 구성원의 비교대상에 대한 정보를 획득하기가 쉽지 않다. 따라서 조직의 입장에서 공정성 지각을 통해 동기부여 정책을 수립하는데 한계가 있다.

4) 로크의 목표설정이론(Goal-Setting Theory)[47]

① 기본가정[48]

로크(Locke)는 구체적이면서 어려운 목표(specific and difficult goal)를 향해 일하려는 노력이나 의도가 직무에 대한 동기를 부여해 주는 가장 중요한 원천이라고 생각했다(목표특성 ➠ 목표달성노력 ➠ 성과).

② 목표의 기능[49]

목표는 조직구성원의 행동방향을 결정해 주며, 필요한 행동에 적절히 몰입할 수 있도록 도와주고, 목표달성에 필요한 자원활용의 근거가 되며, 업적평가의 기준이 된다.

③ 좋은 목표의 조건[50]

첫째, 목표는 구체적이어야 한다(goal specificity). 구체성 그 자체는 일종의 내적 자극으로 작용할 수 있다.

둘째, 목표는 적당히 어려운 수준의 난이도여야 한다(goal difficulty). 업무목표의 난이도가 달성이 매우 쉬운 정도와 달성이 불가능할만큼 어려운 정도의 중간지점에 위치할 때 비로소 일에 대한 집중도와 지속성이 최고조에 도달할 수 있다.

[목표의 난이도와 성과]

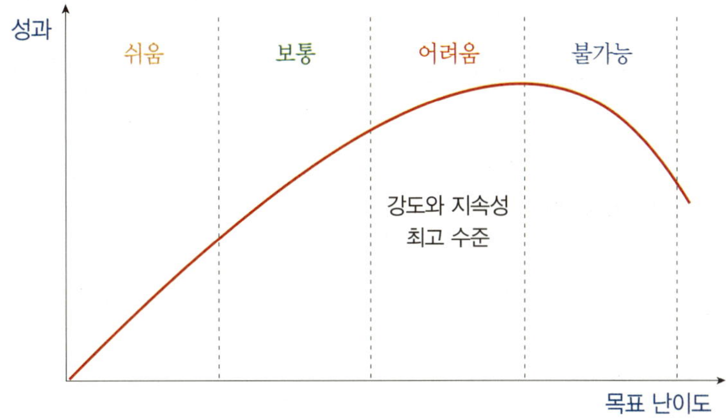

출처 : Colquitt et al(2014), 수정인용

셋째, 목표는 구성원들에 의해 수용가능해야 한다(goal acceptance).

④ 목표와 성과의 관계

좋은 목표의 설정은 다음의 단계를 거치면서 구성원의 높은 성과를 이끌게 된다.

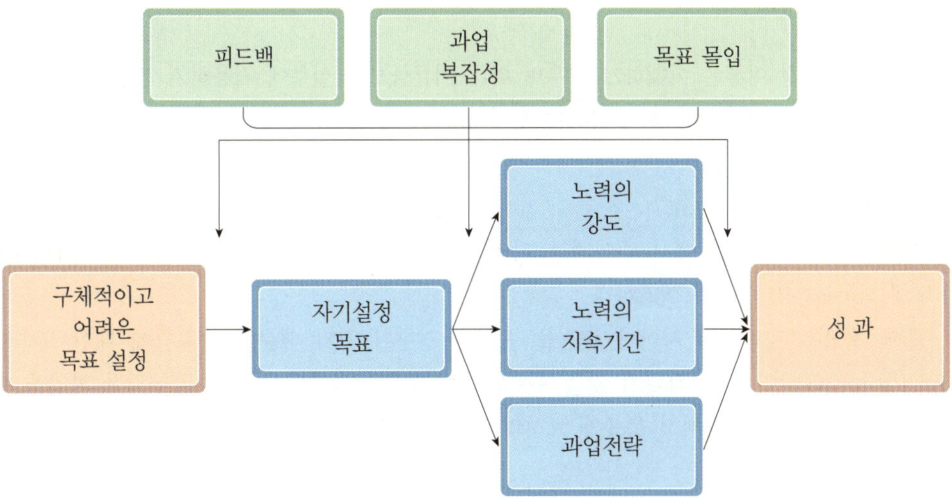

a. 좋은 목표의 영향 : 자기설정 목표

목표가 구체성, 난이도, 수용가능성 등의 조건을 충족하는 경우 구성원은 자기설정 목표(selfset goals)를 높은 수준에서 결정하게 된다.

b. 자기설정 목표의 영향 : 강도, 지속기간, 과업전략

자기설정 목표의 결과 업무수행에 투입하는 노력의 강도(intensity)와 지속기간(persistence)이 증가하며, 성공적 문제해결 방식인 과업전략(task strategy)을 스스로 습득하거나 만들게 된다.

c. 강도, 지속기간, 과업전략의 결과 : 성과 창출

결론적으로 좋은 목표가 설정되는 경우 성과가 향상된다.

⑤ 목표-성과 관계의 조절변수[51)]

a. 피드백(feedback)

목표달성의 과정에서 상사가 작업자에게 제공하는 적절한 피드백(환류)은 성과를 높이는 데 도움이 된다.

b. 과업 복잡성(task complexity)

좋은 목표의 동기부여 효과는 과업 복잡성(업무내용이 다양하게 변동되는 정도)이 낮을수록 좋다.

c. 목표몰입(goal commitment)

목표몰입은 구성원이 목표를 수용하고 이를 달성하기 위해 마음을 먹는 정도를 뜻한다. 구성원의 목표몰입도가 높다면 구체적이고 어려운 목표의 효과가 좋다.

⑥ 시사점[52)]

첫째, 목표설정 이론은 이해하기 쉬우며 다른 이론들보다 실무에 적용하기가 용이하다.

둘째, 달성하기 쉬운 목표를 부여하는 것이 능사는 아니라는 점을 밝혔다.

⑦ 한계점[53)]

첫째, 현실의 작업현장에서 주어지는 여러 목표들 가운데 서로 상충이 발생할 경우 이론이 어떻게 작동하는지 연구가 미흡하다.

둘째, 목표는 사람들의 시야나 관점을 좁히는 경향이 있기 때문에 동료들에 대한 도움행동(helping behavior)이 잘 나타나지 않을 수 있으며, 제대로 설계되지 않은 비구조적 과업을 수행해야 하는 상황에서는 구체적 목표가 오히려 비생산적일 수도 있다.

| 2 | 성격이론

기업조직도 결국은 개인의 합이다.[54] 따라서 어떤 사람들이 입사하는지의 문제는 조직문화의 계승과 유지뿐만 아니라 성과 창출의 밑거름이 된다는 점에서 매우 중요하다.

1) 성격의 개념

올포트(Allport)에 따르면 성격(personality)이란 환경에 대한 독특한 적응 방식을 형성하는 개인의 심리적 시스템이다.[55] 일반적인 견해에 의하면 성인의 성격은 유전에 의해 형성되고, 환경조건에 의해 변화되는 것으로 정리할 수 있다.

2) 마이어스-브리그스 성격유형 지표(MBTI)[56]

① 의의

마이어스-브리그스 성격유형 지표(MBTI, Myers-Briggs Type Indicator)는 심리학자인 마이어스와 브리그스에 의해 개발된 가장 널리 알려진 (그리고 실무적으로도 많이 사용되는) 성격 평가 도구로서, 자기보고(self-report) 방식의 100개 문항으로 측정된다.

② 성격유형의 분류

성격 검사에 응하는 개인의 응답에 기초하여 외향적 및 내향적, 감각적 및 직관적, 사고적 및 감정적, 그리고 판단적 및 지각적 등으로 유형을 구분하여 총 16가지 종류의 성격으로 분류했다.

a. 활력 측면 : 외향적(Extroverted) **– 내향적**(Introverted)

외향적인 개인들은 대인관계를 통해 에너지를 얻으므로 사교적이고 사회성이 있으며 적극적인 반면 내향적인 사람들은 내적 사고와 감정에 집중함으로써 활력소를 얻기 때문에 조용하고 수줍음을 잘 탄다.

b. 정보수집 측면 : 감각적(Sensing) **– 직관적**(Intuitive)

감각적인 사람들은 실제적인 경험과 사실 및 자료를 중시하는 경향이 있다. 반면 직관적인 사람들은 무의식의 프로세스들과 가능성 및 관계를 중시하므로 창의성이 좋다.

c. 의사결정 측면 : 사고적(Thinking) **– 감정적**(Feeling)

사고적인 사람들은 이유와 논리를 이용하는 객관적인 성향을 가지는 반면 감정적인 사람들은 자신의 가치와 감정에 의존하며 주관적인 성향을 가진다.

d. 생활양식 측면 : 판단적(Judging) – 지각적(Perceiving, 인식적)

판단적인 사람들은 사전계획에 의해 움직이며 규칙과 구조를 중시하는 반면 지각적(인식적)인 사람들은 사고가 유연하며 융통성이 있기 때문에 마감시간을 선호하지 않는다.

③ 한계

MBTI는 높은 대중성에도 불구하고 양자택일형 설문이라는 점(무조건 하나만을 골라야 함), 직무성과와의 상관이 낮다는 점 등 때문에 비판을 받는다.

3) 빅 파이브(Big-5) 성격요인[57)]

① 의의

맥크레와 코스타(McCrae & Costa)가 제시한 빅 파이브(Big-Five) 이론 또는 5대 성격유형(five factor model, FFM)에 따르면 인간의 성격은 다섯 가지의 요인으로 구성된다. MBTI가 다수의 연구를 통해 많은 도전을 받은 반면, 빅 파이브는 폭넓은 연구결과를 통해 지지받고 있는 성격연구의 주류 이론이라 할 수 있다.

② 성격의 5대 구성 요소와 조직행동에의 영향

a. 감정 안정성(emotional stability, 평정성)

ⅰ. 의미

이는 스트레스에 견딜 수 있는 개인의 능력으로서, 평정성이 높은 사람들은 온화하고 자신감이 있는 반면 평정성이 낮은 사람들은 신경질적(neuroticism)이고 불안을 잘 느낀다.

ⅱ. 조직행동에의 영향

감정안정성은 직무만족에 긍정적 영향을 미치며 스트레스 수준을 낮추는 데 도움이 된다.

b. 외향성(extraversion)

ⅰ. 의미

이는 사람들과의 관계에서 느끼는 편안함의 정도로서, 외향적인 사람들은 사교적이며 친화성이 뛰어난 반면 내향적인 성향의 사람들은 수줍어하고 소심하다.

ⅱ. 조직행동에의 영향

외향성이 높은 사람은 팀 작업과 대인관계에 능숙하여 높은 성과를 보인다. 또한 사회적 지배력이 뛰어나 리더로서 적합하며, 일과 삶에 대한 높은 만족도를 나타낸다.

c. 개방성(openness to experience)

ⅰ. 의미

이는 새로운 것에 대한 관심과 흥미의 정도로서, 개방성이 높은 사람들은 창의적이고 예술적 감수성이 풍부한 반면, 개방성이 낮은 사람들은 보수적이고 익숙한 환경을 선호한다.

ii. 조직행동에의 영향

개방성은 교육훈련의 성과와 밀접한 관계가 있다.

d. 친화성(agreeableness, 조화성 또는 동조성)

i. 의미

이는 다른 사람들에게 양보하고 순응하는 성향으로서, 친화성이 높은 사람들은 협력적이고 남을 잘 믿는 반면 친화성이 낮은 사람들은 까다로우며 적대적이다.

ii. 조직행동에의 영향

친화성이 높은 직원은 고성과를 낼 가능성이 크며, 낮은 일탈행동을 보인다.

e. 성실성(conscientiousness)

i. 의미

이는 신뢰성과 관련이 깊다. 성실성이 높은 사람은 책임감이 있고 규칙적인 반면, 성실성이 낮은 사람들은 산만하며 믿음직스럽지 못하다.

ii. 조직행동에의 영향

성실한 사람은 리더로서 적합하며, 성실성은 빅 파이브 구성요소 가운데 직무성과에 미치는 영향력이 가장 크다고 한다.

③ 시사점

빅 파이브를 구성하는 각각의 성격 요인들은 모두 직장에서 일어나는 다양한 행동을 예측하는 선행변수로의 역할을 수행한다. 감정안정성은 스트레스 민감도를, 개방성은 교육훈련의 성과를, 외향성은 리더십을, 친화성은 일탈행동을, 성실성은 성과를 설명하는 데 각각 활용될 수 있다.

1) Porter, M. E. (1985). *Competitive Advantage : Creating and Sustaining Superior Performance*. New York : Simon and Schuster.

2) 박경규(2016), 『신인사관리』(제6판), 서울 : 홍문사

3) O'Reilly, C. A., & Pfeffer, J. (2000). *Hidden value : How great companies achieve extraordinary results with ordinary people*. Harvard Business Press.

4) 김영재 · 김성국 · 김강식(2015), 『신인적자원관리』(제3판), 서울 : 탑북스

5) 박경규, 전게서, pp.41~45.

6) 최종태(2000), 『현대인사관리론』(전정판), 서울 : 박영사, pp.45~49.

7) Taylor, F. W. (1911). *The principles of scientific management*, New York, NY : Harper & Brothers.
박경규(2014), 『조직행동』, 서울 : 홍문사

8) 이학종 · 양혁승(2012), 『전략적 인적자원관리』(제2판), 서울 : 오래, pp.22~24.

9) 박경규, 전게서, pp.16~18.

10) 최종태, 전게서, pp.696~699.

11) Bertalanffy, L. V. (1976). *General system theory : Foundation, development, application*. (revised ed.). NY : George Braziller.

12) 임창희, 전게서, pp.79~83.

13) Penrose, E. T. (1995), *The theory of the growth of the firm* (3rd ed.). Oxford, NY : Oxford University Press.

14) Barney, J. (1991). Firm Resources and Sustained Competitive Advantage. *Journal of Management*, 17(1), pp.99~120. https://doi.org/10.1177/014920639101700108

15) Wright, P. M., & McMahan, G. C.(1992). Theoretical perspectives on strategic human resource management. *Journal of Management*, 18, pp.295~320.

16) 김영재 등, 전게서.

17) Barney, *Op Cit*.

18) Barney, J. B., & Wright, P. M. (1998). On becoming a strategic partner : The role of human resources in gaining competitive advantage. *Human Resource Management*, 37, 31~46.

19) 박경규, 전게서, p.173. ; 김영재 · 김성국 · 김강식(2021), 『신인적자원관리』(제5판), 서울 : 탑북스, p.66.

20) 김영재 등(2021), 상게서, pp.65~69.

21) Holbeche, L. (2018). The agile organization. London : CIPD.

22) Astley, W. G., & Van de Ven, A. H. (1983). Central perspectives and debates in organization theory. *Administrative Science Quarterly*, 28(2), 245~273.

23) 박경규, 전게서.

24) 최종태, 전게서.

25) 박경규(2013), 『신인사관리』(제5판), 서울 : 홍문사, p.53.

26) 김식현, 전게서 ; 최종태, 전게서.

27) 최종태, 전게서.

28) 김식현, 전게서 ; 김영재 등(2015), 전게서 ; 최종태, 전게서.

29) 최종태, 전게서, pp.748~750.

30) Fits-Enz, J. (2009). *The ROI of human capital : Measuring the economic value of employee performance*(2nd edi.). Amazon.

31) 김식현, 전게서 ; 최종태, 전게서.

32) Pinder, C. C. (2008). *Work motivation in organizational behavior*. Psychological Press.

33) 박경규(2014), 『조직행동』, 서울 : 홍문사 ; 백기복(2011), 『조직행동연구』(제5판), 서울 : 창민사 ; 이창원 · 최창현 · 최천근(2012), 『새 조직론』(전정3판), 서울 : 대영문화사

34) 신유근 · 이춘우(2014) 『조직행위론』, 서울 : 한경사 p.201.

35) 한덕웅(1983), 『조직행동의 동기이론』, 서울 : 법문사

36) 박경규, 전게서, pp.107~108.

37) 이창원 등, 전게서, p.165.

38) Colquitt, J. A., LePine, J. A., & Wesson, M. J. (2014). *Organizational behavior : Improving performance and commitment in the workplace* (4th ed.). McGraw-Hill.

39) Bandura, A. (1997). *Self-efficacy : The exercise of control*. New York : W. H. Freeman.

40) Colquitt et al., *Op Cit*.

41) 박경규, 전게서 ; 백기복, 전게서.

42) 박경규, 전게서, pp.121~122. ; 임창희(2017), 『조직행동』(제6판), 서울 : 비앤엠북스, pp.243~244.

43) Adams, J. S., & Rosenbaum, W. B. (1962). The relationship of worker productivity to cognitive dissonance about wage inequities. *Journal of Applied Psychology*, 46, 161~164.

44) 이창원 등, 전게서, p.185.

45) 백기복, 전게서.

46) 박경규, 전게서, p.125.

47) Locke, E. A. (1968). Toward a theory of task motivation and incentives. *Organizational Behavior and Human Performance*, 3, pp.157~89.
Locke, E. A., Shaw, K. N., Saari, L. M., & Latham, G. P. (1981). Goal setting and task performance : 1969~1980. *Psychological Bulletin*, 90, 125~152.

48) Robbins, S. P., & Judge, T. A. (2015). *Organizational behavior* (16th ed.). Upper Saddle River, NJ : Prentice Hall.

49) 박경규, 전게서, p.126.

50) Jex & Britt, Op Cit. ; Locke, E. A., & Latham, G. P. (1990). *A theory of goal setting and task performance*. Englewood Cliffs, NJ : Prentice-Hall.

51) Colquitt et al., *Op Cit*. ; 박경규, 전게서, pp.128~129.

52) 박경규, 전게서, p.130.

53) 박경규, 전게서, p.130. ; Jex & Britt, *Op Cit*.

54) Schneider, B. (1987). The people make the place. *Personnel Psychology*, 40, 437~453.

55) Robbins & Judge(2013), *Organizational behavior*(15th edi.). Chapter 5.

56) 박경규, 전게서. ; 임창희, 전게서 ; 이창원 등 전게서 ; Noe, R. A., Hollenbeck, J. R., Gerhart, B., & Wright, P. M. (2018). *Fundamentals of human resource management*. (7th ed.). New York, NY : McGraw-Hill/Irwin.

57) Robbins & Judge, *Op Cit.* ; Barrick, M. R., Mount, M. K. (1991). The Big Five personality dimensions and job performance : A meta-analysis. *Personnel Psychology*, 44, 1~26. ; McCrae, R. R., & Costa, P. T., Jr. (1999). A Five-Factor theory of personality. In L. A. Pervin & O. P. John (Eds.), *Handbook of personality : Theory and research* (pp.139~153). New York, NY, US : Guilford Press.

PART Ⅱ 직무

Chapter 2 : 직무관리

MANAGING HUMAN RESOURCE AND INDUSTRIAL RELATIONS

CHAPTER 2 직무관리

단원개요

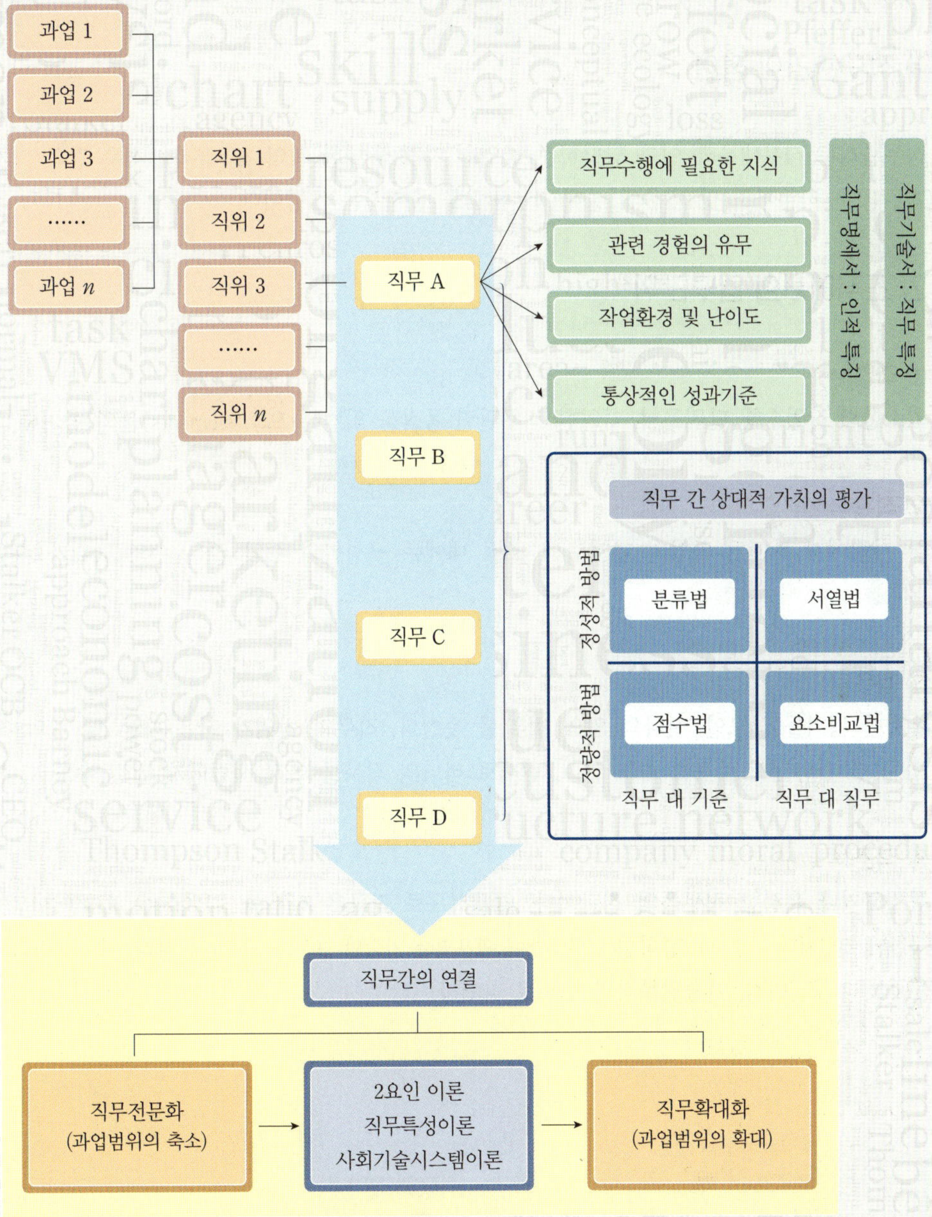

과업 1
과업 2
과업 3
……
과업 n
직위 1
직위 2
직위 3
……
직위 n
직무 A
직무 B
직무 C
직무 D
직무수행에 필요한 지식
관련 경험의 유무
작업환경 및 난이도
통상적인 성과기준
직무명세서 : 인적 특징
직무기술서 : 직무 특징
직무 간 상대적 가치의 평가
정성적 방법
정량적 방법
분류법
서열법
점수법
요소비교법
직무 대 기준
직무 대 직무
직무간의 연결
직무전문화
(과업범위의 축소)
2요인 이론
직무특성이론
사회기술시스템이론
직무확대화
(과업범위의 확대)

제1절 직무관리의 의의와 내용

MANAGING HUMAN RESOURCE AND INDUSTRIAL RELATIONS

| 1 | 직무관리의 의의[1)]

1) 직무관리의 정의

직무관리는 직무내용과 이를 담당하는 종업원 자격에 대한 파악(직무분석), 직무 간의 가치평가(직무평가), 직무구조 및 내용의 설계(직무설계)를 총칭하는 개념이다.

2) 조직에서의 업무단위[2)]

① **과업**(task)

최소한의 작업수행 단위로서, 다양한 직무관련 동작을 일컫는 요소(elements)들의 합이다.

② **직위**(position)

한 사람에게 부여된 과업의 합계로서, 조직 내에는 구성원의 수와 같은 수의 직위가 존재하게 된다.

③ **직무**(job)

유사한 직위들이 모인 '하나의 일의 범위'를 뜻한다. 직무의 범위가 작을 때는 몇 개의 직무를 합쳐 한 사람에게 부여할 수도 있고, 반대로 하나의 직무를 여러 사람에게 맡길 수도 있다.

④ **직군**(job family)

동일하거나 유사한 직무들의 집단이다. 일반적으로 직군은 전문성(직무내용이 특정한 업무영역에 국한된 것인지의 여부)과 정형성(업무수행에 활용되는 기술의 표준화 정도)에 따라 사무일반직, 사무전문직, 기술일반직, 기술전문직의 넷으로 나뉜다.

[직군의 분류]

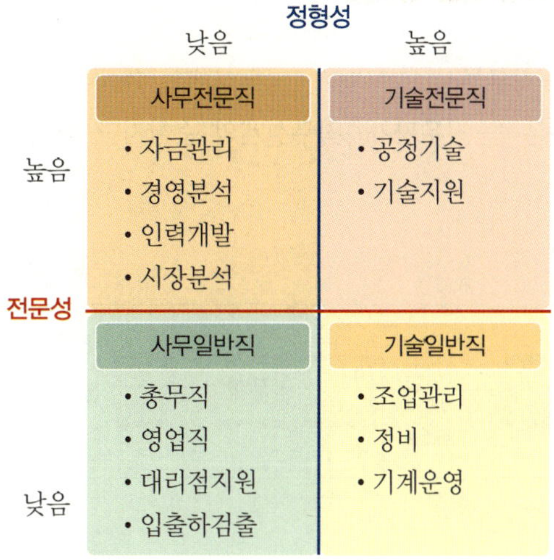

⑤ **직종**(occupation)

이는 유사한 직군의 집합으로서, 사무직종, 생산직종, 관리직종 등이 있다.

| 2 | 직무관리 시스템의 영역과 중요성[3)]

1) 직무관리 시스템의 영역

인력유동시스템(확보－개발－평가－보상－유지)에서는 다양한 역량(competency)을 가진 사람들을 확보하고 개발하며 유지하는 데 관심이 있는 반면, 직무관리 시스템에서는 사업의 효과적인 수행을 위해 필요한 직무의 분석, 평가, 설계에 초점을 둔다.

2) 직무관리 시스템의 중요성

직무관리는 다른 인사관리 하위시스템(예 채용, 교육, 경력관리, 고과, 보상)과 밀접한 관계를 가지기에 건축의 블록제(building block)와 같은 중요한 역할을 한다.

| 3 | 직무관리의 체계와 내용

직무관리를 구성하는 직무분석, 직무평가, 직무설계의 관계는 다음 그림과 같다. 직무관리의 순서는 일반적으로 직무분석－직무평가－직무설계의 순이지만 이것이 반드시 고정된 법칙은 아니다.

[직무관리의 체계]

출처 : 최종태(2000), p.121, 수정인용

제2절 직무분석

MANAGING HUMAN RESOURCE AND INDUSTRIAL RELATIONS

(2000년) 제9회 공인노무사시험
직무분석 및 직무평가의 중요성과 절차 및 기법을 설명하고 이를 토대로 한 능력 관리주의 인사관리의 구체적 실천방안을 논하라. (50점)

(2012년) 제21회 공인노무사시험
직무분석의 활용방안을 인사관리의 기능(확보, 개발, 평가, 보상, 유지, 방출) 관점에서 논하시오. (50점)

(2021년) 제30회 공인노무사시험
역량중심 인적자원관리(Competency-based HRM)와 직무중심 인적자원관리(Job-based HRM)를 비교하여 논하고, 역량평가 방법 중 평가센터(Assessment Center) 활용의 의의와 평가센터 운영 시 사용되는 기법 4가지를 쓰고 각각 설명하시오. (50점)

| 1 | 직무분석의 의의 및 목적

1) 의의

직무분석(job analysis)은 특정 직무의 내용 및 이를 수행하는 데 필요한 직무수행자의 행동, 육체적 및 정신적 능력 등을 밝히는 체계적인 작업을 뜻한다.[4]

2) 목적과 중요성

① 직무수행자를 위한 정보의 제공

직무분석은 직무담당자가 성공적으로 직무를 수행하기 위한 구체적이고도 정확한 직무정보(매뉴얼)를 제공한다.

② 인사관리의 효율성 제고를 위한 정보제공

직무분석은 인사관리의 여러 기능분야(예 확보, 개발, 평가, 보상, 유지 등)를 효율적으로 수행하는 데 필요한 정보를 제공한다.

| 2 | 직무분석의 체계와 절차

1) 직무분석의 체계

직무분석은 크게 직무와 작업의 특징, 인적 특징에 대한 분석으로 나뉜다. 직무의 내용과 목적, 작업수행에 필요한 육체적 및 정신적 강도와 작업 환경은 전자에, 그리고 직무수행에 필요한 자격요건과 숙련의 과정은 후자에 해당한다.

2) 직무분석의 절차

① 예비작업

직무분석을 위해 필요한 배경정보(조직도, 업무분장표, 기존 직무기술서와 직무명세서 등)를 수집하는 예비조사와 직무분석 단위의 결정이 이루어진다. 모든 직무를 분석하기보다는 조직의 전략적 목표달성에 필수적인 대표직무(key job)를 선정하고 이를 중점적으로 분석한다.

② 본작업

직무의 성격, 종업원의 인적 요건 등 구체적인 직무정보수집 작업이 이루어진다.

③ 정리분석작업

주요 직무특성과 직무활동들을 기록한 직무기술서와 직무수행에 필요한 인적 특성을 정리한 직무명세서를 작성한다.

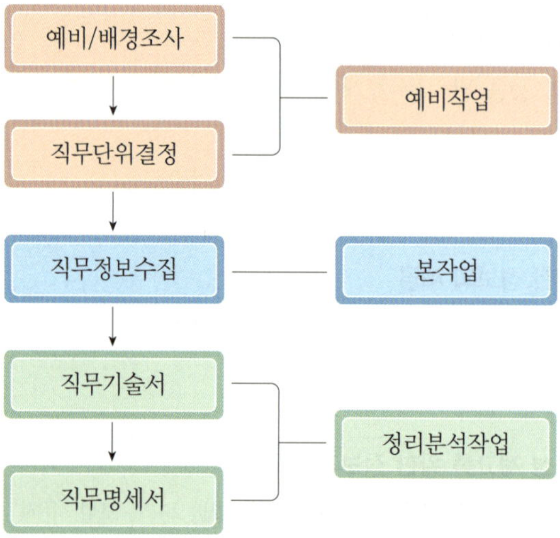

출처 : 최종태(2000), p.125

| 3 | 직무분석의 실제

1) 직무분석 단위의 결정
2) 직무정보 수집방법
 ① 관찰법
 ② 면접법
 ③ 질문지법
 ④ 경험법
 ⑤ 중요사건법
 ⑥ 작업기록법
 ⑦ 임상적 방법
3) 직무를 분석하는 기법
 ① 능력요건척도
 ② 기능적 직무분석
 ③ 과업목록법
 ④ 직위분석 질문지법
 ⑤ 관리직위기술 질문지법
4) 직무분석의 결과물 : 직무기술서와 직무명세서
5) 직무분석상의 오류와 한계
6) 직무분석의 성공요건

1) 직무분석 단위의 결정

분석의 주된 대상이 되는 대표직무를 선정하고 그 구체적 분석항목(예 직무범위, 작업목적, 작업방법 등)을 규정하는 작업이다.

2) 직무정보 수집방법[5)]

방법	내용	특징(장점)	단점
관찰법	실제 과업/직무를 관찰, 체계적 기록	다수 작업자 관찰이 필요	관찰자 주관 개입, 내면 관찰 불가, 오랜 시간 관찰 불가
면접법	작업자의 직접 진술 확보	긴 시간의 직무 요약 가능	면접대상과 호의적 관계구축 必
질문지법	설문지 응답 및 기술 확보	시간과 노력의 절약	해석상 차이로 인한 오류 가능
경험법	Learning by doing	가장 정확한 내용 파악 可	실제 수행 가능한 직무 숫자 감소
중요사건법	효과적 행동사례 수집 · 분석	직무행동과 성과 간 관계 파악 용이	직무행동의 분류/평가에 많은 시간과 비용이 소요
작업기록법	작업일지나 메모사항의 분석	내용의 신뢰도 高	작업일지의 내용이 직무분석에서 원하는 것이 아닌 경우 문제가 됨
임상적 방법	시간/동작연구, 테스트법 (우수자 시연 등)	비교적 정밀하고 객관적 자료 도출 가능	절차가 복잡하고 전문적 지식을 필요로 함

① 관찰법

a. 개념

관찰법(observation method)은 직무수행자의 행동과 동작 및 업무과정을 실제로 살펴보고 이를 체계적으로 기술하는 방법이며, 복수의 관찰자가 작업과정을 관찰하는 경우가 많다.

b. 특징

[장점] 짧은 순환 과정을 가진 활동이 많은 직무에 적절하며, 가장 생생한 직무정보를 간편하게 얻을 수 있다.

[단점] 관찰자의 주관이 개입되고, 종업원의 내면과 정신적 활동에 대한 관찰이 불가능하며, 장기간 관찰하는 것이 어렵다. 직무수행자가 자신의 직무가 관찰되고 있다고 느끼는 경우 직무수행에 왜곡(호손효과, Hawthorne effect)도 발생할 수 있다.

② 면접법

a. 개념

면접법(interview method)은 사전에 준비된 면접질문서를 활용해 직무담당자의 진술을 확보하여 직무에 대한 정보를 수집하는 방법이다.

b. 특징

[장점] 관찰법의 단점을 상당부분 극복할 수 있고, 정신적 육체적 행위를 모두 기술할 수 있으며, 장시간 수행되는 직무 내용을 간단히 요약하여 파악할 수 있다.

[단점] 피면접자와의 호의적 관계(rapport)가 사전에 구축되어야 하며, 피면접자가 자신에게 불리한 사실에 대해서는 정보제공을 기피하는 경우가 발생한다.

③ 질문지법

a. 개념

질문지법(questionnaire method)은 사전에 설계한 표준화된 설문지에 직무의 내용, 수행방법, 자격요건 등에 대한 응답을 적게 하는 방법이다.

b. 특징

[장점] 별도의 면접담당자가 필요하지 않으며 시간과 노력이 상대적으로 적게 들고, 폭 넓은 정보를 수집할 수 있다.

[단점] 질문지 개발에 많은 시간과 노력이 소요되고, 응답자가 질문지를 이해하지 못하거나, 응답자에 대한 통제가 떨어진다. 또한 문어(文語)는 구어(口語)보다 정보의 맥락성(context)이 감소하므로 해석상의 오류가 발생할 수 있다.

④ 경험법

a. 개념

경험법(empirical method)은 직무분석을 담당하는 사람이 직접 해당 직무를 수행해 봄으로써 직무관련 정보를 수집하는 방법이다.

b. 특징

[장점] 직무분석 담당자가 가장 정확하게 직무의 내용을 파악할 수 있게 된다.

[단점] 제3자가 수행 가능한 직무의 수가 많지 않고, 시간과 비용이 많이 소모된다.

⑤ 중요사건법

a. 개념

중요사건법(critical incidents methods, CIM)은 성과 창출에 효과적인 행동과 그렇지 않은 행동들의 사례수집을 통해 효과적인 행동패턴을 추출 · 분류하는 방법이다.

b. 특징

[장점] 직무행동과 직무성과 간의 관계를 직접적으로 파악할 수 있다.

[단점] 직무행동을 분류 · 평가하는 데 많은 시간과 노력이 소요되고, 여기서 얻은 정보만으로는 직무 전반의 포괄적 정보획득이 쉽지 않다.

⑥ 작업기록법

작업기록법(employee recording)은 직무수행자가 매일 작성하는 작업일지나 메모사항을 가지고 해당 직무에 대한 정보를 수집하는 것이다.

⑦ 임상적 방법

임상적 방법(clinical method)은 근무활동의 시간적 형태를 객관적으로 파악하는 '시간연구', 공간적 형태를 우량작업과 불량작업으로 나누는 요인의 추출에 집중하는 '동작연구' 등으로 구성된 실험기법이다.

3) 직무를 분석하는 기법

직무분석기법은 직무정보와 직무수행자의 자격요건을 수집, 분류하는 방법이며, 관점에 따라 기능적 직무분석법, 직위분석 설문지법, 능력요건척도, 관리직위기술 질문지법, 과업목록법 등으로 구분된다.[6]

[직무분석 기법의 종류와 내용]

분석의 초점	의미	기법의 사례	기법의 내용
업무수행 역량	업무수행에 필요한 개인의 역량에 대한 정보를 분석	능력요건척도	성과의 차이를 가져오는 개인의 52개 속성을 인지, 육체, 감각, 정신운동 능력영역으로 구분
과업의 내용	과업 자체의 특징을 분석	기능적 직무분석	직무에서 수행되는 과업을 자료(data), 사람(people), 사물(things) 관련 기능으로 분류
		과업목록법	직무와 관련한 모든 과업을 소요시간, 중요성, 난이도 등으로 평가
직위관련 정보	개인이 가진 직위와 관련된 전반적 정보를 분석	직위분석 질문지법	6대 범주(투입정보, 정신적 과정, 과업성과, 타인과의 관계, 직무환경, 기타 직무특성)로 설문을 통해 직무관련 정보를 수집
		관리직위분석 질문지법 (역량분석으로도 분류 가능)	관리자 직위에서 수행되는 과업을 관리자의 13대 역할/자질로 나누어 분석

출처 : 배종석(2018), p.166 ; Noe et al.(2012) 수정인용

① 능력요건척도[7)]

a. 개념

플라이시만(Fleishman)이 개발한 능력요건척도(ability requirement scales, ARS)는 직무수행에 필요한 제반 역량요건을 분석하는 기법이다.

b. 분석기준

여기서는 여러 직무에 공통적으로 적용될 수 있는 52가지의 인지적, 육체적, 감각적, 정신운동 능력을 각각 7점 척도로 측정한다.

c. 활용

능력요건척도는 직무관리뿐만이 아니라 선발, 교육훈련, 경력개발 등에 널리 활용되고 있다.

② 기능적 직무분석

a. 개념

미국 노동부에서 개발한 기능적 직무분석(functional job analysis, FJA)은 직무배치와 상담에 사용하기 위하여 개발되었기 때문에 직무를 간략하게 분류하는데 유용하다.

b. 분석기준

여기서는 직무정보를 자료(data, 정리나 분석), 사람(people, 감독이나 협상), 사물(things, 조작이나 설치) 관련 기능으로 나누어 분류하고 정리한다.

c. 활용

이 기법은 특정 직무를 비교적 간단하게 분류할 수 있기에 중소기업에서 쉽게 사용할 수 있다.

③ 과업목록법

a. 개념과 분석기준

크리스탈(Christal)이 개발한 과업목록법(task analysis inventory : TAI)은 설문지를 사용하여 모든 직무과업을 열거하고, 이를 소요시간, 빈도, 중요성, 난이도 등의 차원에서 평가한다.

b. 특징과 활용

[장점] 과업의 내용을 매우 체계적으로 분석할 수 있으며, 현실적인 직무내용의 파악이 가능하며, 교육훈련에 바로 활용이 가능하다.

[단점] 과업목록이 직무별로 다르게 구성되므로 직무간 비교가 어렵기에 직무평가에 사용되지 못한다.

④ 직위분석 질문지법

a. 개념과 분석기준

맥코믹(McCormick) 등이 개발한 직위분석 설문지법(position analysis questionnaire : PAQ)은 6개 범주(투입정보, 정신적 과정, 과업성과, 타인과의 관계, 직무환경, 기타 직무특성)에 관한 질문지를 통해 직무정보를 수집 · 분류하게 된다.

b. 활용

직위분석 질문지는 선발과 직무분류 및 직무평가 용도로 널리 활용되고 있으나, 인사평가나 교육훈련 용도로는 활용되고 있지 않다.

⑤ 관리직위기술 질문지법[8)]

a. 개념과 분석기준

토나우(Tornow)와 핀토(Pinto)가 개발한 관리직위기술 질문지(Management Position Description Questionnaire, MPDQ)는 관리직에 필요한 자질을 13개 항목(전략, 감독, 재무, 통제 등)들로 나누어 측정한다.

b. 활용

관리자의 교육필요성을 진단하는 동시에 직무분류와 직무가치평가에 활용되며, 관리자를 위한 보상정책 수립에도 사용된다.

4) 직무분석의 결과물 : 직무기술서와 직무명세서[9)]

직무분석의 결과물로 작성되는 문서가 바로 직무기술서와 직무명세서이다. 이론상 이 둘은 구분되지만 실무에서는 편의상 직무기술서에 직무명세서 내용을 같이 기술하기도 한다.

① 직무기술서(job description)

a. 개념

이는 직무수행과 관련된 과업 및 직무행동을 일정한 양식에 기술한 문서를 말한다.

b. 주요 내용

직무기술서에는 직무주체(who), 직무내용(what), 직무수행방법(how), 직무수행목적(why), 장소(where), 작업시간(when) 등이 기록된다.

c. 유의사항

직무기술서는 그 표현이 단순명료해야 하며, 일의 범위와 성격을 명확하고 구체적으로 설명해야 한다. 또한 감독자의 책임도 나타나야 한다.

② 직무명세서(job specification)

a. 개념

이는 직무수행에 필요한 종업원의 행동, 기능, 능력, 지식 등과 각종 인적자격조건을 일정한 양식에 기록한 문서이다.

b. 주요 내용

직무명세서에는 직무경험, 필요한 교육훈련 내용, 요구되는 지식, 기술, 능력(KSA), 학력이나 전공분야, 정신적 및 신체적 요구조건 등이 기록된다.

5) 직무분석상의 오류와 한계

직무분석시 발생할 수 있는 주요 오류와 그 원인에는 다음과 같은 것들이 있다.[10]

① 부적절한 표본 추출

과업영역 전체를 조사하지 않거나, 관련 과업영역을 먼저 명확히 해두지 않을 경우 직무의 중요한 측면이 분석대상에서 제외될 수 있다.

② 반응세트

사람들이 예상된 또는 왜곡된 방법으로(예 social desirability bias) 질문에 대하여 일관성 있게 응답할 때 발생하는 오류이며, 직무분석의 대상자가 반응세트를 가지고 있다면, 분석결과자료의 정확한 해석이 더욱 어렵게 된다.

③ 직무환경의 변화

신공정 도입이나 기술변화 등의 환경변화가 발생하면 기존의 직무분석결과(직무기술서와 직무명세서)를 활용할 수 없다. 이러한 직무분석의 경직성 극복을 위하여 최근에는 역량모델링(competency modeling)을 활용하기도 한다.

④ 종업원의 행동 변화

같은 종업원이라 하더라도 시간이 지나면서 행동양식이나 업무수행방식이 달라지는 성숙효과(maturation effect)가 나타날 수 있다.

6) 직무분석의 성공요건

앞서 언급한 직무분석상의 각종 오류들을 극복하고 제대로 된 직무분석을 실시하기 위해서는 첫째, 철저한 준비가 필요하고, 둘째, 전문가에 의한 구체적 · 체계적인 분석이 필요하며, 셋째, 조직의 특성에 맞는 분석결과의 활용이 필요하다.

제3절 직무평가

MANAGING HUMAN RESOURCE AND INDUSTRIAL RELATIONS

(2000년) 제9회 공인노무사시험
직무분석 및 직무평가의 중요성과 절차 및 기법을 설명하고 이를 토대로 한 능력 관리주의 인사관리의 구체적 실천방안을 논하라. (50점)

(2006년) 제15회 공인노무사시험
직무평가의 필요성과 방법을 약술하라. (25점)

| 1 | 직무평가의 의의 · 목적 · 평가요소

1) 의의

직무평가(job evaluation)란 조직 내 직무들을 일정한 기준에 의해 서로 비교하여 직무들 간의 상대적인 가치를 체계적으로 결정하는 과정이며, 직무급(직무의 중요도에 따라 지급되는 임금)의 확립에 필요한 절차이다.

2) 목적 및 필요성

직무평가는 인간이 아닌 직무 자체의 가치를 평가하는 과정으로서 다음과 같은 점에서 그 의미를 갖는다.

첫째, 직무평가는 임금의 공정성을 제고하기 위한 수단으로서의 의미를 가진다. 테일러(Taylor)의 과학적 관리론에 따르면 성과에 따른 차등보상지급을 위해서는 작업마다 지급되는 임률(pay rate) 차이의 기준을 명확하게 설정해야 하기에 직무평가가 필요하다.

둘째, 직무평가를 통해서 인사관리 전반의 합리화(즉 인력의 확보, 배치, 개발의 합리성 제고)를 꾀할 수 있다. 예를 들어 직무가치 추정값과 종업원의 능력을 매칭(matching)하면 배치의 성공률이 높아진다.

3) 평가요소

1951년 헤이(Hay)에 의해 고안된 직무평가방법인 헤이 시스템(Hay system) 이래로 직무평가요소는 크게 기능과 노력, 책임과 작업환경으로 구분되며, 이들 각각은 다시 세부 구성요소들로 분류되어 평가항목을 구성하게 된다.

[Hay System에 입각한 직무평가항목]

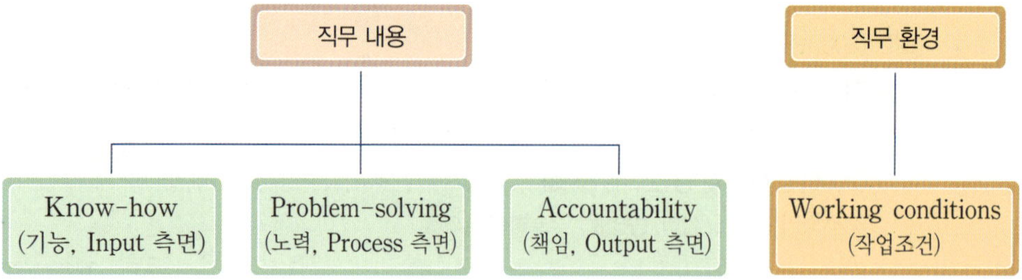

| 2 | 직무평가의 방법[11)]

직무평가의 방법은 직무 전반을 평가하는 종합적 방법(예 서열법, 분류법)과 구체적 평가요소로 나누는 분석적 방법(예 점수법, 요소비교법)으로 구분되며, 이들은 다시 직무와 기준을 비교하는 방법(예 분류법, 점수법)과 직무와 직무를 직접 비교하는 방법(예 서열법, 요소비교법)으로 나눌 수도 있다.

[직무평가방법]

	계급적(구간 有)	계열적(구간 無)	
비양적 (점수화 ×)	분류법	서열법	전체적 (예 A직무가 B직무보다 더 중요하다)
양적 (점수화 ○)	점수법	요소비교법	분석적 (예 A직무는 기능, 노력의 측면에서 B직무보다 낫지만 책임의 측면에서는 B보다) 덜 중요함)
	직무 대 기준	직무 대 직무	

1) 서열법

① 개념

서열법(ranking method)은 직무의 상대적 가치에 기초를 두고 각 직무의 중요도와 장점에 따라 순서를 정하는 평가방법이다. 이 방법에서는 평가요소를 구분하지 않고 전체적(포괄적)인 판단이 이루어진다.

② 유형

서열을 정하는 방법에는 직무순서를 차례대로 정하는 단순서열법, 최상위직무와 최하위직무를 순차적으로 결정하는 교대서열법(상호서열법), 직무를 2개씩 짝지어 비교하는 쌍대(짝)비교법, 그 밖에 위원회나 조직도를 활용하는 방법 등이 있다.

③ 장점과 단점

[장점] 직무 간의 상대적 중요도를 비교적 신속하게 판단할 수 있다.

[단점] 평가대상 직무 수가 많은 대규모 기업에서 활용되기가 쉽지 않고, 직무에 대한 구체적인 판단 기준이 없으며, 서열화가 매우 주관적인 기준에 의해 이루어질 수 있다.

2) 분류법

① 개념과 특징

분류법(job classification method)은 직무를 사전에 만들어 놓은 여러 수준이나 등급에 의하여 분류하는 것이다. 서열법과 마찬가지로 직무의 상대적 가치를 (구체적 요소를 구분하지 않고) 포괄적으로 판단하여 등급화한다.

② 장점과 단점

[장점] 분류법의 장점으로는 비교적 간단하고 이해하기 쉬운 합리적 직무평가 방식이다.

[단점] 상이한 형태의 직무에 대해서는 등급의 기준이 별도로 마련되어야 하므로 오히려 직무평가가 복잡해질 가능성이 있으며, 최고 · 최저등급이 아닌 중간등급의 경우 판단이 어렵고, 등급판정의 의사결정 자체에 주관이 개입할 여지가 있다.

3) 점수법

① 개념

가장 대중적인 직무평가 방법인 점수법(point rating method)은 여러 평가요소별 중요도(가중치)에 따라 점수를 산정하고, 이를 합산하여 전체직무가치를 도출하는 방법이다.

② 절차

a. 평가요소의 선정

기능, 책임, 노력, 작업환경에 따라 적정한 수(일반적으로 10~15개)의 평가요소를 선정한다.

b. 평가요소의 가중치 및 기준의 선정

평가요소별 중요도나 필요성에 따라 가중치를 부여하고, 각 등급구간별로 등차 · 등비급수를 활용하여 가중치를 배분한다.

[평가요소의 배점표 (예시)]

요소	가중치	1등급	2등급	3등급	4등급	5등급
기능	40	40	32	24	16	8
노력	20	20	16	12	8	4
책임	10	10	8	6	4	2
작업환경	30	30	24	18	12	6
합계	100					

c. 직무별 점수의 산정

직무기술서나 명세서를 검토하여 각 직무의 평가요소별 점수를 산정한다.

d. 직무급의 도출과 임금체계 조정

합산점수를 토대로 최종적인 직무급을 도출하는 동시에, 필요시에는 이 값과 몇 개의 대표직무 임금현황을 비교하여 현행 임금체계를 조정한다.

③ 장점과 단점

[장점] 직무의 상대적 차등을 명확하게 정할 수 있으며, 평가요소와 가중치가 결정된 이후에는 종업원으로부터 평가결과에 대하여 이해 및 신뢰를 얻을 수 있다.

[단점] 각 직무에 공통되는 평가요소의 선정이 용이하지 않으며, 가중치의 선정 과정에서 평가자의 주관이 개입될 가능성이 있다. 또한 시행에 상당한 시간과 비용이 필요하다.

4) 요소비교법

① 개념

기존 직무내용의 변화와 새 직무의 출현 등이 빈번한 오늘날의 역동적인 기업환경에 대응하기 위하여 벤지(Benge)는 서열법을 발전시킨 요소비교법(factor-comparison method)을 고안한다. 이는 몇 개의 기준직무(대표직무)를 선정하고 각 직무의 평가요소를 기준직무의 평가요소와 비교함으로써 모든 직무의 상대적 가치를 임금액으로 평가하는 방법이다.

② 절차

a. 평가요소와 대표직무의 선정

점수법에서와 마찬가지로 평가요소를 선정하고, 동시에 대표(기준)직무를 선정한다. 대표직무의 역할은 다른 직무와의 비교 기준이 되는 것이다.

b. 각 요소하에서 대표직무의 서열결정

이는 서열법을 구체적 평가요소별로 적용한 것과 같다. 전체로서 등급을 정하는 대신에 평가요소별로 서열을 결정한다.

c. 여러 요소별로 각 대표직무의 올바른 임률 할당

대표직무들에 지급되는 시간당 적정임률을 알아낸 다음 이를 각 평가요소에 배분한다. 적정임률은 다수의 평가위원들이 여러 번에 걸쳐 대표직무의 임금을 판단한 결과를 종합 · 평균한 것이다.

이후에는 평가대상이 되는 모든 대표직무들에 대하여 평가요소별 임률순위를 파악한다. 앞서 b.단계에서 정해둔 요소별 서열과 이번 단계에서 발견된 임률별 서열이 만약 불일치한다면 그 원인을 규명하고 임률조정을 실시한다.

[대표직무의 평가요소별 임금배분에 대한 가상적 사례]

평가요소 / 대표직무	업무기술		노력		책임		작업조건		시간당 임금 (단위 : 천원)
	서열	금전적 가치	서열	금전적 가치	서열	금전적 가치	서열	금전적 가치	
대표직무 A	1	30	2	20	1	40	2	13	103
대표직무 B	2	15	3	10	3	25	1	10	60
대표직무 C	3	10	1	25	2	30	3	18	83

출처 : Mathis & Jackson(2011)을 배종석(2018)에서 재수정인용

d. 이러한 요소척도들에 비추어서 여타의 직무를 평가

대표직무의 임금을 확정한 후에는 대표직무와 평가대상직무를 요소별로 비교하여 구체적인 임금액을 결정한다.

③ 장점과 단점

[장점] 대표직무만 적절히 선정되면 점수법보다 합리적이어서(실정에 맞는 fine-tuning이 가능) 임금공정성 확보에 도움이 되므로 널리 사용되고 있다.

[단점] 대표직무가 잘못 선정되거나 그 내용이 바뀐다면 전체의 평가절차가 새로 이루어져야 한다. 또한 요소별 임금서열을 판단하는 과정에서 평가자의 주관이 개입될 가능성이 있으며, 평가방식이 복잡해서 종업원들의 수용도가 낮을 수 있다.

| 3 | 직무평가시 유의사항

직무평가시에는 일반적으로 다음의 몇 가지 사항에 유의해야 한다.[12]

첫째, 평가결과에 대한 종업원의 거부 내지는 저항이 발생할 수 있다.

둘째, 평가요소의 선정(특히 점수법과 요소비교법)에 있어서 노사 간의 의견차이가 발생할 수 있다.

셋째, 직무평가를 갑자기 실시할 경우 종업원이 직무평가 목적에 대해 오해를 할 수 있다.

따라서 이상에서 언급된 문제점들을 극복하기 위해서는 기업 측에서 직무평가 실시 전에 종업원에 충분한 홍보를 실시하는 동시에 평가의 객관성을 위한 외부전문가 및 종업원 대표의 평가참여를 보장할 필요가 있다.

제4절 직무설계

(1991년) 제3회 공인노무사시험

직무확대(Job enlargement)와 직무충실(Job enrichment)의 특성과 효과를 약술하라. (25점)

(2008년) 제17회 공인노무사시험

전통적 직무설계의 특징 및 한계를 설명하고, 이에 대한 대안의 하나인 "노동의 인간화"(Humanization of work)의 개념, 기업 내 실행방안 및 효과를 설명하시오. (50점)

(2010년) 제19회 공인노무사시험

Hackman과 Oldham의 직무특성모형의 내용 및 비판을 약술하라. (25점)

(2014년) 제23회 공인노무사시험

오늘날 경력개발관리의 의미, 개인의 경력욕구로서 '경력 닻', 그리고 경력개발관리 기법으로서 직무순환의 장·단점을 설명하시오. (25점)

(2017년) 제26회 공인노무사시험

직무설계 기법 5가지를 제시하고, 각각의 장·단점을 설명하시오. (25점)

(2021년) 제30회 공인노무사시험

전략적 인적자원관리(SHRM : Strategic Human Resource Management)와 관련하여 자원기반관점(RBV : Resource-based View)의 개념과 핵심요소 4가지를 쓰고 설명하고, SHRM 관점에서 인적자원관리 부서의 역할 4가지를 쓰고 설명하시오. (25점)

| 1 | 직무설계의 의의 및 범위

1) 의의

직무설계(job design)는 조직목표를 달성하고 종업원의 욕구를 만족시키기 위하여 조직에서 수행되는 여러 직무들 간의 관계를 설정하고 그 수행방법을 결정하는 활동을 의미한다.[13] 대부분의 직무설계는 현존하는 작업방식의 변화를 수반하므로, 직무재설계 또는 직무구조설계라고도 한다.

2) 범위

직무설계는 그 내용영역에 따라 일(직무)의 내용과 수행방법에 관한 직무구조설계, 여러 직무

간의 수행절차와 부문화(묶기)에 관한 직무과정설계, 근무시간의 제 조건(예 휴게시간의 설정 등)을 논의하는 직무시간설계 등으로 구분된다.[14]

| 2 | 직무설계의 방법

1) 직무설계의 이론적 접근법	2) 직무설계의 방법
① 전통적 직무설계 : 직무전문화	① 직무전문화
② 현대적 직무설계와 그 근거	② 직무확대화 : 노동의 인간화
a. 2요인 이론	a. 개념과 등장배경
b. 직무특성이론	b. 직무확대화의 실천전략
c. 사회 · 기술시스템이론	c. 내용

1) 직무설계의 이론적 접근법[15]

직무설계의 방법은 크게 네 가지의 이론적 접근법으로 나누어 살펴볼 수 있으며, 일반적인 직무설계 문헌에서는 앞의 두 가지를 주로 다룬다.

[직무설계의 접근법]

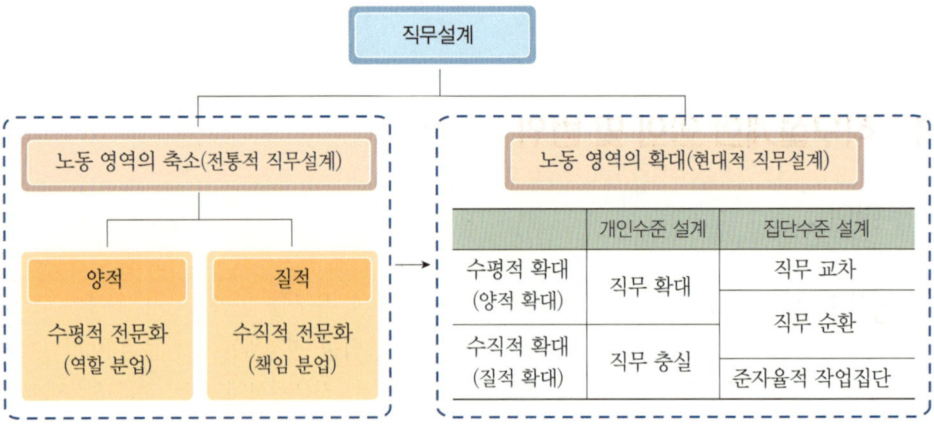

- 효율적(전통적) 직무설계(기계적 관점, mechanistic approach) : 이는 업무수행의 속도와 생산성 향상을 위한 직무설계를 뜻한다. (예 분업을 통한 직무전문화)
- 동기부여적 직무설계(motivational approach) : 이는 구성원이 일하는 즐거움을 느낄 수 있도록 하는 직무설계의 관점이다. (예 흥미와 책임감을 동시에 느낄 수 있도록 하는 직무확대화)

- 인간공학적 직무설계(생물학적 관점, biological approach) : 이는 작업환경과 업무수행방식을 개선하여 직무수행이 신체에 미치는 육체적 긴장을 줄이도록 하는 관점이다. (예 직업병 예방을 위한 사무공간배치의 개선)
- 정신능력과 한계를 고려한 직무설계(지각-운동적 직무설계, perceptual-motor approach) : 이는 직무가 인간의 정신능력(mental ability)에 미치는 영향을 줄이도록 하는 관점이다. (예 업무용 SNS의 사용시간과 범위를 제한)

① 전통적 직무설계 : 직무전문화

a. 개념

직무전문화(job specialization)는 작업자가 수행하는 과업들을 그 숫자 면에서 줄이는 것이다. 산업화 이후 조직에서는 효과적인 분업을 통하여 전체적인 노동생산성을 높일 수 있었기에, 직무전문화는 오늘날 산업사회 직무설계의 가장 기본적인 원리가 되었다. 이는 분업이론(Smith) 및 과학적 관리론(Taylor) 등과 관련을 가지며, 직무분업화와 기능단순화를 통한 반복작업을 강조한다.

구체적으로 직무전문화는 역할의 분업을 근간으로 하는 수평적 전문화와 책임의 분업을 근간으로 하는 수직적 전문화로 나뉜다.

b. 직무전문화의 장점

분업과 전문화는 다음 그림에서 확인할 수 있듯이 일정 수준까지는 도움이 되지만, 지나칠 경우에는 다양한 문제를 유발한다.

[직무전문화의 장점과 단점]

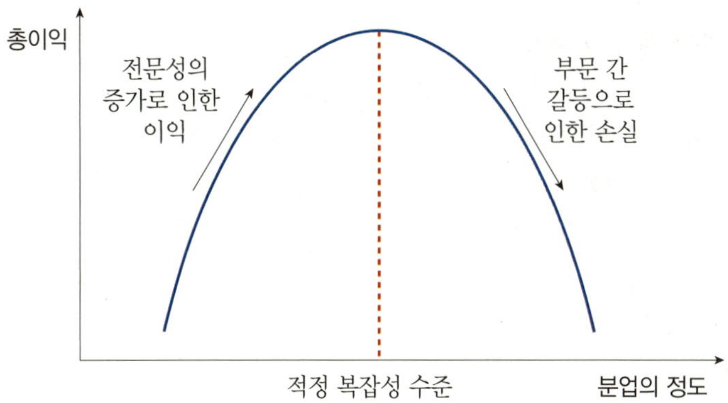

ⅰ. 기업 측의 장점

첫째, 업무가 자세하게 나뉘어져 있으므로 기업에서는 작업자를 선발하고 훈련하기가 쉬워진다.

둘째, 단순/반복작업으로 대량생산이 가능해진다[예 스미스(Smith)의 저서 <국부론>에서 핀 제조공장의 사례].

셋째, 단순작업이 반복되므로 통제범위(span of control)가 확대되어 관리비용과 노무비 절감이 가능해진다.

넷째, 개별적인 과업을 감독하면 되기 때문에 작업과정의 전반적 관리가 편리하다.

ⅱ. 종업원 측의 장점

첫째, 부분적인 개별과업을 수행하기 때문에 작업결과에 대한 책임부담이 감소한다.

둘째, 작업시 고려 범위가 축소되므로 업무에 대한 인지적(정신적) 부담이 줄어든다.

셋째, 단순한 과업의 처리방식만 숙지하면 되므로 특별한 직무교육을 별도로 받을 필요가 없어진다.

넷째, 고도의 기술을 장기간 학습할 필요가 없으므로 미숙련공의 취업이 용이해진다.

c. 직무전문화의 단점

ⅰ. 기업 측의 단점

첫째, 분업으로 인하여 제품전체에 대한 관리책임 규명과 품질관리가 쉽지 않다.

둘째, 작업자의 불만으로 이직 증가, 지각과 결근 발생, 태업 등의 여러 관리비용(managerial cost)이 발생한다.

ⅱ. 종업원 측의 단점

첫째, 작업의 반복으로 인하여 매너리즘과 권태감이 누적되고, 사고발생으로 이어지기도 한다.

둘째, 본인의 능력을 최대로 발휘해서 작업에 대한 만족을 느낄 기회가 적고, 보다 좋은(향상/개선된) 직무를 수행할 기회가 적다.

셋째, 작업현장에서 혹사당하는 경우가 많아 피로감이 가중된다.

넷째, 동료작업자 간의 인간관계 형성의 기회가 줄어들어 사회적, 인간적 욕구가 무시된다.

② 현대적 직무설계와 그 근거

현대적 직무설계는 조직심리학적 근거에 따라 다양한 방식으로 직무범위를 확대하여 종업원으로 하여금 일하는 재미를 느낄 수 있게 하자는 것이다. 구체적인 예로는 직무확대, 직무충실, 직무교차, 직무순환, 준자율적 작업집단 등이 있으며, 현대적 직무설계에 영향을 미친 이론적 근거로는 허쯔버그의 2요인 이론, 직무특성모형, 사회 · 기술시스템이론 등이 있다.

a. 2요인 이론(two-factor theory)

ⅰ. 기본가정

만족과 불만족을 동일선상의 양극점(즉 반대 의미의 개념)으로 간주했던 기존 연구들과는 달리, 허쯔버그(Herzberg)는 개인에게 만족감을 가져다주는 요인과 불만족을 가져다주는 요인이 전혀 다를 수 있다는 점(즉 만족과 불만족이 반대개념이 아니라는 점)을 발견하였다.

ⅱ. 연구내용[16]

• 직무동기를 유발하고 만족도를 증진시키는 업무요인을 동기요인(motivator)이라 하며, 그

예로는 성취감, 칭찬과 인정(recognition), 일 그 자체, 책임감, 성장과 발전 등이 있다.

• 미충족시 직무불만족을 유발하는 요인을 위생요인(hygiene factor)이라 하며, 그 예로는 회사의 정책이나 관리규정, 감독(상사), 임금, 작업조건, 인간관계 등이 있다.

iii. 시사점

• 현대 인사관리에서는 종업원의 낮은 직무몰입이나 불만족의 원인을 개인적 특징(예 성격, 태도)보다는 직무(동기요인)와 작업환경(위생요인)의 측면에 초점을 두게 되었다.

• 동기요인의 측면에서 허쯔버그는 작업자가 계획－실행－평가를 통제하는 정도를 증대시키는 직무충실화(job enrichment)를 강조하였다.

• 위생요인의 측면에서는 불만을 야기하여 성과를 저하시킬 수 있는 요인들(예 근로시간규제)을 찾아내어 미연에 방지하는 것 역시 필요하다.

• 조직구조의 측면에서 허쯔버그는 노사나 인사부서를 위생요인 담당부문과 동기요인 담당부문으로 양분할 것을 제안하였다.

• 직무영역의 확대와 내재적 동기부여가 필요함을 학계와 경영실무계에 일깨웠다는 점에서 광의의 보상(총보상)의 측면에 시사하는 바가 크다.

iv. 한계[17]

첫째, 허쯔버그의 주장과는 달리 직무만족과 직무불만족이 별개의 차원이 아닐 수도 있다.

둘째, 허쯔버그 논의의 전제(만족하는 종업원이 높은 성과를 낸다)와는 달리 실제 만족－성과 간의 인과관계에 관해서는 논란이 있다.

b. 직무특성이론(Job characteristics theory)[18]

i. 의의

직무충실화를 더욱 구체적으로 정교화시킨 이론이 직무특성이론(Job characteristics theory)이다.[19] 해크만(Hackman)과 올드햄(Oldham)은 직무의 특성이 종업원의 심리상태에 영향을 주어 궁극적으로 개인의 동기부여와 직무만족, 나아가 조직성과에까지 긍정적 영향을 줄 수 있다고 보았다.

ii. 동기를 유발하는 직무의 특성 : 핵심직무특성

• 독립변수 : 핵심직무특성의 다섯 가지 요인

해크만과 올드햄은 동기부여의 주된 독립변수로서 직무의 다섯 가지 특성에 주목하였다.

－ 기술다양성(skill variety) : 이는 업무 수행 시 여러 가지 기능과 개인적 재능이 요구되는 정도를 뜻한다.

－ 과업정체성(task identity) : 이는 특정 직무가 타 직무와 전체적으로 뚜렷하게 구별될 수 있는 완결성(completeness)을 가지는 정도를 뜻한다.

－ 과업중요성(task significance) : 이는 해당 직무가 조직목표달성이나 타인의 삶에 영향을 주는 정도를 뜻한다.

－ 자율성(autonomy) : 이는 직무 계획 및 수행에 있어 자유와 독립성이 주어지는 정도를 뜻

한다.

– 피드백(feedback) : 이는 업무를 수행한 뒤 해당 업무수행의 효과성과 적절성에 대하여 담당자 본인에게 명확한 정보가 제공되는 정도를 뜻한다.

[직무특성이론의 기본모형]

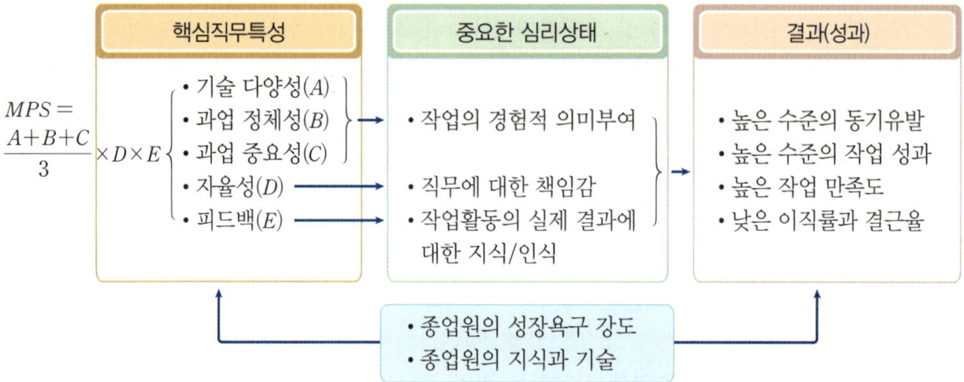

• **동기부여 잠재점수**[20]

해크만과 올드햄은 이상의 다섯 요인을 활용하여 실제 직무가 구성원을 얼마나 동기부여시킬 수 있는지를 측정하는 진단지표(diagnostic indicator)를 만들었다. 이를 동기부여 잠재점수(motivating potential score, MPS)라 한다.

$$\text{MPS} = \frac{(\text{기술다양성} + \text{과업정체성} + \text{과업중요성})}{3} \times \text{자율성} \times \text{피드백}$$

이 공식에서 특기할 만한 것은 자율성과 피드백을 곱의 요소로 보았기에 둘 중 하나가 0에 가까운 값을 갖게 된다면 직무의 동기부여 잠재점수가 낮아진다.

iii. 매개변수 : 세 가지의 중요한 심리상태

핵심직무특성(독립변수)과 결과변수(종속변수)를 논리적으로 연결해 주는 매개변수(mediator)에는 다음의 세 가지가 있다.

• 기술다양성 · 과업정체성 · 과업중요성 점수가 높을수록 조직구성원들은 직무의 의미를 보다 잘 이해(meaningfulness)한다.

• 자율성 점수가 높을수록 조직구성원은 자신의 역할수행에 대한 책임의식(responsibility)을 갖게 된다.

• 피드백 점수가 높을수록 조직구성원은 자신의 작업수행이 어떤 결과로 이어지는지에 대한 명확한 지식(knowledge)을 갖게 되어 내재적 보상을 얻게 된다.

iv. 결과변수 : 네 가지의 성과변수

핵심직무특성과 그로 인한 중요심리상태의 결과, 조직구성원들은 직무에 대한 강한 내재적 동기를 갖게 되고 작업의 질이 상승하고 업무수행에의 만족도가 향상되며 이직률과 결근율도 떨어진다.

ⅴ. 조절변수[21] : 종업원의 성장욕구 강도와 업무관련 지식 · 기술

직무특성–심리상태–결과변수 간 관계에 영향을 미칠 수 있는 조절변수(moderator)로는 종업원의 성장욕구와 지식 및 기술을 들 수 있다. 즉 높은 성장욕구(growth needs)와 상대적으로 많은 업무관련 지식과 기술(knowledge and skills)을 가진 종업원들은 충실화된 직무가 주어졌을 때보다 긍정적인 심리상태를 경험할 가능성이 높고, 내재적 동기도 증가한다.

[직무특성이론에서 성장욕구 강도의 조절효과]

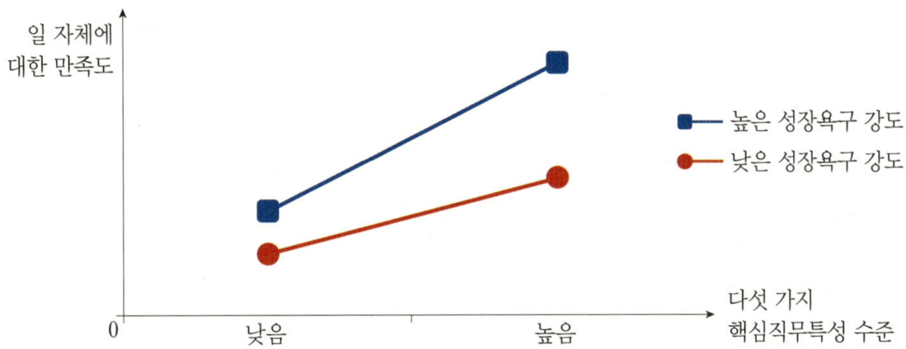

출처 : Colquitt et al.(2014), 수정인용

ⅵ. 시사점

직무특성이론은 허쯔버그의 직무충실화 개념을 발전시켜 직무확대 및 충실화에 대한 이론적 근거를 제시해 주는 동시에 개인차(성장욕구)를 인정했다는 점에서 이론적 공헌이 크다. 따라서 업무수행자의 심리상태를 동기화시킬 수 있는 직무재설계가 중요하다는 사실을 밝혔다.

ⅶ. 한계

중요한 심리상태와 결과변수 간의 분명한 인과관계 입증에 소홀하였으며, 중요심리상태가 직무특성 이외의 요소에 의해서 유발 가능하다는 점을 간과하였다. 또한 좋은 직무특성이 업무의 양적 성과(예 생산성)에 미치는 영향은 미미한 것으로 나타났다.

c. 사회 · 기술시스템이론[22]

ⅰ. 의의

사회 · 기술시스템이론(socio-technical system theory)은 조직을 테일러적인 기술시스템과 인간관계론적인 사회시스템이 거시적 입장에서 통합된 체계인 사회 · 기술시스템으로 보는 관점으로서, 기술이 조직과 사람에게 미치는 영향을 고려하여 바람직한 작업조직의 설계 방향을 발전시킨 이론이라 할 수 있다.

ⅱ. 등장배경

사회 · 기술시스템이론은 1950년대 트리스트(Trist)와 에머리(Emery) 등의 타비스톡 연구팀(Tavistock group) 소속 사회학자들에 의해 제시되었다. 영국의 한 탄광회사에 신기술이 도입된 이후 기존의 인간관계와 규범의 해체로 발생한 부작용을 극복하는 과정에서 본 이론이 등장하게 되었다.[23)]

iii. 사회와 기술의 의미

사회(society)는 조직 내에서 활동하는 사람과 집단을 말하며, 기술(technology)이란 조직의 투입물을 산출물로 변환시키는 데 사용되는 원료, 도구, 기계, 절차 등을 뜻한다.

iv. 사회 · 기술시스템의 설계 원리

사회 · 기술시스템의 주요 설계 원리를 요약하면 다음과 같다.

첫째, 기술은 인적 자원의 역할을 적극적으로 지원하는 방식으로 사용되어야 한다.

둘째, 작업자가 자신의 지식이나 경험에 근거하여 재량껏 직무를 수행할 수 있는 근무여건을 조성해야 한다.

셋째, 다기능 원리에 따라서 노동자들은 다양한 범위의 직무를 수행할 수 있어야 한다.

넷째, 인간의 가치를 극대화하는 조직설계 원칙이 필요하다. 다양한 복지혜택 제공, 근로생활의 질 향상, 참여적 리더십 등이 그 예가 된다.

v. 직무설계의 실제

사회 · 기술시스템에서는 사회시스템과 기술시스템을 공동최적화하기 위하여 의미 있는 작업형태, 최적의 작업주기, 재량권과 결과의 피드백, 어느 정도의 기능을 필요로 하는 가치 있는 과업, 전체 생산과정에 기여하는 과업 등을 직무설계의 방법으로 강조하고 있다.

vi. 시사점

기존의 기계적 접근이 인간을 단순한 투입요소로 보았던 것과는 달리 인간을 내면의 프로세스가 존재하는 실체로 보았다는 점에서 의미가 있다.

또한 생산성과 유연성의 두 측면을 모두 고려하는 직무설계 이론이라는 의미도 있다.

vii. 공헌

사회 · 기술시스템은 노동의 인간화, 독일의 혁신적 노동정책론, 스웨덴 볼보(Volvo)의 작업조직 구성, 미국에서 발생한 근로생활의 질(QWL) 운동 등에 영향을 미쳤으며, 준자율적 작업집단의 도입에도 공헌하였다.

2) 직무설계의 방법

① 직무전문화

a. 개념

이는 직무범위의 축소를 의미하는 것으로서, 역할의 분업(수평적 전문화)과 책임의 분업(수직적 전문화)으로 나뉜다.

b. 수평적 전문화

수평적 전문화는 과업의 내용과 양에 따른 직무 간의 분화 정도이다.

c. 수직적 전문화

수직적 전문화는 의사결정 권한과 책임의 배분에 따른 분화를 의미한다.

② 직무확대화 : 노동의 인간화

a. 개념과 등장배경

직무확대화는 직무특성이론과 2요인 이론, 그리고 사회 · 기술시스템이론의 영향을 받은 현대적 직무설계 방법이다. 관련 개념으로 1970년대 북유럽 국가들을 중심으로 논의되기 시작한 노동의 인간화가 있으며, 이는 인간의 동기부여와 만족의 제고, 성장과 발전 및 자아실현에 기여할 수 있게 노동을 재설계하는 것이다.[24]

b. 직무확대화의 실천전략

해크만 등에 의해 제시된 직무확대화의 실천전략[25]으로는 과업결합, 작업단위의 형성, 고객관계 확립, 수직적 직무확대, 개방적 피드백 등을 들 수 있으며, 각 전략들과 핵심직무특성 간의 관계는 다음 그림과 같다.

[직무확대화의 실천전략과 핵심직무특성]

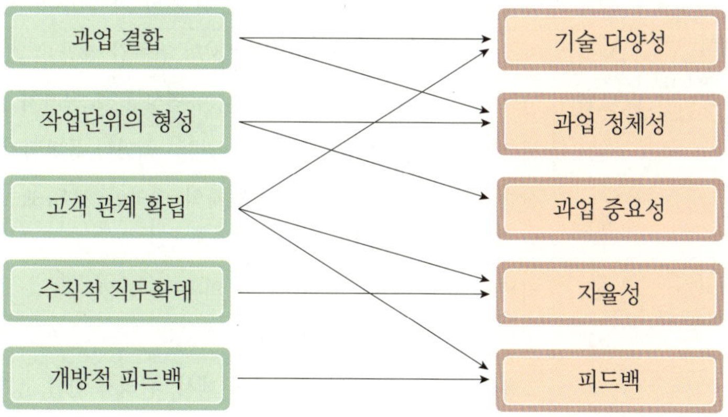

- 과업결합(combining tasks) : 이는 분업화된 과업들을 관련업무단위로 묶는 작업이다. 과학적 관리론에 의한 직무설계, 즉 분업은 효율성 증대에 기여했지만, '인간소외'의 원인이 되기도 한다. 따라서 오늘날에는 분업화된 과업들을 서로 연관된 과업들끼리 묶어 일하는 보람을 찾게끔 하려는 직무설계 원칙이 필요하다.
- 작업단위의 형성(form nature work unit) : 이는 의미가 있고 정체성이 명확한 하나의 자연스러운 작업체계로 묶는 작업이다. 직무의 상호의존성(interdependence)에는 여러 유형(주는 측면과 받는 측면 및 서로 주고받는 측면)이 존재하며, 그 중 호혜적(reciprocal) 상호의존 관계끼리 작업단위를 형성하면 구성원 간의 시민행동(OCB)이 증가할 수 있다.

- 고객관계 확립(establish client relationship) : 이는 내 · 외부고객과의 접점을 확대하는 것이다. 고객과의 관계적 특성이 강화된 직무는 직무수행자로 하여금 수혜자들(beneficiaries)을 보호하고 그들의 삶을 개선시키려는 친사회적 동기(prosocial motivation)를 증가시킬 수 있다.
- 수직적 직무확대(expand jobs vertically) : 이는 의사결정 권한과 통제 권한의 부여를 뜻한다. 허쯔버그(Herzberg)는 실제로 직무충실화의 원리에 따라 한 대기업의 주주관리(IR) 담당직원을 대상으로 실험한 결과, 직무충실화 도입 초기에는 직무성과와 직무태도가 약간 하락하다가 이후 지속적으로 상승하여 통제집단을 추월하고, 8개월의 실험이 끝날 때에는 큰 격차로 앞서게 됨을 보여주었다.
- 개방적 피드백(open feedback channels) : 이는 업무성취정도를 알 수 있게 정보를 제공하는 것이다. 구글(Google)에서는 OKR(objective key results)이라는 목표관리를 도입하면서 직원들이 서로 어떤 일을 어떻게 하고 있는지, 어떤 성과를 내고 있는지 투명하게 알 수 있게 함으로써 업무와 서비스의 질을 향상시킬 수 있었다(Bock, 2015).

c. 내용[26)]

ⅰ. 개인수준의 직무확대

직무확대 (job enlargement) : 수평적 효과	개념	중심과업의 수행뿐만 아니라 관련된 기타 과업까지도 동시에 수행
	목적	자기실현욕구의 충족과 인격체로서의 만족감 제공
	효과	만족도 ↑, 이직률 ↓, 학습능력 ↑, 유연성 ↑, 노동가치 ↑
	단점	새 직무 추가를 꺼리는 경우 有, 권한 · 책임이 동반되지 않으면 실망 可
직무충실 (job enrichment) : 수직적 효과	개념	실행(do) 영역뿐만 아니라 관리자의 영역인 계획(plan) · 통제(see)까지도 종업원에게 위임
	목적	직무의 질적 개선을 통한 작업자의 능력 신장
	효과	생산성 ↑, 이직률 ↓, 결근율 ↓
	단점	교육훈련 必, 재량권의 비효율적 행사, 관리자 반발, 성장욕구 낮은 종업원의 심리적 부담 증가

ⅱ. 집단수준의 직무확대

직무교차 (overlapped workplace) : 수평적 확대	개념	직무의 일부를 타인과 공동으로 수행
	목적	상호협동의 제고를 통하여 인간소외 방지
	효과	직무수행의 지루함과 단조로움을 감소시켜 능률 향상
	단점	서로 교차되는 직무를 소홀히 하면 생산성이 저하됨

직무순환 (job rotation) : 수평·수직적 확대	개념	여러 직무를 여러 작업자가 일정 기간을 주기로 순환하여 수행
	목적	스트레스와 매너리즘의 감소, 기술다양성의 추구
	고려사항	직무체류기간, 직무난이도, 직무별 권한의 크기, 스트레스 등
	효과	인력배치의 융통성 제고, 외부노동시장의 영향력 감소
	단점	순환근무의 비용 발생, 작업진행 지장, MPS가 낮은 직무간의 순환에서는 동기유발효과가 제한적
준자율적 작업집단 (semi-autonomous work group) : 수직적 확대	개념	집단에 직무수행 관련(생산목표, 작업장소와 시간, 작업속도, 작업자 선정 등) 주요 의사결정권한 부여 ➠ 주요 사례 : 품질분임조(quality circle)
	상황	직무간 상호의존성 高, 직무 스트레스 高
	목적	협동시스템의 구축, 정보공유 촉진, 성장욕구 충족
	효과	공식적 통제시스템 경감, 생산성 향상, 교육훈련비 감소, 불량률과 결근율 감소
	단점	기업측과 자율집단 간 갈등, 집단구성원 간 갈등

| 3 | 직무설계의 추가적 이슈들

1) 직무설계의 최근 동향
   ① 관계성과 주도성을 강조하는 직무설계
   ② 자발적 직무설계 : 잡크래프팅
2) 직무과정의 설계
   ① 의의
   ② 직무과정설계의 필요성
   ③ 직무과정설계가 요청되는 상황요건
   ④ 직무 프로세스 재설계의 단계
   ⑤ 기대효과
   ⑥ 핵심성공요인(CSF)
3) 인사부서의 역할과 직무설계
   ① 인사부서의 역할에 대한 일반적 시각
   ② 울리히의 인사관리자 다(多)역할 모형
   ➠ 관리전문가, 종업원 대변자, 전략적 동반자, 변화 촉진자
   ③ 인사관리자의 역할 변화
   ④ 인사부서의 직무설계
   ➠ 상환변수, 인사부서의 직무설계

1) 직무설계의 최근 동향

① 관계성과 주도성을 강조하는 직무설계[27)]

a. 관계성(relatedness)

이는 사람이 다른 사람과 연결되어 있는 정도이다. 그랜트(Grant)에 따르면 사람의 정체성은 타인과의 관계에서 형성되는 경우가 많기 때문에 동료들과의 상호작용을 활성화하는 직무설계 방식을 사용할 경우에는 업무의 본질을 건드리지 않고도 동기부여 증진 효과를 얻을 수 있다고 한다.

b. 주도성(proactivity)

이는 직무수행 환경과 조건을 직무담당자 스스로 주체적으로 관리함을 의미하며, 지시만을 이행하는 것이 아니라 자신이 직무의 주체로서 내재적으로 유발된 동기와 책임감으로 업무에 임하는 것이다.

② 자발적 직무설계 : 잡크래프팅[28)]

a. 개념

잡크래프팅(자발적 직무설계, job crafting)은 조직구성원 스스로 주어진 과업환경하에서 자신의 직무내용과 범위를 직접 주도적으로 변화 · 설계하여 만족을 높이는 개념이다.

b. 형태와 방법

ⅰ. 과업이나 직무의 경계 재정립(task crafting)

이는 업무에 포함되는 과업의 내용을 스스로에게 유리한 방향으로 바꾸거나 직무범위를 조정하는 것이다.

ⅱ. 인간관계나 상호작용의 재정립(relational crafting)

이는 대인관계에 있어서 자신에게 유쾌함을 주는 상대방과의 관계를 늘리고 불쾌함을 주는 상대방과의 상호작용을 줄이는 것이다.

ⅲ. 과업을 지각하는 인지적 방식의 재정립(cognitive crafting)

이는 주어진 일을 바꾸는 것은 아니지만 업무수행의 과정에서 자신의 일 자체를 보다 긍정적으로 재정의하는 것이다.

c. 효과

자발적인 직무설계는 조직구성원의 업무에 대한 흥미와 만족을 향상시키며, 조직의 성과증진에도 긍정적 영향을 준다.

2) 직무과정의 설계[29)]

① 의의

해머(Hammer)는 비즈니스 프로세스 리엔지니어링(business process reengineering, BPR)을 영업실적(비용, 품질, 속도 등)의 극적인 변혁을 위해 업무수행의 전체 프로세스(process, 투입을 산출로 바꾸는 메커니즘)를 근본적으로 재설계하는 것으로 정의한다.

② 직무과정설계의 필요성

첫째, 기업 내 직무수행의 흐름이 원활한지의 여부는 기업 전체의 효율성과 직결된다.

둘째, 고객의 욕구를 충족시키기 위해서 기업들은 질 좋은 제품을 보다 빠르게 고객들에게 전달해야 한다.

③ 직무과정설계가 요청되는 상황요건

리엔지니어링은 의사결정 소요시간과 대기시간이 긴 경우나, 부서 간의 의사소통이 원활하지 못하여(silo effect) 기업 전체의 성과를 훼손할 가능성이 있는 경우에 유용하다.

④ 직무 프로세스 재설계의 단계

직무과정의 재설계를 위해서는 우선 기업의 핵심 프로세스가 무엇인지 파악할 필요가 있다. 이들 프로세스 간 흐름도(flow chart)를 작성하여 문제점을 도출하고 이를 개선하기 위한 변화내용을 정리하여 재설계 작업을 수행한다. 마지막으로는 개선된 프로세스가 기존 프로세스에 비해 나아졌는지를 검토하고 최종안을 확정한다.

⑤ 기대효과

프로세스 혁신은 단기적으로는 고객만족도의 증가를 가져오고, 장기적으로는 기업 경쟁력 제고에 기여한다.

⑥ 핵심성공요인(CSF)

첫째, 현재의 문제점을 과감히 드러낼 수 있는 현상타파적(=불연속적, zero-based) 사고가 필요하다.

둘째, 문제를 발생시킨 근본 원인을 추적해야 한다.

셋째, 이 과정에서 정보처리기술을 이용한 프로세스 혁신이 필요하다.

넷째, 최고경영자의 강력한 의지와 지원 그리고 종업원에 대한 재교육이 필요하다.

3) 인사부서의 역할과 직무설계[30)]

① 인사부서의 역할에 대한 일반적 시각

우리 기업의 전통적 인사관리는 확보나 유지관리에 치중하는 대응적 관리(reactive management) 수준에 머물렀지만, 향후 지속적 경쟁우위 창출을 위해서는 선행적 관리(proactive management) 차원의 인적자원관리가 필요하다.[31)] 이를 위해서는 인사부서의 역할에 대한 다차원적 이해가 필수적이다.

② 울리히의 인사관리자 다(多)역할 모형

울리히(Ulrich)는 그의 저서 『Human Resource Champion』에서 인사관리자가 여러 가지의 역할을 수행한다고 주장하였다. 그 까닭은 복잡한 현대의 경영환경 속에서 인사관리가 대응해야 하는 제반 요소가 양면성을 띠고 있기 때문이다.

인사관리자는 관리의 초점(focus, 전략적 · 장기적 *vs.* 업무적 · 단기적)과 활동내용(activity, 기업의 효율성 *vs.* 구성원의 동기부여)에 따라 4가지의 다면적 역할을 수행한다.

[인사관리자의 역할구분]

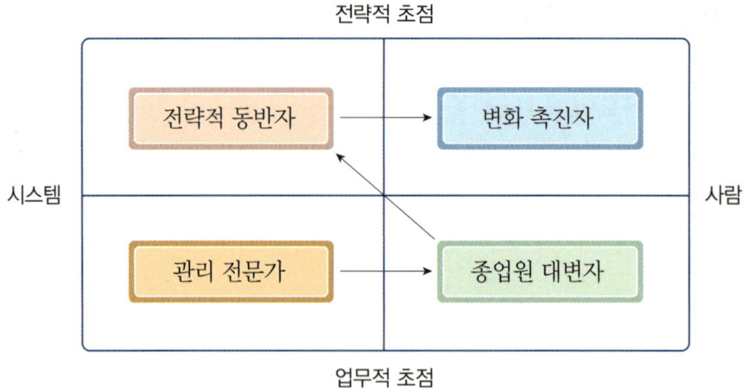

a. 관리 전문가(administrative expert)

이는 업무적이고 단기적인 관점에서 인사제도의 관리에 초점을 두는 인사관리자의 역할이다. 여기서는 조직관리의 과정(management process)을 관리함으로써 제도와 구조의 효율화를 추구한다.

b. 종업원 대변자(employee champion)

이는 업무적이고 단기적인 관점에서 종업원의 동기와 상호작용에 초점을 두는 인사관리자의 역할이다. 여기서는 종업원의 니즈 파악을 통해 종업원의 동기유발과 자질 및 능력의 향상을 추구한다.

c. 전략적 동반자(strategic partner)

이는 전략적이고 장기적인 관점에서 인사제도의 관리에 초점을 두는 인사관리자의 역할이다. 여기서는 경영/사업전략에 부합되는 인사관리 시스템을 확립함으로써 전략의 실현(strategy implementation)을 추구한다.

d. 변화 촉진자(change agent)

이는 전략적이고 장기적인 관점에서 종업원의 동기와 상호작용에 초점을 두는 인사관리자의 역할이다. 여기서는 종업원들이 효과적으로 변화를 수용하고 적응하게 도움으로써 성공적인 조직개발(organizational development)을 추구한다.

③ 인사관리자의 역할 변화

전통적인 인사관리에서는 관리 전문가와 종업원 대변자로서의 인사관리자 역할을 강조해 왔으나, 최근에는 전략적 동반자와 변화 촉진자로서의 역할에 대한 관심이 증가하고 있다. 하지만 이것이 기존의 인사관리 기능들을 경시해야 한다는 논리로 연결되는 것은 아니며, 울리히의 주장대로 인사관리자가 복수의 역할을 균형 있게 수행하는 것이 타당하다.

④ 인사부서의 직무설계

a. 상황변수

인사부서의 직무를 설계하는 과정에서는 이상에서 언급한 인사관리자의 역할뿐만 아니라 기업규모, 인사권의 배분, 경영전략 등의 변수들을 고려하여야 한다.

b. 인사부서의 직무설계

[인사부서의 직무설계 유형]

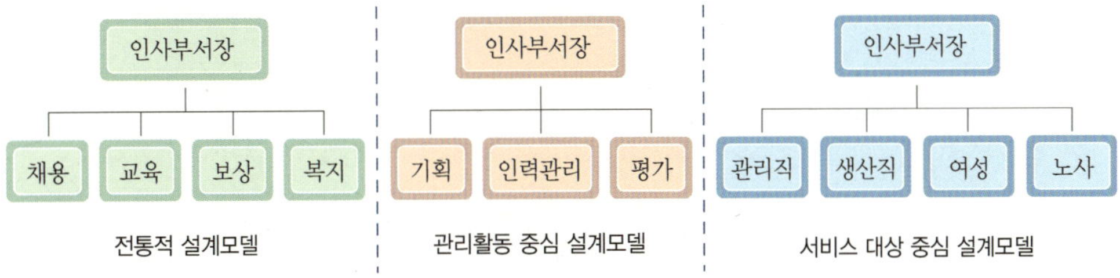

i. 전통적 설계모델

이는 인사부문의 활동을 기능적 차원(확보, 개발, 평가, 보상, 유지, 방출 등)을 기준으로 전문화시키는 것이다.

ii. 관리활동 중심 설계모델

기업의 경쟁이 치열하고 해당 기업을 둘러싼 변화가 비교적 빠를 때 기업은 인사부서의 활동을 관리 과정에 따라 계획－실행－통제로 구성할 수 있다.

iii. 서비스 대상 중심 설계모델

이는 기업 내 종업원 집단별(예 기술인력, 관리직, 일반사무직, 여성인력, 노조 등) 인사관리 서비스를 구분하는 방식으로 부서화하는 것을 뜻한다.

심화학습[32)]

Ⅰ. 직무중심 인사관리의 명암

서구 선진국에서 발전한 직무중심의 인사관리는 다음의 몇 가지 장점을 가지고 있다.

첫째, 인적자원관리의 객관성과 효율성이 높다.

둘째, 글로벌화로 인해 증가한 해외인력의 관리에 적합하다.

셋째, 지식과 경험의 전문성을 높일 수 있다.

그러나 최근에는 직무기반 인사관리에 대하여 다음과 같은 비판이 제기되고 있다.

첫째, 직무기반 인사관리는 기업 내 협력과 시너지를 창출하기 어렵다.

둘째, 극심한 환경 변화에 대한 유연한 대응이 어렵다.

셋째, 직무기반 인사관리는 최근 경제규모가 급속히 증가하고 있는 동양의 전통적인 리더십 스타일 및 조직문화에 적합하지 않다.

Ⅱ. 역량의 개념과 유형 및 도출방법

1. 역량의 개념

[역량의 구성요소와 개발가능성]

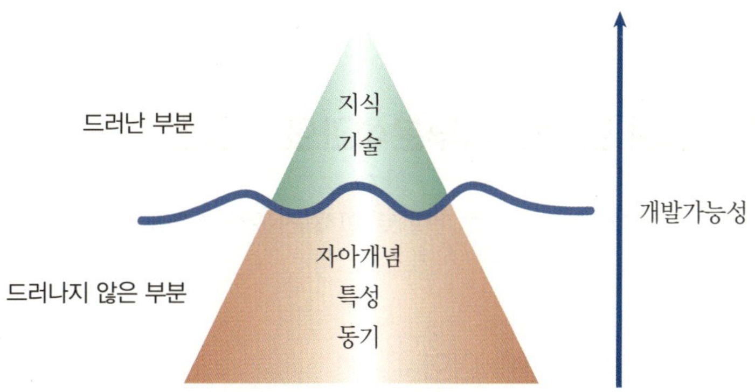

출처 : Spencer & Spencer(1993), 수정인용

현대 인사조직론과 산업조직심리학에서는 역량(competency)을 직무수행에 효과적이거나 우수

한 성과의 원인이 되는 개인의 동기(motives), 특성(trait, 성격 포함), 자아개념(self-concept), 지식(knowledge), 기술(skill)의 총체로 정의한다.[33] 역량의 구성요소 가운데 동기, 특성, 자아개념 등은 겉으로 드러나지 않는 부분으로서 그 개발 가능성이 높지 않지만, 직무수행에 필요한 기술이나 지식 등은 드러나 있는 부분으로서 그 개발 가능성이 높다.

2. 역량의 유형

역량은 크게 조직 내 모든 구성원들이 갖춰야 하는 공통역량(common competency), 각 기능(인사, 마케팅, 생산, 재무, 회계 등)별로 요구되는 기능역량(functional competency), 개인이 갖추어야 하는 구체적인 능력인 직무역량(job competency) 등으로 구분된다.

3. 필요역량의 도출

직무수행에 필요한 역량을 도출하는 방법으로는 직무역량평가법, 일반역량모델법, 직무역량모델법 등이 있다.

- 직무역량평가법(job competency assessment method)은 우수한 직무성과자와 평균 직무성과자의 인터뷰나 작업기록을 통해 우수성과역량(차별화역량)과 최소성과역량(필수역량)을 도출하는 방법이다.
- 일반역량모델법(generic model method)은 전문가들과 컨설팅업체들로부터 확보할 수 있는 일반적인 역량들의 리스트나 매뉴얼에서 해당되는 직무에 필요한 역량을 선정하여 도출하는 방법이다.
- 직무역량모델법(job competency model method)은 내부구성원과 외부전문가가 함께 참여하여 미래의 조직상황과 직무내용을 예측하고 이를 토대로 필요한 역량에 대한 정보를 수집하는 방법이다.

Ⅲ. 역량모델링의 의의와 직무분석과의 차이점

오늘날 조직환경과 직무내용의 빠른 변화로 인해 전통적 직무분석 방법이 한계를 드러내자, 역량모델링이 점차 대두하게 되었다.

1. 직무분석과 역량모델링의 의의

역량모델링(competency modeling)은 '역량에 입각한 직무분석' 또는 '직무분석에서 역량 개념을 접목한 것'이라 표현할 수 있다.

2. 직무분석과 역량모델링의 차이점

미국산업조직심리학회(SIOP)에서는 직무분석과 역량모델링의 차이점을 다음과 같이 정리하였다.

첫째, 역량모델링의 결과물(예 역량사전)에는 여러 직무에서 사용될 수 있는 공통적인 역량 정보가 많이 포함되고, 이와 대조적으로 직무분석의 결과물(예 직무기술서, 직무명세서)은 직무, 직무집단, 역할 등에서 도출된 구체적 기술(skill) 정보를 더 많이 포함한다.

둘째, 역량모델링과 직무분석 중에 어느 것이 더 조직에 적합한지에 관하여 다수의 관리자들은 역량모델링이 장기적인 측면으로 조직에 더 적합하다고 응답하였다.

셋째, 역량모델링은 직무분석에 비해 개인의 인성적인 측면들을 더 많이 다루고 있다.

넷째, 포괄적이고 거시적인 측면(예 교육훈련이나 능력개발)에 있어서는 역량중심 인적자원관리 방식이 활용될 여지가 큰 반면 미시적이고 정교한 영역(예 평가나 보상)에 있어서는 직무중심 인적자원관리 모형이 활용될 여지가 크다.

다섯째, 환경변화에 따라 직무분석과 평가를 다시 수행해야 하는 직무중심 인적자원관리와는 다르게 역량중심 인적자원관리에서는 여러 상황에 두루 적용가능한 범용적 역량의 확인과 발굴에 초점을 두므로 유연성이 크다.

1) 최종태(2000), 『현대인사관리론』(전정판), 서울 : 박영사, pp.121～122.

2) 김식현(1999), 『인사관리론』, 서울 : 무역경영사, p.77. ; 박성환 · 이준우(2014), 『역량중심 인적자원관리』(제2판), 파주 : 법문사, pp.107～108.

3) 배종석(2012), 『인적자원론』(제2판), 서울 : 홍문사, p.194.

4) 박경규(2013), 『신인사관리』(제5판), 서울 : 홍문사, p.124.

5) 박경규, 전게서 ; 최종태, 전게서 ; 김영재 · 김성국 · 김강식(2015), 『신인적자원관리』(제3판), 서울 : 탑북스

6) 김식현, 전게서 ; 김영재 등, 전게서 ; 박경규, 전게서.

7) 김식현, 전게서.

8) Tornow, W. W., & Pinto, P. R. (1976). The development of managerial job taxonomy : A system for describing, classifying and evaluating executive positions. *Journal of Applied Psychology*, 61, 410～418.

9) 김영재 등, 전게서.

10) 김식현, 전게서.

11) 김영재 등, 전게서 ; 박경규, 전게서 ; 최종태, 전게서.

12) 박경규, 전게서, p.157.

13) 김식현, 전게서 ; 김영재 등, 전게서 ; 박경규, 전게서.

14) 박경규, 전게서, p.78.

15) Noe, R. A., Hollenbeck, J. R., Gerhart, B., & Wright, P. M. (2018). *Fundamentals of human resource management.* (7th ed.). New York, NY : McGraw-Hill/Irwin.

16) Herzberg, F., Mausner, B., & Snyderman, B. B. (1959). *The motivation to work.* John Wiley & Sons.

17) 백기복, 상게서, pp.159～160.

18) Hackman, J. R., Oldham, G., Janson, R., & Purdy, K. (1975). A new strategy for job enrichment, *California Management Review*, 17(4), 57～71.

19) 김식현, 전게서, p.112.

20) 백기복(2021), 『조직행동연구』(제7판), 서울 : 창민사, p.126.

21) Loher, B. T., Noe, R. A., Moeller, N. L., & Fitzgerald, M. P. (1985). A meta-analysis of the relation of job characteristics to job satisfaction. *Journal of Applied Psychology*, 70, 280～289.

22) 김식현, 전게서 ; 김영재 등, 전게서 ; 박우성 · 이병하 · 김상준 (2020). “기술혁명 시대의 조직과 인사관리 : 행위자 네트워크 이론의 이해와 시서점”, 「조직과 인사관리연구」, 44(3), 105～137.

23) 임창희(2010), 『조직론』, 서울 : 학현사, pp.376～377.

24) 김영재 등, 전게서.

25) Hackman, J. R., & Suttle, J. L. (1977). (eds.). *Improving life at work.* Glenview, IL : Scott Foresman.

26) 박경규, 전게서.

27) Grant, A., Campbell, E. M., Chen, G., Cottone, K., Lapedis, D., & Lee, K. (2007). Impact and the art of motivational maintenance : The effects of contact with beneficiaries on persistence behavior. Organizational Behavior and Human Decision Process, 103, 53～67. ; 배종석, 전게서, pp.173～174.

28) 배종석, 전게서, pp.174~175.
임명기(2014), 『잡크래프팅하라』, 파주 : 김영사
이지혜 · 윤석화 (2022). "리더의 경계확장행위가 구성원의 창의적 성과에 미치는 영향 : 자발적 직무설계의 매개효과를 중심으로", 「조직과 인사관리연구」, 46(1), 1~28.

29) 박경규, 전게서. pp.97~103.

30) 김영재 등, 전게서 ; 박경규, 전게서 ; 최종태, 전게서.

31) 김영재 등, 전게서.

32) 박동건(2001), "역량과 역량모델링의 정체 및 활용", 「한국인사관리학회 춘계학술대회 발표논문집」
배종석(2010), 『인적자원론』(제2판), 서울 : 홍문사, pp.185~187. 수정인용
이창길(2016), 『인적자원행정론』(제2판), 파주: 법문사, pp.211~236.

33) Spencer, L. M., & Spencer, S. M. (1993). *Competence at work : Model for superior performance.* New York, NY : Wiley & Sons.

PART Ⅲ 기능

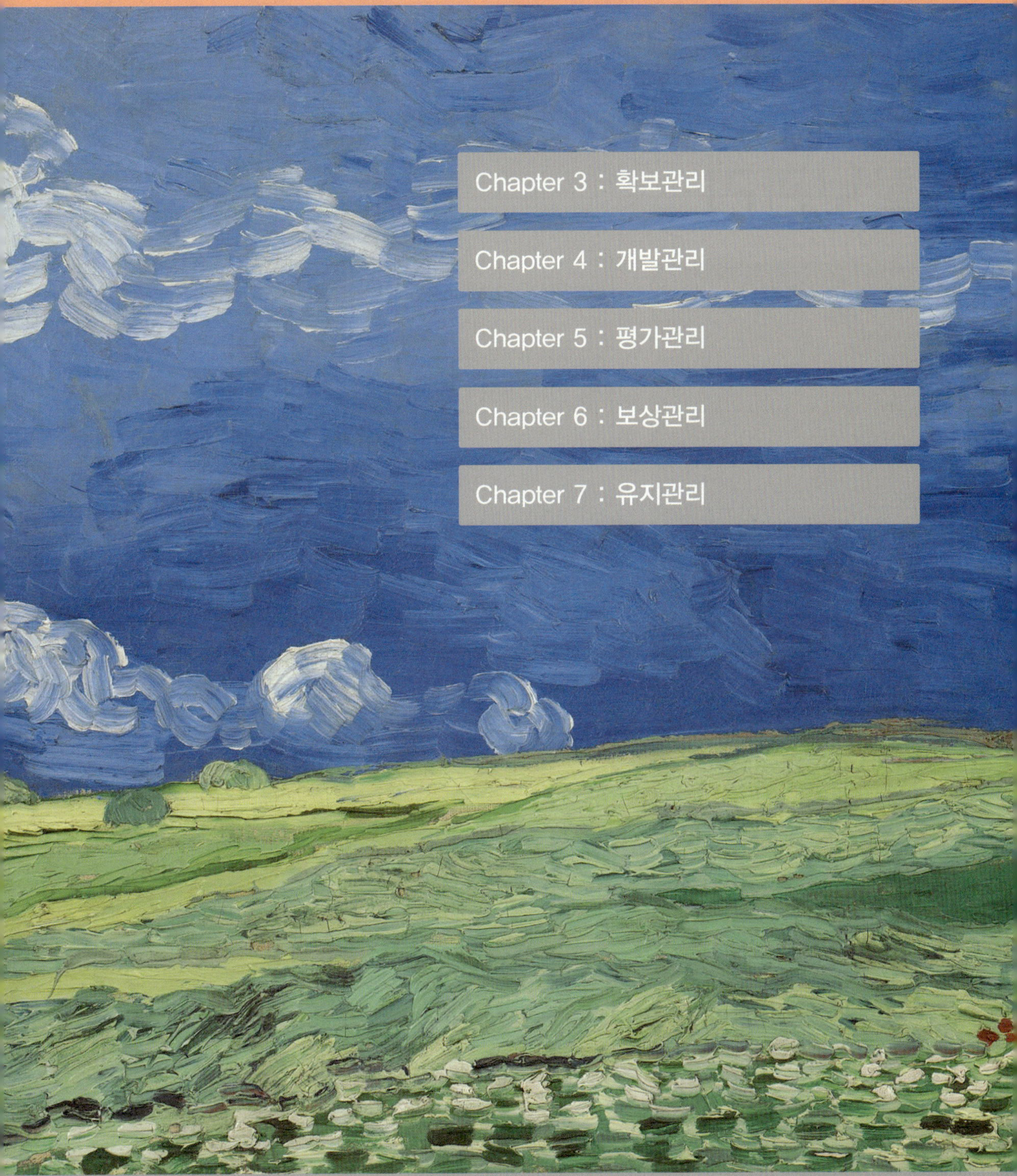

CHAPTER 3
확보관리

단원개요

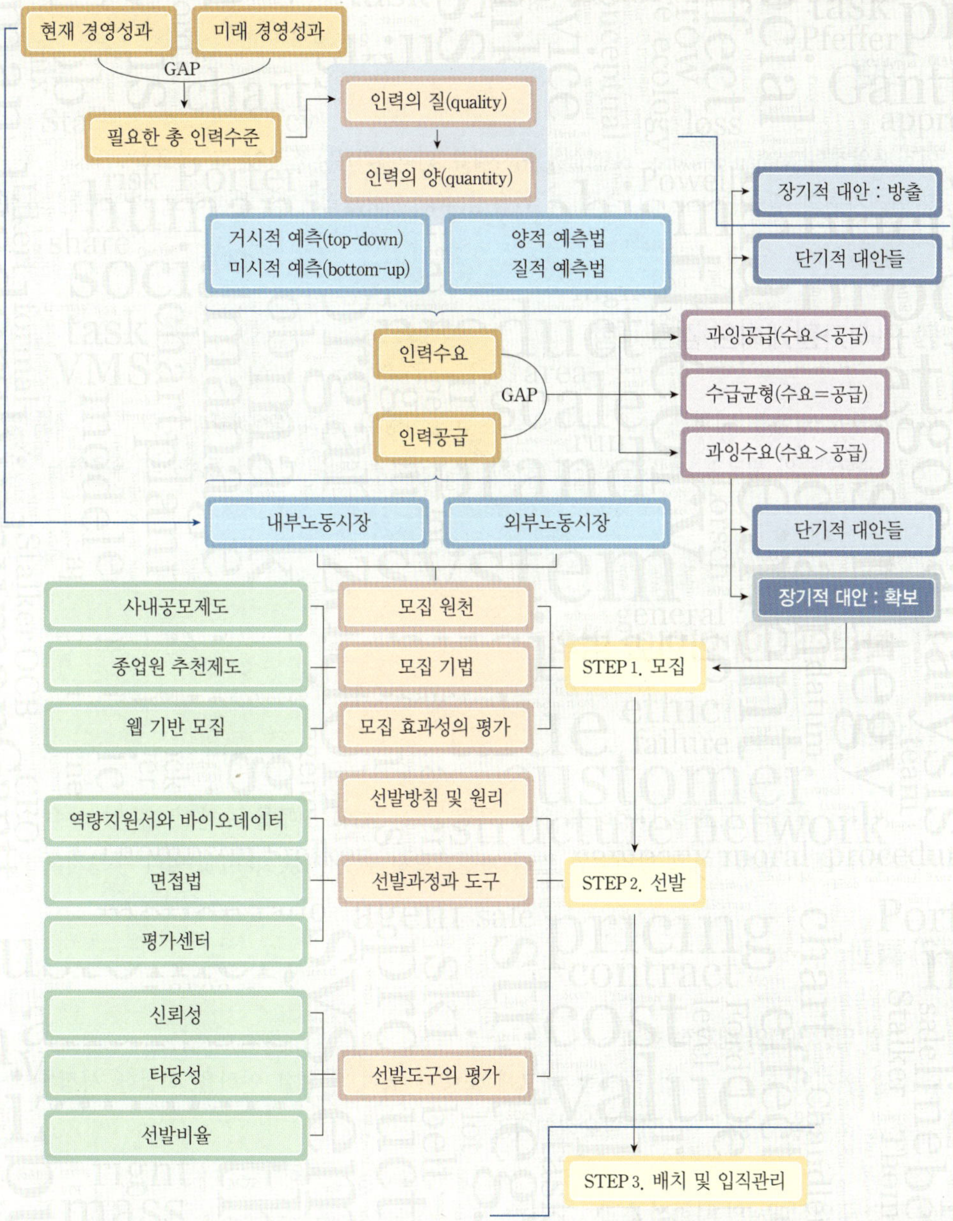

현재 경영성과
미래 경영성과
GAP
필요한 총 인력수준
인력의 질(quality)
인력의 양(quantity)
거시적 예측(top-down)
미시적 예측(bottom-up)
양적 예측법
질적 예측법
장기적 대안 : 방출
단기적 대안들
인력수요
GAP
인력공급
과잉공급(수요<공급)
수급균형(수요=공급)
과잉수요(수요>공급)
내부노동시장
외부노동시장
단기적 대안들
장기적 대안 : 확보
사내공모제도
종업원 추천제도
웹 기반 모집
모집 원천
모집 기법
모집 효과성의 평가
STEP 1. 모집
선발방침 및 원리
역량지원서와 바이오데이터
면접법
평가센터
선발과정과 도구
STEP 2. 선발
신뢰성
타당성
선발비율
선발도구의 평가
STEP 3. 배치 및 입직관리

제1절 인적자원계획과 확보관리의 의의

| 1 | 인적자원계획의 의미와 내용

1) 의의

인적자원계획(human resource planning, 인사계획, 인력계획)은 조직이 그 목표를 달성할 수 있도록 인적자원의 필요량(demand, 수요)과 가용성(availability, 공급)을 분석하고 파악하는 과정이다.[1)]

2) 인적자원계획의 검토사항

인력계획에 영향을 미치는 주요 요인으로는 노동시장의 변화(경제상황과 인구구조), 직무영역의 변화(과학기술의 발달과 새로운 직무의 등장), 노동동기부여의 변화(노동계층의 욕구변화) 등이 있다.

| 2 | 확보관리의 의의와 범위[2)]

1) 의의

확보관리는 기업의 목표를 달성하기 위해 특정 (또는 여러) 직무를 수행할 수 있는 종업원을 얻는 과정에 대한 체계적이고 합리적인 관리 과정으로서 충원(채용, staffing)이라 부르기도 한다.

2) 효과

① 기업 입장에서의 경제적 효과

우수한 인재의 확보는 기업 경쟁력 제고에 도움이 되며, 필요한 인력을 적절한 시점에 확보하는 것은 조직의 안정성 유지에 필수적이다.

② 종업원 입장에서의 사회적 효과

종업원은 채용을 통해 생계 수단을 확보하는 동시에 자아실현욕구를 충족할 수 있다.

3) 중요성

물적자원과는 달리 인적자원은 확보 후 가치창출 시점까지 오랜 교육 및 숙련 시간을 요구하며 관리의 유동성이 매우 작다는 점에서 확보에는 철저한 계획과 준비가 필요하다.

4) 범위

확보관리는 인력수급 예측, 인력의 모집과 선발 및 그에 대한 평가 과정으로 구성된다.

5) 필요성 : 적응전략과 계획전략

① 적응전략의 의의와 특징

a. 개념

적응전략(adjustment strategy)은 미래의 어느 시점까지 기업이 별다른 조치를 취하지 않고 기다렸다가 인력이 필요한 시점에 도달할 때 채용을, 인력이 과잉인 시점에 도달할 때 방출을 각각 시작하는 인력유동(HR flow)의 관리전략을 뜻한다.

b. 장점

적응전략의 가장 큰 장점은 계획의 불완전성을 극복할 수 있다는 것이다.

c. 단점

반면 적응전략은 다음과 같은 단점을 가진다.

첫째, 만약 기업이 외부노동시장에서 적합한 인력을 구하지 못할 경우에는 시장기회를 상실하게 된다.

둘째, 기업이 법적 · 윤리적 제약으로 인해 종업원을 방출하지 못할 경우, 조직의 효율성이 저하될 뿐만 아니라 해당 종업원의 직무만족도 떨어질 수 있다.

② 계획전략의 의의와 특징

a. 개념

계획전략(planning strategy)은 미래의 어느 시점에 발생할 기술변화나 기업의 업무량 등을 사전에 미리 예측하여 미래 시점에서의 인력 필요량과 인력의 지식 · 기술 · 능력(KSA) 제 측면에서의 필요 요건을 준비해 두는 인력유동의 관리전략을 뜻한다.

b. 장점

계획전략을 통해 기업은 스스로 통제하기 힘든 대외적 요인의 영향력을 줄임으로써 외부노동시장으로부터의 독립성을 높인다.

또한 계획전략은 종업원의 능력개발욕구를 충족시켜 준다는 점에서도 강점을 가진다.

c. 단점

반면 계획전략의 단점은 다음과 같다.

첫째, 사전에 예측된 환경과 기술의 변화양상이 실제로 다르게 나타나는 경우 예측위험비용이 발생할 수 있다.

둘째, 기업은 예측위험을 줄이기 위해 종업원들을 다기능화(多技能化)시키는데, 이것이 단기적으로는 실무적용기회가 없는 자격의 획득에 몰두하게 하여 불필요한 비용을 지출하는 결과를 낳을 수 있다.

제2절 인적자원의 수요와 공급

MANAGING HUMAN RESOURCE AND INDUSTRIAL RELATIONS

(2000년) 제9회 공인노무사시험

비정규직 인력활용의 장단점과 효과적인 관리방안을 약술하라. (25점)

(2005년) 제14회 공인노무사시험

기업의 인적자원 수요 · 공급 예측결과 인적자원의 부족 또는 과잉이 발생할 경우 각각에 있어서 활용할 수 있는 인적자원 수급조정방안을 그 내용과 효과측면에서 논하라. (50점)

(2009년) 제18회 공인노무사시험

고령인력활용을 위한 인력예측기법에 대하여 설명하라. (25점)

| 1 | 인적자원의 수요예측

1) 개념[3)]

① 수요예측의 의미

인적자원의 수요예측은 경영목적을 달성하기 위하여 단기 · 중기 · 장기적으로 요청되는 인적자원의 양과 질을 파악하는 과정을 지칭한다. (필요인력과 정원의 파악) 일반적으로 인력수요 파악 과정에서는 총수요인력, 순수요인력, 인건비 지불능력 등을 고려한다.

② 인력수요에 영향을 미치는 요인

최종적인 인력수요량을 산정하는 과정에서는 우선 종업원에게 요구되는 직무수행 자격요건(인력의 질)을 먼저 결정한 다음에 해당 인력의 수(인력의 양)를 예상하게 된다.

a. 질적 인력수요의 영향요인

질적 인력수요의 결정과정에서는 미래 성과, 성과에 필요한 작업의 내용, 해당 작업수행에 필요한 인적자원의 자격요건 등이 주된 고려 대상이 된다.

b. 양적 인력수요의 영향요인

양적 인력수요의 결정과정에서는 생산량, 기술수준, 작업자의 동기부여, 허용작업시간 등이 주된 고려 대상이 된다. 특히 구체적인 필요노동량의 정도는 기술 수준에 따라 달라질 수 있다.

[생산량과 기술수준]

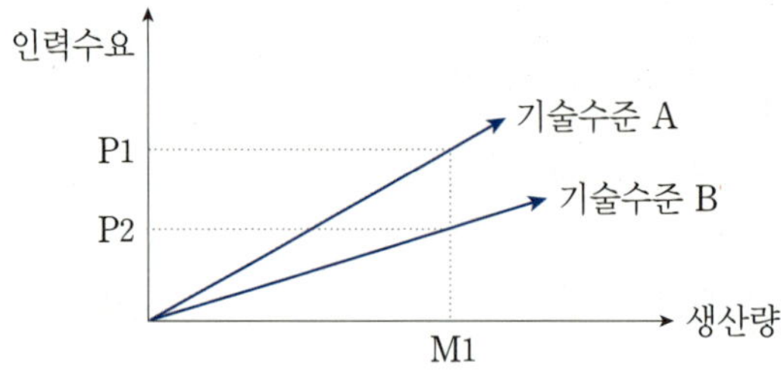

③ 수요예측 기법의 분류

인적자원의 수요예측 기법을 구체적인 유형으로 구분하는 방법에는 여러 가지 기준이 있다. 거시적 접근법과 미시적 접근법의 구분도 있고, 양적 접근법과 질적 접근법의 구분도 있다. 그 중 더 널리 사용되는 양적·질적 접근법은 수요 산정에 있어 계량적 방법을 취하는지 아니면 비계량적 방법을 취하는지에 따른 구분이라 할 수 있다.[4)]

2) 양적 접근법

① 의미와 특징

a. 개념

하나 또는 복수의 기준요소를 근거로 통계적 또는 수리적 방식으로 소요인원을 산정하는 방법이다.

b. 특징

비교적 객관적이고 정교하다는 특징을 지니며, 경영환경이 안정적일 때 그 적용의 타당성이 매우 크다.

C. 단점

불확실성하에서는 예측의 정확도가 떨어질 수 있으며, 분석의 틀에 반영되지 않은 외생변수의 영향력이 과소평가된다는 문제점이 있다.

d. 사례

생산성 비율 분석, 추세분석, 회귀분석, 노동과학적 기법, 화폐적 접근법 등이 양적 접근법에 해당한다.

② 생산성 비율 분석

a. 개념

이는 과거 해당 기업이 달성했던 생산성의 변화(예 제품 생산량의 증가)에 대한 정보를 가지고 미래에 필요한 생산라인에 투입할 인력을 예측하는 기법이다.

b. 특징

여기서는 생산성이 경험에 의해 좌우된다는 가정을 표현한 그래프인 학습곡선(learning curve)을 이용한 예측이 유용하게 활용되며, 그 기본 가정은 생산성이 경험과 숙련의 정도에 의해 영향을 받는다는 것이다.

[학습곡선]

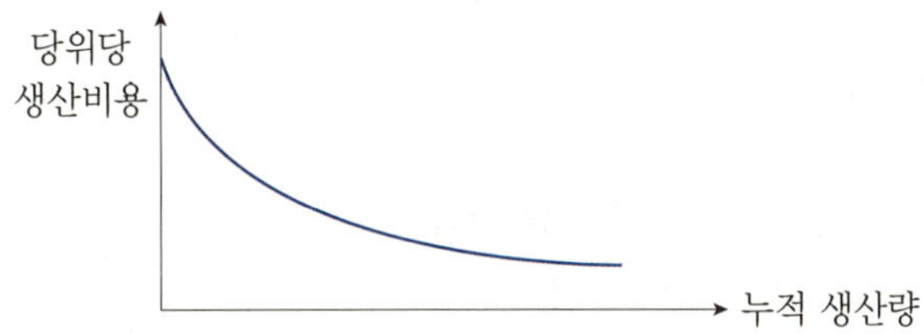

③ 추세분석(trend analysis)

a. 개념

과거 인적자원수요에 관한 자료를 그래프로 나타낸 추세선을 수학적으로 확장하여 특정 시점에서의 총소요인원을 결정하는 방식이다.

b. 주요 내용

여기서는 인력변화를 유발하는 각종 요인(예 경기변동, 구조조정, 신규투자 등)과 인력규모 간의 관련성(= 상관계수)을 파악한 뒤, 인력의 규모에 따른 노동생산성의 추이를 도출함으로써 미래 특정 시점에서의 인력수요를 예측한다.

c. 특징

현재까지의 추세가 앞으로도 이어진다는 가정하에서 의미를 가지기에, 단기적 수요 예측에는 적합하지만 장기적 또는 정확한 예측이 필요한 상황에서는 바람직하지 않다.

④ 회귀분석(regression analysis)

a. 개념

영국의 유전학자 골턴(Galton)의 가설 "regression to the mean"에서 유래한 회귀분석은 인력수요에 영향을 미치는 다양한 요인들의 영향력을 독립변수와 종속변수 간 방정식의 형태로 계산하여 조직의 미래인력수요를 예측하는 기법이다.

예를 들어, 인력수요에 매출액과 생산량, 그리고 수익성이라는 변수가 영향을 미친다고 할 때, 다음과 같은 식을 도출할 수 있다.

$$Y = a + bX_1 + cX_2 + dX_3 + e$$

(Y : 인력수요, a : 고정인력, X_1 : 매출액, X_2 : 생산량, X_3 : 수익성, e : 오차항)

b. 특징

[장점] 기존의 자료를 통해 미래를 보다 과학적으로 예측할 수 있다.

[단점] 회귀식을 도출하기 위해서는 충분한 숫자($n \geq 30$)의 과거 자료가 있어야 하고, 독립변수들과 인력수요 사이에 유의미한(significant) 상관관계가 존재할 때에만 회귀분석기법이 활용될 수 있다.

⑤ 노동과학적 기법

이는 테일러의 과학적 관리론에서 실시된 것과 유사한 작업시간연구(time study)를 통해 조직의 하위 개별 작업장별로 필요한 인력을 산출하는 기법이다. 여기서는 연간 총 작업시간을 측정하여 연간 1인당 작업시간으로 나누어 인력수요를 산정한다.

$$\text{수요인력} = \frac{\text{연간 총 작업시간}}{\text{연간 1인당 작업시간}}$$

⑥ 화폐적 접근법

이는 기업이 종업원을 고용할 수 있는 지불능력에 초점을 맞추어 필요인력을 산정한다.

$$\text{수요인력} = \frac{\text{허용 인건비 총액}}{\text{종업원 1인당 평균 인건비}}$$

3) 질적 접근법

① 의미와 특징

a. 개념

전문가의 경험이나 직관 또는 판단에 의거하여 인력수요를 예측하는 기법이다.

b. 장점

계량적 기법에 필요한 과거의 자료가 존재하지 않는 경우나, 환경변화가 매우 극심하여 예측의 연속성이 보장되기 어렵다면 질적 예측이 효과적이다.

C. 단점

전문가의 견해를 취합하는 데 상당한 시간이 소요되며, 정확한 인력수급 현황이나 전망을 예측하는 데 어려움이 있다는 단점이 있다.

d. 사례

자격요건분석법, 시나리오 기법, 명목집단법, 델파이법 등이 질적 접근법에 해당한다.

② 자격요건분석법

a. 개념

매우 안정적 환경하에서 직무내용이나 조직구조 및 생산기술에 거의 변화가 없을 경우 사용가능한 단기적 인력수요예측 기법으로서, 각종 지식(knowledge), 기술(skill), 능력(ability)에 기반하여 인력의 과부족(보유량과 필요량의 차이)을 판단하는 기법이다.

b. 특징

주로 관리직종이나 연구직종에 대한 수요산정에 활용된다.

③ 시나리오 기법

a. 개념

전문가 집단에서 브레인스토밍(brainstorming)과 기업의 대내외적 환경(SWOT : strength, weakness, opportunity, threat) 요인에 대한 분석 등을 실시하여 미래의 직무내용의 변화와 그에 따르는 인력수요의 변동을 예측하는 방법이다.

b. 주요 내용

ⅰ. 반영되는 정보

미래 예측을 위하여 시나리오에 반영되는 주요 정보에는 기술환경의 변화추세, 세계화 트렌드, 제품시장과 경쟁기업의 특징, 자본시장의 추세, 사회적 가치관의 변동추이, 교육제도 변화 등이 있다.

ⅱ. 예측 방법

시나리오법의 주요 과제는 이상의 제반 정보들을 토대로 해당 기업에 영향을 미칠 주요 요소를 규명하는 것이다. 이후에는 미래의 목표성과수준, 이를 달성하기 위한 일의 내용(직무), 관련된 직무기술서 및 직무명세서 등을 차례로 도출한다.

c. 특징

인력수요예측을 위한 시나리오에는 앞으로의 정치 · 경제 · 사회 · 문화적 트렌드, 각종 경제지표, 사회 가치관의 변화 등이 종합적으로 반영되어야 한다.

또한 시나리오법은 양적 예측 기법에 비해 거시적이며 개괄적이기 때문에 비교적 장기적 예측에 활용된다.

④ 명목집단법(Nominal group Technique)

a. 개념

명목집단법은 여러 사람들로부터 자유로운 아이디어를 문서로 받음으로써 논의의 익명성을 보장하고 반대 논쟁을 최소화하는 의사결정 기법이다. 명목(nominal)의 의미는 구성원 간의 대인 커뮤니케이션이 제한된 임시집단이라는 것이다.

b. 절차[5)]

i. 개인 의견의 사전 숙고

의사결정 참여자들은 각자 주어진 문제에 대한 최적 대안을 생각해 둔다.

ii. 대안의 무기명 제출

참여자들이 함께 모여서 자신의 대안과 아이디어를 무기명으로 제출한다.

iii. 제출된 대안의 공유

제출된 의견이나 대안을 참여자 모두가 함께 공유 · 회람한다.

iv. 대안에 관한 논의

각 아이디어의 특징과 장단점 등을 살펴보며, 논의 과정에서 집단사고나 동조현상이 일어나지 않도록 아이디어의 명확화에만 집중한다.

v. 최적 대안의 확정

토론이 끝나면 다중투표법(Multi Voting, "$n/2-1$"로 투표)에 의해 최적 대안을 확정한다.

c. 장점

의견이 무기명으로 제출되는 과정에서 커뮤니케이션이 제한되므로 계급이나 사회적 영향력에 따른 의견 표명의 왜곡이 줄어들 수 있다.

d. 단점

의사결정의 질이 집단을 이끄는 리더의 자질에 좌우되며 한 번에 한 문제씩만 처리할 수밖에 없다.

⑤ 델파이법(Delphi technique)

a. 개념

델파이법은 1950년대 Rand Corporation에서 개발된 정성적 미래예측기법으로서, 전문가 집단 구성원에게 개별적으로 특정 주제에 관한 의견을 수집하고, 이를 익명으로 회람시킨 이후 서로의 견해에 대하여 서면상의 피드백을 주고받는 절차를 반복하면서 집단 전체의 합일된 견해를 도출하는 과정이다.

b. 절차

ⅰ. 의견의 서면(비대면) 제출

문제나 이슈에 대해 각 전문가들이 생각하는 바를 서면으로 제출한다.

ⅱ. 제출된 의견의 회람

토론의 진행자는 제출된 의견을 각 개인에게 회람시킨다.

ⅲ. 의견의 수정 제출

각 전문가는 의견에 대한 자신의 견해를 코멘트하고 필요시 본인의 의견도 수정하여 진행자에게 보낸다.

ⅳ. 재회람 및 재제출

진행자는 이를 다시 그 아이디어를 원래 낸 사람에게 보내고, 해당 전문가는 자신의 생각을 수정하여 다시 진행자에게 제출한다.

ⅴ. 상기 과정의 반복

이 과정을 최적의 대안이 도출(= 의견이 합일)될 때까지 반복한다.

c. 장점

전문가들이 한 장소에 모일 필요가 없이 서면으로 소통한다는 점에서 의사결정 과정에서 타인의 영향력을 효과적으로 배제할 수 있으며, 합리적이며 최적화된 대안 도출이 가능하고, 그 실천 방안 역시 발견해 낼 수 있다. 또한 미래예측기법 중 하나로 사용될 만큼 그 효과성 역시 입증되었다.

d. 단점

실시에 시간이 오래 걸리고 응답자에 대한 통제가 어렵다는 단점이 있다.

[명목집단법과 델파이법의 비교]

<table>
<tr><th></th><th>명목집단법</th><th>델파이법</th></tr>
<tr><td>공통점</td><td colspan="2">• 질적 예측기법
• 의사결정 과정에서 타인의 영향력을 배제함으로써 집단사고(groupthink)를 극복</td></tr>
<tr><td>차이점</td><td>• 특정한 장소에 모임
• 의견공유 후 표결
• 부분적 대면토론 허용
• 비전문가도 참여 가능</td><td>• 비대면, 서면 의사결정
• 의견합일이 될 때까지 반복
• 대면토론의 과정이 없음
• 전문가만이 참여</td></tr>
</table>

| 2 | 인적자원의 공급예측

1) 개념

① 공급예측의 의미

인적자원의 공급예측은 필요한 인적자원의 양과 질을 경영활동의 취지에 맞게 어떻게 확보할 수 있을지를 계획하는 과정을 지칭한다. (보유가능인력의 파악)

② 인력공급의 원천

필요인력에 대한 공급원천은 조직 내부와 외부로 나누어 살펴볼 수 있다. 내부공급원은 승진이나 배치전환 등을 통하여 조직 내 공석을 충원하는 방식이고, 외부공급원은 현재 다른 조직에 종사하고 있거나 고용되지 않은 상태에 있는 인력들을 말하는 것이다.

2) 내부노동시장으로부터의 공급[6)]

① 의미와 특징

내부노동시장에서의 인력확보는 주로 근무시간의 관리와 승진관리, 그리고 배치전환관리를 통해 이루어지게 된다. 이 과정에서 현재 종업원들의 지식, 기술, 능력을 질적으로 분석하는(대체도와 기능목록) 동시에 조직 내에서의 양적인 인력변동이 어떻게 이루어져야 하는지에 대해서도 파악(마코프체인 모델)해야 한다.

② 대체도

a. 개념

공석에 대하여 가능한 대체투입인력을 조직도에 명기한 표를 뜻한다.

b. 기재되는 정보

일반적으로 대체도상에는 계량적으로 기록 가능한 연령, 현 직급에서의 근속기간, 인사평가결과와 비계량적 등급으로 표현되는 교육훈련의 정도, 승진가능성(승진잠재력, promotability) 등의 다섯 가지 정보가 기재된다.

③ 기능목록(기술목록, skill inventory)

a. 개념

종업원의 직무적합성을 쉽게 파악할 수 있도록 핵심직무, 경력, 학력, 교육기록, 자격여부 등을 요약한 표를 뜻한다.

b. 직무명세서와의 차이점

기능목록과 직무명세서는 모두 인적정보에 관한 서식이라는 공통점을 갖지만, 기능목록이 개별 구성원에 관한 인적정보인 반면 직무명세서는 평균적인 직무수행자의 인적정보에 관한 것이라는 차이가 있다.

④ 마코프체인 모델(Markov chain model)

a. 개념

현재의 상황과 인사정책이 유지된다는 가정하에서 인력의 이동확률을 추정한 인력전이확률 행렬(HR transition probability matrix)을 통하여 인적자원의 가용성(availability)을 파악하는 모델이다.

b. 적용방법

i. 분석대상 직무를 파악한 뒤, 해당 직무에서 발생하는 다양한 인력이동 상황(각 부서별 이동, 사직, 이직 등)을 분류한다.

ii. 각 상황별로 수년간의 평균적인 이동률(transition rate)을 조사하여 인력전이행렬을 도출한다.

iii. 이동이전시점(시기, start-point)의 인력현황을 대입하여 이동이후시점(종기, end-point)의 인력을 예측한다.

[인력전이확률행렬을 활용한 인력예측 예시]

$$[62 \quad 75 \quad 50 \quad 45] \times \begin{bmatrix} 0.70 & 0.10 & 0.05 & 0.00 & 0.15 \\ 0.15 & 0.60 & 0.05 & 0.10 & 0.10 \\ 0.00 & 0.00 & 0.80 & 0.05 & 0.15 \\ 0.00 & 0.00 & 0.05 & 0.85 & 0.10 \end{bmatrix} = [55 \quad 51 \quad 49 \quad 48 \quad 29]$$

c. 장점

i. 마코프체인은 적용하기가 쉬워 널리 이용되고 있다.

ii. 조직 내부의 인력흐름이 비교적 안정된 패턴을 보일 때 그 유효성이 보장된다.

d. 단점

i. 만약 승진이나 이직 등의 인력변동 추이가 극심할 때는 이 방법을 공급예측에 사용하는 것이 바람직하지 않다.

ii. 각 직무에 종사하는 인력이 소수(50인 이하)인 경우에는 인력전이행렬의 안정성이 떨어지므로 마코프분석의 실효성이 떨어진다.[7]

iii. 인력이동의 발생원인이 직원 스스로나 부서차원의 희망인지(이동 출발지 부서에서의 push 요인) 아니면 공석을 메우기 위함인지(이동 목적지 부서에서의 pull 요인)를 구분할 수 없는 경우가 있다.[8]

3) 외부노동시장으로부터의 공급

외부노동시장으로부터의 인력확보 방안은 새로운 고용계약의 창출과 아웃소싱에 의한 방법으로 크게 구분된다. 그중 신규고용계약에 영향을 주는 요인은 양적 요인과 질적 요인으로 나뉜다.

① 양적 노동공급원

인구규모 및 인구구성(연령 및 성별 구성비율), 경제활동인구 및 경제활동 참가율, 인구증가율 등과 같이 계량적인 측면에서 노동인구의 수효를 파악하는 것이다.

② 질적 노동공급원

교육훈련의 수준, 노동동기(욕구)수준, 사회/문화적 배경 등과 같이 비계량적인 측면에서 노동인구의 특징을 파악하는 것이다.

| 3 | 수급불균형시의 대책[9]

인력의 수요와 공급이 균형을 이루지 못하는(인력과잉 또는 인력부족) 경우, 일반적으로 인력과잉시에는 방출관리를, 인력부족시에는 확보관리를 실시한다. 그러나 방출과 확보는 상당한 비용(위험, risk)을 수반하기에 기업은 환경변화에 유연하게 대응하기 위한 여러 대체안(alternatives)을 모색하게 된다.

1) 인력부족에 대한 대응

인력부족현상의 궁극적인 대책은 신규인력채용 또는 기존 종업원의 교육훈련 및 경력개발이다.[10] 하지만 신규채용은 현재의 과잉수요가 항구적인 것인지 아닌지 확실하지 않은 상태에서 고정비(fixed cost)의 성격을 띠는 노무비 증가라는 점에서 부담이 되므로, 기업은 다음과 같은 임시적 대안을 우선적으로 고려하게 된다.

① 초과근로 활용

a. 개념

현재 종업원들의 근로시간을 연장하는 것은 인력이 부족한 기업이 가장 손쉽게 인력공급을 확보하는 방법이다.

b. 효과

추가근로수당을 통해 종업원들의 단기적 동기부여를 일으킬 수 있고, 시장에서의 수요변동에 탄력적으로 대응할 수 있다.

c. 단점

초과근로가 지속적으로 실시될 경우에는 오히려 스트레스와 과로로 인하여 장기적인 직무동기가 저하되고, 생산성과 산출물의 품질 역시 낮아질 수 있다.

② 임시직 고용

해고가 쉽지 않은 경우에는 기간계약고용과 시간제고용 등의 임시직을 활용할 수 있다.[11]

a. 기간계약고용(기간제 근로)

협의의 임시직을 뜻하며, 상용직과 반대되는 개념으로서 정해진 시간 동안만 근무하는 고용형태가 된다. 기간계약고용의 가장 큰 장점은 노동 유연성이 증가한다는 것이다.

b. 시간제 고용

단순하고 정형적인 직무나 계절적으로 수요변동이 큰 직종, 그리고 경기 변화에 민감한 업종에서는 정규직 고용에 비해 인건비 절감을 위해 시간 단위로 고용계약을 체결하는 경우가 많다.

③ 파견근로 활용

a. 개념

파견근로는 특정 기업에서 고용하고 있는 근로자를 다른 기업에 파견하여 그 지휘명령에 따라 근로하게 하는 제도이다.

[파견근로의 구조]

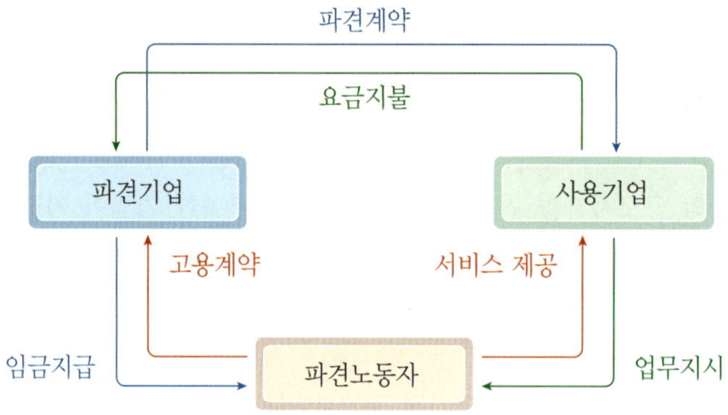

b. 사측의 장점

파견 요금 이외의 제반 비용(복리후생비, 성과급 등)의 지급 의무가 없기에 인건비를 절감할 수 있으며, 파견을 통해 계절적 고용변화를 완충할 수도 있고, 베테랑 인력의 유연한 활용을 통한 불확실성 헤징(hedging) 효과도 가진다.

c. 노측의 장점

근로시간의 유연성 덕분에 여성이나 학생층에서 선호하는 경우가 있고, 일부 전문직은 부정기 근로(irregular work)의 대가로 높은 수입을 올릴 수도 있다. 또한 취업절차가 상대적으로 간단하므로 신규 노동시장 진입자나 재취업자 등이 선호한다.

d. 단점

파견근로자는 신분이 불안정하며, 잦은 직장 이동으로 불안감이나 정신적 스트레스가 유발되므로 직무만족도도 낮은 편이다.

④ **아웃소싱**(outsourcing)

a. 개념과 효과

인력수요가 공급을 초과할 때 아웃소싱이란 기업이 핵심역량을 가지고 있는 부분을 제외한 나머지 영역의 기능을 외주화하여 공급받는 것을 의미한다.

b. 필요성

기업조직이 모든 영역에 대한 전문가를 보유하는 것이 힘들고, 특히 전문인력의 경우 인건비가 높으므로 내부에 보유하는 것보다는 필요시 외부에서 도움을 받는 것이 나을 수 있다.

c. 효과와 문제점

기업은 인건비를 절감하는 동시에 생산성을 향상시킬 수 있다. 그러나 아웃소싱된 인력은 고용불안을 느끼게 되므로 근로의욕과 조직몰입이 낮을 수 있다.

d. 핵심성공요인(critical success factor)

아웃소싱이 효과적으로 이루어지기 위해서는 과다한 비용이 소모되거나 부가가치가 상대적으로 낮은 아웃소싱 대상 직무를 도출하고, 현 조직과의 지속적 관계를 유지할 수 있는 외주업체를 선정할 필요가 있다. 또한 외주화가 성공하기 위해서는 반드시 구성원들로부터의 공감대를 얻을 수 있어야 한다.

2) 인력과잉에 대한 대응

인력과잉에 대한 일반적인 대응 방법은 정리해고나 조직구조조정, 직무공유 등이 있다.

① 직무공유(job sharing)[12]

a. 등장 배경

인력과잉은 일반적으로 경기침체와 관련이 있다. 업황이 좋지 않은 상황에서 기업이 대응하는 방식은 i) 1998년 외환위기 당시와 유사한 즉각적인 고용조정(정리해고) 단행, ii) 직무공유(일자리나누기)를 통한 고용의 유지 등이다.

b. 개념

직무공유는 하나 이상의 정규(full-time) 근로를 둘 이상의 부분시간(part-time) 근로로 전환시키는 것이다.

c. 특징

하나의 직무를 두 사람 이상이 담당하게 되므로 직무의 내용범위뿐만 아니라 직무수행의 시간도 다양하게 구분될 수 있으며, 이 과정에서 각각의 근로자는 정규근로자로서의 대우를 받게 된다.

d. 장점

직무공유는 기업의 인건비 감축효과와 인력활용의 기능적 유연성(functional flexibility) 증가 및 인사관리상의 제반 목적 달성(예 정년근로자의 직무 경험을 신규 근로자에게 전수)에 도움이 된다. 근로자 입장에서도 직무공유의 실시로 추가적인 개인 시간을 확보 · 사용할 수 있으며 기능과 경험의 폭을 확대할 수 있다.

e. 단점

직무공유의 과정에서 대상자 모두에게 각종 복지혜택 등을 제공한다면 기업의 입장에서는 예상치 못한 추가적 비용 지출이 증가할 가능성이 있으며, 새로운 직무수행의 과정에서 각종 교육 훈련비가 지출될 수 있다.

또한 제조업체 종업원 입장에서는 근무시간 축소로 인한 임금 감소 우려가 있고, 서비스업 종업원 입장에서는 직무분할의 곤란함(직무의 불가분성)으로 인하여 직무공유에 대하여 부정적인 시각도 있다.

② 기타 방안

그 밖에도 인력과잉시 대응 방안으로는 조기퇴직과 다운사이징 등을 들 수 있다.

제3절 인적자원의 모집

MANAGING HUMAN RESOURCE AND INDUSTRIAL RELATIONS

(2016년) 제25회 공인노무사시험
모집활동의 효과성을 평가하고, 그것의 향상 방안으로서 현실적 직무소개(realistic job preview)의 내용, 효과, 한계점에 관하여 각각 설명하시오. (25점)

(2022년) 제31회 공인노무사시험
모집의 원천으로서 조직 내부 모집의 개념과 방법을 설명하고, 장점과 단점을 각각 3가지만 쓰시오. (25점)

|1| 모집의 의미와 그 원천

1) 의의

인적자원의 모집(recruitment)이란 조직 내·외부로부터 유능한 인재를 유인하여 그들이 조직 내 특정 직위(position)에 응시하도록 자극을 주는 장려 과정을 의미한다.

2) 영향요인[13)]

모집에는 기업의 긍정적인 이미지, 직무의 매력도, 기업의 적절한 인사정책(평가보상, 승진제도) 등으로 대표되는 명성 내지 평판(reputation)이 영향을 미친다. 기업이 가지는 긍정적인 명성은 선발전형에서 합격한 인력들의 수용률(acceptance ratio)을 높이는 데 기여한다.

3) 모집 시 유의사항

인력수요와 공급에 대한 철저한 분석이 선행되어야 하며, 회사의 실상을 왜곡하는 지나친 과대광고는 입사 이후 '기대와 현실의 차이(expectation-reality gap)'로 인한 직무만족 저하와 법적인 쟁점을 유발할 수 있으므로 주의해야 한다.[14)]

4) 모집의 원천[15)]

기업이 필요로 하는 인적자원에 대한 모집원천은 내부노동시장과 외부노동시장으로 나눌 수 있다.

[내부모집(左)과 외부모집(右)]

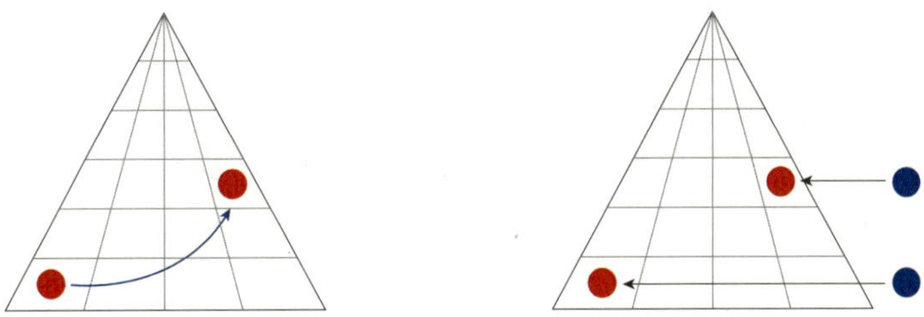

① 내부노동시장(Internal Labor Market, ILM)**을 통한 모집**

a. 의미

이는 필요한 직위에 적합한 인력을 현 조직 내부에서 충원하는 것("make")이다. 여기서는 기존 조직 내의 직무이동관행이나 추세를 면밀히 검토할 필요가 있다.

b. 장점

대개 내부인력이동은 승진이나 배치전환의 형태로 나타나므로 동기부여에 효과적이며, 채용시간과 비용이 절약된다(효율적). 또한 조직 內 인재가 이동하는 것이므로 새로운 자리에의 적응시간이 적게 걸린다.

c. 단점

내부인력이동의 결과 기업의 인재선택 폭이 좁아져서 자기사람 심기(inbreeding)나 친족주의(nepotism) 등으로 인한 정치적 내분이 발생할 수 있다. 또한 새로운 업무에 적응시키기 위한 교육훈련비의 투자가 증가하며, 궁극적으로는 외부로부터의 채용을 수반한다. 그리고 무능력자라 해도 큰 문제가 없다면 계속 승진하는 피터의 원리(Peter principle)가 나타날 수 있으며, 내부모집경쟁의 과열로 탈락시에 불만을 갖는 구성원이 증가할 수 있다.

② 외부노동시장(External Labor Market, ELM)을 통한 모집

a. 의미

이는 필요한 직위에 적합한 인력을 조직 밖으로부터 충원하는 것("buy")을 말한다. 따라서 이 방식을 사용하는 과정에서는 인구통계적 지표(예 실업률, 경제성장률, 교육훈련의 수준 등)에 대한 면밀한 검토가 필요하다.

b. 장점

신입사원 및 경력사원을 신규 채용하는 과정에서 인재 선택의 폭이 넓어지고 새로운 아이디어나 자질을 가진 인재가 영입되는 과정에서 조직 분위기의 쇄신이 가능하며, 이미 자격이 갖추어진(ready-to-use) 사람을 채용하므로 교육훈련비가 적게 든다.

c. 단점

모집에 상대적으로 많은 시간과 비용이 소모되며 내부인력의 승진기회 축소로 인한 불만이 발생할 수 있다. 또한 외부인의 유입에 따른 위험부담이 크고, 경력직 채용시 기존 직장에 비해 많은 보상을 주어야 하므로 인건비 상승폭이 증가한다.

|2| 모집의 방법

1) 내부노동시장에서의 모집방법 : 사내공모제도

① 의의

내부모집은 크게 비공개형과 공개형으로 구분된다. 비공개 유형은 앞서 살펴본 기능목록 등을 활용하는 방식이며[16], 공개형 모집제도로는 사내공모제도(job posting and bidding)가 가장 대표적이다. 이는 공석의 발생시 사내 게시판(또는 사내 인트라넷)에 지원 공고를 내고, 스스로 해당 자리(직위)에 대한 자격을 갖추었다고 생각하는 종업원이 지원하는 제도이다.[17]

② 장점

a. 기존 종업원들이 새로운 자리로 옮겨가는 것이므로 사기진작 및 동기부여효과가 발생하여 이직률을 낮출 수 있다.

b. 지원자에 대한 주변인들의 평판(reference)을 평가자가 보다 꼼꼼히 챙길 수 있다.

c. 상대적으로 모집비용이 저렴하다.

d. 인사권자의 권한을 구성원에게 일부 위임하는 형식이므로 모집의 투명성 제고에 기여할 수 있다.

③ 단점

a. 내부 충원은 기존에 조직 내부에 존재하는 역학관계나 파벌의 영향을 받을 가능성이 높다.

b. 지원자가 현재 소속된 부서의 상사와의 불화를 겪게 될 수도 있다.

c. 외부인력의 유입이 차단되어 조직의 정체가능성이 있다.

d. 성장기에 있는 기업인 경우, 사내 공급이 불충분할 수 있다.

e. 선발 과정에서 여러 번 탈락될 경우, 지원자의 심리적 위축이 우려된다.

④ 성공요건

a. 구성원들의 동기부여효과가 있는 동시에 외부인에게 맡기는 리스크(risk)가 큰 직위에서 시행효과가 크다.

b. 조직 내 불화 방지를 위해서 모집절차에 대한 보안을 철저히 지키며 운용할 필요가 있다.

2) 외부노동시장에서의 모집방법

외부노동시장에서의 모집방법은 크게 추천제(종업원 추천, 교육기관 추천)와 비추천제(광고, 웹기반 모집, 자발적 모집)로 나눌 수 있다.[18]

① 광고(advertisement)

공개매체인 신문이나 방송, 잡지를 통해 인력모집을 실시할 수 있다. 매체의 대중성이 클수록 잠재적 모집인원의 수가 커지는데, 무자격자가 지원을 남발할 가능성에 유의해야 한다. 이를 방지하기 위해 비교적 독자층이 균질적인 전문매체(예 경제잡지 등)를 활용할 수 있다.

② 직업소개기관을 통한 모집

직업소개기관은 기업을 위해 모집 및 선발업무를 대행하는 동시에 구직자들에게 적절한 정보를 소개해 주는 역할을 하는 중개기관이다.

③ 종업원 추천제도

a. 개념

종업원 추천제도(employee referral)란 직장 내 공석이 생겼을 때 기존 직원들이 적임자를 추천하여 신규직원을 채용하는 제도이다.

b. 근거

기업 대상의 연구 결과들을 종합하면 종업원 추천제도는 효과가 큰 모집제도에 해당한다.[19] 글로벌 컨설팅회사인 부즈 알렌 해밀턴(Booz Allen Hamilton)의 2006년 조사결과에 따르면, 기업들은 모집수단으로 종업원 추천제(19%)를 웹 기반 모집(21%) 다음으로 가장 많이 활용하며, 확보한 인력에 대한 만족도 면에서는 여타 확보수단(웹 기반 모집 54%, 캠퍼스 리크루팅 43%)보다 종업원 추천제에 대한 긍정적 인식이 월등히 높았다(88%).[20] 이는 피추천인이 추천자로부터 이미 현실적 직무소개(realistic job preview, RJP)를 받고 입사하기에 조직사회화 기간이 단축될 뿐만 아니라 인적구성이나 조직분위기의 측면에서 거부감을 덜 갖기 때문이다.[21]

c. 장점

ⅰ. 경제적 이익

모집비용을 상당한 수준으로 줄일 수 있다.

ⅱ. 직원들의 자질유지 용이

사원들이 자신의 이름을 걸고 추천하는 것이므로 부적합하거나 신뢰성이 낮은 사람을 추천하는 경우가 드물다.

ⅲ. 선발시간 단축

공고, 원서교부 및 접수, 서류전형 등이 생략되고 대개 추천에 이은 면접만으로 선발하게 되므로 시일이 단축된다.

ⅳ. 기업문화 적응 용이

기존 직원들과 친밀한 관계를 유지하는 경우가 많으므로 이직률도 낮다.

ⅴ. 동기부여 효과

기존 사원들에게 직원추천 권한을 부여하고 채용될 경우 일정한 인센티브를 지급하는 경우가 많으므로 동기부여와 사기에 긍정적 영향을 준다.

d. 단점

ⅰ. 회사 내 학맥, 인맥에 근거한 파벌조성이 가능하다.

ⅱ. 채용에 있어서 객관성과 공정성을 확보하기가 어렵다.

ⅲ. 추천받지 못한 사람들의 취업기회를 원천적으로 봉쇄하는 것이므로 사회적 문제가 될 수 있다.

ⅳ. 피추천 후보자가 채용면접에서 탈락하는 경우 추천자의 반발과 사기 저하가 예상된다.

e. 성공요건

ⅰ. 핵심인재의 확보가 어렵거나 강한 기업문화가 정착된 경우에 그 효과가 크다.

ⅱ. 다른 모집제도와 혼용함으로써 사회적 물의가 발생하지 않도록 해야 한다.

ⅲ. 선발에 있어 객관성과 공정성을 유지하려는 노력이 필요하다.

ⅳ. 추천자에 대한 보상금을 지급하여 동기부여와 책임감을 높이도록 제도를 설계하여야 한다.

④ 웹 기반 모집

a. 개념

웹 기반 모집(web-based recruitment)은 온라인(취업포털, 블로그, X 등)을 통해 인사관리와 관련한 각종 데이터베이스를 활용하여 기업이 원하는 인재를 모집하는 방법을 의미한다.

b. 특징

웹 기반 모집을 통해 기업은 모집비용을 획기적으로 절약할 수 있으며, 잠재적 응모자들에 대한 전 세계적인 풍부한 데이터베이스의 활용이 가능해진다. 또한 e-HRM을 통하여 기존에 구축된 인사정보시스템과의 통합적 연계가 이루어져 모집과 관련한 전략적 의사결정에도 도움을 준다.

c. 원천[22]

ⅰ. 인터넷 일자리 포털

일자리 포털사이트는 고용주들에게 일자리 정보를 업데이트하거나 후보자를 찾을 수 있는 장을 제공한다.

ⅱ. 전문가/경력직/고용주 웹사이트

특수분야의 일자리나 경력직 일자리를 찾는 사람들이 주로 활용할 수 있는 웹사이트(예 미국의 인적자원관리협회(www.shrm.org))가 있으며, 다수의 기업들은 자사의 홈페이지 자체에 채용정보를 업로드하여 홍보효과를 노리는 동시에 자사로의 지원을 적극적으로 독려하기도 한다.

ⅲ. 소셜 리쿠르팅(social recruiting)

다양한 사회연결망서비스(social network services, SNS)를 통하여 구직정보를 제공하고 지원을 독려하는 것을 의미하며, 정보의 효과적인 공개 수단으로 활용되거나, 현실적 직무소개(realistic job preview, RJP)의 수단으로 사용될 수 있다는 점, 모집에 걸리는 시간을 단축시킨다는 점 등에서 장점을 가진다.

d. 웹 기반 모집과 전통적 모집과의 비교

ⅰ. 모집시간

웹 기반 모집은 전통적 모집에 비해 실시간(real-time)으로 모집활동을 진행하므로 시간을 절약할 수 있다.

ⅱ. 모집비용

웹 기반 모집에는 전통적 모집방식에 비하여 적은 비용이 소요된다.

ⅲ. 개인정보의 보안

웹 기반 모집에서는 접근권한이 부여된 담당자만이 인사정보시스템(HRIS)을 통해 모집절차를 수행하므로 정보의 보안성이 향상된다.

ⅳ. 응모의 횟수

웹 기반 모집에서는 복수의 기업에 모집응모를 할 수 있다.

ⅴ. 모집정보의 다양성

웹 기반 모집에서는 기업 내에 축적된 경험데이터 뿐만 아니라 외부 전문가집단의 자료와 타기업의 성공적인 경험 등을 활용할 수 있다.

ⅵ. 모집의 도구

웹 기반 모집에서는 모집전문회사의 IT솔루션을 활용하므로 기업이 모집 그 자체에만 집중할 수가 있게 된다.

e. 웹 기반 모집의 장점과 단점

인터넷을 통한 모집은 다음과 같은 장점과 단점을 가진다.

ⅰ. 장점

- 모집비용이 획기적으로 절감되고, 모집업무의 편리성이 증가한다.
- 지원자들과의 신속한 의사소통이 가능하다.
- 시간과 공간적 제약이 철폐되어 인재선발의 폭을 넓힐 수 있다.
- 타겟 리크루팅(target recruiting)의 용이성이 증가한다.

ⅱ. 단점

- 고령화 사회에서 IT에 능숙한 사람들로만 지원자층이 제한되는 문제가 있다.
- 웹상에서 모집이 이루어지므로 적극적인 지원자를 선별하기가 곤란하다.
- 여러 회사 응모로 인해 실제 선발에 응시하는 비율이 낮아질 수 있다.
- 많은 인원의 응시로 인하여 지원서류 검토에 많은 시간이 소요된다.

⑤ 인턴제도

a. 개념

인턴제도(internship)는 지원자가 입사하기 전 잠정적인 수습근무기간(대개 방학 등) 동안 보이는 근무태도 및 성과를 토대로 개인과 조직의 적합성(person-organization fit)이 큰 인력을 조직에서 정식 신입사원으로 고용하는 모집방법으로서, 선발의 2종 오류를 감소시키는 장점이 있다.

b. 형태

예비 신입사원들이 대학 재학 중 방학을 이용하는 경우가 많으며, 대학 졸업 후에 인턴사원 프로그램에 참여할 수도 있다.

c. 특징

지원자의 입장에서는 진입충격을 완화시킬 수 있으며, 조직의 입장에서는 조직이 기대하는 인재상과 인턴의 특성을 파악하여 선발과정의 오류를 최소화할 수 있다.

d. 한계

인턴을 교육훈련이나 채용비용의 대체(replacement) 목적으로만 운영하는 문제, 정식채용된 이후 오히려 인턴기간에 비해 노력이 감소하는 문제, 인턴기간 동안 과도한 인상관리(impression management)를 하는 문제 등이 있다.[23]

| 3 | 모집활동 효과성의 평가

1) 평가기준[24]

① 모집방법에 대한 평가

모집활동의 방식이 얼마나 제대로 이루어졌는지를 판단할 때는 공석을 채우는 데 걸리는 시간을 측정하거나 모집행위의 관계규정/법령 위반여부를 확인한다.

② 지원자의 양과 질

선발인원에 비해 모집인원이 너무 적으면 모집활동이 제대로 이루어지지 않은 것이다(양적 부족). 또한 지원자가 많더라도 적합한 자격을 갖춘 지원자의 수가 적다면 그것 역시 문제가 된다(질적 부족). 이와 관련된 개념이 바로 기초율(success base rate, 지원자들을 무작위로 선택했을 때 업무를 잘하는 사람의 비율)로서, 이 값은 높을수록 좋다.

③ 비용-편익 분석

모집활동에 소요되는 직접비용(광고비, 출장경비, 통신요금 등)과 간접비용(모집에 투입된 시간의 기회비용, 대외적 이미지 관리비용 등)의 가치보다 모집에 응한 후보자들이 채용 후 기업에 가져다 줄 수 있는 가치가 더 크면 모집활동이 효과적이다.

2) 모집 효과성의 증진방안[25)]

① 인력 DB 관리

인력에 대한 데이터를 관리하여 노동시장에서 폭넓게 모집에 응할 수 있도록 유인하도록 한다.

② 국가직무능력표준 기반 채용공고

국가직무능력표준(NCS, National Competency Standards)을 채용공고시 활용한다면, 기업이 직무별로 제시하는 필요요건이나 지식에 대해 지원자가 자신의 준비도를 채용과정에서 증명하면 되므로 불필요한 스펙을 쌓는 시간과 비용을 절감할 수 있다.[26)]

③ 모집인의 능력 개발과 바람직한 행동방식

모집담당자들은 주로 인사전문가나 관련직무의 지식이 풍부한 사람들로 구성하고, 필요한 경우 그들에게 적절한 교육을 제공한다. 이들은 지원자들에게 바람직한 피드백을 제공해야 한다.

④ 현실적 직무소개(Realistic Job Preview)

지원자들에게 해당직무에 대한 현실적이고 구체적인 정보를 사전에 알려줄 경우, 입사 후의 생산성과 직무태도가 향상될 수 있다. 브리우(Breaugh)의 연구에 의하면 구체적인 모집정보(예 전문매체)를 통해 입사한 조직구성원들이 작업성과나 직무태도에서 높은 점수를 얻는 것으로 나타났다.[27)]

⑤ 타겟 리크루팅(Target recruiting)

이는 채용 범위를 구체적으로 정한 다음 집중적인 모집활동을 펼치는 활동이다.

제4절 인적자원의 선발

MANAGING HUMAN RESOURCE AND INDUSTRIAL RELATIONS

(2000년) 제9회 공인노무사시험 제3문
선발도구의 유형과 이의 타당성 및 신뢰성의 평가에 관하여 약술하라. (25점)

(2008년) 제17회 공인노무사시험 제3문
종업원 선발도구의 타당성 평가방법 및 선발비율의 개념에 관하여 약술하라. (25점)

(2018년) 제27회 공인노무사시험
[사례형] 기존의 1단계 서류심사를 대체하여 '온라인 AI 채용시스템'을 도입하였을 경우, 이 시스템이 가진 선발평가 도구로써의 장점을 타당성, 신뢰성, 수용성, 실용성의 측면에서 각각 설명하고, 이 시스템의 지속적 활용이 향후 A사의 조직문화의 강도와 조직창의성에 미칠 영향에 관하여 각각 설명하시오. (25점)

(2023년) 제32회 공인노무사시험 제3문
인재선발을 위한 지원서 분석도구인 바이오데이터(bio-data) 분석의 개념, 장단점, 그리고 개발단계를 설명하시오. (25점)

|1| 선발의 의의와 방침

1) 선발의 의의

선발(selection)은 필요로 하는 직위에 적합한 자격을 갖춘 사람을 선별해 내는 과정이다. 모집이 입사 가능한 지원자들을 유인하는 과정이라면, 선발은 그들 중에서 유능한 자를 뽑거나 부적격자를 배제하는 과정이다.

2) 선발의 방침[28)]

기업은 인력을 선발하기 전에 선발의 기준 또는 원칙과 관련된 다음 사항들을 고려해야 한다.

① 인재상의 결정

인재상이란 해당 기업만이 가지는 인적자원에 대한 독특한 관점으로서, 설립자의 경험이나 세계관 및 인생관에 기업을 둘러싼 각종 환경요인들이 결합하여 형성된다. 인재상의 내용은 인적조건(specification), 경력(career), 기업문화와의 적합성(cultural fit) 등으로 구성된다.

② 선발방법에 대한 방침

대표적인 선발방식에는 종합적 평가법과 단계적 제거법이 있다. 당위적으로는 종합적 평가법이 타당하지만, 실제 기업들은 현실적인 이유에서 단계적 제거법을 더 많이 사용한다.

a. 종합적 평가법은 선발의 각 단계별 점수를 합산하여 지원자 중 적격자를 가려내는 방식으로서 선발비용이 많이 드는 대신 우수한 지원자를 놓칠 가능성이 적다.

b. 단계적 제거법은 선발의 각 단계마다 부적격자를 제거하는 방식으로서 선발비용이 절약되는 대신 우수 지원자를 탈락시킬 가능성이 있다.

| 2 | 예측치와 준거치의 결합으로서의 선발

선발은 사실상 예측치와 준거치의 결합 그 자체이다. 예측치(predictors)는 선발의 도구로 활용하는 각 단계(예 시험이나 면접)별 점수이고, 준거치(criterion)는 실제 채용이 되어 직무를 수행하면서 달성하게 될 업무 성과의 기준을 말한다.

1) 질적 접근

① 의미

이는 경영자 내지는 관리자가 그들의 오랜 경험과 직관을 토대로 특정 요소에 기반하여 지원자를 가려내는 임상적 방법이며, 여기서의 예측치는 질적인 변수(예 면접시의 인상이나 느낌)이다.

② 특징

풍부한 경험을 가진 관리자가 판단할 경우 양적기법 못지않은 정확도를 자랑하지만, 스테레오타입(stereotype)의 발생 가능성에 주의해야 한다.

2) 양적 접근

이는 프로파일 방식, 회귀분석이나 컷오프 방식처럼 예측치를 통계적(계량적) 기법에 기반하여 도출한 다음 이를 토대로 지원자를 가려내는 방법이다.

① 프로파일 방식(profile method)

a. 의미

기업에서 성공하는 종업원들의 평균적이고 표준적인 자질을 과거 데이터를 통해 도출한 '이상적 프로파일(ideal profile)'에 근거하여 개별 지원자의 자질을 판별하는 방식이다.

b. 프로파일의 판별기준

이상적 프로파일과 지원자의 예측치는 수준(level, 절대적 차이)과 형태(shape, 프로파일 값들의 분포가 갖는 모양)에 따라 판별되며, 어느 기준을 선택하는지에 따라 선발되는 인력이 달라진다.

[프로파일에 기초한 선발의 예]

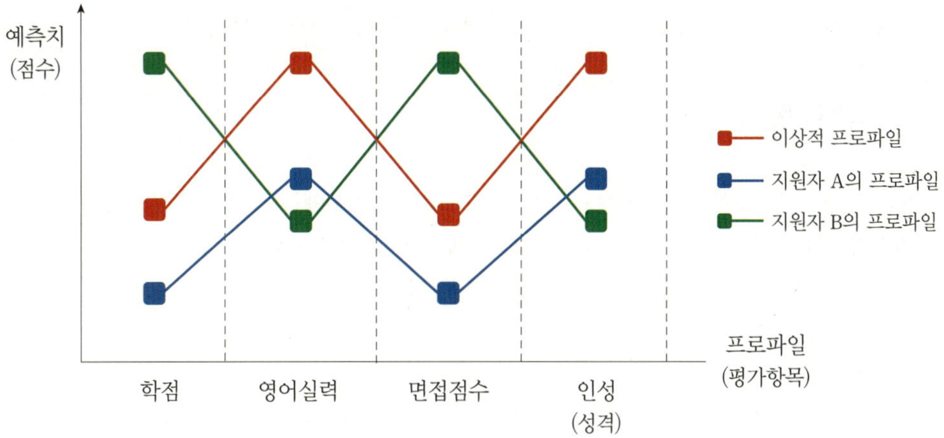

② 회귀분석(regression analysis)

이는 기존에 수집된 다양한 직무관련 예측치들에 가중치를 부여하여 실제 근무성적을 가장 잘 예측하는 회귀방정식을 도출한 후, 여기에 지원자들의 예측치를 대입하여 선발하는 방법이다.

③ 컷오프(cut-off) 방식

이는 과락제도처럼 각 예측치별 기준선을 설정하고 이를 하나라도 충족시키지 못하면 탈락시키는 방식이다.

3) 역량중심 접근

① 의미

이는 미래 직무성과를 예측하는 핵심요인(Critical Success Factor)들과 관련한 개인역량 중심의 예측치로 선발하는 방식이다.

② 선발에 사용되는 역량기준

일반적으로 가장 많이 사용되는 역량은 인지적 능력에 해당하는 종합 정신적 능력(지능, General Mental Ability, GMA, Person-Job fit 판별에 사용)과 인성적 요소(Big-Five로 측정, Person-Organization fit 판별에 사용)이다.

| 3 | 선발과정과 선발도구

1) 선발의 과정[29)]

선발의 과정은 기업마다 차이가 있지만, 대체적으로 지원서 접수 및 검토, 선발시험, 면접, 기타 전형[신체검사, 경력 및 평판의 조회(reference check)] 등의 순서로 진행된다.

2) 지원서 분석

기업이 구직자들로부터 제출받는 지원서(application form)에는 스스로의 역량에 대해 응답하는 역량지원서나 개인의 역사(personal history)에 관련된 바이오데이터 등이 있으며, 간혹 특정한 학위나 자격증 또는 추천서 등을 접수받기도 한다.[30)]

① 역량지원서

이는 지원자 개인이 보유하고 있는 역량을 스스로 사례 등과 결부지어 답하게 하는 것이다. 역량지원서 평가는 기업이 사전에 설정한 기준(예 증거제시 여부, 답변의 구체성)에 부합되는지를 검토하는 형식평가와 지원서의 질적 판단에 해당하는 내용평가로 구성된다.

② 바이오데이터(biodata, 傳記情報)[31)]

a. 개념과 내용

이는 지원자 개인의 인생에 대한 전기적 정보(biographical information)를 의미하는 개념이며, 대개 입사지원서와 함께 설문지 형식으로 수집된다.

전기적 정보에는 지원자의 사회·경제적 지위(SES, social and economic status), 개인적 성격 및 성향, 여가와 취미, 독서습관, 갈등과 문제해결의 경험, 리더십 등이 포함된다.

b. 활용배경

과거에는 학업성적이나 자격획득 등 업무수행과 직접 관련이 있다고 여겨지는 정보에 치중하여 인력을 선발하는 경우가 많았으나. 최근에는 지원자의 다양한 측면을 포괄적으로 판단하는 소위 '열린 채용'을 표방하는 기업이 늘어나면서 위조가 어렵고 정보의 정확도가 높은 바이오데이터를 계량화하여 프로파일(profile) 분석 등으로 활용하는 비중이 증가하고 있다.

c. 바이오데이터 분석의 장점

ⅰ. 일반적으로 바이오데이터는 팩트에 기반한 설문 및 기타 이력정보를 토대로 수집하므로 증명이 가능하다.

ⅱ. 지원자가 실제로 수행한 행동에 관한 구체적 기록이다.

iii. 현직 고성과자와 지원자의 바이오데이터를 서로 비교함으로써 지원자의 성과수행 가능성에 대한 단서를 얻을 수 있다.

d. 바이오데이터 분석의 단점

i. 전기적 정보는 과거의 정보이므로 예측타당성의 문제가 있다.

ii. 지원자의 과거의 경험이나 행동이 새로운 업무환경하에서 효과를 발휘하는 데는 한계가 있을 수 있다.

iii. 통상 바이오데이터는 시험이나 면접 등에 앞서 부적격자를 가려내는 데 사용되는 경우가 많은데, 성과의 주된(main) 설명변수가 아닌 부수적인(sub) 설명변수인 바이오데이터로 인해 지원자가 다음 선발전형으로 진출하지 못한다면 제2종오류(Type II error) 등을 비롯한 선발오류의 원인이 될 수도 있다.

e. 바이오데이터의 개발과 활용

바이오데이터를 활용한 인력선발은 일반적으로 다음의 단계를 거쳐 이루어진다.

i. 성과관련 변수의 설정(예 근속, 직무성과 등)

ii. 조사대상 집단의 선정(고성과집단 *vs.* 저성과집단)

iii. 분석할 지원서의 항목 결정(예 거주도시의 인구, 군복무관계, 교육수준 등)

iv. 각 항목별로 빈도수 측정(예 고성과집단의 종업원 중에서 장교의 비율 파악)

v. 각 항목을 평가에 활용할 가중치 결정(예 앞 단계에서 파악된 비율을 토대로 '장교' 항목의 가중치 부여)

vi. 지원자 집단에 적용(예 지원자의 군복무관계에 해당되는 항목의 가중치 적용)

vii. 합격자 선정

f. 바이오데이터의 활용 전망

기업은 지원자의 전기적 정보를 수집하는 다양한 툴(tool)을 개발하여 예측 타당성을 높이는 노력을 경주해야 하며, 입사 후 신입사원들의 과거 경험이 성과로 이어지도록 강력한 지원정책을 추진한다면 인사선발의 정확도를 높일 수 있을 것이다.

③ 학위와 자격증(credentials)[32)]

특정한 학위나 자격증이 선발에 활용되는 것은 다음의 이점이 있기 때문이다.

첫째, 학위와 자격증은 그 취득과정에서 일정수준의 지식 · 기술 · 능력(KSA)을 지원자가 이미 획득하였음을 의미하므로 기업조직에서 해당 역량을 재검증할 필요가 없다.

둘째, 좋은 학위나 자격증을 가진 사람들이 조직에 많다는 것은 이해관계자(예 소비자, 지역사회 등)들에게 좋은 신호(signal)가 되므로 대외적 평판 개선에 도움이 된다.

3) 시험법(test)[33]

구체적인 시험의 방법으로는 지원자의 다양한 과업수행능력을 측정하는 능력검사(ability test), 지원자의 직무태도나 조직인화력을 살펴보기 위한 성격 및 적성검사(personality and aptitude test), 대표과업을 수행하게 하고 그 성취도를 측정하는 실무능력검사(work sample test) 등이 있다.

4) 면접법(interview)

① 개념과 기능
② 면접관의 역할
③ 면접질문의 주요 내용
④ 면접의 종류(유형)
➡ 비구조화, 구조화, 반구조화
⑤ 면접의 기법
➡ 집단 면접, 위원회 면접, 역량 면접, 스트레스 면접, 개인발표, 배경실적 질문, 복수 면접, 무자료 면접, 임원진 면접, 인바스켓 테스트
⑥ 면접의 절차
➡ 도입질문, 자기평가질문, 상황기반질문
⑦ 면접선발의 한계
⑧ 면접타당도의 향상방안

① 개념과 기능

면접은 지원자가 선발하고자 하는 직무를 수행하기에 적합한지를 판단하고 지원자에게 올바른 정보를 제공하기 위해 2인 이상이 행하는 의도적인 언어적 커뮤니케이션이다.

② 면접관의 역할

면접관은 지원자의 솔직한 응답을 유도하는 동기부여자인 동시에, 지원자의 자질과 능력을 판별할 수 있는 측정평가자로서의 역할을 수행한다.

③ 면접질문의 주요 내용[34]

일반적으로 면접에서 면접관이 지원자에게 묻는 사항들은 대개 지원자의 신상 일반적 측면, 업무관련 전문역량, 대인관계역량, 도덕성 등으로 구성된다.

④ 면접의 종류(유형)

질문의 내용이 구조화(structured)되어 있는 정도를 기준으로 다음과 같이 면접의 종류를 나눌 수 있다.

a. 비구조화 면접(심층면접, unstructured interview)

【개념】 면접관이 중요하다고 판단되는 내용을 자유롭게 질문하고 그에 대해 지원자가 답하는 면접이다.

【장점】 질문 유출의 우려가 적고, 지원자 내면의 본심 파악에 유리하다.

【단점】 지원자 간의 비교가 어렵고, 면접관의 편견(stereotype)에 의해 영향을 받을 수 있다.

b. 구조화 면접(structured interview)

【개념】 상세하게 조직화된 질문지를 사용하여 면접관과 지원자에 따른 면접 내용의 편차를 줄이는 데 초점을 둔 방식이다. (예 미래지향적 상황면접, 과거지향적 행동기술면접)

【장점】 지원자 간 상호비교가 가능하고, 평가자 간 신뢰성(inter-rater reliability)을 높일 수 있다.

【단점】 지원자 내면의 본심 파악이 어렵고, 면접질문의 유출 우려가 있다.

c. 반구조화 면접(semi-structured interview)

【개념】 주요 사항은 사전에 조직화된 질문지를 사용하고, 확인이 필요한 세부사항에 대해서는 면접관의 재량에 따른 질문을 허용하는 방식이다.

【장점】 선발의 신뢰성을 훼손하지 않는 선에서 지원자 내면의 본심을 파악할 수 있다.

【단점】 구조화 면접과 비구조화 면접의 단점이 모두 나타날 수도 있다.

⑤ 면접의 기법[35]

a. 집단 면접(group interview) : 여러 명의 지원자를 한꺼번에 면접하는 방식으로서, 시간이 절약되고 여러 지원자 간 비교가 가능하다.

b. 위원회 면접(board interview, 패널면접) : 다수의 면접관이 한 명의 지원자를 평가하는 방법으로서, 평가자 간 신뢰성이 높아 가장 정확한 면접방식으로 알려져 있다. 다만 피면접자의 심리적 위축 가능성과 상대적으로 높은 비용측면의 단점이 있다.

c. 역량 면접(competency interview) : 지원자가 가진 미래의 직무수행 역량을 예측하기 위하여 분석력, 문제해결능력, 설득능력 등을 위주로 평가하는 면접이다.

d. 스트레스 면접(stress interview) : 지원자가 예상하지 못한 상황을 꾸미거나 당황하게 하였을 때의 대응방식을 관찰함으로써 지원자가 특수한 직무에 적합한지를 살펴보기 위해 사용되는 방식이다.

e. 복수 면접(multiple interview) : 지원자를 여러 시기에 걸쳐 여러 사람이 면접하는 방식이다.

f. 무자료 면접(blind interview) : 지각오류를 방지하기 위해 지원서류(이력서, 성적증명서, 자기소개서 등)를 배제하고 지원자를 있는 그대로 두고 평가하는 면접방식이다.

g. 배경실적 질문 : 경력직 사원의 채용시에 기존의 업적 및 실적기록을 중심으로 면접을 실시하는 유형이다.

h. 개인발표(presentation) : 주제를 미리 주고 준비시간을 부여한 다음에 발표 등의 형식으로 면접을 실시한다.

i. 임원진 면접 : 주로 최종 단계에서 진행되는 면접으로서, 지원동기나 인성 등에 관한 기본 사항에 관하여 기업의 고위 임원이 질문한다.

j. 인바스켓 테스트(in-basket test) : 가상의 논제나 상황을 주고 이에 대한 해결방식과 사고 과정을 평가함으로써, 문제해결능력과 잠재적 역량을 측정한다.

⑥ 면접의 절차[36)]

미국의 면접 실무서적 『Getting behind the resume』에서 소개하는 면접절차는 다음과 같다.

[면접 모델(interview model)]

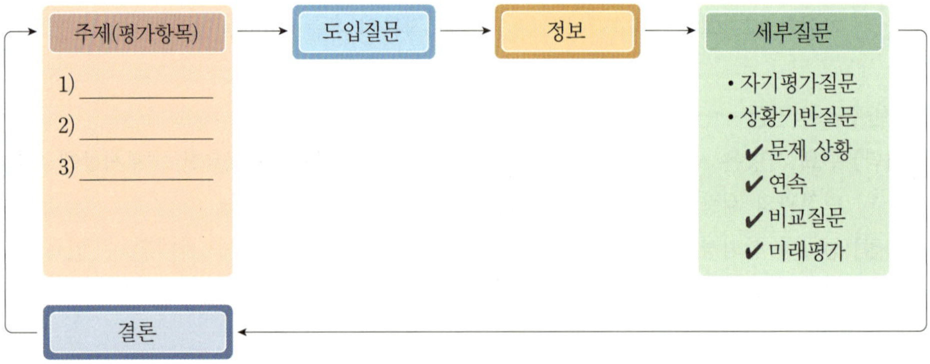

a. **도입질문**(topic opener questions)

Ice-braking 목적으로 이력서에 기반하여 지원자의 일반적 측면에 관해 주로 정답이 정해져 있지 않은 개방형 질문(open-ended question)을 사용한다.

b. **자기평가질문**(self-appraisal question)

도입질문으로 시작된 내용에 대해 보다 구체적인 정보들을 요구하는 질문으로서, 지원자의 시각과 아이디어를 알기 위한 질문들이다.

c. **상황기반질문**(situation-based question)

지원자가 구체적으로 어떻게 과업과 상황을 다루는지에 대해서 확인하는 질문으로서 i) 특정한 문제의 해결방안, ii) 양극단의 연속선 상에서의 판단, iii) 두 상황의 비교 · 분석, iv) 향후의 성과목표에 대한 질문 등으로 구성된다.

⑦ 면접선발의 한계[37)]

a. 면접은 불과 몇 분이라는 짧은 시간 안에 채용의사결정을 해야 하므로 면접 자체만으로는

피면접자에 대한 이해의 폭을 넓히기 힘들다.

b. 면접 과정에서 피면접자에 대한 부정적 정보가 수집되어 발생한 나쁜 인상 때문에 다른 선발도구에서 획득하는 점수에 관계없이 채용의사결정에 부정적 영향을 미칠 수 있다.

c. 후광효과나 고정관념 및 맥락효과 등의 다양한 평가오류가 작용할 가능성이 있다.[38] 각 평가오류의 개념과 극복방안은 다음과 같다.

ⅰ. **후광효과**(halo effect)

- 개념 : 이는 평가자가 피평가자의 어느 한 특징으로 전체를 평가해버리는 경향을 말한다.
- 극복방안 : 구조화 면접(structured interview)을 도입하는 동시에 면접평가자에 대한 교육(rater training)이 필요하다.

ⅱ. **고정관념**(stereotype)

- 개념 : 특정한 집단유형(종교, 성별, 인종, 지역 등)에 대해 가지고 있는 편견에 근거하여 발생하는 오류를 말한다.
- 극복방안 : 면접관 스스로 객관적 시각을 갖추기 위해 노력할 필요가 있으며, 궁극적으로는 면접관의 의도가 상대적으로 덜 개입할 수 있는 면접방법(예 위원회 면접)을 사용하도록 유도할 필요가 있다.

ⅲ. **맥락효과**(context effect)

- 개념 : 어떤 대안과 함께 평가되는지의 맥락에 따라서 평가 및 선택결과가 달라질 수 있는 현상을 뜻한다.
- 극복방안 : 면접관이 이러한 맥락효과가 발생할 수 있다는 것을 인식하는 것이 무엇보다 중요하다. 또한 주요 선발기준과 이들의 우선순위 및 가중치를 분명하게 정의하는 것이 요구된다.

⑧ 면접타당도의 향상방안[39]

a. 면접의 타당도

ⅰ. 일반적으로 구조화 면접이 예측치로서의 타당성(r = 0.51)이 높은 것으로 알려져 있다.

ⅱ. 위원회 면접과 스트레스 면접은 나름의 활용도가 있으나, 실제 타당도(적격인재의 선발)에 대해서는 상이한 연구결과가 존재한다.

b. 면접타당도를 높이는 방법

ⅰ. 직무에서 요구되는 주요 사항이 무엇인지 직무분석 자료를 통하여 확정한다.

ⅱ. 성공적인 직무수행에 필요한 지식, 기술, 능력, 행동을 구체화하고 이를 토대로 면접관을 포함한 기존 실무진들의 참여하에 면접문항을 만든다.

ⅲ. 면접관에 대한 철저한 교육을 통해 면접을 자연스러운 분위기 속에서 진행한다.

ⅳ. 직무수행 중 발생 가능한 실제의 문제상황을 제시하고 이에 대한 해결방안을 질문한다.

ⅴ. 경영진이 면접에 참여하는 방식이 권장된다.

5) 평가센터법(assessment center, AC)[40)]

① 개념

기업에서 주로 관리자(manager)들의 선발(S형, selection)이나 인력개발(D형, development), 적성 · 능력 진단(I형, inventory)을 위하여 숙련된 복수의 평가자들이 후보자들을 일정 기간(대개 2~3일) 동안 한 장소에서 관찰함으로써 체계적으로 평가하는 기법이다.

② 특징 및 효과

a. 복수(보통 6~12명)의 참가자들의 행동을 다수의 평가자가 집단적으로 관찰 · 평가한다.

b. 생소한 장소에서 평가가 진행되므로 참가자와 평가자 모두 사전에 철저한 교육을 받게 된다.

c. 참가자들에 대한 일련의 표준화된 테스트(인 · 적성검사, 역할연기, 인터뷰 등과 같이 검증된 선발도구)가 실시된다.

d. 검증된 도구를 활용하여 참가자들을 평가하므로 주관적인 판단을 감소시킬 수 있다.

e. 실제로 담당하게 될 직무와 관련된 사항을 통해 평가하게 되기에 예측타당성이 큰 편이다.

③ 진행절차

a. 평가대상(참가자)을 선정하고, 관찰 및 평가의 기준을 설정한다.

b. 참가자와 평가자에 대한 사전연습 및 훈련을 실시한다.

c. 사전에 합의된 기준에 따라 참가자들의 행동을 관찰, 평가, 측정, 분석한다.

d. 앞의 결과를 선발, 인력개발, 평가 등에 활용한다.

④ 장점

예비관리자에 대한 신상정보와 능력을 단기간에 파악할 수 있으며, 특히 리더로서의 잠재능력을 확인할 수 있다. 또한 예측타당성이 높아서 부적격인원이 선발 · 승진되는 비율을 낮추므로 의사결정 실수로 인한 비용을 절약할 수 있다.

⑤ 단점

가장 큰 문제점은 실제상황과 평가센터가 같지 않으며, 주된 평가의 대상인 언어능력에 따른 후광효과(halo effect)가 발생할 수 있다. 또한 다양한 기법들을 혼합하여 사용하기에 그 표준화(=규격화)가 어렵고, 타 평가기법에 비해 상대적으로 시간과 비용이 많이 들며, 탈락자의 반발이 클 수 있다.

| 4 | 선발도구 효과성의 평가

1) 지원자의 유형과 선발유효성

① 지원자의 유형 분류

지원자의 집합은 합격기준(예측치)과 직무성공기준(준거치)에 의해 네 영역으로 구분할 수 있다. 그림에서 B와 C의 면적비중이 상대적으로 커질수록 선발유효성이 증가한다.

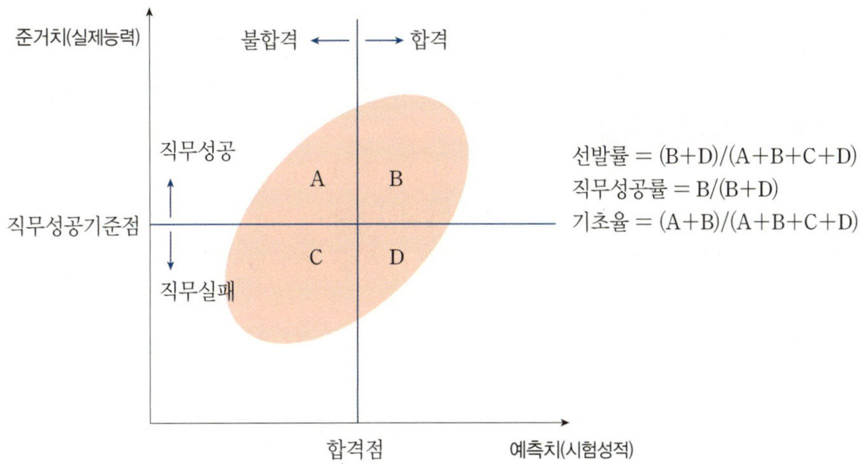

a. True Positive(TP) : 이는 실제 일을 잘할 사람이 시험 등의 선발전형을 통과한 것으로서, 그림에서 B 영역에 해당한다.

b. False Positive(FP) : 이는 실제 일을 잘 못할 사람이 시험 등의 선발전형을 통과한 것으로서, 그림에서 D 영역에 해당한다.

c. True Negative(TN) : 이는 실제 일을 잘 못할 사람이 시험 등의 선발전형을 통과하지 못한 것으로서, 그림에서 C 영역에 해당한다.

d. False Negative(FN) : 이는 실제 일을 잘 할 사람이 시험 등의 선발전형을 통과하지 못한 것으로서, 그림에서 A 영역에 해당한다.

② 선발에서의 통계적 오류 : 제1종오류와 제2종오류

선발과정에서는 모든 지원자들에게 실제 직무를 미리 수행시키는 것이 불가능하므로 직무요건의 적임자를 선발하지 못하는 통계적 선발오류(statistical selection error)가 발생한다.

a. 제1종오류(Type I error) : 선발했어야 하는 인원을 놓친 것으로서, 거부오류결정(false negative decision)의 영역이다. 이는 기업 입장에서 잠재적 손실에 해당하며, 기회손실을 초래한다. 이를 감소시키려면 애초부터 적격자가 지원에 응할 수 있는 타겟 리쿠르팅(target recruiting)을 실시해야 한다.

b. 제2종오류(Type Ⅱ error) : 선발하지 말았어야 하는 인원을 선발한 것으로서, 수락오류결정(false positive decision)의 영역이다. 이는 기업의 입장에서 현실적 손실에 해당하며, 해당 인력이 조직을 떠나기까지 지속적으로 비용을 유발한다. 이를 감소시키려면 선발비율의 감소(= 경쟁률 증가)나 타당도가 높은 선발도구의 활용 등이 필요하다.

③ 선발의 목표 : 직무성공률의 향상

일반적으로 직무가 요구하는 조건(job requirements)과 지원자의 자격요건(specification) 간의 적합성이 높을수록 선발 유효성이 증가하며, 그 결과 제2종오류(Type-Ⅱ error)의 가능성이 낮아져 직무성공률(= 성공적 직무수행자의 수/선발된 사람의 수)이 높아진다.

2) 선발도구의 평가기준[41]

선발도구를 통해 원하는 인재가 제대로 선발되었는지(즉 직무성공률이 높은지)를 평가하는 기준에는 신뢰성, 타당성, 선발비율, 효용성, 산출률, 수용률 등이 있다.

① 신뢰성(reliability)[42]

a. 개념

신뢰성이란 선발(평가)도구의 일관성(consistency, 횡단적 측면) 내지는 안정성(stability, 시계열적 측면)을 의미한다. 동일한 선발도구로 동일한 환경에서 측정한 값이 시간의 흐름에 상관없이 유사할수록 신뢰성이 높다.

[신뢰성의 두 측면]

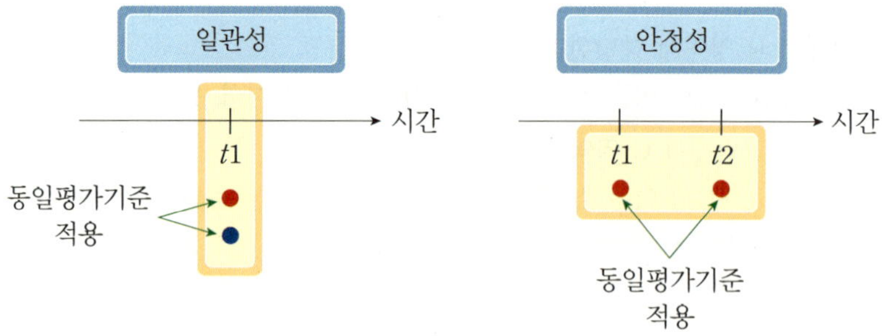

b. 검증방법

ⅰ. 실시-재실시(test-retest) 검증

이는 동일한 시험을 동일한 집단을 대상으로 시간차를 두고 실시하여 얼마나 유사한 결과가 도출되는지를 살펴보는 것이다.

ⅱ. 대체형식(equivalent form)에 의한 검증

암기효과나 학습효과가 발생할 수 있는 필기시험과 같이 재실시가 어려운 경우에는, 수준이나 내용이 유사한 두 개의 시험유형(A, B)을 개발하여 실험집단 성적 간의 상관계수를 측정할 수 있다.

iii. 평가자 간(inter-rater) 신뢰성

여러 평가자가 같은 선발방식으로 동일 대상을 같은 시점에 평가할 때 유사한 결과가 나온다면 선발도구의 신뢰성이 높다고 할 수 있다.

iv. 내적 일관성(internal consistency) 평가

이는 평가항목(예 시험문항) 간 관계의 일관성을 판단하는 것이다. 평가항목을 반으로 나누어 점수상관을 측정하는 반분신뢰성(split-half reliability, 양분신뢰성)과 가능한 모든 반분신뢰성의 평균값인 크론바하알파(Cronbach's alpha) 등이 활용된다.

c. 저해요인

선발과정에서 근본귀인오류(타인의 행동에서 내재적 요인의 영향력을 과대평가하는 경향)나 후광효과 및 대비효과(비교대상의 영향을 받는 판단오류) 등의 지각오류가 발생하면 선발의 신뢰성이 저하될 수 있다.

② 타당성(validity)

a. 개념

타당성이란 특정 선발(평가)도구가 그 목적과 취지에 부합되는 정도를 말한다. 여기서 목적부합의 정도는 측정하고자 하는 것을 얼마나 제대로 측정하였는지의 문제와 직결되며, 일반적으로 예측치(선발도구 점수)와 준거치(업무성과)의 관계(타당성 계수, validity coefficient)로 이를 측정한다.

b. 검증방법

i. 준거타당성(기준관련타당성, criterion-related validity)

선발도구의 측정치와 직무성과와의 관계로부터 측정되는 타당성을 말하며, 동시타당성과 예측타당성으로 구분할 수 있다.

[동시타당성(左)과 예측타당성(右)]

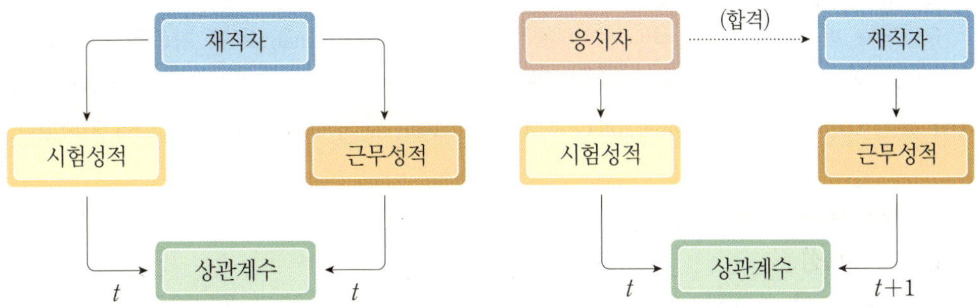

출처 : 유민봉 · 임도빈(20016), p.218

• 동시타당성(concurrent validity) : 선발도구의 측정치가 그 직무를 담당하는 현직 종업원들의 직무성과와 관련되어 있는 정도를 말한다. 준거치와 예측치의 적용시점은 동일하며, 이를 통해 기업은 비교적 빠르게 선발도구의 타당성 점수를 얻을 수 있다. 그러나 신규 채용집단을 현직 종업원(표본)이 대표할 수 없다는 한계가 있다.
• 예측타당성(predictive validity) : 선발도구의 측정치가 지원자의 미래 직무성과를 어느 정도 예측할 수 있는지의 정도를 말한다. 선발점수와 입사 후 성과를 비교하므로 준거치와 예측치의 적용시점은 상이하다. 따라서 채용 이후에서야 타당성 여부를 검증할 수 있다는 한계가 있다.

ii. 기술타당성(descriptive validity)

선발도구의 측정항목과 실제 측정되는 내용(구성개념) 간의 관계로부터 도출되는 타당성을 말하며, 내용타당성과 구성타당성으로 구분된다.

• 내용타당성(content validity) : 선발도구의 측정 내용이 측정의 원래 취지(subject matter)를 담고 있는 정도를 말한다. 시험이나 면접문항이 측정하려는 본래의 개념을 제대로 반영하는지를 해당 분야의 전문가들이 질적으로 판정한다.
• 구성타당성(construct validity) : 선발도구의 측정항목들이 이론적인 속성에 부합되고 논리적인 특징을 가지는 정도를 뜻한다. 질적으로 판정되는 내용타당성과는 달리 구성타당성은 수렴타당도(convergent validity)와 판별타당도(discriminant validity) 등의 계량적인 방식으로 검증된다.

[타당성의 유형]

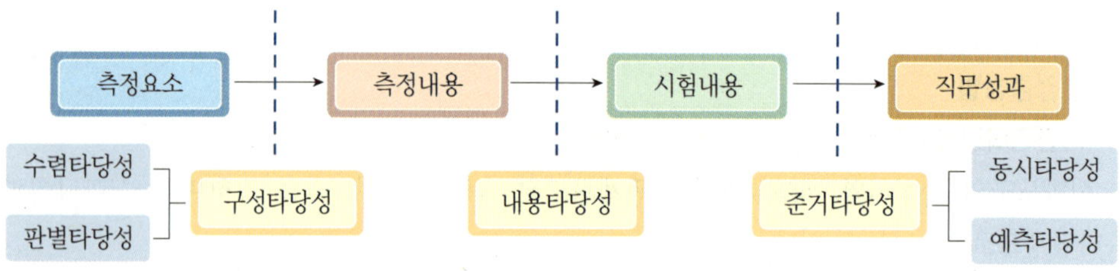

c. 일반적 선발도구의 타당성

슈미트와 헌터(Schmidt & Hunter, 1998)[43]의 메타분석(meta-analysis)에 따르면 실무능력검사(work sample test)의 직무성과 예측력이 가장 높은 것으로 나타났다(타당성 계수 = 0.54). 그 뒤를 종합 정신적 능력(general mental ability, GMA) 검사(0.51)와 구조화 면접(0.51) 등이 뒤따랐다.

③ 선발비율(selection ratio)

a. 개념과 특성

전체 지원자 중 최종적으로 선발되는 사람의 비율이다. 일반적으로 동일한 타당성을 가진 선발도구를 사용한다면 선발비율이 작을수록 최종 선발인력들의 직무성공확률이 높은 것으로 알려져 있다(Taylor & Russell, 1939).

[선발비율과 직무성공률]

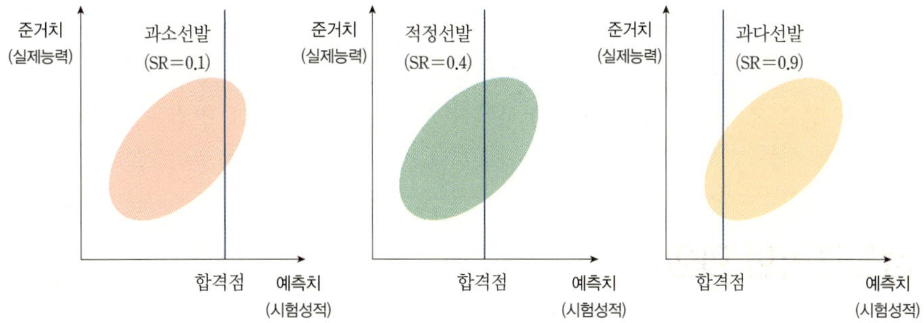

b. 선발비율, 타당성, 직무성공률 간의 관계

i. 동일한 선발도구를 사용할 경우(즉 타당도가 동일할 경우)에는 선발비율이 작아질수록 직무성공률이 상승한다.

ii. 동일한 선발비율을 적용할 경우에는 타당도가 향상될수록(즉 더 좋은 선발도구를 사용할수록) 직무성공률이 증가한다.

iii. 선발비율과 타당도가 모두 동일할 경우에는 기초율(base rate of success, BRS)을 높여야 직무성공률을 향상시킬 수 있다.

④ 효용성(utility)

효용성(utility)이란 선발도구가 조직에 도움이 되는 정도로서 통상 비용-편익 분석(cost-benefit analysis)으로 파악한다. 선발의 효용성은 선발비율과 관련이 있다. 즉 선발비율이 낮으면 제2종오류의 감소로 선발도구를 개발한 비용대비 효과성이 크다고 볼 수 있는 대신, 더 많은 수의 지원자를 모집해야 하므로 행정비용은 증가할 수 있다. 일반적으로 가장 비용투입이 큰 도구는 평가센터법이며, 가장 비용이 덜 드는 도구는 바이오데이터이다.

⑤ 산출률(yield ratio)

산출률이란 각 단계별로 지원자들이 어떻게 축소, 배치되는지를 보여주는 비율이다. 회사는 과거의 경험과 자료를 통해 각 선발 단계별로 적정한 산출률이 얼마인지 파악한 다음 해당 단계별로 적정한 비율이 지켜지는지를 점검할 필요가 있다.

⑥ 수용률(acceptance ratio)

수용률이란 선발에 최종 합격한 사람 중 회사의 입사 제의를 받아들여 실제 입사하는 인원의 비율을 뜻한다.

심화학습[44)]

다음 글을 읽고 조직이 필요로 하는 적정인력 산정의 필요성과 그 방법을 생각해 보자.

Ⅰ. 정원관리의 의의[45)]

정원관리란 기업의 목표달성을 위해 각 부서별로 필요한 인원의 수를 도출하고 이를 유지하기 위한 운영계획이다.

Ⅱ. 정원산정에 대한 접근법

정원계획에 주로 활용되는 모델에는 거시적 접근법, 미시적 접근법, 시장 접근법 등이 있다. 거시적 접근법(macro approach)은 경영전략이나 목표에 의거하여 하향적 방식으로 정원규모를 확정하는 방법이고, 미시적 접근법(micro approach)은 직무분석의 결과와 표준작업량 도출을 통해 상향적 방식으로 정원규모를 정하는 방법이며, 시장 접근법(market approach)은 일종의 벤치마킹(benchmarking) 방식으로서 시장에서 어느 정도의 성과를 내고 있는 기업들과 유사한 수준에서 인력량을 정하려는 방법이다.

[정원산정에 대한 접근법]

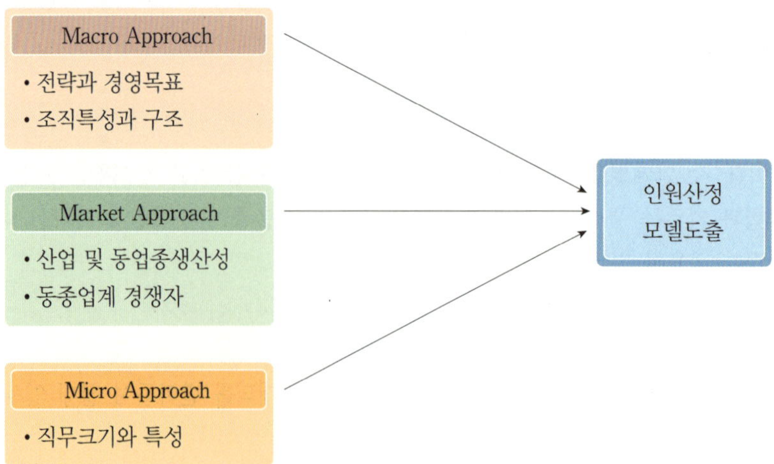

출처 : 박원우(1999)

Ⅲ. 정원관리의 기법[46)]

1. 거시적 접근법

기업의 전체적 관점(경영진의 의견 및 전략)에서 지불능력을 고려하여 소요 총인원수를 산정하는 하향식 인원 산정방법이다.

1) 방정식 산출법(= 화폐적 접근법)

기업의 경영계획을 근거로 미래성과를 예측하고, 여기서 도출되는 인건비의 지불한도를 1인당 평균 노무비로 나누어 적정 인원을 계산하는 방식이다.

$$\text{보유가능인력} = \frac{\text{허용인건비 총액}}{\text{1인당 평균 인건비}}$$

일반적으로 방정식 산출법으로 산정된 인원은 (스태프 인력을 반영하지 않아서) 대개 실제 고용인원보다 적다. 많은 기업들에서는 간접부문(주로 스태프 기능)의 인력이 정원보다 과잉인 경우가 많기에, 방정식 산출법을 통해 경각심을 제공할 수 있다.

2) 통계적 산출법

기존의 인건비와 소요인원에 대한 자료를 통하여 도출되는 통계적 경향성에 근거한 정원산정 방식으로서, 추세분석, 회귀분석, 생산성 비율분석 등이 해당된다.

2. 미시적 접근법

직무단위별로 소요인원수를 결정한 뒤 이를 전사적 차원에서 집계하여 총소요인원을 파악하는 상향식 인원 산정방법이다.

1) 지수법

개별직위의 소요인력이 그 직위의 소요노동량에 의해 결정되는 경우에 적용된다.

$$\text{인력수요} = \frac{\sum_{i=1}^{n} \text{작업단위} \times \text{단위당 표준작업시간}}{\text{1인당 노동시간}}$$

2) 직위법

실제의 노동량보다는 해당 직무 자체의 수행에 있어 특정 기능을 담당할 인원이 필요한 경우에 사용되는 노동수요 예측 기법이다.

3) 자격요건분석법

매우 안정적 환경하에서 직무내용이나 조직구조 및 생산기술에 거의 변화가 없을 경우 사용 가능한 단기적 인력수요예측 기법이다.

1) Mathis, R. L., & Jackson, J. H. (2011), *Human Resource Management*(1[3th] edi.). Cengage Learning.

2) 박경규(2016), 『신인사관리』(제6판), 서울 : 홍문사, pp.164~169.

3) 박경규, 전게서, pp.170~171.

4) 박경규, 전게서 ; 김영재 · 김성국 · 김강식(2015), 『신인적자원관리』(제3판), 서울 : 탑북스

5) 박경규(2014), 『조직행동』, 서울 : 홍문사 ; 백기복(2014), 『조직행동연구』(제6판), 서울 : 창민사 ; 임창희(2017), 『조직행동』(제6판), 서울 : 비앤엠북스

6) 김영재 등, 전게서 ; 박경규(2016), 전게서.

7) 박성수 · 황호영 · 이경근 · 전명숙 · 채준호(2016), 『디지로그 시대의 인적자원관리』, 서울 : 박영사, p.93

8) 박경규, 전게서.

9) 김영재 등, 전게서.

10) 박성수 등, 전게서.

11) Lazear, E. P. & Gibbs, M. (2009). Personnel economics in practice (2nd edi.). NY : John Wiley & Sons.

12) 김영재 등, 전게서 ; 조성제(2009), "일자리나누기에 대한 평가와 과제", 「노동리뷰」(2009년 8월호), 한국노동연구원

13) 김영재 등, 전게서.

14) http://www.humanresourcesonline.net/30-new-employees-disappointed-six-months/

15) 김영재 등, 전게서 ; 박경규, 전게서 ; 배종석(2012), 『인적자원론』(제2판), 서울 : 홍문사

16) 박성수 등, 전게서, pp.123~124.

17) 김영재 등, 전게서.

18) 박경규, 전게서, p.211.

19) 박경규, 전게서, p.210.

20) 최병권 · 한상엽(2007), 『글로벌 선진기업에게 배우는 확보전략』, 서울 : 새로운 제안
Booz Allen Hamilton(2006), Direct Employers Association Recruiting Trends Survey.

21) 임창희(2008), 『인적자원관리』(제2판), 서울 : 비앤엠북스, p.88.

22) Mathis & Jackson (2011), *Op Cit.*

23) Baron, J. N., & Kreps, D. M. (1999). *Strategic human resources : Frameworks for general managers.* New York, NY : John Wiley & Sons.

24) Overman, S. (2008). Staffing management : Measures what matters, *Staffing Management*, 4(4). www.shrm.org

25) 김영재 등, 전게서 ; 박경규, 전게서.

26) 김진실(2015), "국가직무능력표준(NCS) 기반 채용의 주요 이슈와 과제", 「The HRD Review」, 2015년 9월호

27) Breaugh, J. A. (1984) Relationship between recruiting sources and employee performance, absenteeism, and work attitude, Academy of Management Journal, 24(1), pp.142~147.

28) 박경규, 전게서.

29) 박경규, 전게서, pp.218~219.

30) 박성수 등, 전게서, p.132.

31) 김성국(2012),『인적자원관리 5.0』, 서울 : 탑북스 ; 박경규, 전게서.

32) 배종석, 전게서.

33) 박경규, 전게서 ; 박성수 등, 전게서 ; Barrick, M. R., Mount, M. K. (1991). The Big Five personality dimensions and job performance : A meta-analysis. *Personnel Psychology*, 44, 1~26.

34) Mathis & Jackson (2011), *Op Cit*.

35) 김영재 등, 전게서 ; 박경규, 전게서 ; 배종석, 전게서.

36) Kennedy, J. (1987). *Getting behind the resume*. New York, NY : Maxwell Macmillan Professional. 배종석, 전게서.

37) 김영재 등, 전게서 ; 박경규, 전게서 ; Imada, A. S., & Hakel, M. (1977). Influence of nonverbal communications and rater proximity on impression, *Journal of Applied Psychology*, 62, 295~300.

38) 김영조(2014), "인사선발에 있어서 유인효과와 타협효과에 관한 실험연구",「조직과 인사관리연구」, 38(4), 203~235.

39) 이학종 · 양혁승(2012),『전략적 인적자원관리』(제2판), 서울 : 오래

40) 김영재 등, 전게서.

41) 김영재 등, 전게서.

42) 박경규, 전게서 ; 유민봉 · 임도빈(2016),『인사행정론 : 정부경쟁력의 관점에서』(제4판), 서울 : 박영사, pp.215~216.

43) Schmidt, F. L., & Hunter, J. E. (1998). The validity and utility of selection methods in personnel psychology : Practical and theoretical implications of 85 years of research findings, *Psychological Bulletin*, 124(2), pp.262~274.

44) 박원우(1999), "인원산정 모델 도출에 관한 연구 : 할인점 업을 중심으로",「경영논집」, 221~244.

45) 박성수 등, 전게서, p.100.

46) 박원우, 전게논문 ; 최종태, 전게서.

PART Ⅲ 기능

CHAPTER 4
개발관리

단원개요

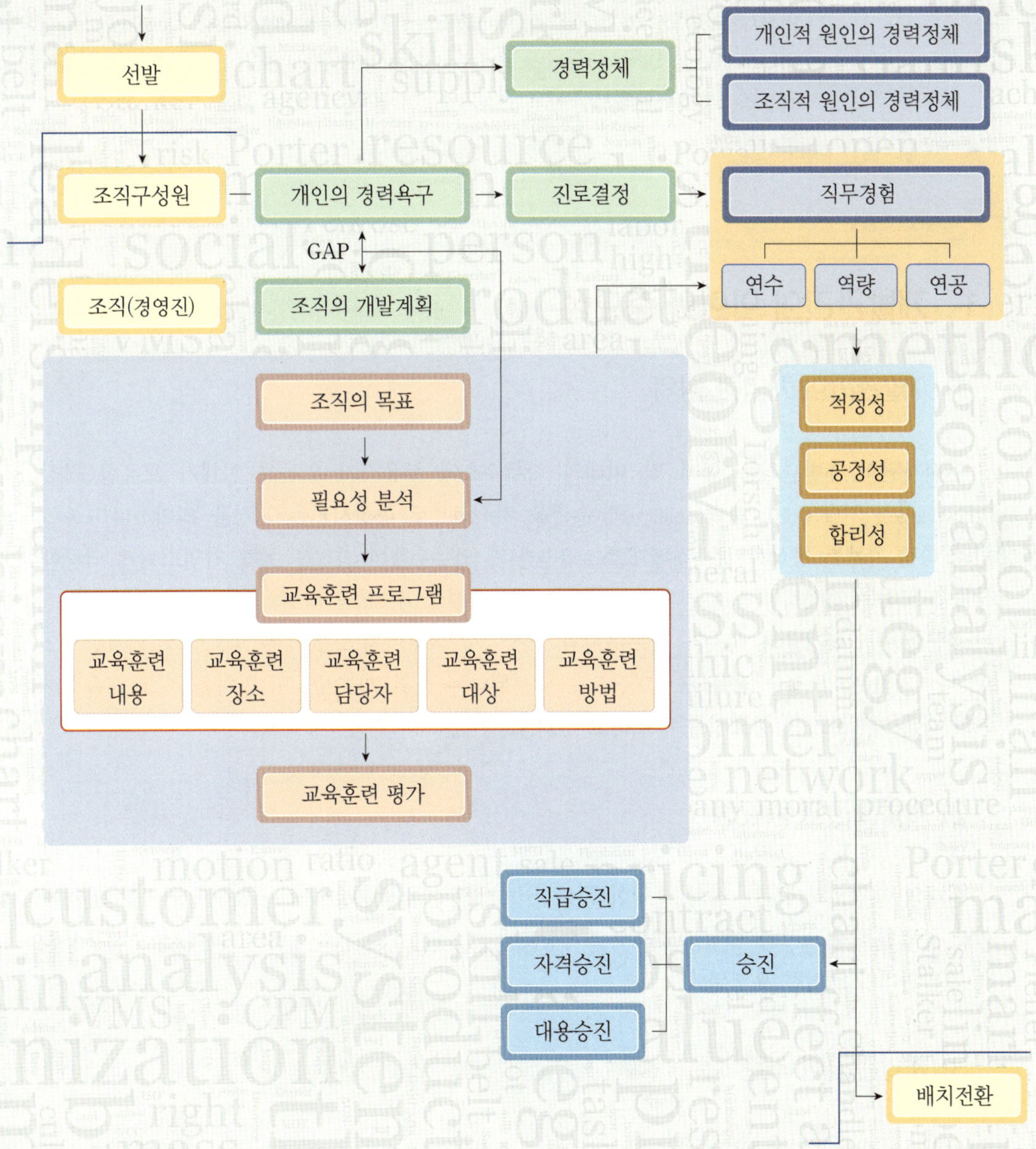

선발
조직구성원
개인의 경력욕구
경력정체
개인적 원인의 경력정체
조직적 원인의 경력정체
진로결정
직무경험
연수
역량
연공
GAP
조직(경영진)
조직의 개발계획
조직의 목표
필요성 분석
교육훈련 프로그램
교육훈련 내용
교육훈련 장소
교육훈련 담당자
교육훈련 대상
교육훈련 방법
교육훈련 평가
적정성
공정성
합리성
직급승진
자격승진
대용승진
승진
배치전환

제1절 개발관리의 의의

MANAGING HUMAN RESOURCE AND INDUSTRIAL RELATIONS

(2003년) 제47회 행정고등고시

인적자원개발과 관련하여 (총 30점)

1) 인적자원개발의 3가지 수준인 Management Development, Career Development, Organizational Development의 개념을 비교 설명하시오. (15점)

2) 위 1)의 각각에 대해서 국내외 선진기업들이 적용하고 있는 최근 추세를 설명하시오. (15점)

| 1 | 개발관리의 의의와 중요성

1) 개발관리의 개념과 범위

인적자원의 개발관리는 현재 및 미래의 직무수요에 부응하기 위하여 인재가 보유한 지식(knowledge), 기술(skill), 능력(ability)의 수준을 지속적으로 향상시키는 과정을 의미하며,[1] 종업원의 역량 자체를 향상시키는 직접개발(교육훈련)과 업무수행의 과정을 통해 자연스럽게 역량향상을 도모하는 간접개발(승진, 전환배치, 경력관리)로 구분할 수 있다.

최근에는 인력개발의 70%가 직무수행의 과정에서 이루어지고 20%는 피드백과 평가방식으로, 나머지 10%가 정규 교육 프로그램으로 달성된다는 소위 70 : 20 : 10 법칙을 통해 교육훈련 외의 다른 개발요소의 중요성을 강조하고 있다.[2]

2) 개발관리의 중요성

현대의 경영조직에서는 점차 분권화를 통한 의사결정의 상향성(bottom-up)이 커지고 있기에 현장 종업원들의 의사와 지식, 역량이 조직성과에 미치는 효과가 지대하다. 따라서 조직구성원의 개발관리가 절실히 요청된다.

3) 개발관리의 수준

인적자원개발은 그 내용을 수준에 따라 교육훈련(Training & Development), 경력개발(Career Development), 조직개발(Organizational Development)의 3가지로 나뉜다.

| 2 | 개발관리의 관련이론

1) 자원기반관점(Resource-Based View, RBV)

바니(Barney)에 의하면 경쟁력의 원천이 되는 우수한 핵심인재는 (조직 외부의) 시장으로부터 확보하는 것보다 자체적으로 개발하는 것이 더욱 중요하다.

2) 인적자본이론(Human Capital Theory)

베커(Becker)는 그의 저서 『Human Capital』에서 인적자본을 미래에 보다 큰 수익을 얻기 위해 인간에 투자한 결과 축적되는 생산적 자원의 양으로 정의한다. 인적자본이론의 본질은 교육과 훈련에 대한 투자(investment)를 통해 개인의 기술과 생산성 및 소득을 높이는 것이 가능하다는 것이다.

3) 거래비용이론(Transaction Cost Theory)[3]

윌리암슨(Williamson)에 의해 체계화된 이 이론은 본래 조직의 등장과 확장의 원리를 설명하는 이론이다. 이를 인사관리에 접목시켜보면 만약 역량을 갖춘 외부인재를 채용하는 것이 내부에서 자체적으로 인력을 양성하는 것보다 더 큰 비용을 야기한다면 기업은 교육훈련 투자를 증가시킬 것이다. 따라서 거래비용 이론은 소위 '내부조달과 외부조달(make-or-buy)'에 관한 의사결정이 인적자원관리에서도 이루어지는 이론적 배경이 된다.

4) 인적자원 포트폴리오[4]

BCG 매트릭스를 응용하여 인적자원의 포트폴리오를 생각해 볼 수 있다. 이는 인력을 그 업무성과와 잠재력에 따라 둘 다 높은 스타(star), 업무성과가 높은 일하는 말(working horse), 잠재력은 높지만 아직 성과가 낮은 문제아(problem child), 둘 다 낮은 죽은 나무(dead wood) 등으로 구분하는 것이다. 인적자원개발의 주된 목표는 문제아를 스타로 만드는 데 있다.

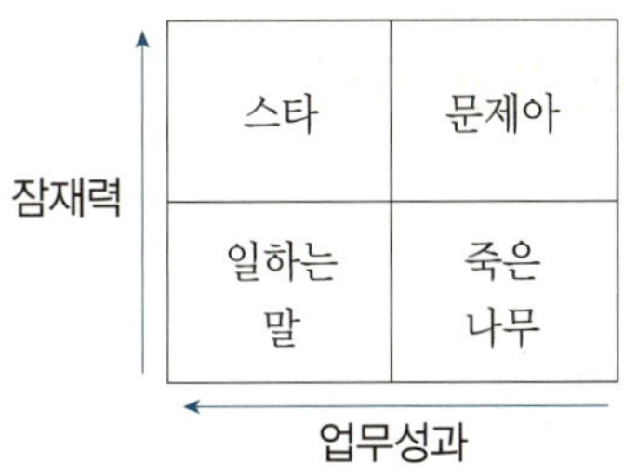

제2절 인적자원의 교육훈련관리

(1997년) 제6회 공인노무사시험 제1문

최근의 기업환경 변화에 대응하기 위한 기업교육훈련의 중요성과 전략적 실시 방안에 대하여 논하라. (50점)

(2001년) 제10회 공인노무사시험 제3문

OJT, OFF JT의 의의 및 장단점을 약술하라. (25점)

(2004년) 제14회 공인노무사시험 제2문

정보기술을 이용한 교육훈련방법의 장점과 단점을 약술하라. (25점)

(2008년) 제17회 공인노무사시험 제2문

기업교육훈련 프로그램 개발을 위한 필요성 분석(needs analysis)에 관하여 약술하라. (25점)

(2012년) 제21회 공인노무사시험 제2문

멘토링 제도의 내용, 한계, 효율적 활용방안에 관하여 서술하시오. (25점)

(2021년) 제30회 공인노무사시험 제1문

역량중심 인적자원관리(Competency-based HRM)와 직무중심 인적자원관리(Job-based HRM)를 비교하여 논하고, 역량평가 방법 중 평가센터(Assessment Center) 활용의 의의와 평가센터 운영 시 사용되는 기법 4가지를 쓰고 각각 설명하시오. (50점)

(2022년) 제31회 공인노무사시험 제1문

교육훈련(training & development)에 관한 다음 물음에 답하시오. (50점)

물음 1) 관리층 교육훈련의 개념을 설명하고, 관리층 교육훈련 기법 6가지만 쓰고 설명하시오. (20점)

물음 2) 교육훈련 평가 기법인 커크패트릭(Kirkpatrick)의 평가 기준, 골드스타인(Goldstein)의 교육훈련 타당도 평가법, 투자수익률(ROI) 평가법에 관하여 각각 논하시오. (30점)

|1| 교육훈련관리의 의의와 목적

1) 교육훈련관리의 의의

교육훈련관리는 종업원의 직무수행에 필요한 제반 역량(지식, 기능, 능력, 태도 등)을 배양시켜 조직목적의 달성을 돕는 체계적 관리과정이다.

2) 교육훈련관리의 필요성[5]

교육훈련이 지속적으로 요청되는 이유로는 기술변화로 인한 직무구조 및 필요자격요건의 변화, 노동시장의 구조적 변화, 종업원 욕구의 상승(예 성장욕구) 및 보유기술수준의 자연감소 등이 있다.

3) 교육훈련관리의 목적

경영자의 입장에서 교육훈련의 목적은 인재육성을 통한 지식 및 기술의 축적에 있으며, 종업원의 입장에서는 자기개발욕구의 충족을 통한 동기유발이 교육훈련의 목적이 된다.

4) 교육훈련시스템

관리과정에 따라 교육훈련시스템을 분석하면 다음과 같다.

① 교육훈련계획(plan)
교육훈련의 필요성을 분석하고, 구체적인 개발계획을 세운다.

② 교육훈련실천(do)
교육훈련을 실행함과 동시에, 훈련받은 내용의 전이(transfer)가 일어나도록 한다. 구체적 실천요소에는 교육내용, 장소, 담당자, 대상, 방법 등이 있다.

③ 교육훈련평가(see)
교육훈련 활동결과를 교육목표와 비교하여 차이를 수정하는 통제(controlling) 활동이다.

| 2 | 교육훈련계획 : 필요성 분석과 학습원리의 파악

1) 필요성 도출의 수준[6]

교육훈련의 필요성은 일반적으로 객관적 니즈(objective needs)에 해당하는 조직과 직무 수준, 그리고 주관적 니즈(subjective needs)에 해당하는 개인 수준으로 나누어 도출할 수 있다.

① 조직 수준
조직차원의 문제[예 매출액, 시장점유율(market share) 등], 미래 목표와 인적자원 역량 간의 차

이(gap), 종업원 의식변화의 필요성, 새로운 환경에의 적응 등이 조직 수준에서 교육훈련이 요청되는 상황이다.

② 직무 수준

새로운 직무가 출현하거나 기술변화로 인해 직무수행자의 자격요건이 바뀌는 경우에 인재육성의 필요성이 증가한다.

③ 개인 수준

일반종업원, 관리자 및 경영자들이 바라는 교육훈련의 내용을 파악함으로써 지식(knowledge), 기술(skill), 능력(ability) 및 태도(attitude)의 제 측면별로 어떤 교육프로그램을 도입 · 운영해야 하는지에 관한 세부 의사결정을 수행할 수 있다.

2) 필요성 분석 기법

① 자료조사법(records and reports)

a. 개념 : 해당 기업이 보유하고 있는 여러 기록들을 검토하여 교육훈련 필요성을 밝혀내는 기법이다.
b. 장점 : 객관적인 자료획득이 가능하다.
c. 단점 : 자료가 현재의 상황을 잘 반영하지 못하거나 지나치게 일반적인 내용일 가능성이 있다.

② 작업표본법(work samples)

a. 개념 : 종업원들이 수행한 작업결과의 일부를 검토하여 해당 작업자 또는 작업집단에 대한 교육훈련의 필요성 여부를 판단하는 기법이다.
b. 장점 : 작업의 실제상황이 조사되며, 조사과정에서 작업진행을 방해하지 않는다.
c. 단점 : 표본이 잘못 선택되었을 때 필요성 판단의 오류가 발생할 수 있다.

③ 질문지법(questionnaires)

a. 개념 : 종업원 대상의 질문지를 통해 태도조사, 문제점조사 등을 실시하여 교육훈련의 필요성을 파악하는 기법이다.
b. 장점 : 실시가 용이하며 수집된 정보의 계량적 분석이 용이하다.
c. 단점 : 질문의 오해나 응답의 왜곡(예 반응세트)을 방지하기 어렵다.

④ 전문가 자문법(key consultations)

a. 개념 : 교육훈련 전문가에게 해당 기업의 교육훈련 필요성을 파악하도록 의뢰하는 기법이다.

b. 장점 : 획득되는 정보의 타당성이 높으며, 전문가의 교육지원을 얻기가 용이하다.
c. 단점 : 전문가를 잘못 선정할 경우 유용하지 못한 정보를 얻을 수 있다.

⑤ 면접법(interviews)
a. 개념 : 교육훈련 담당자가 필요하다고 판단되는 종업원을 개인 또는 집단으로 면접함으로써 교육훈련 필요성에 대한 정보를 획득하는 기법이다.
b. 장점 : 유용한 정보를 얻기 쉬우며, 대면정보수집을 통한 조직활성화 효과가 있다.
c. 단점 : 면접자와의 라포(rapport) 형성이 필요하며 면접자의 교육이 필요하다.

⑥ 델파이 기법(Delphi technique)
a. 개념 : 교육훈련 전문가로 구성된 집단이 비대면으로 문제설정–대안제시–피드백–대안수정 등의 과정을 거치면서 교육 필요성을 파악하는 기법이다.
b. 장점 : 집단에의 동조압력을 극복할 수 있고 창의적 대안을 도출할 수 있다.
c. 단점 : 시간이 오래 걸리고, 진행자의 전문성을 위한 교육이 별도로 필요하다.

3) 학습원리의 파악[7)]

① 구체적이고 도전적인 학습목표의 설정

로크(Locke)의 목표설정이론(goal setting theory)에 따르면 구체적이고 도전적인 목표를 설정할 경우 당사자들은 그 목표의 달성을 위해 자신들의 행동을 스스로 규율하여 더 높은 성취도를 이룰 수 있게 된다. 이 과정에서 학습효과의 극대화를 위해서는 교육대상자들이 능동적으로 목표설정 과정에 참여하도록 유도할 필요가 있다.

② 의미 있는 학습자료 및 행동모델의 제시

지식증진을 위한 교육에서는 의미 있는 학습자료를, 기술이나 행동양식의 훈련에서는 적절한 행동모델을 제시하는 것이 필요하다. 이는 반두라(Bandura)의 사회적 학습이론(social learning theory)에서 제안하는 모델링(modeling)에 근거를 두고 있다. 모델링의 과정에서는 핵심 관찰 포인트가 무엇인지 미리 학습대상자에게 알려줄 필요가 있다.

③ 적용과 연습의 기회를 제공

훈련내용이 기술이나 행동양식일 때는 관찰 · 학습한 내용을 직접 적용하거나 연습할 수 있는 기회를 부여하고 그에 대한 피드백을 제공할 필요가 있다. 특히 교육내용이 실제 업무에 원활하게 전이(이전, transfer)되기 위해서는 교육대상자가 학습내용에 충분히 익숙해지도록 반복적 학습, 즉 과학습(overlearning)이 일어나게 하는 것이 필요하다.

④ 피드백과 인센티브의 제시

교육훈련에서 교육대상자에게 학습결과를 수시로 알려주는 피드백과 적절한 인센티브는 학습의 효과를 증대시키는 데 많은 도움을 준다.

|3| 교육훈련실천 : 시스템적 접근

1) 교육훈련시스템의 구성

교육훈련시스템은 교육훈련의 내용, 교육훈련이 이루어지는 장소, 교육훈련의 담당자, 교육훈련의 대상, 교육훈련의 방법으로 구성된다.

2) 교육훈련의 내용

교육훈련의 내용은 크게 지식, 기능, 기술 등의 역량적 차원과 직무만족, 조직몰입, 동기부여 등의 태도적 차원으로 나뉜다.

① 역량적 차원[8)]

a. 개념

맥클랜드(McClelland)와 스펜서(Spencer)가 정의한 역량(competency)은 우수한 성과를 내는 사람들이 보여주는 공통적인 특성 · 태도 · 행동로서, 개인의 동기(motives), 특성(trait, 성격 포함), 자아개념(self-concept), 지식(knowledge), 기술(skill)로 구성된다. 조직차원의 역량(= 고성과조직의 특성)을 핵심역량(core competency)이라 한다.

b. 유형

역량은 조직 내 구성원들의 필수역량인 공통역량(common competency), 업무영역별로 요구되는 기능역량(functional competency), 개인이 구체적인 업무수행을 위해 갖춰야 하는 직무역량(job competency)으로 나뉜다.

② 태도적 차원

a. 개념

태도(attitude)는 대상에 대한 평가적 판단으로서, 자신이 속한 조직에 대한 심리적 자세를 뜻한다.

b. 유형

태도의 핵심은 직무만족과 조직몰입이다.[9] 직무만족(job satisfaction)이란 개인의 직무에 대한 호의적인 태도이며, 조직몰입(organizational commitment)은 개인이 조직 그 자체나 조직의 목표와 자신을 동일시하는 수준이다.

3) 교육훈련의 장소[10]

교육훈련이 조직 내부에서 이루어지면 OJT(on the job training, 사내교육훈련), 조직 외부에서 이루어지면 Off JT(off the job training, 사외교육훈련)이라 한다.

① OJT(사내교육훈련)

a. 개념

직속상사나 선임자에 의하여 이루어지는 직무상의 훈련이다.

b. 장점

i. 교육내용의 직무관련성이 높고, 교육결과에 대한 피드백이 즉각 주어져서 동기부여 효과가 크다.
ii. 상사 및 동료 간의 이해와 협조정신이 발휘될 수 있다.
iii. 상대적으로 교육에 걸리는 시간과 비용이 적어서 효율적이다.
iv. 종업원의 능력과 수준에 따른 맞춤형 교육이 가능하다.

c. 단점

i. 교육담당자의 교육훈련 스킬(skill)이 부족해서 교육성과가 떨어질 수 있다.
ii. 일과 교육의 동시 진행으로 인하여 교육집중도가 저하될 수 있다.
iii. 다수의 종업원에 대한 동시교육이 어렵다.
iv. 고도의 전문지식 · 기능의 교육에는 상대적으로 부적합하다.

② Off JT(사외교육훈련)

a. 개념

교육훈련을 전문적으로 담당하는 전문스태프의 책임하에 이루어지는 집합적 교육훈련으로서, 동일산업 관리자를 대상으로 하는 TWI(training with industry), 최고경영자를 대상으로 하는 토론형 교육과정인 AMP(advanced management program) 등이 대표적인 사례이다.

b. 장점

i. 전문 강사에 의한 지도로 인하여 교육훈련의 성과가 좋다.

ⅱ. 업무 현장을 벗어나 이루어지는 교육이므로 집중도가 높다.

ⅲ. 다수의 종업원을 대상으로 하여 동시교육이 가능하다.

ⅳ. 고도의 지식과 기능을 전수할 수 있다.

c. 단점

ⅰ. 교육내용이 직무와 직접관련성이 떨어질 수 있다.

ⅱ. 교육성과에 대한 피드백을 받기까지 상대적으로 오랜 시간이 걸린다.

ⅲ. 별도의 교육시간과 장소가 필요하여 비용이 많이 든다.

ⅳ. 대규모 집체교육 방식이므로 종업원 개인별 니즈를 반영하기가 어렵다.

③ OJT와 Off-JT의 적절한 활용방안[11)]

최근의 연구에 따르면 학습대상 과업의 속성과 기업이 목표로 하는 학습전이의 정도에 따라 OJT와 Off-JT를 달리 활용해야 한다.

[교육훈련 방식의 선택]

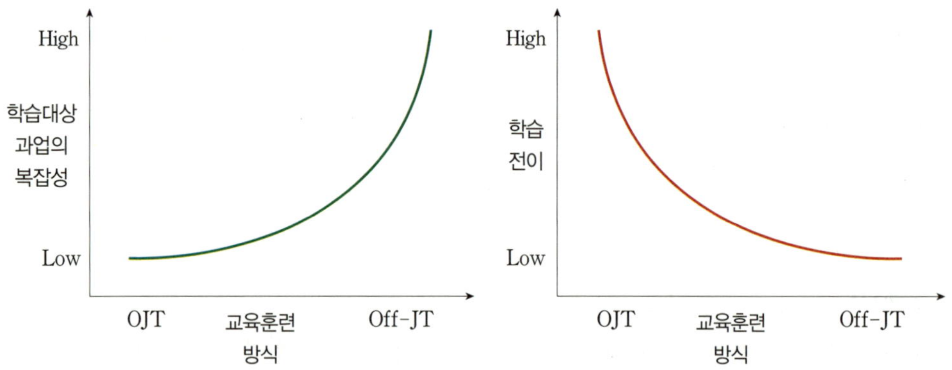

출처 : Launder(2007), 전상길(2020)에서 수정 재인용

a. 학습대상 과업의 속성

과업이 복잡한 경우에는 Off-JT의 효용가치가 높으며, 비교적 단순한 과업의 경우에는 OJT를 활용할 수 있다.

b. 기업이 목표로 하는 학습전이의 정도

학습의 전이는 Off-JT보다 직무관련성이 큰 OJT에서 보다 잘 일어난다.

4) 교육훈련의 담당자

흔히 OJT 방식에서는 라인(대개 직속상사)이, Off JT 방식에서는 스태프(대개 인사담당자)가

교육훈련의 주된 담당자로서의 역할을 수행하게 된다.

5) 교육훈련의 대상과 기법

일반적으로 교육훈련의 기법은 교육훈련의 내용적 측면(일상직무관련 교육인지 아닌지)과 교육방식(개인 대상의 개별식 교육인지 집단차원에 이루어지는 상호작용식 교육인지)의 측면에 따라 구분된다.

	일상직무상의 교육훈련	일상직무 이외의 교육훈련
개별식 교육	• 경험의 전달(OJT) • 직무순환(Job Rotation) • 정보기술을 활용한 학습(E-learning)	• 강의 • 시청각 교육 • 사례연구(case study)
상호작용식 교육	• 실습(실연) • 팀 토론 방식의 사례연구 • 협동 프로젝트 수행	• 회의, 세미나, 심포지움 • 비즈니스 게임 • 역할연기(role playing)

① 신입사원 대상의 조직사회화[12)]

a. 개념과 단계

i. 의의

조직사회화(organizational socialization)는 한 개인이 어느 조직에 소속되면서 그 조직생활에 필요한 제반 사항들을 습득하는 과정이다. 조직사회화를 통해 습득하는 내용은 크게 업무(과업) 관련 요소와 조직의 가치관 및 문화와 관련한 요소로 구분할 수 있다.[13)]

ii. 기능과 역할

첫째, 조직사회화는 새로운 세계로 들어서는 신입사원의 진입충격(entry shock)을 완화시켜준다. [사회적 자아(social self)로의 변화 유도]

둘째, 조직정체성(organizational identity)을 높여 적극적인 업무활동을 촉진시킨다.

셋째, 개인과 조직의 심리적 계약(psychological contract, 공헌과 대가의 관계에 대한 믿음)의 공고화를 통하여 조직효과성을 향상시킨다.

넷째, 조기이직의 감소로 인력충원비용을 절감할 수 있다.

iii. 단계

펠드먼(D. Feldman)에 따르면 조직사회화는 선행사회화(예비단계), 조우(대면), 변화와 수용(체질화)의 3단계에 걸쳐 진행된다.

- 선행사회화(anticipatory socialization, 예비단계) : 신입사원이 조직에 입사하여 직무수행을 하기 전에 발생하는 모든 내용의 사회화 과정을 뜻한다. 이 과정에서는 조직과 직무에 관한 현실적 기대치가 형성되고, 개인－조직(직무) 적합성의 판단이 이루어진다.
- 조우(encounter, 대면단계) : 신입사원이 입사하여 직무를 배우고, 역할을 명확히 습득하며, 각종 대인관계를 형성하는 단계이다. 이 과정에서는 업무수행과 관련한 과업요구(task

demand), 상사나 동료로부터의 역할요구(role demand), 조직정치나 리더십 등 제반 인간관계관리에 대한 대인관계요구(interpersonal demand)에 직면한다.

- 변화와 수용(change and acquisition, 체질화) : 여러 조직구성원들이 신입사원을 해당 조직의 내부인(insider)으로 인정하는 단계로서, 조직사회화가 이 과정에서 완성된다.

iv. 관련된 교육훈련 기법들

조직사회화는 입사 전부터 현실적 직무소개, 인턴제도, OJT, 멘토링, 코칭, 팀워크 훈련 등을 통해 달성할 수 있다.

[조직사회화 기법의 활용시기]

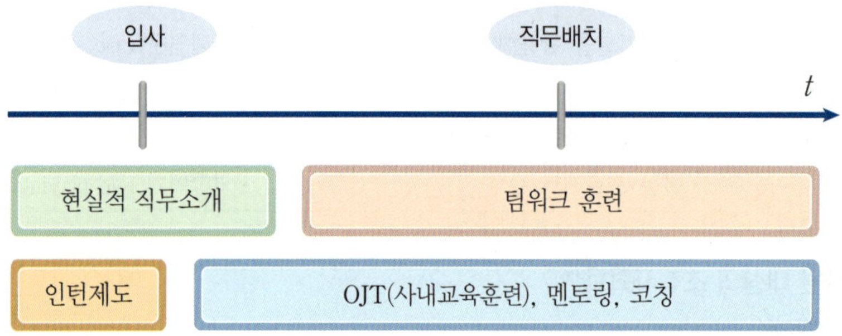

b. 현실적 직무소개(realistic job preview, RJP)

i. 의의

지원자들에게 해당 직무에 대한 현실적이고 구체적인 정보(직무의 내용, 보상정책, 근무환경 등)를 사전에 알려주는 방법이다.

ii. 목적

현실적 직무소개는 지원자가 입사 전에 얻은 다양한 정보와 현실 간의 괴리에서 오는 진입충격(entry shock)을 완화시켜 줄 수 있기에 이직비용 감소에 도움이 된다.

iii. 효과

백신 효과(vaccination effect, 조직현실을 파악하여 조직적응이 용이하며 이직률도 감소), 자기선택(self-choice)의 합리화(객관적 정보를 토대로 한 자신의 선택이므로 후회보다 적응을 선택함) 등의 효과를 가진다.

iv. 한계[14]

지원자가 비현실적으로 높은 기대를 갖고 있는 경우(예 노동시장에 갓 처음 진입하는 대졸자)에만 효과가 있다. 또한 취업 대안이 부족한 불경기에는 지원자 입장에서 선택의 여지가 없으므로 현실적 직무소개의 효과가 극히 제한적이다.

c. 오리엔테이션(orientation)

ⅰ. 의의

신입사원이 조직생활을 하면서 알아야 할 기본적인 규칙, 정책, 절차에 친숙하도록 하는 대표적 조직사회화 프로그램이다.

ⅱ. 목적

조직의 역사(문화적 양식이나 관행 등)를 소개하고, 직무내용을 안내하여 KSA 배양의 필요성을 주지시키며, 조직에 관하여 현실적이고 객관적인 정보를 제공하여 신입사원의 진입충격을 완화하고 조기이직을 예방한다.

ⅲ. 내용

조직의 역사(주요 연혁 등), 사업활동 및 범위, 조직 구성원, 직무와 관련 규정 등에 대한 소개가 이루어진다. 최근에는 오리엔테이션이 사업내용에 대한 구체적 정보를 제공뿐만 아니라 기업과의 운명공동체적 정체성을 갖게끔 운영된다는 점에서 온보딩(onboarding)[15]으로 불리기도 한다. 온보딩은 그 내용에 따라 규정, 직무, 문화, 대인관계의 순서로 진행된다.

ⅳ. 설계지침

- 오리엔테이션에서 주어지는 정보들은 구체성이 있어야 한다.
- 조기이직을 낮출 수 있도록 유인력 있는 정보를 제공해야 한다.
- 체계적 계획과 실행을 통한 정교한 오리엔테이션이 필요하다.
- 오리엔테이션 프로그램의 효과성을 평가해야 한다.

d. 멘토링(mentoring)

ⅰ. 의의

조직생활의 경험이 풍부하고 유능한 멘토(mentor)가 신입사원(멘티, mentee)에게 조직의 공식적 · 비공식적인 규범에 적응할 수 있도록 도와주는 관계를 말한다.

ⅱ. 목적

멘토링의 목적은 개인적 측면에서는 리더십의 배양, 자신감의 회복, 업무수행능력의 향상, 역량 개발 등에 있으며, 조직적 측면에서는 인적자원의 경쟁력 확보를 통한 조직효과성 향상이다.

ⅲ. 기능

- 경력관련 기능 : 멘토는 신입사원이 새로운 기술을 습득하게끔 도전적인 업무를 부여하고, 그에 대한 피드백을 제공한다.
- 심리사회적 기능 : 멘토는 업무수행에 대한 조언과 문제해결방안을 제시함으로써 신입사원이 심리적 안정감을 되찾고 다시 업무에 집중할 수 있도록 유도한다. 또한 개인적인 고민이나 두려움 등의 내적 갈등을 상담한다.
- 역할모형 기능 : 멘토는 멘티에 대한 역할모형(준거, referent)의 기능을 수행한다. 멘토의 경험에 기반한 조언 덕택에 멘티는 역할모호성(role ambiguity)과 역할갈등(role conflict)으로 인한 스트레스를 줄일 수 있다.

iv. 도입효과

조직적 차원에서 멘토링이 활성화된다면 회사의 비전과 가치관 및 문화가 강화·유지될 수 있으며, 성장가능성이 높은 핵심인재의 육성과 우수인재의 유치가 가능해질 뿐만 아니라 암묵지의 형식지화를 통한 지식경영에서의 경쟁력 강화도 도모할 수 있다.

v. 한계

최고경영진의 적극적 의지가 없다면 멘토링 역시 실패할 가능성이 높다. 또한 상사와 별도의 멘토가 존재함으로써 관할권한의 문제가 발생하고, 구성원 간 갈등 및 성격충돌의 가능성도 존재한다.

e. 코칭(coaching)[16)]

i. 의의

구성원을 동기부여하며, 기술습득을 돕고, 각종 강화(reinforcement)나 피드백을 제공하는 수평적 파트너로서 동료나 관리자의 역할을 의미한다.

ii. 멘토링과의 비교

- 멘토링은 업무를 포함한 인생의 여러 분야에 관한 조언을 받는 것인 반면, 코칭은 주로 업무적 측면에서 지도를 받는 것을 가리키는 경우가 많다.
- 코치는 대상자의 공식적 역할(official role)에 대한 직접적 경험을 반드시 필요조건으로 하지는 않는다.
- 상호 수평적 관계에서 의뢰자(client)의 잠재력 발견에 초점을 둔다.

iii. 역할

일반적으로 코치는 멘토와 비슷한 수준의 자원(resource)과 업무 경험들을 구성원에게 제공하며, 그들이 자기 스스로에 대해 알게 됨으로써 조직성과에 기여할 수 있는 강점을 발견하도록 돕는다.

iv. 유형

- 비즈니스 코칭(business coaching) : 실제 경영상황에서의 성과 개선을 위해 각종 후원과 구조화된 피드백 및 조언을 제공하는 코칭방법이다.
- 임원 코칭(executive coaching) : 최고경영자의 개발을 위해 인간관계, 성과관리, 변화관리, 전략적 사고 등의 여러 측면에서 경력목표를 달성할 수 있도록 돕는다.

v. 효과

생산성 향상에 기여할 수 있으며, 구성원의 경력개발에 필요한 구체적 실행계획(action plan) 수립에 도움을 준다.

f. 팀워크 훈련(teamwork training)

i. 의의

팀 활동에 참여하여 목표를 달성하는 과정에서 팀 구성원으로서의 유대를 강화해 나가는 조직사회화의 기법이다.

ii. 사례

산악등반, 지옥훈련, 각종 워크샵 등으로 불리는 프로그램이 팀워크 훈련의 사례이다.

iii. 특징

기존 내부인을 일정 비율(통상 팀원의 1/4) 이상 참여시킴으로써 신입사원의 효과적 행동양식 습득을 돕는다.

iv. 효과

조직의 팀 협동 문화를 직접 체험하고 느낄 수 있으며, 팀과 조직의 가치를 습득하는 동시에, 기존의 관료적 조직문화를 팀 중심으로 바꿀 수 있다.

② 작업층 교육훈련[17)]

작업층은 상사로부터 지시를 받아 주어진 직무를 수행하는 종업원으로서, 이들에게 주로 적용되는 교육훈련 기법에는 실습장훈련(기업 내 별도공간에 설비를 갖추어 기능을 전수), 도제제도(apprenticeship, 일정기간 동안 상사나 선배로부터 기능을 배우고 익히는 방법), 직업학교 훈련 등이 있다.

③ 관리층 교육훈련[18)]

관리자 계층은 의사결정 능력, 인간관계 능력, 기술적 능력 등을 갖출 필요가 있다. 카츠(Katz)에 따르면 최고 경영층은 전략수립과 관련한 의사결정 능력이, 중간관리층은 인간관계 능력이, 그리고 하위관리층은 업무내용에 대한 기술적 지식이 주로 요구된다.[19)]

이를 양성하는 교육훈련을 관리자 개발(managerial development)이라 한다. 인바스켓 훈련, 비즈니스 게임, 사례연구 등은 주로 의사결정 능력 향상에 초점이 있으며, 역할연기법, 행동모델법, 감수성 훈련, 교류분석법 등은 인간관계 능력과 관련이 깊다.

[관리층 구분에 따라 요구되는 능력]

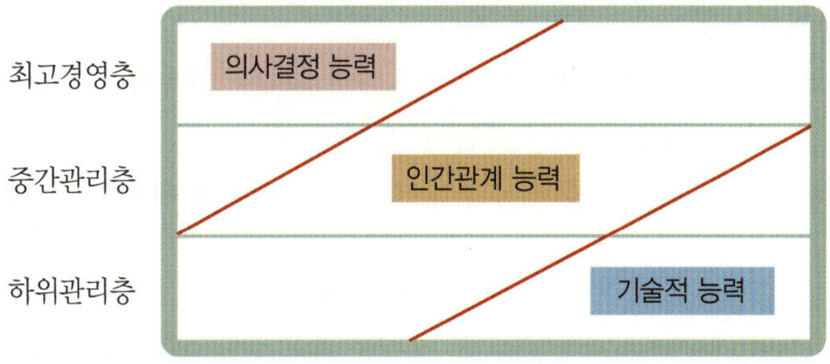

출처 : 박경규(2016), p.318

a. 인바스켓 훈련(in-basket training)

- 개념 : 관리자의 의사결정능력 제고를 위해서 가상의 기업에 관한 정보를 제공한 뒤 특정 상황에 대한 문제해결을 시도하게 하는 기법이다.
- 장점 : 다양한 모의상황 덕분에 훈련자들에게 흥미를 유발할 수 있다.
- 단점 : 훈련효과(업무상황에 대한 대처)를 계량적으로 측정하는 것이 어렵다.

b. 비즈니스 게임(business game)

- 개념 : 기업의 경쟁상황에서 올바른 의사결정능력을 제고시키기 위해 개발된 것으로 "경영 의사결정－결과분석－피드백"의 과정을 반복하며 의사결정의 질을 높이는 능력을 제고하는 교육훈련의 기법이다.
- 장점 : 즉각적 피드백 덕분에 의사결정의 효과성 및 정확성 여부에 대한 판단이 가능하다.
- 단점 : 참가자들이 경영원리에 입각한 의사결정보다 게임에 이기는 데만 집중할 가능성이 있다.

c. 사례 연구(case study)

- 개념 : 관리자의 의사결정능력 향상을 위하여, 실제 사건과 자료를 교육참가자에게 제시하고 그에 대한 문제점, 원인, 대안 등을 찾아 발표하게 하는 교육훈련 방법이다.
- 장점 : 현실의 사례를 통해 흥미와 학습동기를 유발할 수 있으며, 기업의 실제 당면 과제에 대한 학습이 가능하다.
- 단점 : 적절한 사례확보가 쉽지 않고, 학습진도의 측정이 어려우며 이론의 체계적 학습이 쉽지 않다는 단점이 있다.

d. 역할연기법(role playing)

- 개념 : 관리자와 일반 종업원을 대상으로 인간관계에 대한 태도개선 및 인간관계기술의 향상 목적으로 실시하는 기법으로서, 구체적 상황별 역할을 수행하게 하여 각자의 입장을 이해하고 이상적인 행동패턴을 익히게 한다.
- 장점 : 흥미와 체험감을 주고, 개인의 약점에 대한 파악이 가능하며, 아는 것과 행동하는 것 사이의 격차(knowing-doing gap)를 줄일 수 있다.
- 단점 : 기업환경에서 역할연기를 적용할 수 있는 교육범위가 제한적이다.

e. 행동모델법(behavior modeling)

- 개념 : 관리자 및 일반 종업원에게 어떤 상황에 대한 가장 이상적인 행동을 제시하고 교육참가자가 이 행동을 이해하고 그대로 모방하게 하는 방법으로서, 반두라(Bandura)의 사회적 학습이론(social learning theory)에 근거하고 있다.
- 장점 : 구체적 인간관계 상황에 어울리는 이상적 행동을 제시해 주며, 실무에서의 시행착오

를 줄이는 데 도움이 된다.

- 단점 : 기법의 개발에 비용이 많이 들며, 이러한 방식으로 학습이 가능한 행동의 수가 많지 않다.

f. 감수성 훈련(sensitivity training, T-group training)[20]

- 개념 : 지식보다는 태도와 행동의 변화에 초점을 둔 대인관계 향상 교육이다. 10명 내외로 구성된 소집단에서 허심탄회하게 자신의 느낌을 말하고, 다른 사람이 자신을 어떻게 생각하는지 귀담아듣는다.
- 장점 : 토론방식의 일종으로서, 타인에 대한 편견을 줄이고 개방적 태도를 취할 수 있게 된다.
- 단점 : 훈련 참가자 개개인의 태도와 행동이 변화하였다 해서 그 효과가 조직 전반으로 나타나지는 않을 수도 있다.

g. 교류분석법(transactional analysis)

- 개념 : 대화의 내용을 분석함으로써 인간관계능력의 향상을 도모하는 교육훈련 기법이다. 구체적으로는 서로 간의 대화를 어버이형(P, 도덕적 · 보수적), 성인형(A, 이성적 · 합리적), 어린이형(C, 의존적 · 창의적)의 3개 유형으로 나누어 분석한 후, 원활한 인간관계를 위해서 어떻게 대화해야 하는지를 학습한다.
- 장점 : 인간관계에 대한 깊은 통찰력을 제고하며, 실무상의 갈등관리에 시사점을 제공한다.
- 단점 : 학습의 진도를 파악하기가 어려우며 적절하고 기업실무에 맞는 교류분석의 사례를 개발하는 데 어려움이 있다.

h. 대역법(understudy)

- 개념 : 관리자층이 직무지식을 습득하는 데 사용되는 교육기법으로, 직속상사와 그 자리를 계승할 부하가 같이 일을 하면서 업무에 관한 자세한 사항을 교육받는 제도이다.
- 장점 : 개인별 교육이므로 학습효과가 크고, 교육 내용의 실무적용상에 문제가 없으며, 미래에 해당 직무를 수행할 사람이 교육을 받게 되므로 학습의욕이 높다.
- 단점 : 우수한 상사가 반드시 우수한 '교사'가 되지는 못할 수 있으며, 교육이 형식적이고 의례적으로 흐를 가능성이 있다.

i. 청년중역회법(junior board of directors)

- 개념 : 예비 관리자를 대상으로 조직 전반의 지식을 축적하도록 하는 기법이며, 모의이사회에서 조직의 문제점과 해법을 모색하고 이 내용을 해당 부서에 피드백하여 실제 문제해결에 도움을 준다.
- 장점 : 조직 전반에 대한 지식을 획득하는 데 매우 효과적이며, 조직 내 커뮤니케이션의 활

성화를 도모할 수 있다.

- 단점 : 모의이사회에 선발되지 못한 관리자와 모의이사들 간의 갈등 가능성이 있으며, 각 부서에서 모의이사회에 자신들의 문제를 솔직하게 공개하지 않을 가능성이 있다.

6) 액션러닝(action learning)[21)]

① 개념과 유래

a. 개념

버크(Burke)에 따르면 액션러닝은 '행동을 통한 학습(learning by doing)' 관점에 기반하여, 경영현장에서 실제로 발생할 수 있는 다양한 의사결정 및 문제해결절차를 경험하게 함으로써 구성원들의 대응역량을 키우는 훈련기법이다.

b. 유래

1945년 영국의 레반스(Revans)가 국가석탄위원회(national coal board)의 요청으로 광부들을 대상으로 소그룹 컨설팅을 시행한 데서 유래하였다.[22)]

② 등장배경

울리히(Ulrich) 등의 연구에 따르면 액션러닝은 이른바 '세 단계의 물결'로 불리는 교육훈련 패러다임의 변화(paradigm shift)의 과정에서 등장한다.[23)]

a. 제1의 물결(the first wave)

전통적인 강의 위주의 개인별 교육훈련기법이 변화하게 된 계기는 1940년대 감수성 훈련(T-group training)이다.

b. 제2의 물결(the second wave)

1950년대부터~1970년대에 등장한 구조적 피드백(structured feedback)은 이해당사자들로부터의 피드백을 통한 교육훈련의 방안이다.

c. 제3의 물결(the third wave)

1980년대에는 바로 실제적 문제의 해결 및 성찰을 통한 학습을 그 목표로 하는 액션러닝이 등장한다. 맥콜(McCall) 등의 연구에 따르면 관리역량의 증진은 현장경험(on-the-job experience)으로부터 도출되며, 이러한 시각이 액션러닝의 근간이 된다.

③ 구성요소

마쿼트(Marquardt)에 따르면 액션러닝의 구성요소는 문제 · 이슈 · 과제, 문제해결의 주체(팀),

질의와 성찰의 과정(questioning & reflection), 실행(implementation)에의 의지, 학습의지, 러닝코치(facilitator) 등의 여섯 가지이며,[24] 이상의 요소들을 요약하면 액션러닝의 과정을 다음의 공식으로 표현할 수 있다.

$$L = P + Q + R + I$$

(L : Learning, P : Programmed Knowledge, Q : Questioning, R : Reflection, I : Implementation)

④ 절차[25]

액션러닝의 실행 절차는 일반적인 평가센터법(assessment center)의 방식과 유사하며, 문제의 이해, 대안의 제시, 해결책 마련과 실행 등의 3단계로 구성된다.

⑤ 기존 교육훈련 기법과의 차이점[26]

a. 패러다임과 철학

강의식 교육방법에서는 강사나 교육담당자가 교육훈련을 주도하지만, 액션러닝에서는 학습대상자, 즉 교육수요자가 교육훈련의 주도자로서 문제를 해석하고 그 대책을 수립한다.

b. 목표

강의식 교육방법에서는 교육생은 수동적인 지식의 흡수자인 반면, 액션러닝에서는 지식습득뿐만 아니라 경영의사결정 능력 자체의 배양을 목표로 삼기에 교육생의 적극적 참여자가 중요하다.

c. 방법론

주입식 강의(lecture)나 시청각 교육(audio-visual method)과는 달리, 액션러닝에서는 구성원이 참여할 수 있는 인바스켓 훈련, 사례연구, 집단토론, 프리젠테이션 등의 다양한 방법이 활용된다.

d. 활용영역

강의식 교육방법은 구성원의 능력이 부족하거나 교육시간 및 예산의 제약하에서 전문지식을 습득시키는데 유리한 반면, 액션러닝은 전반적인 경영관리능력의 배양에 유리하다.

e. 교육과 경영성과 간의 관계

강의식 교육방법에서는 현장과 관련성이 적은 이론적 주제들이 주로 교육되지만, 액션러닝에서는 현장 중심의 문제가 교육과정에서 다루어지므로 교육이 경영성과에 기여하는 정도가 크다.

⑥ 장점과 단점

a. 장점

i. 미래지향적, 문제해결 지향적 교육훈련 기법이다.

ⅱ. 이론과 지식 위주의 교육에 비하여 교육훈련 비용 대비 효용이 크다. (비용이 크지만 효과가 더 큼)
ⅲ. 구성원들의 행동과 성과에 대한 유용한 피드백을 준다.
ⅳ. 지식의 습득으로는 도출하기 어려운 혁신적인 문제해법을 만들 수 있다.
ⅴ. 경험에 바탕을 둔 해법의 도출이 가능해지므로 그 실현가능성이 높아진다.
ⅵ. 구성원의 자기효능감(self-efficacy)과 역량감(competence)을 향상시켜 조직몰입도와 직무몰입도를 증가시킬 수 있다.

b. 단점

ⅰ. 단순한 문제의 해결을 위해 액션러닝을 실시하기에는 비용이 많이 든다.
ⅱ. 학습에 소요되는 시간이 일반적으로 길다.
ⅲ. 행동을 통한 학습이므로 그 효과를 실증연구를 통해 검증하기가 쉽지 않다.
ⅳ. 학습효과의 개인차가 매우 크다.

⑦ 성공적 활용방안

a. 적절한 문제선택

실질적이면서도 도전적(challenging) 과업을 해결하는 과정에서 액션러닝의 효과가 극대화된다.

b. 조직차원의 지원

교육훈련의 성과 극대화를 위해서는 최고 경영층과 관리자급의 적극적인 지원이 필수적이다.

c. 효과적인 팀 구성

팀 학습이라는 액션러닝의 특성상 효과적 의사소통과 창의적 문제해결을 위해 제대로 된 팀 구성이 필요하다.

d. 정기적이고 체계적인 평가

조직차원과 집단(팀)차원에서의 체계적인 평가시스템이 필요하다.

7) 이러닝(e-learning)[27]

① 의의

이러닝은 인터넷이나 사내 인트라넷을 사용하여 실시하는 온라인 교육을 의미한다.

② 장점

a. 시간과 공간의 제약을 초월하여 동시에 많은 직원을 대상으로 교육을 실시할 수 있다.

b. 교육대상자 스스로 학습속도를 조절(self-paced)할 수 있다.
c. 양방향의 상호작용적 교육이므로 온라인을 통한 실시간 피드백이 가능하다.

③ 단점

a. 교육대상자의 인터넷 접속이 원활하지 못할 경우 교육진행에 지장이 있으며, 조직구성원들의 컴퓨터 사용능력이 어느 정도 갖추어져 있어야 한다.
b. 최초 도입기에 많은 비용투자가 요구된다.
c. 주제에 따라 이러닝이 적합하지 않을 수도 있으며 최고경영자의 적극적 후원이 필요하다.

8) 혼합형 학습(Blended learning)[28)]

① 의의

혼합형 학습은 블렌디드 러닝이라고도 불리며, 다양한 학습방법(주로 전통적인 면대면 방식과 e-러닝)과 전달방식을 결합하여 최대의 학습효과를 추구하는 전략으로 정의된다.

기존의 면대면 교육과 e-러닝 등을 결합한 블렌디드 러닝이 주목받는 이유는 온라인 교육과 오프라인 교육의 단점(오프라인 교육의 시간·공간 제약, 온라인 교육의 비인간적 측면)들이 각각의 장점으로 보완되기 때문이다.

② 특징

첫째, 기존 교육과의 온·오프라인 통합을 통하여 지속적인 학습이 가능하다.

둘째, 온·오프라인 학습환경의 장점과 단점을 고려하여 개발되므로 시간과 공간을 초월한 교수설계가 가능하다.

셋째, 다양한 교수-학습 및 방법 및 콘텐츠를 활용하여 교육의 효과성을 극대화할 수 있다.

넷째, 개발비용(고정비)이 저렴한 오프라인 교육과 실행비용(변동비)이 저렴한 온라인 방식을 혼합하므로 개발시간과 비용을 최적화할 수 있다.

③ 성공적 활용방안[29)]

첫째, 오프라인에서의 주(main) 학습의 기초지식을 사전에 맛보거나 주 학습 관련 정보를 알려줄 때 온라인 학습을 제공한다. 이러한 방식을 플립러닝(flip learning)이라고도 한다.

둘째, 주 학습 이후 의사결정 연습을 하거나 배운 내용을 회상하는 용도로 온라인 학습을 이용한다.

셋째, 온라인에서의 토론을 통하여 학습자 간 상호 작용을 활성화시키는 방식으로 활용이 가능하다.

넷째, 교육과 그에 대한 질문 및 피드백을 온·오프라인 채널에서 역할을 분담하여 진행한다.

| 4 | 교육훈련 성과의 평가

1) 교육훈련 평가의 개념과 목적
2) 교육훈련평가의 접근법
   ① 거시적 접근법
      ➡ 비용비교분석법, 비용－편익 분석법
   ② 미시적 접근법
      ➡ 내용 평가, 참가자 평가, 담당자 평가, 기법 평가
3) 교육훈련 평가의 실제
   ① 커크패트릭의 교육훈련 평가기준
      ➡ 반응, 학습, 행동, 결과
   ② 골드스타인의 타당성 평가
      ➡ 훈련, 전이, 조직 내, 조직 간
   ③ 교육훈련 평가지표로서의 투자수익률
      ➡ 의의, 도입배경과 사용목적, 교육훈련 성과측정의 실제
4) 인적자원개발 포트폴리오

1) 교육훈련 평가의 개념과 목적

교육훈련 활동에 대하여 평가를 실시하는 목적은 다음과 같다.[30)]

첫째, 의사결정자에게 교육훈련의 다양한 목적이 의도한 효과를 달성했는지에 관한 정보를 제공한다.

둘째, 교육참가자 및 실시자에게 프로그램의 실시결과를 피드백한다.

셋째, 교육시스템의 취약분야를 밝혀 향후 인력개발활동 계획에 유용한 자료를 제공한다.

2) 교육훈련평가의 접근법[31)]

<u>교육훈련 활동 전체를 대상으로 포괄적인 평가를 시도하는 관점을 거시적 접근법</u>이라 하며, <u>교육훈련 활동을 구성하고 있는 개별요소에 평가의 초점을 맞추는 것을 미시적 접근법</u>이라 한다.

[교육훈련 평가에 대한 거시적 접근법과 미시적 접근법]

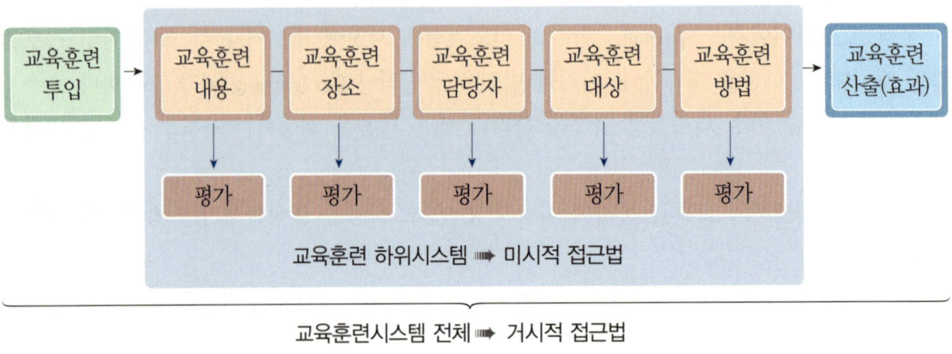

출처 : 박경규(2010), p.325, 수정인용

① 거시적 접근법

교육훈련 전체를 평가단위로 간주하여 투입과 산출에 대한 효과를 중점적으로 검토한다. 거시적 접근법은 구체적으로 비용비교분석법과 비용－편익 분석법으로 나뉜다.

a. 비용비교분석법(cost comparison analysis)

ⅰ. 개념

교육활동의 투입요소 중 화폐적으로 환산할 수 있는 지출비용을 기간과 구조의 측면에서 비교하여 교육성과를 평가하는 기법이다. 기간별 비교는 해당 기업의 예산기간이나 교육소요시간을 기준으로 발생된 비용을 확인하여 비교하는 것이고, 구조적 비교는 비용항목 간 그리고 개별 교육훈련 프로그램(신입사원, 관리자 등) 간의 비용을 비교하는 것이다.

ⅱ. 특징

[장점] 교육훈련에 투입되는 각종 비용의 합리적 통제(control)를 가능하게 한다.

[단점] 비용만으로 교육훈련의 가치를 확인하는 것은 불가능하며 원가절감에만 지나치게 치중할 수 있다.

b. 비용－편익 분석법(cost-benefit analysis)

ⅰ. 개념

이는 교육활동에 투입된 여러 자원의 화폐적 환산가치와 교육훈련의 결과로 산출된 여러 유형의 편익항목을 서로 비교 · 분석하는 기법이다.

ⅱ. 절차

비용－편익 분석의 절차는 크게 다음의 4단계로 이루어진다.

첫째, 비용항목을 직접비용(예 임금, 복리후생비, 프로그램 개발비)과 간접비용(교육훈련 실시자를 위한 교육훈련비, 일반관리비)으로 나누어 파악한다.

둘째, 편익항목을 파악한다. 이 과정은 비용－편익 분석의 핵심이며, 그 이유는 교육활동의 편익을 화폐적으로 환산하기가 쉽지 않기 때문이다.

- 대표적인 편익항목으로는 교육을 통해 증가한 생산성, 투입인건비의 절감 정도, 인력배치의 기능적 유연성(functional flexibility) 증가로 획득되는 수익 등이다.
- 또 다른 편익으로는 인력확보에 대한 대체가격(transfer price)이 있다. 이는 교육의 효과가 곧 유능한 인재를 외부에서 영입하는 것과 같으므로, 영입비용을 교육효과로 상정하는 것이다.

셋째, 비용과 편익이 여러 시점에 걸쳐 발생할 경우에는 이들을 모두 현재가치(present value, 現價)로 환산하며, 이 과정에서 순현재가치(NPV)나 내부수익률(IRR) 등의 투자가치 평가방법들을 활용할 수 있다.

넷째, 최종 결과를 분석한다. 비용과 편익의 비교하는 방법에는 편익과 비용 간의 차이를 계산하는 방법과 비용－편익 간의 비율을 밝히는 방법의 두 가지가 있지만, 현대 경영학에서는 두 방법 중 차이를 계산하는 방법(예 순현재가치법)이 널리 쓰인다.

iii. 특징

[장점] 교육훈련의 경제성을 확실히 파악할 수 있으며 교육훈련에 대한 임의적인 의사결정을 저지할 수 있다.

[단점] 편익을 화폐단위로 환산하는 것이 쉽지 않으며 편익의 인식과정(예 대체비용의 추정)에서 주관성이 상당히 개입한다.

② 미시적 접근법

교육성과의 발현 과정(process)에 초점을 맞춰 교육시스템을 구성하는 개별 요소(내용, 참가자, 담당자, 기법 등)를 평가한다.

a. 내용 평가

교육훈련의 필요성 분석에서 확정된 교육내용이 교육목표의 달성에 어느 정도 기여할 수 있는지를 질적으로 판단하게 된다.

b. 참가자 평가

교육대상이 적절히 선정되었는지(미래의 기대자격수준과 현재의 자격수준 또는 잠재력 간 차이가 적을수록 교육프로그램의 경제성이 높아짐), 교육참가자들의 교육훈련에 대한 태도가 긍정적인지 부정적인지, 학습내용이 제대로 전달되었는지, 학습내용이 참가자들의 업무성과 향상에 도움이 되는지 등을 살핀다.

c. 담당자 평가

교육담당자의 교육자로서의 임무(전달능력, 상담과 지도 등)와 조직 대변자로서의 임무(조직에 도움이 되는 교육기법의 선정, 교육관련 의사결정 참가)를 판단한다.

d. 기법 평가

교육기법의 기능적 측면(실무관련성, 성장욕구 충족가능성 등)과 경제적 측면(비용과 편익의 비교)을 위주로 평가하게 된다.

3) 교육훈련 평가의 실제[32)]

① 커크패트릭의 교육훈련 평가기준

커크패트릭(Kirkpatrick)은 교육훈련관리의 성과를 반응, 학습, 행동, 결과의 4단계로 나누어 각각을 측정 · 평가할 수 있다고 주장하였다.

a. 단계별 평가내용

- 반응(reaction) : 교육훈련 참여자들의 개발프로그램에 대한 전반적 느낌이나 만족도에 대한 평가이며, 설문지나 인터뷰 등의 방법을 사용하여 실시한다.
- 학습(learning) : 교육 참가자들의 KSA에서의 향상도에 대한 평가이며, 사전/사후 비교검사나 통제집단 비교, 시험(test) 등의 방법을 사용하여 실시한다.
- 행동(behavior) : 교육 참가자들의 성과행동에 일어난 변화를 평가하며, 주로 인터뷰나 직·간접적 관찰, 그리고 설문조사를 통해 파악할 수 있다.
- 결과(result) : 인적자원 교육활동의 최종적 산물이 되는 조직효과성의 변화 정도를 측정하는 것으로서, 주로 비용–편익 분석을 통해 교육성과를 파악하게 된다.

b. 시사점

이상의 4가지 측정대상 중에서 무엇이 주된 평가대상이 되는지는 조직마다, 그리고 구체적 평가상황마다 달라질 수 있기에 조직에서 필요한 평가항목을 선택하면 된다. 여기서 교육평가대상(반응, 학습, 행동, 결과)의 평가용이성과 각각의 조직가치기여도는 서로 상반(trade-off)관계에 있다.

[커크패트릭 교육훈련평가의 4가지 기준]

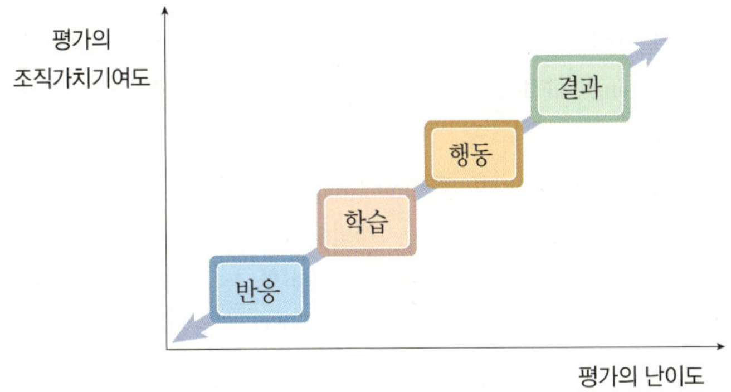

c. 커크패트릭 평가방법의 현실적 한계와 보완방법[33)]

ⅰ. 한계점 : 행동과 결과 측정의 어려움

일반적인 교육효과는 참가자들의 '반응'이나 '학습' 효과를 중심으로 측정되므로 상대적으로 더욱 중요한 '행동'이나 '결과' 수준의 효과측정이 드물다.

ⅱ. 행동·결과 측정에 도움이 되는 보완적 정책들

- 교육훈련의 이전효과를 발생시키는 일선 관리자들의 피드백 제공 역할이 매우 중요하다.
- 교육훈련의 결과를 계량적으로 접근(예 ROI)하게 되면 일선 관리자들로 하여금 교육훈련 프로그램의 개선에 보다 큰 관심을 갖게 할 수 있다.

② 골드스타인의 타당성 평가

골드스타인(Goldstein)은 교육훈련의 타당성을 '교육훈련이 당초 목적한 바를 충족시키는 데 기여했는가에 관한 것'으로 정의하고, 네 가지 타당성에 대한 평가법을 제시하였다.[34]

[교육훈련의 타당성 유형]

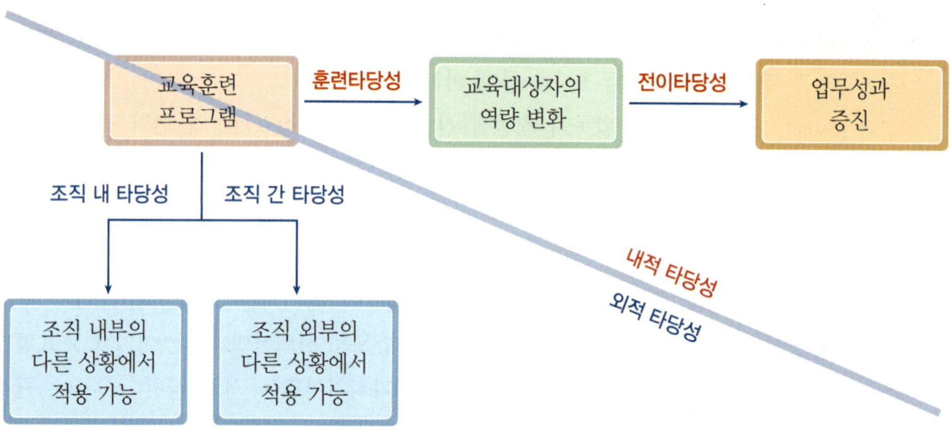

a. 내적 타당성(internal validity)

교육훈련 프로그램 자체의 타당성, 곧 교육훈련의 효과를 의미하는 개념이다.

ⅰ. 훈련 타당성(training validity)은 교육프로그램이 의도한 성과를 교육대상이 달성하였는지를 평가하는 것이다.

ⅱ. 전이 타당성(transfer validity)은 교육훈련의 내용이 직무성과로 이어지는지를 뜻하는 소위 '전이효과(transfer effect)'를 평가하는 개념이다. 이를 높이려면 회사나 동료로부터의 사회적 지원(social support)과 정보의 획득과 활용을 돕는 기술적 지원(technical support), 그리고 종업원 스스로가 배운 내용의 활용 과정에서 목표를 설정하고 업무수행에서의 각종 애로사항들을 사전에 파악하여 대비하는 자기관리(self-management) 등이 필요하다.[35]

b. 외적 타당성(external validity)

교육훈련 프로그램이 일반화(generalized) 가능한지를 의미하는 개념이다.

ⅰ. 조직 내 타당성(intraorganizational validity)은 동일기업 내 상이한 집단 및 부서로 교육기법이 활용될 수 있는지에 관한 평가이다.

ⅱ. 조직 간 타당성(interorganizational validity)은 타 기업에도 동일한 교육훈련기법이 적용 가능한지를 살펴보는 것이다.

③ 교육훈련 평가지표로서의 투자수익률(ROI)[36]

a. 의의

최근 교육훈련성과의 수치측정이 중요하게 부각되면서 투자수익률(ROI, return on investment) 활용의 중요성이 점차 증대하고 있다. ROI는 미국 Dupont 社에서 개발한 재무분석지표로서 기업이 자본을 투자하여 얼마의 세후영업이익을 올렸는지를 나타내는 지표이고, 최근 인사부문의 성과를 평가하는 데도 많이 활용되고 있다.

b. 도입배경과 사용목적

ⅰ. 최근의 전세계적인 경기하강 국면 속에서 인사관리 부서의 전략적 가치를 입증하기 위한 수단의 필요성이 더욱 증가하고 있다.

ⅱ. 인사부문 투자경비에 대한 회계적 책무성(accountability) 요구가 증가하고 있다. 모든 비용은 이를 지출한 만큼 그 효과가 있어야 한다는 의미이다.

ⅲ. 전사적 품질경영(TQM)의 도입에 따른 지속적 개선(kaisen)이 중시되면서 점차 성과 측정이 중요해지고 있다. 측정되어야 관리가 가능하다("*If you can not measure, you can not manage*")는 드러커(Drucker)의 논리가 여기서도 적용된다.

c. 교육훈련 성과측정의 실제

미국 Deloitte 컨설팅의 필립스(Phillips) 박사는 HR의 아홉 가지 분야(모집, 선발, 복리후생, 다양성관리, 교육성과측정 등)에서 ROI 분석을 도입할 수 있다고 보았다.

ROI의 계산식은 효익과 비용으로 구성된다.

ⅰ. 투자요소(Investment)에 해당하는 비용측면

얼마나 많은 비용(예산)을 인적자원을 위해 투자하는가의 측면이다. 구체적으로는 급여, 복리후생 비용, 교육훈련 비용, 4대 보험 납부액, 인사 행정비용 등이 포함된다.

ⅱ. 수익요소(Return)에 해당하는 절약액 측면

인적자원의 교육훈련을 통해 수익(효익이나 부가가치)의 창출을 저해하는 여러 요인들(예 결근, 조퇴, 지각, 이직 등)을 얼마나 줄일 수 있는가의 측면이다.

여기서 교육훈련을 통해 직접적으로 창출되는 가치 대신 '수익창출 저해요인의 감소'분을 측정하는 이유는 인사측면의 효익을 직접 측정하는 것이 쉽지 않기 때문이다.

ⅲ. 투자수익률(ROI)의 계산

최종적인 투자수익률은 순효익(=효익−비용)을 비용으로 나누어 계산하게 된다.

$$\text{ROI}(\%) = \frac{\text{순효익}(=\text{효익}-\text{비용})}{\text{비용}}$$

4) 인적자원개발 포트폴리오[37)]

① 인적자원개발 포트폴리오 분석의 의의

인적자원개발에서는 인적자원개발의 중요성(importance)과 교육훈련 프로그램의 적용가능성(applicability)을 포트폴리오 분석의 틀로 삼는다. 여기서 중요성이란 해당 HRD 프로그램이 조직의 가치창출에 미치는 영향력 내지는 필요성을 의미하고, 적용가능성이란 실제 조직에서 해당 교육훈련 프로그램을 구성원의 능력개발에 사용하기 용이한 정도를 뜻한다.

[인적자원개발 포트폴리오]

② 포트폴리오 대응전략

a. 슈퍼스타

중요성과 적용가능성 모두가 높은 HRD 프로그램에는 현재의 투자수준과 관심수준을 꾸준히 유지(hold)해 나가는 전략이 바람직하다.

b. 방황하는 별

중요성이 비교적 높지만 구체적으로 구성원의 능력개발에 적용하기가 쉽지 않은 HRD 프로그램에는 실용성을 강조하는 구축(build) 전략이 필요하다.

c. 붙박이 별

중요성이 비교적 낮으나 기업현장에의 적용가능성이 높은 HRD 프로그램에는 장기적 투자보다는 현재의 프로그램을 통해 얻을 수 있는 교육효과를 극대화시키는 추수(harvest) 전략이 바람직하다.

d. 별똥별

중요성과 적용가능성이 모두 낮아 그 수명이 거의 다한 HRD 프로그램에는 추가적 투자가 불필요하며 이미 투자한 재원도 다른 프로그램으로 옮기는 투자회수(divest) 전략이 바람직하다.

제3절 승진관리

MANAGING HUMAN RESOURCE AND INDUSTRIAL RELATIONS

|1| 승진관리의 의의와 목적

1) 의의

승진(promotion)은 기업 내 개인이 현재 수행하는 것보다 직무(권한과 책임)나 총보상(임금 · 지위)의 측면에서 '더 나은 직무'로 이동하는 과정을 의미한다.[38]

2) 계층별 요구역량과 승진

대개 입사 초기에 해당하는 신입사원들에게 요구되는 역량(예 자료 해석능력, 집중력 등)은 관리자급 또는 그 이상에서 필요로 하는 역량(예 상황판단능력, 정치적 감각, 의사소통능력 등)과 차이가 있다. 따라서 승진관리에 있어서는 현시점에서의 업무성과뿐만 아니라 향후 관리자급으로의 성장잠재력도 함께 보아야 한다.[39]

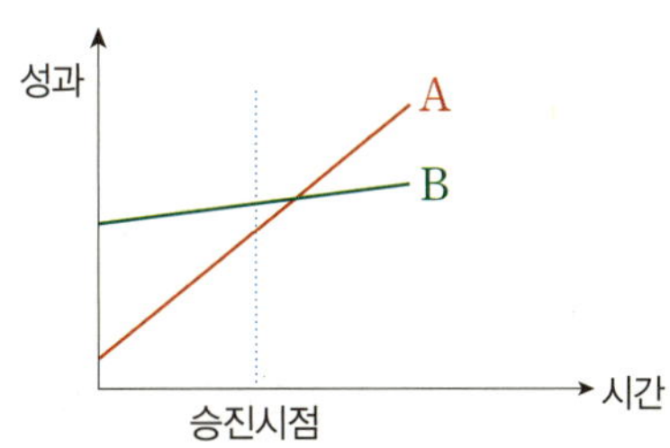

3) 목적 : 구성원의 자아실현과 조직의 효과성 증대

승진은 구성원에게는 인정욕구 충족 및 보상을 통해 직장생활에의 보람과 기쁨을 제공하고 회사에는 우수인재 유치와 내부인력의 동기부여를 통해 조직효과성을 향상시킨다.

| 2 | 승진의 기준

1) 기본원칙[40]

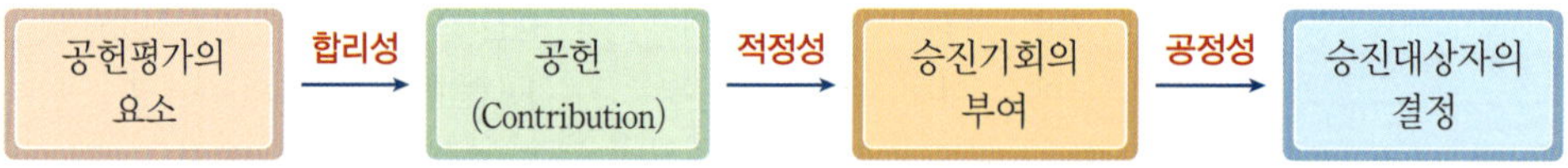

① 적정성 : 공헌과 승진의 연관성

승진에서의 적정성이란 조직에 대한 공헌의 크기와 승진의 기회 간 상관관계를 의미하며, 승진의 예측가능성과 관련이 있다. 과거의 승진사례(시간적 차원)나 유사 · 동종업종의 승진사례(공간적 차원)와의 비교를 통해 평가된다.

② 공정성 : 승진대상 선정의 기준

승진에서의 공정성이란 승진의 기회를 올바른 사람에게 주었는가와 관련된 개념이다. 즉 상사의 임의배분이 아니라 선정원칙에 입각하여 승진제도를 운영하는지를 의미한다.

③ 합리성 : 공헌내용 파악의 기준

승진에서의 합리성이란 승진의 기준인 공헌의 판단이 인습이나 감정에 기반한 것이 아닌 조직적 가치관과 직무수행능력에 기반했는가와 관련된 개념이다(공헌 판단의 기준).

2) 승진의 기준[41]

승진은 크게 연공주의와 능력주의 기준에 의하여 결정된다. 이들 기준은 비단 승진제도뿐만 아니라 인사관리 전반에 걸쳐 판단의 기준 역할을 한다.

① 연공주의

a. 개념과 적합한 상황

연공주의는 개인이 조직에 공헌한 기간을 판단 기준으로 삼는 것으로서, 전통적 · 동양적 스타일에 가깝다. 노동조합의 세력이 강할 때 이 원칙이 강조되며, 전문직보다는 일반직종에, 상위층보다는 하위층에 적용되는 경우가 많다.

b. 이유 및 근거

우리나라에서는 연공의 구성요소 중 특히 학력별 근속기간이 중시되는 경향이 있는데, 이는 장유유서(長幼有序)의 유교적 가치관, 연공과 숙련이 비례한다는 가정, 객관적 평가시스템의 구축 미비 등의 이유와 관련이 있다.

② 능력주의

a. 개념과 적합한 상황

능력주의는 개인의 직무수행역량을 판단 기준으로 삼는 것으로서, 현대적·서구적 스타일에 가깝다. 경영진의 상대적 세력이 노조보다 강할 때 이 원칙이 강조되며, 일반직보다는 전문직종에, 하위층보다는 상위층에 적용되는 경우가 많다.

b. 이유 및 근거

최근 우리나라에서도 능력주의 승진기준의 도입이 증가하고 있는 추세인데, 이는 고도의 기술을 필요로 하는 하이테크 기업의 증가, 세계화의 트렌드, 평가 및 측정의 합리성 등의 이유와 관련이 있다.

3) 한국기업에서 활용되는 승진기준의 실제[42]

우리나라 기업에서 도입하고 있는 승진기준은 연공주의를 반영하는 경력평정, 능력주의를 반영하는 인사고과, 연수평정으로 구성되어 있다. 대개의 기업에서는 하위직급에는 연공요소인 경력점수의 비중이 높지만, 상위직으로 갈수록 능력요소인 인사고과 및 연수평정의 비중이 증가한다.

① 경력평정

a. 근거 : 숙련상승설

경력평정의 전제는 해당 직무에서의 근속연수(job tenure)가 증가함에 따라 해당 종업원의 능력수준이 높아지고 그 결과 업적도 높아질 것이라는 소위 '숙련상승설'이다. 연구에 따르면 근속기간과 성과 간의 상관관계는 0.09～0.1 정도로 알려져 있다.[43]

b. 근속기간과 성과 간의 관계 : 비선형(curvilimear)적 관계

직무에 따라 다소 차이가 있겠지만, 처음 몇 년 동안은 근속연수가 능력, 기능 또는 업적수준과 상당히 높은 수준의 상관관계를 보일 것이라 예상할 수 있다. 하지만 어느 시기가 지나면 근속기간의 증가에 따른 각종 역량변수들의 증가속도가 체감할 것이며 어떤 경우에는 오히려 감

소한다.[44] 이는 기능의 노후화 현상과 장기근무에 따른 매너리즘에 기인한다.

[시간변수와 성과의 관계]

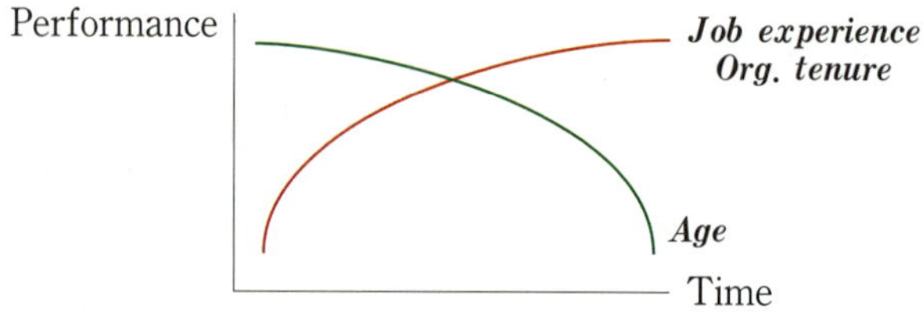

출처 : Sturman(2003)

c. 경력평정의 현실적 활용방안

근속연수와 역량신장 간의 관계가 비교적 정비례에 가까운 시기(이 기간을 표준연수라 부르기도 함)에 주로 경력평정을 활용하는 것이 권장된다.

② 인사고과

인사고과에서는 종업원의 능력(현재능력 및 잠재능력), 개인적 특성, 직무행동, 직무성과(업적) 등을 주로 평가하게 된다. 이 중 승진목적의 인사고과에서는 상기 평가요소들 가운데 능력(특히 잠재능력)을 중심으로 평가를 진행한다.

③ 연수평정

연수평정은 승진 후보자가 교육훈련 프로그램에 참여하여 획득한 학습성과이다. 능력의 직접적인 측정이 아니라 단기간 실시되는 교육프로그램을 이수했다는 결과만으로 간접추정하는 지표에 불과하므로 인사고과의 보조자료로 활용하는 것이 바람직하다.

| 3 | 승진제도

1) 실질적 승진과 형식적 승진[45]

승진제도의 운영방식은 실제로 수행하는 과업의 내용과 형식상의 직급/직책이 모두 변화하는 실질적 승진과 직책이나 직급과 같은 직위상징만이 변화하는 형식적 승진으로 나누어 살펴볼 수 있다.

2) 승진제도[46)]

① 직급승진

종업원이 조직 내 계급구조를 따라 상위직급으로 이동하는 것을 말한다. T/O(table of organization)만큼 승진시키며, 공석이 없으면 승진이 이루어지지 않는다.

② 자격승진

종업원이 갖추고 있는 직무수행능력(직능)을 기준으로 승진시키는 제도이다. 자격승진을 실시하는 기업에서는 직종별 직급과 직능의 수준을 분리하여 관리하게 된다. 이와 관련된 제도로 직능자격제도가 있는데, 이는 각 직종(예 관리직, 생산직, 사무직 등)별로 직무수행에 필요한 핵심역량을 분류하고 이를 등급화하여 승격, 승진 및 임금(직능급)의 결정에 활용하는 제도를 말한다.

[장점] 종업원의 능력신장을 자극하고 승진정체현상을 감소시키는 데 본질적으로 기여한다.

[단점] 수행하고 있는 직무에 비해 종업원의 역량이 과잉인 경우(overqualified)에는 동기가 오히려 저하되며, 종업원의 업무성과에 비해 자격요건이 높은 경우에는 과다한 수준의 보상이 지급된다는 문제점도 있다.

③ 대용승진

형식적 승진의 대표적 제도인 대용승진(surrogate promotion)은 준(quasi)승진이라고 하며 승진 필요성은 있지만 직책이 없는 경우에 직무내용의 실질적 변화 없이 직위명칭이나 자격호칭 상의 상승만 이루어지게 하는 것이다. 승진적체가 심하거나 종업원의 대외고객 신뢰도를 증진시키고자 하는 목적으로 이루어진다.

④ O.C. 승진제도(organization change promotion)

대용승진에서와 같은 상황에서 조직구조를 변화시켜 승진 기회를 제공하는 것이다.

⑤ 발탁승진

탁월한 성과나 실적을 올린 직원을 상위 직책으로 승진시키는 제도이다. 능력있는 종업원의 동기부여 효과가 있지만, 불투명하게 운영될 경우 불공정성 지각의 원인이 될 수 있다.

| 4 | 승진제도의 문제점과 향후 전개방향

1) 현행 승진제도의 문제점

① 승진평가의 타당성에 많은 의문이 제기되고 있다. 잠재력을 갖춘 인재가 승진 전의 직급에

서 성과를 내지 못하면 승진에 탈락하는 경우가 종종 발생한다.
② 연공중심의 승진관리에 따라 능력주의 인재등용이 어려운 경우가 많다.
③ 조직성장의 둔화로 승진적체가 발생하여 구성원들의 근로의욕이 떨어진다.
④ 불명확한 승진기준 및 고위층 의중에 따른 임의적 승진으로 공정성 인식이 좋지 않다.
⑤ 승진 이외의 경력개발요소(예 교육훈련, 전직 지원, 전문성 향상 프로그램 등)들이 많지 않아 승진에 지나치게 집착하는 문화가 형성되었다.

2) 승진제도의 전개방향

① 미래의 성장잠재력을 감안하여 승진을 실시할 필요가 있다.
② 능력과 역량을 중심으로 하는 조직문화의 정착이 필요하다.
③ 팀제를 근간으로 하는 수평적 조직으로의 전환을 시도할 필요가 있다.
④ 공개형 승진평가시스템을 확립하여 승진기준과 이유를 명확히 할 필요가 있다.
⑤ 승진에 집착하지 않도록 다양한 경력개발 프로그램을 내실화할 필요가 있다.

3) 승계계획(succession planning)

① 개념

조직 리더십의 연속성을 유지하기 위해 후임자를 사전에 선정하고 필요한 자질을 육성하는 체계적인 활동을 의미한다.

② 등장배경

빈번한 이직으로 인한 직무공백을 줄이고, 주요직무(key position)에서 부가가치를 창출하는 핵심인재를 전략적으로 육성하며, 지식경영의 핵심인 암묵지(tacit knowledge)의 전달을 위해 승계계획이 요청된다.

③ 원칙

승계계획의 대원칙은 엘리트의 조기 육성, 장기간에 걸친 단계별 육성, 의도적인 운영보다 자유로운 경쟁을 통한 육성 등이다.

④ 절차

승계절차는 i) 회사의 비전과 전략을 명확히 하고, ii) 핵심역량을 도출한 다음, iii) 후보자를 다양한 방식(면접, 심리검사, 다면평가, AC 등)으로 평가하여, iv) 최종 선발 후 관련된 교육훈련을 실시하는 순서로 진행된다.

제4절 경력관리

MANAGING HUMAN RESOURCE AND INDUSTRIAL RELATIONS

(1987년) 제1회 공인노무사시험 제2문

경력개발(Career Development)의 의의, 절차 및 기법을 약술하라. (25점)

(2010년) 제19회 공인노무사시험 제1문

기업 내 구성원의 경력개발을 초기단계, 중기단계, 후기단계로 구분할 때 각 단계에 있어서 기업의 관리활동을 논하라. (50점)

(2014년) 제23회 공인노무사시험 제2문

오늘날 경력개발관리의 의미, 개인의 경력욕구로서 '경력 닻', 그리고 경력개발관리 기법으로서 직무순환의 장·단점을 설명하시오. (25점)

| 1 | 경력관리의 의의와 목적

1) 경력관리의 개념과 필요성[47)]

경력(career)은 한 개인이 일생에 걸쳐 일과 관련하여 얻게 되는 각종 경험을 의미하며, 경력관리(경력개발, career management or development)란 '개인의 성장목표'와 '조직효과성 목표'의 조화를 이룰 수 있는 방향으로 개인 직무상의 여정을 설계하는 관리과정을 의미한다.

오늘날 경력관리는 조직의 내부환경(구성원의 가치관 변화 및 분권화 트렌드) 및 외부환경(세계화로 인한 경쟁심화 및 가치관의 변화)의 변화로 인하여 더욱 그 필요성이 증가하고 있다.

2) 경력관리의 목적[48)]

① 기업은 인적자원을 효율적으로 확보할 수 있으며 조직차원의 노하우를 체계적으로 축적할 수 있다.

② 종업원은 자신의 성장욕구를 충족할 수 있으며 직업안정감(job security)과 경쟁력 및 고용가능성을 높일 수 있다.

| 2 | 경력개발시스템

1) 경력개발시스템의 개요와 과정[49)]

① 개요 : 조직차원의 경력개발시스템

경력개발시스템은 계획(개인과 조직의 경력욕구 통합을 통한 경력경로설계), 실행(직무관리와 교육훈련 및 승진 · 전환배치), 통제(경력관리에 대한 전반적 피드백)와 이들 과정에 대한 지원시스템으로 구성된다.

[경력관리시스템]

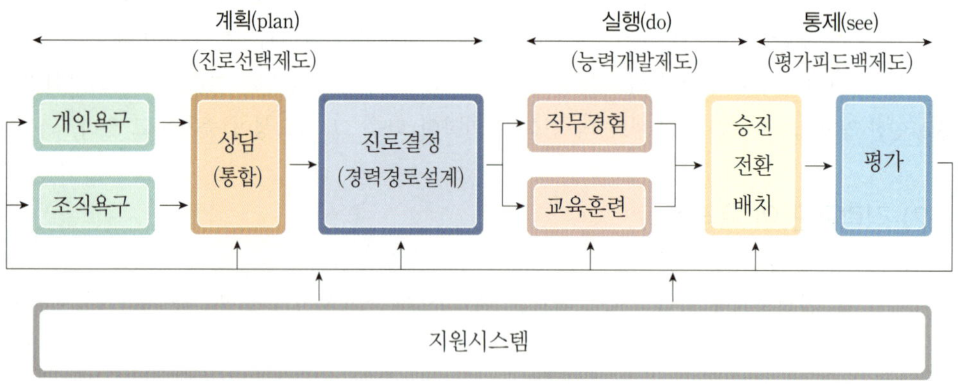

출처 : 최종태(2000), 수정인용

② 과정 : 개인차원의 경력관리과정

구성원의 개인적 차원에서 경력관리가 진행되는 과정은 경력탐색(나는 무엇을 하고 싶은지 파악), 경력 목표의 설정(HR분야의 전문가가 되는 것), 경력전략의 수립(대기업 인사실무자가 되어 대학원 진학), 경력전략의 실행 · 피드백 · 수정(대학원 진학을 포기하고 공인노무사 준비를 시작함), 경력의 평가(공인노무사로서의 삶에 대한 전반적 인식) 등의 순서로 이루어진다.

2) 경력계획 : 경력욕구의 파악 및 경력경로의 설계[50]

경력욕구(career needs)는 경력에 대한 관심(흥미, interest)과 가치관(values)의 총합이며, 개인차원과 조직차원으로 나누어 살펴볼 수 있다.

① 개인의 경력욕구

a. 리치의 연구내용 : 경력욕구의 형성과정에 초점

개인과 조직의 니즈(needs)가 균형을 이루어야 경력관리가 성공한다는 소위 '시소이론(Seesaw theory)'으로 유명한 리치(Leach)는 경력욕구의 형성과정을 원인변수(예 유전, 사회경제적 지위, 교육과 경험 등)와 매개변수(자기존중감, 경력자아개념 등), 그리고 결과변수(경력욕구) 간의 순차적 인과관계로 설명하였다.

b. 샤인의 연구내용 : 경력욕구의 유형화에 초점

샤인(Schein)은 MIT 경영대학원생들을 대상으로 경력변동사항을 추적한 연구에서 유년기에 형성된 인생지향점으로서의 경력욕구를 경력닻(career anchor)이라 표현하였다.[51] 샤인이 정리한 5개 경력닻에 드롱(Delong)의 후속연구[52] 내용을 추가한 8개의 경력욕구 유형은 다음과 같다.

- 관리지향 : 일반관리자가 되기를 희망하는 경력욕구로서 문제분석능력과 대인적 능력이 탁월한 사람이 이에 해당한다. (예 관리자)
- 전문능력 지향 : 특정 유형의 작업에 강한 재능을 가지고 있으며 직무 내용 그 자체에 큰 관심을 보인다. (예 연구자)
- 안전지향 : 직업안정과 고용안정에 대한 욕구가 커서 조직에 대한 몰입도와 충성심이 강하고 조직가치 · 규범에 대한 순응 정도가 크다. (예 관료)
- 사업가적 창의성 지향 : 신규조직이나 신제품의 창출을 희망하는 경력욕구로서, 부의 축적에 대한 강한 열망, 도전정신 등을 그 특징으로 한다. (예 사업가)
- 자율지향 : 자신의 재능에 기반하여 시간적 · 공간적 경계를 주도적으로 운영할 수 있는 일과 과업을 선호한다. (예 프리랜서)
- 봉사지향 : 보상 그 자체보다는 특정한 중요가치를 기준으로 자신의 이상을 펼칠 수 있는 직무를 선호한다. (예 의사, 교사)
- 도전지향 : 어렵고 도전적인 문제의 해결기회가 많이 주어지는 직무를 선호하고, 일상업무를 전투라 생각하여 승리를 최대의 목표로 삼는다. (예 운동선수)
- 라이프스타일 지향 : 자신의 전체적인 생활스타일과 잘 어울리는 경력을 중시하며, 개인사, 가족생활, 경력 모두를 통합하고자 한다. (특정한 지향점 없음)

c. 홀랜드의 연구내용 : 경력욕구와 성격의 관계에 초점[53)]

ⅰ. 성격모형

홀랜드(Holland)는 성격의 여러 측면 가운데 흥미(interest), 즉 선호나 관심사가 직업선택에 미치는 영향을 연구하였다. 그의 모델은 6가지 성격요인의 머리글자를 따서 RIASEC 모델이라 불린다.

RIASEC 모델은 성격유형을 업무과정에서 무엇을 주로 활용하는지(데이터 *vs.* 아이디어)의 여부와 업무수행의 지향점(사람 *vs.* 사물)에 따라 구분한다.

[홀랜드의 RIASEC 모델]

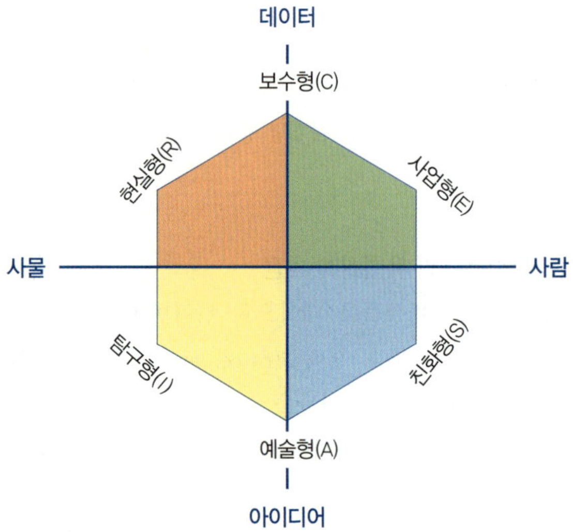

출처 : Colquitt et al.(2014), 수정인용

ⅱ. 성격과 경력욕구 및 직업의 관계

홀랜드의 RIASEC 성격모형은 개인의 성격 특징과 직무 환경 사이의 적합도(fit)를 중시한다. 홀랜드가 분류한 여섯 가지 성격유형과 관련된 직업은 다음과 같다.

- 현실형 : 기술과 체력을 바탕으로 한 육체적 활동을 선호하는 성격이다. (예 정비공)
- 탐구형 : 사고력과 이해력이 요구되는 활동을 선호하는 성격이다. (예 경제학자)
- 친화형 : 다른 사람을 도와주고 육성시키는 활동에 주력하는 성격이다. (예 사회운동가)
- 보수형 : 제도적 규제와 질서를 선호하는 성격이다. (예 회계사)
- 사업형 : 상대방에 대한 권력 지향적 활동을 선호하는 성격이다. (예 홍보전문가)
- 예술형 : 창조적이고 비체계적인 활동을 선호하는 성격이다. (예 음악가)

② 조직의 경력욕구[54)]

조직차원에서는 크게 다섯 단계를 통해 경력욕구를 수립하게 된다.

첫째, 향후의 경영전략을 토대로 기업의 목표성과를 파악한다.

둘째, 이러한 성과의 달성에 필요한 조직역량을 필요기술과 필요지식으로 나누어 탐색한다.

셋째, 전략의 수행을 위해 조직의 각 계층(경영층, 관리층, 작업층 등)별로 필요한 직무와 역할이 무엇인지 탐색한다.

넷째, 현재 기업이 보유하고 있는 인적자원의 역량을 파악한다.

다섯째, 필요한 역량과 현재 기업이 보유하고 있는 역량을 비교하여 그 부족분을 파악한다.

③ 경력경로의 설계[55)]

경력경로(career path)란 개인이 조직에서 경력을 쌓는 과정에서 그가 수행할 직무들의 배열을 말한다.

a. 일반적 경력경로 유형

일반적인 경력유형에는 i) 라인분야(예 생산운영, 마케팅 등)에서 승진하며 명령, 지휘, 통제 등의 활동을 주로 수행하는 관리직으로서의 경력경로(선형경력, linear career)와 ii) 전문적 스태프 분야(예 인사, 재무, 연구개발 등)에서 조언이나 자문 등의 활동을 주로 수행하는 전문직으로서의 경력경로(전문경력, expert career)가 있다.

[관리경력(左)과 전문경력(右)]

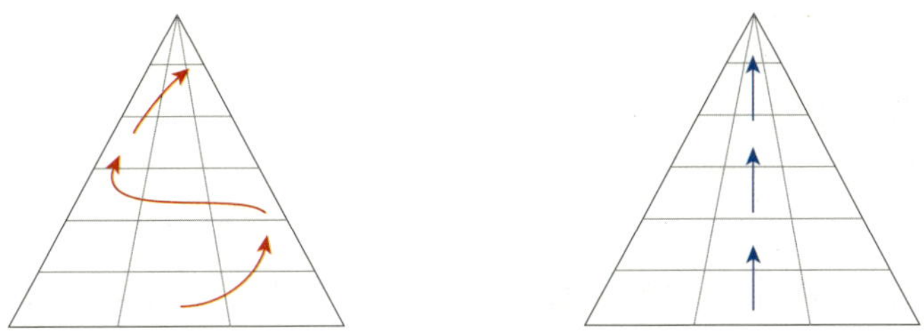

b. 이중경력경로(dual ladder career path)[56)]

i . 의의

전문직과 관리직을 종합적으로 육성하는 경력경로로서, 기업 내의 업무들을 책임과 권한의 유형에 따라 전문직과 관리직의 승진경로로 이원화한 것을 뜻한다. 이를 확장하여 여러 직군(job family) 간 이동을 보장하는 경우를 다중경력경로(multiple career path) 혹은 진로선택제도라 부르기도 한다.

ii . 도입배경

전문직렬의 종사자 다수는 경력 상한(career ceiling)에 도달하는 시간이 타 직군에 비해 짧은 경우가 많으므로 중기경력 이후 경력딜레마에 당면하기 쉽다. 이를 해결하기 위하여 조직이 복수의 경력경로를 설계하는 것이다.

iii. 도입 효과

이중경력제도는 관리자와 전문가 경로의 옵션 제공을 통해 구성원들에게 자아실현 기회를 부여한다.

- 전문직종 구성원에게는 전문가로서 능력발휘의 기회를 주어 조직 내에서의 장기적 발전방향을 제시함으로써 이직을 방지한다.
- 관리직종 구성원에게는 관리업무의 특수성에 맞는 능력배양의 기회를 부여함으로써 생산성과 효율성을 제고한다.

ⅳ. 문제점

그러나 이중경력제도는 그 제도의 특성에서 비롯되는 다음의 문제점들을 갖는다.

첫째, 전문직 경로와 관리직 경로 간 처우와 보상의 차별이 존재한다.

둘째, 전문직 경로에 남은 사람은 무능한 사람(dumping ground)이라는 인식이 팽배하다.

셋째, 전문직은 관리직에 비해 성과에 대한 부담이 더욱 크다.

ⅴ. 제도의 개선방향

- 조직적 차원의 노력 : 경력경로에 대한 충분한 정보를 제공하여 올바른 선택을 유도하고, 전문가 경로와 관리자 경로의 수평적 이동이 가능하도록 설계하며, 관리직과 전문직 간의 보상형평성을 제고해야 한다. 만약 경력경로를 전환한다면 멘토링과 교육프로그램을 통해 적응을 돕는다.
- 개인적 차원의 노력 : 구성원 본인이 자신의 경력 개발 방향에 대해 깊이 고민하고, 적극적으로 자신의 역량 개발에 힘쓴다.

c. 최근의 경력 개념[57]

ⅰ. 무경계경력(boundaryless career)

- 개념

  1990년대 이후 새롭게 등장한 개념으로서, 조직의 경계를 뛰어넘어서 경력계획을 설정하고 경력개발을 시도하는 경력경로를 의미한다.

- 경력개발에의 시사점

  첫째, 다른 조직으로의 움직임이 경력전개의 새로운 주안점이 된다.

  둘째, 무경계경력 시대에서 필요한 역량은 전통경력에서의 지식(know-why)뿐만 아니라 정보와 영향력을 제공하는 네트워크의 구축역량(know-whom)을 포함한다.

  셋째, 무경계경력에서는 개인이 경력가치판단과 의사결정에의 주체가 된다.

ⅱ. 프로티안 경력(protean career, 다변형 경력)

- 개념

  그리스 신화의 Proteus는 언제나 모양을 바꿀 수 있는 능력을 갖춘 신이므로, 다변형경력은 조직과 직무의 차원 모두를 변화시켜가는 경력개념을 의미한다.

- 경력개발에의 시사점

  첫째, 프로티안 경력의 가장 중요한 시사점은 경력개발의 주체가 기업조직이 아니라 개인의 노력에 달려있음을 강조한다는 것이다. 즉 개인주도형 개발을 중시한다.

  둘째, 다변형경력에서는 경력개발의 성공여부를 판단하는 기준을 개인의 가치관에 둔다.

셋째, 자기주도적 학습능력(learn-how)이 중시된다.

넷째, 조직 내에서의 나(work-self)보다 본연의 나(whole-self) 개념이 중요시된다.

iii. **맞벌이부부 경력**(dual-career)

• 개념

맞벌이부부 경력 혹은 이중경력은 부부의 경력개발을 함께 고려하면서 경력계획을 수립해야 함을 의미하는 개념이다.

• 경력개발에의 시사점

첫째, 기업은 자녀의 육아와 교육에 대한 부담을 부부가 어떻게 나눌 것인가에 따라 남편과 아내의 경력경로가 달라질 수 있음에 유의해야 한다.

둘째, 기업 내에서 직무재배치나 승진에 따른 근무지 이동을 관리하는 과정에서 부부의 입장을 고려해야 한다.

iv. **포트폴리오 경력**(portfolio career)

특정 조직에서의 어느 한 역할에 구속되지 않고 자유롭게 여러 가지 일을 하는 프리랜서 작가와 같이 자율성, 높은 임금, 다양한 스킬의 축적 등을 동시에 추구하는 경력경로이다.

3) 경력실행[58)]

레비슨, 샤인, 홀 등의 학자들에 따르면 인간의 생애주기와 경력개발단계를 관련시켜 초기-중기-후기단계로 경력단계를 구분한다.

[홀의 경력단계모형]

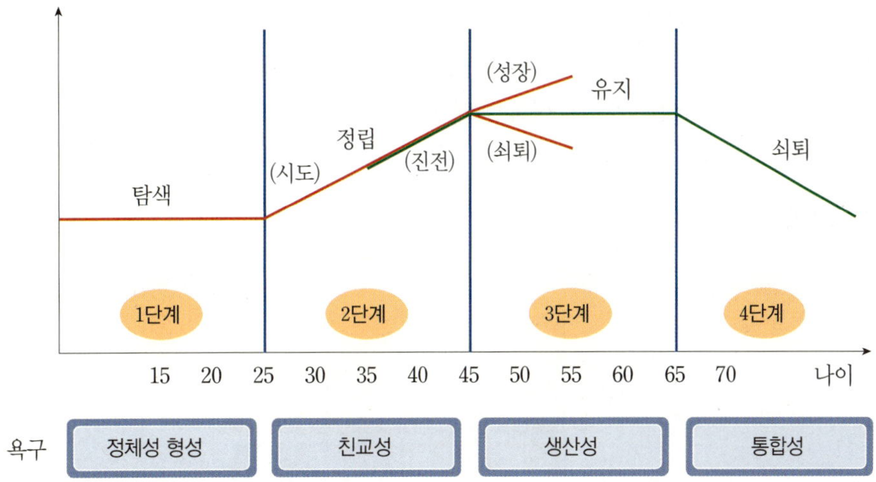

① 초기경력관리

직무역량과 전문성을 키워나가는 단계로서, 신입사원으로서의 조직사회화와 역량개발을 위하여 체계적인 입직교육(오리엔테이션)과 상사 및 동료로부터의 피드백이 필요하다.

② 중기경력관리

승진한계와 능력진부화 및 진로변경이라는 3대 이슈에 직면하는 시기로서, 종업원 입장에서는 냉철한 자기평가와 목표재정립 및 실직대비계획 수립 등이 필요하며, 조직적으로는 유연성 있는 경력이동기회와 직무능력개선기회의 제공과 멘토링을 비롯한 각종 교육훈련 및 보상시스템의 확충이 필요하다.

③ 후기경력관리

이 시기에는 가교고용(bridge employment, 새로운 직장에 다닐 수 있도록 돕는 경력관리)과 아웃플레이스먼트(outplacement, 전직지원제도) 제도의 운용이 경력관리의 핵심이 된다.

4) 경력정체현상과 그 극복방안[59)]

① 경력정체의 의의

경력정체는 생애경력단계에서 어느 정도 안정된 위치를 획득한 개인이 조직생활에 대한 불만족과 성장욕구의 좌절 등을 경험함으로써 높은 지위로의 승진에 대한 의욕을 상실하는 현상이다.

경력정체는 상위직위의 부족으로 인하여 발생하는 객관적 정체(직급상승의 정지로 인한 '구조적 경력정체의 99% 원칙[60)]')와 직무의 내용이나 난이도 등으로 인한 주관적 정체(경력상승욕구의 좌절)를 모두 포함한다.

② 경력정체 인력의 유형

경력정체기에 접어든 종업원들이 보여주는 반응유형은 구성원이 현상을 파악하는 방식(사실형 *vs.* 왜곡형)과 행동특성(능동형 *vs.* 수동형)에 따라 이상형, 방어형, 성과미달형, 절망형의 네 가지로 요약할 수 있다.

[경력정체 인력의 유형]

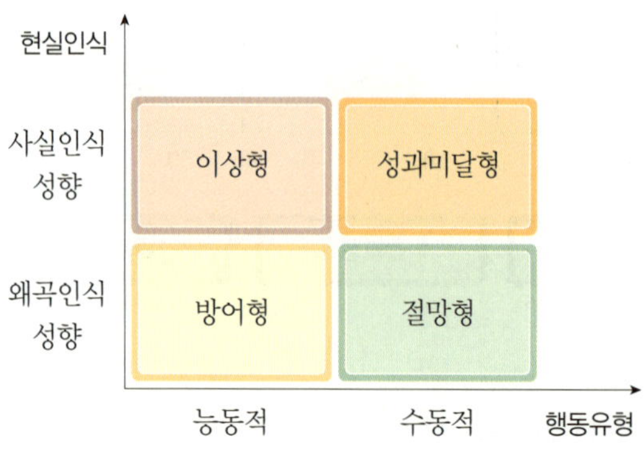

출처 : 박경규(2016), p.360

a. 이상형 경력정체(사실적 인식, 능동적 특성)

경력정체에 대한 책임이 본인에게 있다고 믿고(사실적 인식) 주어진 상황에서 조직과 자신에 대해 최선을 다해 노력하는 모습(능동적 특성)을 보여주는 유형이다.

b. 방어형 경력정체(왜곡적 인식, 능동적 특성)

경력정체의 원인을 조직에 귀인하는 경향이 있으며(왜곡적 인식) 타인을 비난하고 조직에 대해 부정적인 행동을 과감히 하는(능동적 특성) 유형이다.

c. 성과미달형 경력정체(사실적 인식, 수동적 특성)

경력정체의 책임이 본인에게 있다고 믿지만(사실적 인식), 조직에 대해 별다른 대응을 하지 않고 현실에 안주하려는 자세(수동적 특성)를 보이는 유형이다.

d. 절망형 경력정체(왜곡적 인식, 수동적 특성)

경력정체의 원인을 조직에 돌리는(왜곡적 인식) 동시에, 현실에 대해 절망감과 무기력함을 가지는(수동적 특성) 유형이다.

③ 경력정체의 관리방안

a. 개인적 원인에 의한 경력정체의 관리방안

ⅰ. 직무재설계

허쯔버그의 2요인 이론과 직무특성이론에 근거하여 자율성과 책임감을 느낄 수 있도록 직무를 수평적, 수직적으로 확대하거나 다른 직무로 전환을 시켜주는 방법이다.

ⅱ. 경력관리 프로그램(CDP, career development program)의 개선

개인이 직무에 흥미를 가지고 기업에 대한 몰입도를 높여주기 위해서 경력상담이나 워크숍, 멘토링 등을 통하여 종업원의 성장욕구를 충족시켜 주는 방법이다.

b. 조직적 원인에 의한 경력정체의 관리방안

ⅰ. 성장전략의 개선

기업의 규모 확대와 수익 창출에 도움이 되는 성장전략이 수립된다면 개인의 승진과 경력기회도 보장될 수 있다. 이는 경력정체 극복의 궁극적인 대안인 동시에 가장 어려운 방법이기도 하다.

ⅱ. 이중경력제도(또는 진로선택제도)의 도입

관리직과 전문직으로 조직경력경로를 이중화하여 조직구성원의 욕구에 따라 경력경로를 선택할 수 있게 한다.

ⅲ. 직능자격제도의 도입

조직의 제한된 승진기회에 비하여 구성원들이 보유한 역량수준이 높을 경우, 그들의 경력정

체를 막기 위해 자격승진을 실시한다.

5) 경력관리의 평가

경력관리는 다음과 같은 내용들을 중심으로 평가할 수 있다.

첫째, 경력성과(career performance)의 검토이다. 이는 기업이 도입한 경력개발 프로그램으로 인해 발생한 종업원의 능력, 기능, 보상 등의 증가를 측정하는 것이다.

둘째, 경력태도(career attitude)의 검토이다. 종업원이 기업의 경력개발 프로그램을 성장욕구 충족 및 능력향상에 기여할 것으로 인식한다면 그 기업의 경력관리는 비교적 성공적인 것이다.

셋째, 기업이 도입한 경력관리 프로그램이 개인과 조직의 목표를 일치시켜 조직 내 협동시스템을 구축하는데 어느 정도 기여했는지 평가한다.

넷째, 경력관리 프로그램이 기업의 미래 인력 확보 및 배치의 유연성에 어느 정도 기여하였는지를 평가한다.

1) 박경규(2016), 『신인사관리』(제6판), 서울 : 홍문사

2) Lombardo, M. M., & Eichinger, R. W. (1996). *The Career Architect Development Planner* (1st ed.). Minneapolis : Lominger.

3) Williamson, O. E. (1975). *Markets and Hierarchies : Analysis and antitrust implications*. NY : Free Press
Walker, G., & Weber, B. (1984). A transaction cost approach to make or buy decisions. *Administrative Science Quarterly*, 29, 373~391.

4) 김성국(2012), 『인적자원관리 5.0』, 서울 : 탑북스

5) 임창희(2014), 『인적자원관리』(제3판), 서울 : 비앤엠북스, pp.151~154.
박경규, 전게서.

6) 박경규, 전게서, pp.303~309.

7) 이학종 · 양혁승(2012), 『전략적 인적자원관리』(제2판), 서울 : 오래, pp.417~419.

8) 임창희(2013), 『조직행동』(제5판), 서울 : 비앤엠북스, pp.74~75.
Spencer, L. M., & Spencer, S. M. (1993). Competence at work : *Model for superior performance*. New York, NY : Wiley & Sons.

9) Robbins, S. P., & Judge, T. A. (2013). *Organizational Behavior* (15th ed.). Upper Saddle River, NJ : Prentice Hall.

10) 김영재 등, 전게서.

11) 전상길(2020), 『창조경영을 위한 인적자원관리, 길을 묻다』(제2판), 하남 : 창명, pp.319.
Launder, J. (2007). Training and transfer of learning : International dimensions, In F. Analoui (Eds.), *Human Resource Management Issues in Developing Countries*. UK : Ashgate, p.112.

12) 이진규(2001), 『전략적 · 윤리적 인사관리』, 서울 : 박영사

13) Chang, J., Chang. W., & Jacobs, R. (2009). Relationship between participation in communities of practice and organizational socialization in the early careers of South Korean IT employees, *Human Resource Development International*, 12(4), 407~427.

14) 황규대(2007), 『경쟁우위 달성을 위한 전략적 인적자원관리』, 서울 : 박영사, pp.164~165.

15) Noe, R. A., Hollenbeck, J. R., Gerhart, B., & Wright, P. M. (2018). *Fundamentals of human resource management*. (7th ed.). New York, NY : McGraw-Hill/Irwin.

16) Noe, R. A., Hollenbeck, J. R., Gerhart, B., & Wright, P. M. (2013). *Fundamentals of human resource management*. (5th ed.). New York, NY : McGraw-Hill/Irwin.
한인수(2014), 『현대인적자원관리』(제3판), 서울 : 명경사

17) 박경규, 전게서, pp.315~316.

18) 박경규, 전게서, pp.317~325.

19) Katz, R. L. (1955). Skills of an effective administrator. *Harvard Business Review*, Jan-Feb, 34~42.

20) 유민봉 · 임도빈(2016), 『인사행정론 : 정부경쟁력의 관점에서』(제4판), 서울 : 박영사
윤재풍(2014), 『조직론』, 서울 : 대영문화사

21) 김영재 등, 전게서.

22) 이홍민 등(2009), 전게서, p.488.

23) Ulrich, D., Losey, M. R., & Lake, G. (1997). *Tomorrow's HR management : 48 thought leaders call for change.* John Wiley & Sons.

24) 김정인(2018), 『인간과 조직 : 현재와 미래』(제2판), 서울 : 박영사, pp.152~155.
서영태 · 봉현철(2008), "액션러닝 프로그램의 유형분류와 유형별 특징에 관한 연구", 「경상논총」, 26(2), pp.83~115.
Marquardt, M. J. (1999). *Action learning in action.* Palo Alto, CA : Davies-Black.

25) Marquardt, *Op Cit.*

26) 유영만(1995), 『지식경제시대의 학습조직 : 한국기업의 학습조직 구축 방안』, 서울 : 삼성인력개발원

27) 김영재 등, 전게서.

28) 주영주(2005), "면대면과 e-learning이 만나 효과 극대화", 에듀넷 가을호, 한국교육학술정보

29) 오인경(2004), "Blended Learning의 실시 현황 분석 : 국내 현황 및 외국과의 비교", 「기업교육연구」, 6(1), pp.41~62.

30) 박경규, 전게서, p.327.

31) 박경규, 전게서, pp.327~338.

32) 김영재 · 김성국 · 김강식(2011), 『신인적자원관리(제2판)』, 서울 : 탑북스, pp.335~345.

33) 이학종 · 양혁승(2012), 『전략적 인적자원관리』(제2판), 서울 : 오래, p.415. ; Russ-Eft, D. F., & Zenger, J. H. (1985). Common mistakes in evaluating training effectiveness, Personnel Administration, 40, pp.455~488.

34) 오석홍(2016), 『인사행정론』(제8판), 서울 : 박영사, pp.297~298.

35) Noe et al.(2018), *Op Cit.*

36) 김영재 · 김성국 · 김강식(2015), 『신인적자원관리』(제3판), 서울 : 탑북스, pp.301~305.

37) 김영재 · 김성국 · 김강식(2011), 『신인적자원관리』(제2판), 서울 : 탑북스, pp.360~362.
이 내용은 이 책의 제3판 이후로는 삭제되었으나, 인적자원개발 프로그램의 이해에 도움이 될 것으로 판단하여 본 교재에 수록하였다.

38) 김식현(1999), 『인사관리론』, 서울 : 무역경영사, p.265.

39) 배종석(2012), 『인적자원론』(제2판), 서울 : 홍문사

40) 김영재 등, 전게서 ; 박경규, 전게서 ; 임창희(2014), 『인적자원관리』(제3판), 서울 : 비앤엠북스, pp.225~226.

41) 최종태(2000), 『현대인사관리론』(전정판), 서울 : 박영사, pp.366~367.

42) 박경규, 전게서, pp.373~377.

43) Ng, T. W. H., & Feldman, D. C. 2010. Organizational tenure and job performance.
Journal of Management, 36, 1220~1550.
최중락(2024), *Time and performance in organization*, 서울대학교 박사학위논문

44) Sturman, M. C. 2003. Searching for the inverted U-shaped relationship between time and performance : Meta-analyses of the experience/performance, tenure/performance, and age/performance relationships. *Journal of Management*, 29 : 609~640.

45) 최종태, 전게서, p.368.

46) 김식현, 전게서 ; 박경규, 전게서.

47) 최종태, 전게서 ; Snell, S. A., Bohlander, G. W. (2011). *Managing human resources.* Cengage Learning.

48) 박경규, 전게서, p.342.

49) 김영재 등, 전게서 ; 최종태, 전게서.

50) 박경규, 전게서, pp.344~354.

51) Schein, E. H. (1975). How career anchors hold executive to their career path. *Personnel*, May-June, 11~24.

52) Delong, T. J. (1982). Reexamining the career anchor model. *Personnel*, May-June, 50~61.

53) Robbins, S. P., & Judge, T. A. (2015). *Organizational behavior* (16th ed.). Upper Saddle River, NJ : Prentice Hall.
Colquitt, J. A., LePine, J. A., & Wesson, M. J. (2014). *Organizational behavior : Improving performance and commitment in the workplace* (4th ed.). McGraw-Hill.
Holland, J. L. (1973). *Making vocational choices : A theory of careers*. Englewood Cliffs, NJ : Prentice-Hall.

54) 박경규, 전게서, pp.350~352.

55) 박경규, 전게서 ; 황규대, 전게서.
한인수(2014), 『현대인적자원관리』(제3판), 서울 : 명경사

56) 최종태(2000), 『현대인사관리론』(전정판), 서울 : 박영사
한인수(2001), "국내 연구기관에서의 연구전문직제도의 성공적 정착을 위한 조건에 관한 연구", 「인적자원개발연구」, 제3권 제1호, pp.99~122.

57) 권석균 · 이병철 · 양재완(2017), 『지속가능 성장을 위한 인적자원관리』, 서울 : 시대가치, pp.257~261.

58) 김영재 등, 전게서 ; 박경규, 전게서 ; 최종태, 전게서.

59) 최종태, 전게서 ; 박경규, 전게서, pp.358~361.

60) Bardwick, J. M. (1986). *The Plateauing trap : How to avoid today's career dilemma*. Bantam Books.

CHAPTER 5
평가관리

단원개요

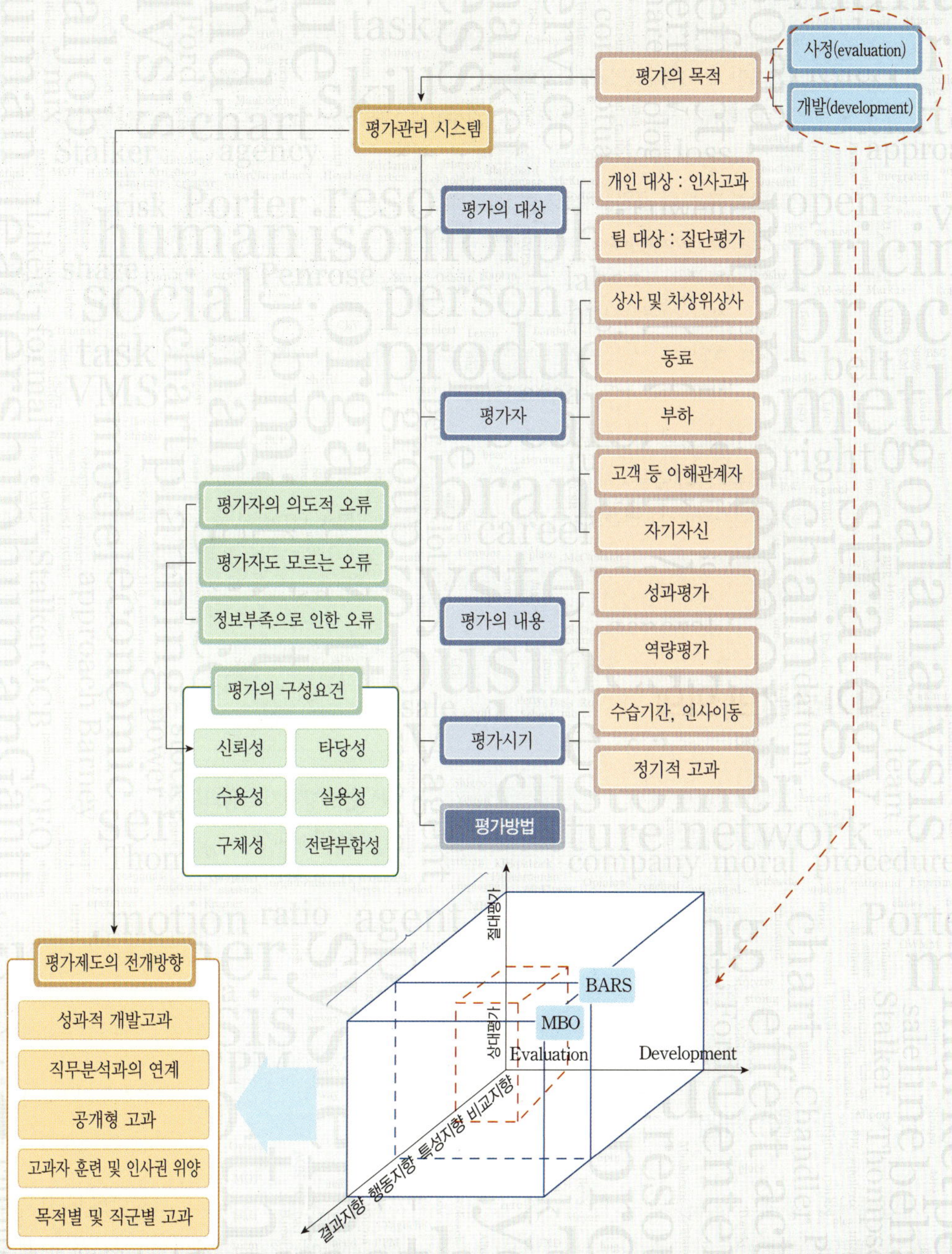

평가의 목적
사정(evaluation)
개발(development)
평가관리 시스템
평가의 대상
개인 대상 : 인사고과
팀 대상 : 집단평가
평가자
상사 및 차상위상사
동료
부하
고객 등 이해관계자
자기자신
평가의 내용
성과평가
역량평가
평가시기
수습기간, 인사이동
정기적 고과
평가방법
평가자의 의도적 오류
평가자도 모르는 오류
정보부족으로 인한 오류
평가의 구성요건
신뢰성
타당성
수용성
실용성
구체성
전략부합성
평가제도의 전개방향
성과적 개발고과
직무분석과의 연계
공개형 고과
고과자 훈련 및 인사권 위양
목적별 및 직군별 고과
절대평가
상대평가
BARS
MBO
Evaluation
Development
결과지향 행동지향 특성지향 비교지향

제1절 평가관리의 일반이론

MANAGING HUMAN RESOURCE AND INDUSTRIAL RELATIONS

(1998년) 제7회 공인노무사시험

인사고과 과정에서 발생하는 고과자 오류의 내용과 해소방안을 약술하라. (25점)

(2004년) 제13회 공인노무사시험

인사고과방법 중 전통적 특성중심 인사고과, 행위중심 인사고과, 결과중심 인사고과의 신뢰성과 타당성을 약술하라. (25점)

(2019년) 제28회 공인노무사시험

성과관리(performance management)에 관한 다음 물음에 답하시오. (50점)

물음 1) 성과관리의 목적 3가지와 효과적인 성과관리 운영을 위한 기준 5가지에 관하여 각각 설명하시오. (20점)

물음 2) 효과적인 성과관리를 위한 프로세스, 평가자의 역할, 평가결과의 활용방안에 관하여 각각 논하시오. (30점)

(2024년) 제33회 공인노무사시험

평가오류의 개념을 설명하고, 평가오류의 유형 중에서 관대화 경향(오류)[leniency tendency(error)], 편견(bias), 대비(대조)오류[contrast error(s)]를 각각 비교 설명하시오. (25점)

|1| 평가관리의 의의

1) 평가관리의 개념
2) 평가의 최근 경향 : 성과관리
3) 인사평가의 목적
   ① 전략적 목적
   ② 관리적 목적
   ③ 개발적 목적
4) 인사평가시스템의 구성
   ① 평가대상
   ② 평가내용과 평가방법
   ③ 평가자(고과자)
   ④ 평가시기

1) 평가관리의 개념

기업에서의 통제(control)는 크게 거시적 측면과 미시적 측면으로 나누어 시행된다.[1] 거시적 통제는 재무적 · 전략적 지표를 활용한 사업부(부문, department)에 대한 평가이고, 미시적 통제는 개인과 팀의 평가로서, 인사평가는 미시적 통제에 해당한다.

평가관리란 종업원의 능력(잠재력 포함)과 태도 및 업적을 조직효과성의 관점에서 체계적으로 검토 · 분석하는 인사기능에 대한 제반 관리과정을 말한다.

2) 평가의 최근 경향 : 성과관리[2)]

① 등장배경 및 의의

최근에는 직무담당자의 성과를 평가함과 동시에 그가 지닌 잠재력과 개발가능성에 초점을 두어서 평가를 구성원에 대한 동기부여의 수단으로 활용하는 동시에 목표 달성을 위한 종합적인 통제의 한 과정으로 활용하고 있다. 이러한 관점에서 최근에는 '평가관리'라는 용어 대신 성과관리(performance management)라는 용어를 사용하는 경향이 있다.

② 절차

a. 성과측정요소의 규명 : 무엇을 성과로 보고 측정할 것인지에 결정한다.

b. 인사고과(performance appraisal)의 수행 : 평가 및 판단을 실시하는 과정이다.

c. 성과피드백의 제공 : 인사고과 결과를 다양한 의사결정(예 교육훈련, 보상지급)에 활용하는 동시에, 피평가자의 수용성을 높이기 위한 상담을 병행한다.[3)]

③ 구성요소

성과관리는 개인의 특성(attribute), 행위(behavior), 결과(result)로 구성되며, 이는 각각 업무수행의 투입, 과정, 산출에 해당한다.

3) 인사평가의 목적

① 전략적 목적(administrative purpose)

인사평가는 개인과 팀의 활동들이 조직목표와 전략적 방향에 연계되고 있는지를 확인할 수 있는 도구이다.

② 관리적 목적(administrative/evaluating purpose)

이는 인사관리시스템의 한 하위요소로서 평가관리가 갖는 피드백 루프(feedback loop) 기능이라 할 수 있다.[4)] 인사평가를 통해 조직은 구성원(또는 구성집단)의 상대적 가치를 판단함으로써 인사기능(예 선발)의 타당성을 측정 · 검토할 수 있고, 인력감축이 필요한 경우 근거를 마련할 수 있다.

③ **개발적 목적**(developmental purpose)

인사평가는 인적자원개발을 위한 계획활동으로서의 역할을 수행한다. 종업원의 능력과 업적에 대한 합리적 판단결과는 중 · 장기적 인력개발에 필요한 양적 · 질적 자료로서 각종 개발계획 수립에 활용된다.

4) 인사평가시스템의 구성[5)]

① **평가대상**

일반적으로 인사평가는 종업원 개인을 대상으로 하는 인사고과(performance appraisal)와 집단 또는 팀을 대상으로 하는 집단평가, 조직 전체를 대상으로 하는 조직평가로 구성된다.

② **평가내용과 평가방법**

평가의 내용은 구성원의 특성, 구성원의 행동, 구성원의 업무성과 등의 3가지이다. 앞의 둘은 주로 평가대상의 역량과 관련이 깊으며 마지막의 업무성과는 평가대상의 업적과 관련이 깊다.

③ **평가자(고과자)**

a. **평가자의 역할**

ⅰ. **평가피드백의 제공**[6)]

평가의 가장 중요한 역할 중 하나는 피평가자에 대한 평가피드백의 제공이라 할 수 있다. 데시(Deci)의 인지평가이론(cognitive evaluation theory)에 의하면 고과피드백이 통제정보(controlling information)를 포함하면 내재적 동기수준은 감소하며, 역량정보(competence information)를 포함하는 피드백이 주어지면 내재적 동기수준은 향상된다.

ⅱ. **평가목표의 수립**

평가자는 피평가자의 성과목표 및 추진계획을 피평가자와 함께 수립하여야 한다. 설정된 목표는 성과평가의 기준이 되므로 반드시 평가자와 피평가자 간의 합의가 필요하다.

ⅲ. **지속적 소통과 면밀한 관찰**

평가자는 피평가자와의 지속적인 소통을 통해 추진계획의 진행상황과 어려움을 수시로 파악하고 피평가자의 업무수행과정과 결과를 면밀히 기록하여야 한다.

ⅳ. **공정한 측정과 평가**

평가자는 자신도 모르는 사이 여러 평가오류(appraisal error)를 범할 수 있다. 이런 오류를 방지하기 위해 평가자는 피평가자의 특성, 행동, 업적 등의 제 측면을 꼼꼼히 검토하여 공정하고 객관적으로 평가하여야 한다.

b. 평가주체별 장점과 단점[7)]

ⅰ. 상사에 의한 평가

- 장점 : 직속상사가 평가하는 경우 피평가자의 현재능력과 작업행동 및 성과에 대해서는 관찰과 업무지시를 통해 많은 양의 정보를 가지고 있다는 장점이 있다.
- 단점 : 부하인 피평가자의 잠재능력 및 적성에 대해서는 해당직무와 관련이 있는 범위 이외에는 알기가 쉽지 않다. 또한 2차 평가자의 경우, 관할범위가 넓어지므로 피평가자를 직속상사보다 정확하게 평가하기가 사실상 어렵다.

ⅱ. 동료에 의한 평가

- 장점 : 동료 간에는 상사나 직무에 대해서 솔직한 모습을 드러내는 경우가 많기에 직무태도를 가장 정확하게 평가할 수 있다.
- 단점 : 그러나 동료직원 자체가 피평가자와 비슷한 수준이므로 능력이나 성과를 판단하기는 어렵다는 한계가 있다.

ⅲ. 부하직원에 의한 평가

- 장점 : 부하가 상사를 평가하는 경우에는 상사의 리더십에 대한 정보를 구체적으로 확인할 수 있다.
- 단점 : 상급자에 대한 부정적인 견해를 밝히기 꺼려하는 부하들의 성향상 상사에 대한 평가점수가 비정상적으로 높을 수 있고, 상사 입장에서도 좋은 평가를 받기 위한 인기관리에 치중할 수 있다.

ⅳ. 자기 자신에 의한 평가

- 장점 : 피평가자 본인은 평가내용 대부분에 관하여 가장 정확한 정보를 갖고 있다.
- 단점 : 자신에 대해서는 대개 사실보다 과장되게 평가하는 경향이 있다. 또한 자기보호오류(self-serving bias)도 발생할 수 있다.

ⅴ. 기타 평가주체

외부전문가(컨설턴트, 대학교수 등)가 평가에 참여하는 경우에는 표준화된 테스트나 면접을 통해 잠재능력과 적성을 파악하는 것이 용이하다. 고객이 평가자인 경우에는 작업행동의 친절성 등을 확인할 수 있다.

④ 평가시기

인사평가의 실시시기는 일반적으로 ⅰ) 종업원의 수습기간이 끝날 무렵, ⅱ) 상사가 인사이동을 앞두었을 때, ⅲ) 정기적으로 연간 또는 분기나 반기마다 실시하는 경우가 대부분이다.

| 2 | 평가의 구성요건

인사평가제도가 전략적, 개발적, 관리적 목적을 제대로 수행하는 동시에 사회적인 정당성(legitimacy)을 얻기 위해서는 신뢰성, 타당성, 수용성, 실용성을 충족해야 한다.

1) 신뢰성(reliability)과 평가오류

① 신뢰성의 의의

측정과 평가의 일관성(consistency)과 안정성(stability)을 의미한다. 만약 동일한 평가대상에 대해 측정시점마다, 그리고 평가자(측정자)마다 각기 다른 평가결과가 도출된다면 인사평가의 신뢰성은 낮아질 것이다. 신뢰성은 다양한 평가오류(appraisal error)들에 의해 영향을 받을 수 있으므로 평가자는 이를 줄이기 위하여 노력해야 한다.

② 평가오류의 내용[8]

a. 평가자의 의도적인 주관적 평가

ⅰ. 항상오류(constant error)

평가자의 개인적 성향에 근거하여 항상 규칙적으로 발생하는 오류를 말한다. 점수의 분배시 발생한다고 하여 분배적 오류(distributional error)라 하기도 한다.

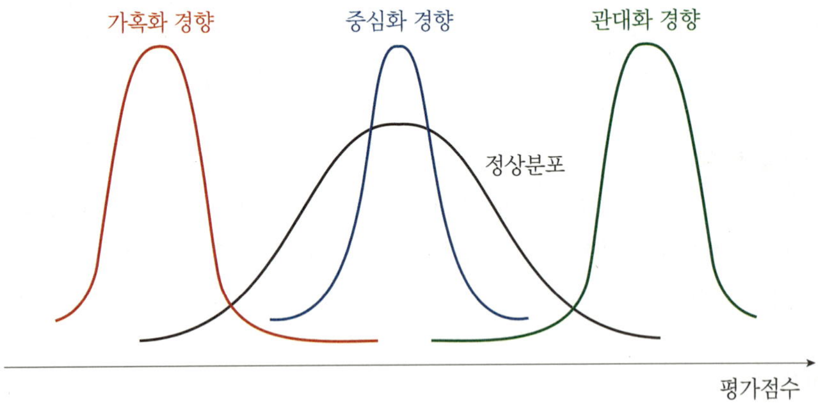

- 관대화 경향(leniency tendency)은 실제 능력이나 성과보다 더 높게 평가하려는 경향으로서, 과소평가시의 위험이 과대평가시의 위험보다 훨씬 크거나 평가대상에 대한 정보가 부족할 때 주로 발생한다.
- 가혹화 경향(harsh tendency)은 실제 능력이나 성과보다 더 낮게 평가하려는 경향으로서, 평가자의 기대수준이 매우 높거나 과소평가시의 위험이 과대평가시의 위험보다 훨씬 낮을 때(예 평가의 변별력이 필요한 경우) 주로 발생한다.

• 중심화 경향(central tendency)은 평가척도(기준)가 가지는 범위의 중간 정도에 피평가자를 두려는 경향으로서, 평가자가 평가방식을 잘 모르거나 평가능력이 부족할 때, 또는 평가방식에 대하여 불만이 있거나 과소평가 · 과대평가 모두에 대한 위험부담이 크다고 판단될 때 주로 발생한다.

ii. **상동오류**(stereotypin, 고정관념, 편견)

특정한 집단유형(종교, 성별, 인종, 지역 등)에 대해 가지고 있는 편견에 근거하여 발생하는 오류를 말한다.

이를 극복하기 위해서는 평가자 스스로 객관적 시각을 갖추기 위해 노력하는 동시에, 다른 평가자와 함께 평가를 수행함으로써 스스로의 시각을 비교해 볼 필요가 있다.

iii. **균형효과**(balance effect, 평균화 오류)[9]

평가자가 개별적인 피평가자의 역량이나 실적보다는 전체 피평가자 집단에서의 균형을 유지하려고 하는 오류이다.

iv. **연공오류**(seniority error)

피평가자의 연공적 속성인 연령, 학력, 근속연수가 평가결과에 영향을 미치는 것을 말한다. 이는 문화에 따라 그 경향이 달리 나타나는 데, 우리나라에서는 연장자를 우대하지만 서구에서는 그렇지 않다.

b. 평가자 자신이 인지하지 못하는 오류

i. **후광효과**(halo effect)

평가자가 피평가자의 어느 한 특징으로 전체를 평가해버리는 경향을 말한다. 영어 성적이 뛰어난 사람의 성실성이나 업무수행능력에 대해 좋은 인상을 갖게 되는 경우나, 외모를 보고 성격까지 추론하는 것 등이 이에 해당한다. 만약 후광효과가 반대로 작용하는 경우에는 이를 뿔 효과(horn effect)라 한다.

ii. **시간적 오류**(recency effect)

상대적으로 최근에 겪은 사건이나 항목에 대한 기억이 그렇지 않은 기억보다 더 쉽게 평가자의 입장에서 활용될 수 있음을 의미한다.

iii. **최초효과**(primary effect)[10]

평가에서 처음으로 인지한 정보나 행동이 이후의 평가에 지속적으로 영향을 미치는 것이다. 일종의 첫인상효과로서, 최초평가시에 형성되는 인식틀(frame of cognition)이 평가기준으로 작용한다.

iv. **상관편견**(correlational bias)

평가자가 여러 평가항목들의 의미를 정확히 인지하지 못하여 항목 간 평가점수를 유사하거나 동일하게 책정하는 경우를 뜻한다.

[상관편견의 예]

	甲	乙	丙	丁
책임감	C	A	B	A
성실성	C	A	B	A
기획력	B	C	C	B
창의력	B	C	C	B
실천력	C	A	B	C

v. 대비오류(contrast error)

특정한 피평가자가 순서상 다음에 평가되는 피평가자의 평가에 영향을 미치는 경우를 지칭한다.

vi. 유사성 오류(similar-to-me error)

평가자 자신이 스스로와 가치관, 행동, 태도, 속성 등이 비슷한 평가대상에게 더 후하거나 더 박한 평가를 하는 것을 말한다.

c. 정보의 부족으로 인한 오류

i. 중심화 경향

평가자가 피평가자나 평가기준에 대한 지식이 부족할 경우 평가척도(기준)가 가지는 범위의 중간 정도에 피평가자를 두려는 경향이 생긴다.

ii. 귀인과정오류(error of attribution process)[11]

피평가자의 행동 원인을 잘못 판단하는 오류를 뜻한다. 만약 내적귀인(internal attribution)해야 할 상황에 외적귀인(external attribution)을 한다든지 또는 그 반대의 상황이 발생하면 이를 귀인과정오류라 한다.

iii. 2차 평가자 오류

통상 우리나라에서는 직속상사뿐만 아니라 차상위상사(상사의 상사, 2차 평가자)의 평가내용을 합산하는 것이 관례인데, 이 과정에서 차상위상사가 갖는 인지범위의 한계로 인하여 자신이 인지하는 특수한 몇몇 사례에 국한된 성급한 일반화를 할 가능성이 크다.

③ 평가오류의 극복방안[12]

평가오류의 개선에 가장 중요한 것은 바로 평가자의 자질 개선이다. 이를 위하여 평가자에게 훈련을 제공하거나 평가자가 제대로 평가하는지를 평가할 필요가 있다.

a. 오류유형별 극복방안

i. 평가자의 의도적인 주관적 평가의 극복

이러한 유형의 오류들을 줄이려면 평가자의 의도가 상대적으로 덜 개입할 수 있는 평가방법을 사용하도록 유도할 필요가 있다. 이를테면 상대평가법을 사용할 경우 항상오류를 감소시킬 수 있다.

ii. 평가자 자신이 인지하지 못하는 오류의 극복

이러한 유형의 오류를 줄이기 위해서는 평가방식의 개선과 아울러 평가자에 대한 교육(rater training)이 필요하다. 평가자가 평가오류의 발생원인과 대책을 학습할 경우 그 오류의 수정에 대체로 협조할 가능성이 높다.

iii. 정보 부족으로 인한 오류의 극복

이러한 유형의 오류들은 평가자가 필요로 하는 정보가 충분히 제공되거나, 평가자가 인지 가능한 만큼의 평가범위를 설정하는 등의 방식으로 해결될 필요가 있다.

b. 평가자 훈련

i. RET(rater error training)

평가자가 관대화, 가혹화, 중심화 등의 오류에 빠지지 않도록 일깨우는 훈련이다.

ii. FOR(frame-of-reference) training

평가자들에게 본보기로 삼을 수 있는 평가 실례를 제시하는 교육훈련이다. 이 과정을 통해 바람직한 평가의 내용이 사내에 공유된다.

iii. 정보처리접근(information processing approach)

평가자가 가진 인지적 한계(예 판단오류, 기억의 불완전)를 효과적으로 극복할 수 있도록 돕는 훈련이다. 필요사항을 관찰하는 훈련(observation training), 의사결정 훈련(decision-making training) 등이 이에 속한다.

c. 평가자에 대한 피드백 제공

평가를 잘하도록 하는 가장 좋은 방법은 평가 자체를 평가하는 것이다. 평가자가 평가에 대한 피드백을 받게 될 경우 보다 정확한 판단을 내리기 위해 노력할 것이다.

④ 신뢰성의 증진방안

a. 평가오류감소를 위한 상대평가와 절대평가의 적절한 사용

평가목적에 따라 상대평가(항상오류 방지 목적)와 절대평가(개발목적)를 알맞게 선택 · 배합하여 사용할 필요가 있다. 예를 들어 교육훈련의 필요성(needs)을 파악하기 위해서는 절대평가를, 승진대상자 선정을 위해서는 상대평가를 사용하는 것이 좋다.

b. 평가결과의 공개

평가결과를 피평가자에게 피드백하면, 그 평가가 정실이나 연고에 따라 편파적으로 행해지지 않았음을 어느 정도 입증하는 셈이다.

c. 다면평가

여러 사람이 평가한 점수들 가운데 최고점과 최하점을 뺀 나머지 점수를 합산하여 사용한다면 평가자 간 신뢰성을 높일 수 있을 것이다.

d. 평가자 교육

각종 오류의 원인을 교육함으로써 평가오류의 발생 자체를 줄일 수 있다.

2) 타당성(validity)[13]

① 타당성의 의의

평가내용(평가항목 및 기준)이 평가의 목적과 취지를 얼마나 잘 반영하는 정도를 의미한다.

② 평가에서의 타당성 이슈

평가에서의 높은 타당성이란 수집된 정보 중에서는 평가목적과 무관한 부분(오염, contamination)이 적어야 하며, 동시에 평가목적과의 관련성이 크지만 미처 수집되지 못한 정보(결핍, deficiency)가 없어야 함을 뜻한다.

따라서 평가타당성 제고를 위해서는 해당 평가목적을 실현하는 데 있어 가장 핵심적인 요소들을 우선적으로 고려하고, 나머지 평가항목들은 2차적(보조적)으로 고려할 필요가 있다.

[오염과 결핍]

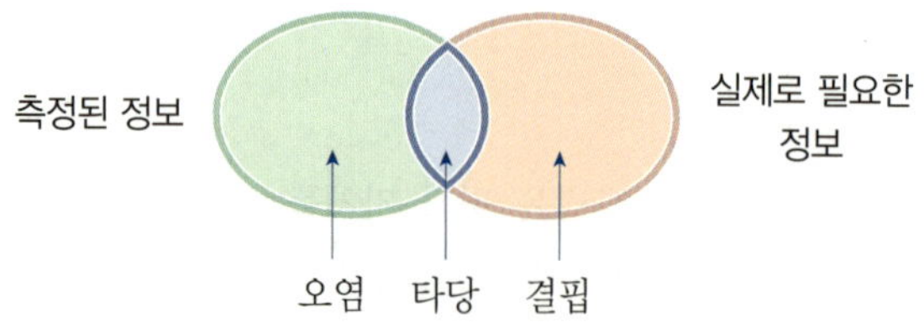

③ 타당성의 증진방안

a. 목적별로 평가

승진목적의 평가에서는 향후 수행할 직무에 대한 잠재능력이나 적성을 위주로 평가하고, 보상목적의 평가에서는 현재 직무에서의 실적(성과)을 중심으로 평가한다.

b. 평가집단의 세분화

직종별, 직급별로 세분화하여 각 집단에 알맞은 차별화된 평가요소를 적용할 필요가 있다.

3) 수용성(acceptability)

① 수용성의 의의

구성원들이 평가제도의 정당성과 공정성 및 활용목적에 대해 전적으로 신뢰하는 것을 말한다.

② 수용성의 증진방안

a. 구성원들의 적극적 참여[14)]

평가제도의 목적과 필요성을 종업원들에게 투명하게 알릴 필요가 있으며, 평가요소를 선정할 때나 평가방식을 만들 때에도 구성원(종업원대표나 노조 등)들을 참여시킨다.

b. 평가상담제도의 시행

i. 취지와 목적

평가제도의 수용성을 높이기 위해서는 평가상담제도의 시행을 통한 종업원과의 활발한 의사소통이 필수적으로 요청된다.

ii. 절차

평가상담제도는 대개 일정계획, 피드백의 준비, 피드백의 수행 등의 절차로 진행된다.[15)]

- 상담일정 : 평가 직후가 좋다. 평가 후 오랜 시간이 경과한 이후 상담하는 경우에는 평가의 개선 기회를 놓칠 수 있다.
- 피드백 준비 : 상담에 적합한 장소를 물색하는 동시에 종업원이 스스로를 돌아볼 수 있는 자기평가(self-assessment)의 기회를 주어야 한다.
- 피드백 수행 : 관리자가 평가내용을 전달하는 관리자 주도형(tell and sell), 관리자의 평가내용 전달 이후 종업원의 의견을 청취하는 쌍방참여(tell and listen), 그리고 관리자와 종업원이 성과달성상의 문제점과 해법을 모색하는 문제해결(problem-solving)의 세 가지 접근법 중 하나를 사용하여 피드백을 제공한다.

iii. 상담자의 역할

관리자(상사)는 추상적인 지적보다는 구체적이고 명확한 예를 들어 설명하고, 구성원의 입장과 의견을 경청하며, 사측의 입장을 대변하기보다 솔직하고 정직하며 공정적인 자세로 구성원을 대할 필요가 있다.

c. 평가에 대한 교육훈련

새로운 제도는 교육을 통해 설명하고, 평가자들을 훈련시켜 오류를 방지한다.

d. 능력개발형 평가

승진목적을 넘어서 능력개발목적으로 고과결과의 활용폭을 넓힌다면 피평가자는 평가가 통제목적뿐만이 아니라 정보제공 및 지원(support) 목적도 가진다는 점을 인식하게 될 것이다.

4) 실용성(practicability)

① 실용성의 의의

평가제도의 도입 및 운영 비용보다 그로 인해 얻는 효익이 더 큰 것을 말한다.

② 실용성의 증진방안[16)]

a. 적절한 투자

평가에 상당한 시간과 인력을 투자한다면 정확도는 높아지겠지만 비용의 낭비가 심할 것이다. 따라서 평가목적과 기업상황을 고려한 적절한 평가비용 투자가 필요하다.

b. 평가의 변별력

인사평가의 결과로 능력자와 무능력자, 우수자와 비우수자를 구별할 수 있어야 한다.

c. 쉽고 짧은 평가

평가절차나 기법을 쉽게 만들어서 누구나 이해하고 평가할 수 있도록 해야 한다.

5) 전략적 부합성(strategic congruence)[17)]

평가제도가 조직의 전략과 목표에 적합한 업무성과를 이끌어 내도록 정렬(align)시키는 것을 의미한다.

6) 구체성(specificity)

피평가자가 어떻게 행동이나 업적을 충족시킬 수 있을지에 대하여 평가제도나 기법이 구체적인 정보를 제공하는 정도를 가리킨다.

제2절 인사고과

MANAGING HUMAN RESOURCE AND INDUSTRIAL RELATIONS

(1993년) 제4회 공인노무사시험

공개적 인사고과제도의 본질과 도입과제를 약술하라. (25점)

(1999년) 제8회 공인노무사시험

인사고과의 새로운 경향을 약술하라. (25점)

(2004년) 제13회 공인노무사시험

인사고과방법 중 전통적 특성중심 인사고과, 행위중심 인사고과, 결과중심 인사고과의 신뢰성과 타당성을 약술하라. (25점)

(2007년) 제16회 공인노무사시험

다면평가(360° 피드백)에 대해 약술하라. (의의, 목적, 성과관리를 위해 사용시의 문제점, 효과적 관리방안 등) (25점)

(2009년) 제18회 공인노무사시험

직무중심 관리관행과 인간중심 관리관행에 따른 평가관리 제도에 대해 설명하라. (25점)

(2013년) 제22회 공인노무사시험

역량(competency)의 개념, 특징, 그리고 효과적인 역량중심 인사평가 시스템의 구축방안을 설명하시오. (25점)

(2021년) 제30회 공인노무사시험 제1문

역량중심 인적자원관리(Competency-based HRM)와 직무중심 인적자원관리(Job-based HRM)를 비교하여 논하고, 역량평가 방법 중 평가센터(Assessment Center) 활용의 의의와 평가센터 운영 시 사용되는 기법 4가지를 쓰고 각각 설명하시오. (50점)

|1| 인사고과의 의의와 유형

1) 인사고과의 의의[18)]

인사고과(performance appraisal)란 종업원 개인의 능력, 태도, 행동 및 업적을 평가하여 그가 보유하고 있는 현재 또는 잠재적 유용성(usefulness, 활용가치)을 체계적으로 파악하는 방법이다.

2) 고과방법의 분류

① 평가방법에 따른 구분 : 상대평가 vs. 절대평가

a. 상대평가와 절대평가의 개념과 특징

종업원 간의 상호 비교 · 선별의 목적이라면 상대평가를, 종업원의 개발 · 육성의 목적이라면 절대평가를 사용할 수 있다.

ⅰ. 상대평가의 개념과 특징

- **개념**

  상대평가(relative evaluation, grading on a curve)는 비교접근(comparative approach)에 근거하여 한 개인의 고과를 파악하는 방법으로서, 서열법과 강제할당법이 이에 해당한다.

- **특징**

  [장점] 항상오류가 원천적으로 방지되며, 승진대상자나 성과급 수혜자를 선정하는 등의 상위자 선별에 용이하다.

  [단점] 구성원의 정확한 실력수준을 파악하기 힘들고, 저성과자에게 피드백을 주기 위한 평가의 구체성이 결여된다.

ⅱ. 절대평가의 개념과 특징

- **개념**

  절대평가(absolute evaluation)는 한 개인의 성과나 역량 자체를 일정한 수준 · 기준의 충족 정도에 따라 평가 · 관리하는 방식이다.

- **특징**

  [장점] 사전에 설정된 일정한 평가기준만 충족시키면 되므로, 좋은 평가점수를 획득하기 위하여 구성원 간 치열하게 경쟁할 필요가 적다.

  [단점] 절대평가에서는 평가기준의 객관성이 낮을 경우 평가가 자의적으로 이루어진다는 구성원들의 불만이 생길 수 있고, 승진대상자 등의 선별에 부적절하며, 항상오류가 발생 가능하다.

ⅲ. 상대평가와 절대평가의 보완적 활용 필요성

일반적으로 기업에서는 우수자 선별을 위하여 평가결과를 상대화하는 경우가 많다. 하지만 이러한 관행은 우수집단의 사기앙양과 동기유발에 도움이 되지 못하므로 절대평가 방식을 상대평가에 보완할 필요가 있다.

b. 상대평가와 절대평가의 비교

	상대평가	절대평가
평가기준	기준이 명확치 않음	기준이 비교적 명확함
정규분포	정규분포를 상정하는 강제할당	정규분포를 상정할 필요가 없음

팀워크	동료간 적대적인 관계	팀의 화합에 유리
평가목적	우수자의 선별	교육훈련 및 배치전환
수용성	평가자 · 피평가자의 수용도 低	평가자 · 피평가자의 수용도 高
조정	평가결과의 조정이 매우 어려움	평가결과 조정에의 반감 低

i. 평가기준의 명확성 여부

절대평가에서는 평가대상이 특정한 기준(능력, 업적 등)을 충족시켰는지를 판단하므로 평가기준의 정립이 가장 중요한 과업이다. 반면 상대평가에서는 피평가자가 평가집단 내에서 어느 정도의 위치에 있는지를 판단한다. 따라서 절대평가가 상대평가에 비해 상대적으로 명확한 평가기준을 갖는다.

ii. 정규분포의 상정 여부

상대평가는 전체 구성원 집단 중에 특정인의 위치 파악이 그 초점이므로, 정규분포를 상정하여 개인을 평가등급에 강제할당하는 반면, 절대평가에서는 사전에 정립된 기준을 활용하므로 정규분포를 가정할 필요가 없다.

iii. 팀워크에 미치는 영향

상대평가에서는 서열을 구분하는 데 초점을 두므로 동료 간 적대적 관계가 형성되고 팀워크가 깨질 우려가 있는 반면, 절대평가에서는 목표달성정도 자체를 중시하므로 팀워크와 팀화합에 유리하다.

iv. 평가 목적의 차이

상대평가의 가장 큰 목적은 우수자 선별인 반면, 절대평가를 통해서 평가자는 피평가자의 역량이나 업적에 대한 수준을 확인할 수 있다.

v. 수용성의 차이

상대평가에서는 평가기준이 평가대상집단의 인적구성에 따라 달라질 수 있기에 평가결과에 대한 수용성이 낮다. 반면 절대평가에서는 평가기준이 명확하므로 평가자도 평가하기 쉽고, 피평가자도 납득하기 쉬워서 평가시스템에 대한 수용성이 높은 편이다.

vi. 조정가능성의 차이

상대평가에서는 특정인의 평가결과를 조정할 경우 타인이 영향을 받지만, 절대평가에서는 특정인의 평가점수 조정이 나의 평가점수에 영향을 미치지 않으므로, 평가결과 조정에 대한 반감이 크지 않다.

② 평가목적에 따른 구분

구성원 행동의 통제와 보상을 위한 사정형(evaluation) 고과와 구성원 역량과 행동의 개발에 초점을 두는 개발형(development) 고과로 구분할 수 있다.

③ 평가초점에 따른 구분

고과방법들은 각 방식이 지향하는 바에 따라 비교지향 접근법, 개인의 특성(traits)이나 기술(skill)에 초점을 두는 특성지향 접근법, 종업원의 업무수행과정 자체에 초점을 두는 행위지향 접근법, 업무수행의 결과에 초점을 두는 결과지향 접근법으로 나뉜다.

| 2 | 인사고과의 실제[19)]

1) 비교지향 접근법(= 상대평가, 규범적 평가)

비교지향 접근 방식의 고과방법들은 항상오류가 원천적으로 차단되고 평가비용이 낮다는 점에서 신뢰성과 실용성 측면의 이점을 가지지만, 고과의 요소인 능력이나 태도 및 업적이 실질적으로 측정되지 않는다는 점에서 타당성과 수용성 및 구체성 측면의 단점이 있다.

① 서열법(ranking method)

a. 개념과 유형

종업원의 서열을 정하는 상대평가 방법으로서, 종합적인 성과수준을 순서대로 정하는 직접적 서열법(단순서열법, straight ranking), 최고성과자와 최저성과자를 순차적으로 결정하는 상호적 서열법(alternate ranking, 교대서열법), 피고과자를 2개씩 짝지어 비교하는 짝 비교법(paired comparison, 쌍대비교법), 평가대상 각각을 평가요소마다 서열을 매겨 그 결과를 합산하는 대인비교법(person-to-person comparison) 등의 세부 유형으로 나뉜다.

b. 특징

[장점] 고과대상자가 비교적 소수일 때 적합하며, 평가에 걸리는 시간과 비용을 절약할 수 있다.

[단점] 서열법의 특성상 등수의 간격과 업적(성과)의 간격이 불일치하는 경우가 많다. 또한 유사한 대상 간에 억지로 순위를 매기려 하다보면 오류가 발생할 수 있으며, 기준이 모호하여 설득력이 부족하고, 비교로 인한 구성원 불만의 가능성이 있다.

② 강제할당법(forced distribution method)

a. 개념

정해진 특정 분포(예 정규분포)에 따라 서열을 정하는 방법으로서, 평가점수 구간별 정규분포 곡선의 면적 비율에 따라 종업원을 할당하는 방식이다.

[정규분포를 활용한 강제할당법]

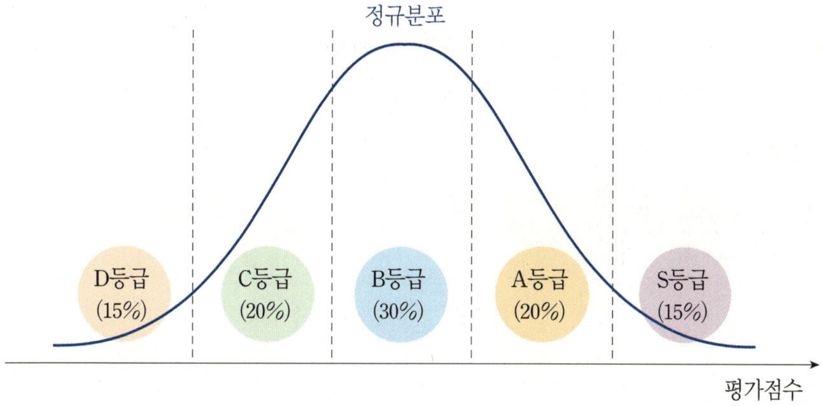

b. 특징

강제할당법에서는 다음의 문제점이 발생할 수 있다.

첫째, 성과판단의 기준 자체가 피평가자 집단의 평균에 따라 달라지므로 평가의 기준이 모호해진다.

둘째, 타당성과 수용성 측면의 단점을 가지고 있다.

셋째, 피평가자가 열심히 노력해도 비교대상의 성과가 더 높을 경우 평가점수가 떨어지므로 평가피드백의 구체성에도 문제가 발생한다.

넷째, 평가점수나 등급을 조정하는 과정에서 애로가 발생한다.

다섯째, 피드백의 구체성이 떨어지므로, 평가관리를 능력개발의 용도로 활용할 수 없다.

2) 특성지향 접근법

① 체크리스트법(adjective checklist, 대조표법)

평가에 적합하다고 판단되는 몇 가지 특성이나 행동(잠재능력, 태도, 작업행동, 성과 등)을 구체적으로 기술한 문장을 리스트에 기재한 뒤 고과자가 이를 읽고 체크하여 채점 기준표상의 등급과 비교하는 방법이다.

② 강제선택기술법(forced-choice description)

둘 중 하나를 선택하게끔 되어 있는 쌍으로 된 복수의 서술문항들로 구성된 고과기법이다. 강제선택의 과정에서 심리적 갈등이 유발된다는 점에서 고과자의 수용성 문제가 있다.

③ 평정척도법(rating scale)

a. 의미

고과대상의 특성이나 직무행동을 '평가요소'(예 작업량, 창의성 등)와 '달성정도'(예 단계식, 도식 등)라는 두 가지 기준에 의하여 평가하는 방식이다.

[평정척도법의 예]

평가요소	매우 미흡	미흡	보통	우수	매우 우수
신뢰성	1	2	3	4	5
창의성	1	2	3	4	5

b. 장점

고과목적에 잘 부합되는 구성요소가 선정될 때 평가의 타당성을 높일 수 있고, 평가결과의 계량화가 가능하며, 구성원 간 비교가 용이하고, 평가도구를 만들고 사용하기가 쉬워서 여러 평가기법들 가운데 가장 널리 활용된다.

c. 단점

적절한 평가요소를 선정하는 작업이 쉽지 않으며(실용성 낮음) 각 요소별 비중(가중치)을 결정해야만 한다. 또한 점수를 부여하는 계량화 과정에서 후광효과 등의 오류가 등장할 여지가 있다(신뢰성의 문제).

3) 행위지향 접근법

① 일반적 특징

a. 의미

행위지향 평가는 피평가자가 업무수행과정에서 실제로 보이는 행동을 기준으로 평가하는 방법이다.

b. 장점

평가의 객관성과 공정성을 높일 수 있고 항상오류 등으로부터 자유로워 신뢰성(특히 평가자 간 신뢰성)이 높다. 또한 성과관련행동을 측정하므로 보상 목적의 고과 시 높은 수준의 타당도를 가진다. 피고과자가 평가척도 개발과정에 참여하기 때문에 수용성 측면에서도 양호하다.

c. 단점

행동주의 평가법이 도입되기 위해서는 시간과 비용을 많이 투자해야(낮은 실용성) 하며, 평가대상이 되는 행동지표에만 피평가자의 관심이 집중되므로 평가대상 외의 행동은 무시될 수 있다.

② 주요사건기록법(critical incidents method, 중요사건법)

성과달성에의 핵심성공요인(CSF, critical success factor)을 추출하여 이와 관련된 피평가자의 효과적·비효과적 행동을 문장형식으로 기록해 둔 다음 평가시점에 이 내용을 반영하는 고과기법으로서, 피평가자의 직무태도 및 업무수행능력을 개선하는 효과가 있다.

③ 행위기준고과법(BARS, Behaviorally Anchored Rating Scale)

a. 의의[20]

행위기준고과법은 인성적인 특질을 중시하는 전통적인 인사평가 방법(예 도식적 평정척도법)이 평가자 간 신뢰성(inter-rater reliability)을 저해시킨다는 비판을 극복하는 과정에서 스미스와 켄달(Smith & Kendall)에 의해 고안되었다. BARS는 평정척도법과 주요사건기술법을 혼용하여 평가직무에 직접적으로 적용되는 행동묘사문을 핵심성공요인(Critical Success Factor)과 관련된 여러 행동범주에 포함시켜 구성하는 표준평정척도법이다.

b. BARS 개발절차

- 개발위원회 구성 : 조직 내에서 경험과 지식이 풍부한 대표 직원들로 개발위원회를 구성한다.
- 중요사건의 열거 : 직무수행의 과정에서 일어날 수 있는 사건들을 바람직한 행동과 바람직하지 않은 행동으로 나누어 충분히 적시한다.
- 중요사건의 범주화 : 중요사건의 수가 충분히 확보되면, 위원회에서 토론을 통해 대표적 행동들을 선별한 다음 동일 범주에 속하는 행동들을 묶는 작업을 한다.
- 중요사건의 재분류 : 노사가 공히 참여하는 2차 개발위원회를 구성하여, 이미 마련된 사건 항목들을 재분류하여 최종 범주와 관련 행동들을 확정한다.
- 중요사건의 등급화·점수화 : 각 항목들에 대해서 조직 성과를 향상시키는 데 바람직한 행동과 그렇지 않은 행동을 구분하고, 행동을 등급화(점수화)한다.
- 확정 및 시행 : 만들어진 등급과 점수에 근거하여, 평가자가 피평가자에 대한 행동등급을 부여함으로써 BARS가 시행된다.

c. 특징

첫째, 다양하고 구체적인 직무에 적용이 가능하다.

둘째, 직무마다 성과달성을 위한 행동과 가중치를 공개함으로써 업무개선 효과를 거둘 수 있다.

셋째, 목표달성에 도움이 되는 행동이 무엇인지 인식시키므로 목표관리의 일환으로 사용될 수 있다.

넷째, 행위기준고과법에서는 고과양식의 개발에 인사부서 외의 라인부서 구성원들이 참여한다.

[행위기준고과법(BARS)의 예]

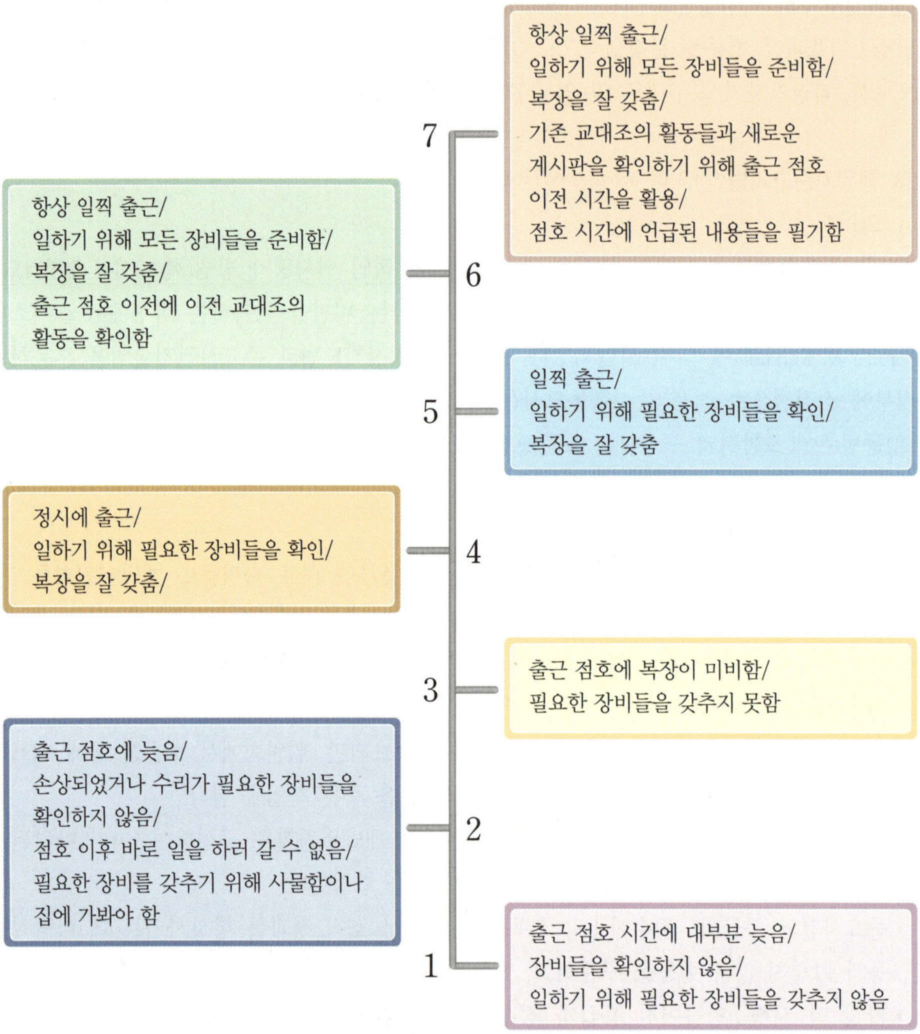

출처 : Noe et al.(2012), 수정인용

d. 평가구성요건상의 검토

항상오류로부터 자유롭기에 신뢰성 측면의 이점을 가지며, 피고과자가 평가척도 개발과정에 참여하며 성과를 내기 위해 어떤 행동을 해야하는지 알려주기 때문에 수용성과 구체성 측면에서도 양호하다. 기업조직의 안정성이 큰 경우에는 동시타당성이 높은 BARS의 효용이 크지만, 변화나 혁신이 잦은 기업에서는 BARS의 효용이 상대적으로 낮을수도 있기에 타당성 측면의 효과는 양면적이다. 또한 평가방법의 개발에 많은 시간과 비용이 투자되어야 하므로 실용성상의 문제도 있다.

④ 행위관찰고과법(BOS, Behavior Observation Scale)[21)]

a. 개념

행위기준고과법을 보완한 것으로서, 평가의 기준점인 구체적 행동서술문항에 대해 피고과자가 관련행동을 수행한 빈도를 고과자가 측정하는 평가방법이다.

[행위관찰고과법(BOS)의 예]

변화에 대한 저항 극복 능력									
(1) 구성원들에게 변화의 자세한 내용을 설명한다.	전혀 아니다	1	2	3	4	5	6	7	항상 그렇다
(2) 변화가 왜 필요한지를 설명한다.	전혀 아니다	1	2	3	4	5	6	7	항상 그렇다
(3) 변화가 구성원들에게 미치는 영향을 설명한다.	전혀 아니다	1	2	3	4	5	6	7	항상 그렇다
(4) 구성원의 관심사에 귀를 기울인다.	전혀 아니다	1	2	3	4	5	6	7	항상 그렇다
(5) 변화가 잘 진행되도록 구성원들의 협조를 구한다.	전혀 아니다	1	2	3	4	5	6	7	항상 그렇다
(6) 변화수행이 잘 되었는지 적절한 사후점검을 실시한다.	전혀 아니다	1	2	3	4	5	6	7	항상 그렇다

출처 : Latham & Wexley(1994), 수정인용

b. BARS와의 공통점

- 성과와 직무수행행동 간의 연관성 : 직무성과에 결정적 영향을 주는 직무수행행동들을 분석하여 평가항목을 구성한다.
- 조직상황의 반영 : 구성원들이 실제로 접하는 사건과 행동을 주요사건법을 통해 추출하므로 평가지문이 조직상황을 잘 반영한다고 볼 수 있다.
- 평가요소의 적절성 : 직무상황과 관련된 행동을 평가하므로 안면타당도(face validity)가 높다. 즉 구성원들이 평가항목을 보고 그 의도나 목적을 잘 이해할 수 있다.

c. BARS와의 차이점

- 빈도측정을 통한 평가문항 간 상호배타성의 극복 : BOS가 BARS와 가장 다른 점은 고과기간 동안 나타난 피평가자 행위의 빈도를 고과자가 평가하므로 평가문항 중 어느 하나만을 고를 필요가 없다.
- 아직 수행하지 않은 행동에 대해서도 평가 가능 : BARS와 달리 BOS에서는 구성원의 직무성과를 제대로 반영하는 행동기준이 아직 없다 하더라도 현재까지의 직무행동에 비추어 빈도를 추론하여 평가에 반영할 수가 있다.
- 평가실무 적용상의 용이함 : BOS는 행동기준을 평가항목으로 삼는 BARS의 장점을 유지하면서도 각 평가점수의 행동정의를 내릴 필요가 없다는 점에서 평가척도의 개발시간과 비용을 일부 줄일 수 있다.

⑤ 평가센터법(Human Assessment Center)

a. 개념

기업에서 주로 관리자(manager)들의 선발(S형, selection)이나 인력개발(D형, development), 적성·능력 진단(I형, inventory)을 위하여 숙련된 복수의 평가자들이 후보자들을 일정 기간(대개 2~3일) 동안 한 장소에서 관찰함으로써 체계적으로 평가하는 기법이다.

b. 특징

i. 교육훈련이나 확보의사결정 및 승진의사결정에 사용될 경우 타당성이 매우 높지만 현재의 성취나 업적이 평가되지는 않으므로 보상의사결정에 사용되는 경우에는 실익이 낮다.

ii. 여러 고과자가 참여하게 되므로 신뢰성(측정의 정확도)이 높다.

iii. 평가센터에 초대받지 못한 후보자들의 수용성이 낮다.

iv. 시간과 비용이 많이 소요되어 실용성이 낮다.

4) 결과지향 접근법

① 목표관리법(MBO, management by objective)

a. 개념

드러커(Drucker)와 맥그리거(McGregor)에 의해 체계화된 목표관리법은 기간 내에 달성할 특정 목표를 평가자와 피평가자의 합의에 의해 설정하고, 그 기간이 종료된 후에 목표의 달성정도를 평가하는 결과지향적 평가기법이다.

b. 실행절차

i. 직무기술서 검토 : 상급자(평가자)와 하급자(피평가자)가 함께 직무기술서를 검토하여 직무의 범위와 핵심활동을 파악한다.

ii. 성과측정 기준의 개발 : 상·하급자가 성과측정의 기준을 공동으로 개발한다.

iii. 목표의 합의 : 평가자와 피평가자 간의 합의를 통해 목표가 확정되는 과정이다. 동기유발에 적합한 목표의 특징들은 각각의 영문약어를 따서 SMART, 혹은 SMARTS 등으로 부른다.[22)]

- 목표는 구체적이면서(goal **S**pecificity) 동시에 측정가능(**M**easurable)해야 한다. 구체성 그 자체는 일종의 '내적 자극'으로 작용할 수 있다.
- 목표는 너무 쉽지도 너무 어렵지도 않은 수준에서 구성원의 성취욕구를 자극(**A**chievable or **S**tretching)해야 한다.
- 목표는 조직성과와의 관련성(**R**esult-oriented)이 커야 한다. 이는 조직·집단목표와 개인목표의 정렬(**A**lignment)과 연관된다.
- 목표에는 시간제약(**T**ime-bounded)이 있어서 구성원들의 노력을 집중시킬 수 있어야 한다.

iv. 목표달성과정의 중간점검 및 지속적 논의 : 수시로 중간목표 달성여부를 점검하여 상·하급자 간에 지속적으로 목표달성 과정에 대해 논의한다.

c. 평가구성요건상의 검토[23)]

i. 신뢰성 : 하급자의 참여로 인해 평가자의 주관적 편견이 감소하므로 신뢰성 측면에서 양호하다.

ii. 타당성 : 성과 중심의 평가이므로 임금측면에서는 타당성이 매우 높다. 또한 목표달성도가 낮은 하급자의 교육필요성 파악에도 어느 정도의 타당성을 갖는다.

iii. 수용성 : 피평가자가 목표설정에 참여하고 상사와 수시로 커뮤니케이션하므로 평가제도의 수용성이 비교적 높다.

iv. 실용성 : 평가기간별로 개별 구성원마다 각자의 목표를 설정하는 과정에서 상사-구성원 간 합의가 필요하므로 상당한 행정적 비용이 수반된다.

d. 장점과 단점[24)]

i. 장점 : 구성원의 노력을 목표달성에 집중시키는 과정에서 조직의 목표와 개인의 목표를 연계시키는 것이 가능하므로 성과관리의 도구로서 유용하다. 또한 목표설정(goal-setting)의 과정에 구성원이 참여할 수 있으므로 종업원의 동기부여에 도움이 된다.

ii. 단점 : 경영환경이 급변하는 경우에는 목표설정이 어려워지며, 개인별 평가항목을 설정하는 과정에서 행정적인 업무가 증가하고, 전략적 목표보다는 당장 측정이 가능한 계량적 목표가 우선시되는 경향이 있다. 또한 평가자와 피평가자 간에 쉬운 업무목표를 설정하려는 담합행동이 나타날 수 있다.

e. 담합행동과 그 극복[25)]

i. 담합행동의 의미 : MBO식 평가가 도입된 기업에서는 평가자(팀장이나 부서장)와 피평가자(팀원이나 구성원) 모두가 쉬운 성과목표만을 설정하려는 담합행위가 발생할 수 있다. 이러한 경우에는 평가과정이 투명해도 인사고과상의 손해를 보는 종업원의 사기가 떨어지고 이직의도 역시 높아질 수 있다.

ii. 담합행동의 억제방안 : 다음 표와 같이 집단평가를 개인평가와 결합하여 동시에 사용하게 되면 개별구성원의 목표가중치가 조직의 상층에서부터 차례로 미리 정해지게 되므로(cascading) 담합행동을 방지할 수 있다.

[개인평가와 집단평가의 결합]

집단평가 \ 개인평가	S	A	B	C	D
S	9	8	7	6	5
A	8	7	6	5	4
B	7	6	5	4	3
C	6	5	4	3	2
D	5	4	3	2	1

f. 목표관리의 성공조건

첫째, 피평가자가 성과측정법에 대한 결정을 스스로 할 수 있어야 하고, 목표를 달성하기 위한 높은 수준의 몰입과 능력이 필요하다.

둘째, 목표설정에 있어서 평가자와 피평가자가 충분히 대화를 하고 민주적인 분위기하에서 상호 간 충분한 협의가 있어야 한다.

셋째, MBO는 결과지향적 평가이므로 목표가 명시적, 객관적이며 측정가능한 것이어야 한다.

② 기타

평정척도법이나 주요사건기록법(CIM) 역시 결과에 대한 평가방법으로 활용될 수 있다.

5) 종합적 평가

① 균형성과표(BSC)를 활용한 조직평가

a. 기원과 의의

카플란과 노튼(Kaplan & Norton)에 의해 개발된 균형성과표(BSC, Balanced Scorecard)는 전통적인 재무지표와 기업의 핵심성공요인(KSF or CSF, key success factor or critical success factor)과 관련한 제반 운영상의 지표들을 의미있게 결합하여 조직의 효과성을 측정할 수 있도록 만든 표이다.

b. BSC의 네 가지 관점과 측정지표[26)]

i. 재무적 측면 : 기업의 주요 이해관계자들에게 재무적인 지표를 통해 조직의 성과를 보여주는 관점으로서, 주로 이익이나 매출액, 또는 투자수익률(return on Investment, ROI) 등의 회계학적 측정치들을 사용한다.

ii. 고객 측면 : 기업 가치의 근원이 되는 고객의 시각에서 이들을 만족시키기 위한 성과측정으로서, 주로 고객만족도나 재구매율, 고객충성도 등의 척도를 사용한다.

iii. 내부 프로세스 측면 : 성과극대화를 위한 기업의 핵심 프로세스 및 핵심 역량을 규명하는 과정에 대한 관점으로서, 투입요소를 제품과 서비스 등의 산출요소로 변화시키는 과업이나 활동들의 집합이다. 주로 주문 이행률이나 주문당 비용, 리드 타임(lead time) 등으로 평가한다.

iv. 학습 및 성장 측면 : 조직구성원의 학습과 성장능력을 어떻게 유지시켜 나갈 것인가에 관한 관점으로서, 주로 이직률, 직무만족도, 조직몰입도 등으로 평가한다.

[균형성과표의 구성항목]

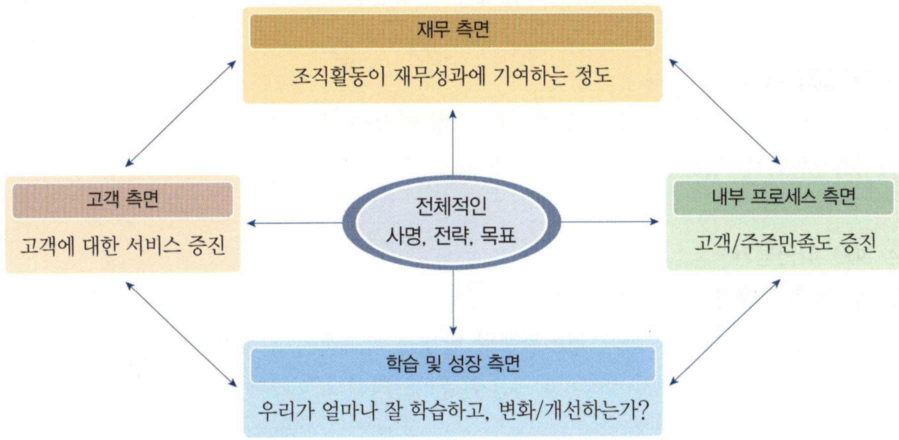

c. BSC 평가의 기대효과[27]

i. 전략실행에 대한 모니터링 : 전략이 기업의 각 부문에서 실질적으로 실행에 옮겨지고 있는지를 확인하는 도구로서의 역할을 한다.

ii. 사업 포트폴리오 최적화 : 기업이 보유한 여러 사업부의 성과를 전사적으로 조망할 수 있으므로 신속한 의사결정(투자나 철수 등)을 행할 수 있다.

iii. 조직운영체계의 혁신 : 조직 내 업무의 중복을 제거하고 일관성 있는 조직 운영체계로의 혁신이 가능하다.

iv. 사업단위에 대한 목표할당 : 각 사업부(SBU, strategic business unit)에 재무 · 비재무적 성과에 대한 평가기준을 제시한다.

v. 전사적 자원관리 : 조직 내의 한정된 자원을 각 부서에서 전략적으로 할당 · 활용할 수 있는 기준을 제시한다.

vi. 협력적 조직문화의 활성화 : 전사적 전략목표가 조직의 하부 단위까지 캐스케이딩(cascading) 되도록 부문 간 협력을 촉진한다.

d. 한계와 논리모형으로의 보완[28]

i. 균형성과표는 궁극적인 성과(long-term outcome)의 달성과정을 논리적으로 설명하지는 않는다. 이를 보완하기 위해 등장한 논리모형(logic model)은 최종 목표와 그 목표를 달성하

는 논리적인 과정을 모두 조직성과에 포함시키는 것이다.

ii. 균형성과표에서 사용되는 측정지표의 가짓수가 너무 많아서 종업원의 관심사가 분산되며, 종종 하위 지표 간에 논리적 충돌이 일어나기도 한다.

② **에세이법**(essay or narrative method)

개방형식(open-ended format)으로 종업원의 성과나 특성 또는 직무행동에 대해 기술하는 평가방법이다. 주로 관리자나 임원의 질적인 평가에 활용된다.

③ **자기고과법**(self-evaluation)

피고과자가 자신의 특성, 업적, 능력, 희망사항 등을 기술하거나 평가하여 상위자의 고과자료 및 인적자원관리의 기초자료로 활용하는 것이다.

④ **360° 다면평가**[29)]

a. 개념과 등장배경

상사에 의해 이루어지던 과거 평가관행의 한계를 극복하기 위하여 상사를 포함한 본인과 동료, 하급자와 외부이해관계자(고객이나 공급자 등)에 의해서 이루어지는 평가 및 피드백을 총칭한다.

b. 목적

다면평가는 평가나 보상 목적보다는 피드백을 통해 인적자원의 개발을 꾀하려는 목적에서 활용된다.

c. 평가자의 구성 및 선정

일반적으로는 피평가자의 직급과 조직체계 및 직무특성, 피평가자와의 인간관계 등 여러 상황요인에 따라 평가자의 구성을 달리하여 운영하게 된다. 예를 들어 중간관리자에게는 부하직원의 비중을, 일반 사원급에서는 상사의 비중을 크게 할 수 있다.

d. 평가결과의 피드백

i. 역량개발이라는 제도 도입의 취지를 살리기 위해서 피평가자의 평가결과를 전체 평가대상들의 평균과 비교한 자료를 통해 최대한 구체적으로 피드백할 필요가 있다.

ii. 평가점수는 원칙적으로 개별적으로 통보하되 상위 5~10% 정도는 조직 전체에 공개할 수 있다.

e. 장점과 단점

i. 장점 : 복수 평가자의 등장으로 인한 평가의 신뢰성 증가 및 부하직원들의 참여를 통한 구

성원 평가능력의 향상과 구체적 평가결과의 피드백을 통한 조직 내 소통 활성화 등에 기여한다.

ii. 단점 : 평가자의 인적구성에 따라 평가결과가 달라질 수 있고 인기투표로 전락하거나 평가기밀의 누설시에는 조직분위기가 저해되며, 이는 곧 피평가자의 수용성 저하로도 이어질 수 있다.

f. **효과적 관리방안 : 평가의 책임성(accountability) 확보**

- 평가자의 책임성 : 피고과자를 잘 아는 사람에 의해서 평가가 이루어져야 한다.
- 피평가자의 책임성 : 자신의 리더십이나 업무수행능력을 한 단계 업그레이드시킬 수 있는 계기로 받아들이고 성실히 평가에 임해야 한다.
- 조직의 책임성 : 피드백이 원활히 이루어질 수 있도록 협조해야 하며, 평가의 목적(개발, 배치, 보상 등)을 명확히 밝혀야 한다.

| 3 | 인사고과의 전개방향[30)]

1) 성과적 개발고과

전통적 고과기법은 상벌을 위한 감독형 고과로서, 종업원의 인성이라는 포괄적이고 추상적인 측면에 초점을 주며, 현시점까지의 실적에 기반한 상대평가와 감점주의를 지향한다.

반면 현대적 고과기법은 능력개발을 위한 고과로서, 상사의 평가와 자기고과 및 부하직원에 의한 다면평가가 보완된다. 미래지향적인 능력(잠재력)에 집중하며, 절대평가와 가점주의를 지향한다.

2) 직무분석과의 연계

인사고과에서는 인성(성격, 성향, 가치관)보다는 직무수행과 관련이 있는 자격요건이나 특성에 대한 평가가 이루어질 필요가 있다. 이를 위해서는 체계적인 직무분석이 필수적이다.

3) 역량평가의 강화[31)]

종래의 평가관리는 역량보다 주로 성과측면에 집중한 것이 사실이다. 그러나 중·장기적인 성과달성을 위해서는 기업이 보유하고 있는 인적자원에 대한 역량평가가 반드시 이루어져야 한다.

① 역량의 개념과 역량평가

맥클랜드(McClelland)와 스펜서(Spencer)에 의해 정의된 역량(competency)은 우수한 성과를 내는 사람들이 보통의 사람들과 다르게 보여주는 특성 및 태도나 행동이며, 개인의 동기(motives), 특성(trait, 성격 포함), 자아개념(self-concept), 지식(knowledge), 기술(skill)로 구성된다.[32)]

일반적으로 역량평가(능력중심고과)는 이들 역량요소를 고과의 중심으로 삼는 잠재력 중심의 미래지향적인 평가로서, 종업원의 개발관리 및 유지관리에 주로 활용된다.

② 역량의 특징

a. 역량은 관찰 · 측정이 가능한 행동으로 발현되는 개인의 행동 특성이다.

b. 역량은 조직 내에서 개인들 간의 성과 차이를 유발하는 결정적 요소이다.

c. 역량은 조직 내에서 특정한 목표 및 상황과 연관되어 있는 개념이다.

d. 개인의 역량은 조직 내에서 교육훈련 및 개발을 통해서 향상될 수 있다.

③ 역량중심 인사평가시스템의 구축방안

역량평가가 효과적으로 이루어지기 위해서는 다음의 단계에 따른 시스템 정비가 요청된다.

a. 사전준비(CSF와 KPI의 도출)

고성과자의 행동특성을 토대로 조직에서 필요로 하는 핵심성공요인(CSF) 및 각 성공요인별 계량화된 측정지표(KPI)를 도출한다.

b. 역량의 파악 및 정리

조직차원, 직무차원, 개인차원에서 필요로 하는 역량의 구체적 내용을 정리한 역량사전(competency dictionary)을 만든다. 이 과정에서 면접법, 전문가 자문법, 질문지법, 직위분석 질문지법(PAQ) 등 다양한 방법들이 사용된다.[33)]

c. 평가의 실시

역량사전을 바탕으로 보유역량과 필요역량 간의 차이(gap)를 발견한다. 이 과정에서는 평가센터법(AC)를 활용하여 1 : 1 역할연기(평가자와 피평가자가 1 : 1로 대면하여 상황 속의 역할을 수행), 1 : 2 역할연기(2인의 평가자 간 갈등상황을 피평가자가 조정 · 해결), 인바스켓 훈련, 집단토론 등의 기법을 사용한다.

d. 역량개발계획의 작성

발견된 역량격차를 줄여나가기 위한 구체적인 교육훈련 및 학습의 계획을 수립한다.

④ 역량과 조직성과의 향상

역량은 고성과자의 행동특성이므로, 관리자는 역량평가의 제도적 강화를 통해 구성원들의 행동변화를 유도하고, 궁극적으로 조직효과성을 실현할 수 있다.

⑤ 핵심성공요인

구성원들의 적극적 참여, 최고경영진의 지원, 교육훈련 및 경력관리시스템(CDP) 등이 요청된다.

4) 공개형 고과

종래의 인사고과는 비공개로 하는 것이 원칙이었으나 인사고과의 개발지향적 성향이 강화되는 추세에 따라 공개주의가 점차 확산되는 추세에 있다. 공개형 고과에서의 주요 고려사항으로는 공개에 대한 구성원의 수용성, 적절한 공개의 방법(직접공개 *vs.* 분포표를 제시하는 간접공개), 공개시의 장점(동기부여, 고과공정성 등), 공개시의 단점(근로의욕 저하, 경쟁의식 조장) 등이다.

5) 고과자의 훈련과 인사권의 위양

인사고과제도가 소기의 목적을 달성하기 위해서는 고과자에 대한 교육훈련이 반드시 필요하다. 또한 인사권을 일선라인부서에 어느 정도 위양할 필요성이 있다.

6) 목적별 및 대상별 고과[34)]

인사고과는 그 목적별로 상이한 수단을 활용하여야 한다. 예를 들어 코칭(coaching) 목적이라면 목표관리법을, 승진 목적이라면 강제할당법을, 능력개발 목적이라면 다면평가방식을 사용하는 것이 바람직하다.

제3절 집단평가

MANAGING HUMAN RESOURCE AND INDUSTRIAL RELATIONS

(2011년) 제20회 공인노무사시험
팀 단위 성과평가(performance appraisal)의 필요성, 요소, 단계를 약술하라. (25점)

| 1 | 집단평가의 의의와 대상

1) 의의

작업집단은 구성원이 자기의 맡은 바 책임의 영역하에서 주요 임무를 수행할 수 있도록 조직된 집단이며, 작업집단 중에서 특히 시너지 창출을 목적으로 하는 집단을 팀(team)이라 한다. 집단평가는 이러한 팀 또는 작업집단에 대한 평가관리를 의미한다.

2) 대상

집단에서도 개인 대상의 인사고과와 마찬가지로 집단역량(능력 및 태도)에 대한 평가와 집단성과(성취 및 업적)에 대한 평가가 존재한다.

| 2 | 집단평가의 실제

1) 평가단위[35)]

집단평가의 출발점은 평가결과의 책임이 귀속되는 평가단위를 결정하는 것이다. 평가단위(=책임센터)는 한 사람의 관리자에 의해 통솔되고 규정된 책임을 가지는 조직단위로서 조직에서의 팀 또는 부서가 이에 해당한다.

라인부문과 같은 목적별 책임센터(예 제품사업부나 지역사업부)에서는 이익이나 매출액 등과 같은 결과중심의 평가가 이루어지고, 스태프 부문과 같은 기능별 책임센터(예 인사부서나 재무부서)에서는 비용절감규모나 업무수행의 과정 등에 평가의 초점이 맞추어진다.

2) 집단평가의 과정[36)]

① 조직의 경영전략과 구성원들의 니즈(needs)를 종합하여 집단목표를 설정한다.
② 목표의 핵심성공요인(CSF, critical success factor)을 보다 구체적이고 측정 가능한 단위로 세분화한 핵심성과지표(KPI, key performance indicator)를 개발한다.
③ 집단의 역량과 업무여건 등을 고려하여 도전적(challenging)인 목표수준을 설정한다.
④ 복수의 목표가 존재하는 경우 이들 사이의 중요도, 즉 가중치를 설정한다.
⑤ 평가를 실시하고 그 결과를 개발이나 보상관리 등에 활용한다.

3) 집단성과평가[37)]

집단성과평가에 사용되는 대표적 판단기준으로는 계량지표(수익, 생산성, 매출액 등)와 비계량지표(고객서비스 향상, 불만의 감소 등)가 있다.

4) 집단역량평가

집단역량평가에 사용되는 대표적 판단기준으로는 집단능력(group ability)과 집단응집성(cohesiveness)을 들 수 있다.

| 3 | 집단평가의 전개방향

1) 장기적 과정지향평가

구성원의 능력개발이나 사기앙양을 위해서는 단기적인 집단성과평가에서 장기적인 집단능력평가로의 전환이 필수적이다.

2) 집단고과와 개인고과의 결합

팀 단위업무가 늘어나고 있는 최근 경영환경에서는 집단고과와 개인고과를 결합할 필요가 있다.

① 개인평가의 필요성 : 무임승차의 방지[38)]

만약 개인평가 없이 팀 고과만 이루어진다면 팀 내부에서 사회적 태만(social loafing)이나 무임승차(free-riding)의 문제가 발생할 수 있다. 이를 극복하기 위해서는 구성원 각자에게 구체적이고 명확한 업무목표를 설정하고 이에 대한 개인고과를 실시할 필요가 있다.

② **집단평가의 필요성 : 담합행위의 감소**[39)]

개인별 목표관리(MBO) 하에서는 평가자(팀장이나 부서장)와 피평가자(팀원이나 구성원) 모두가 달성하기 쉬운 성과목표만을 설정하려는 담합행위가 발생할 수 있다. 이를 극복하기 위해서는 집단평가를 실시하고 이 점수를 캐스캐이딩(cascading)하여 개인평가점수의 재조정에 활용할 필요가 있다.

1) 배종석(2012),『인적자원론』(제2판), 서울 : 홍문사, p.223.

2) 배종석, 상게서.

3) 박성수 · 황호영 · 이경근 · 전명숙 · 채준호(2016),『디지로그 시대의 인적자원관리』, 서울 : 박영사, pp.242~244.

4) 김영재 · 김성국 · 김강식(2015),『신인적자원관리』(제3판), 서울 : 탑북스

5) 김영재 등, 전게서 ; 박경규(2016),『신인사관리』(제6판), 서울 : 홍문사
박성수 등, 전게서, pp.222~226.

6) 박경규(2019),『조직행동』(제2판), 서울 : 홍문사, pp.132~133.

7) 박경규(2016), 전게서, p.271, 수정인용 ; Noe, R. A., Hollenbeck, J. R., Gerhart, B., & Wright, P. M. (2018). *Fundamentals of human resource management*. (7th ed.). New York, NY : McGraw-Hill/Irwin.

8) 박경규, 전게서, pp.262~268.

9) 이창길(2016),『인적자원행정론』(제2판), 파주 : 법문사, p.383.

10) 이창길, 상게서, p.382.

11) 박경규(2014),『조직행동』, 서울 : 홍문사

12) 김성수(2006),『전략적 인적자원관리』, 서울 : 서울대학교출판부

13) 박경규(2016),『신인사관리』(제6판), 서울 : 홍문사, pp.259~261 ; Noe et al., *Op Cit*.

14) 박경규(2019),『신인사관리』(제7판), 서울 : 홍문사, pp.272~273.

15) Noe et al.(2018), *Op Cit*.

16) 박경규(2019), 전게서, pp.273~275.

17) 김영재 등, 전게서.

18) 최종태(2000),『현대인사관리론』(전정판), 서울 : 박영사, p.422.

19) 김영재 등, 전게서 ; 박경규, 전게서 ; 임창희, 전게서 ; 최종태, 전게서.

20) Smith, P., & Kendall, L. (1963). Retranslation of expectations : Anapproach to the construction of unambiguous anchors of ratingscales, *Journal of Applied Psychology*, 47(2), 149~155.

21) 한태영(2013),『인사평가와 성과관리』, 서울 : 시그마프레스

22) 권석균 · 이병철 · 양재완(2017),『지속가능 성장을 위한 인적자원관리』, 서울 : 시대가치, pp.295~297.

23) 박경규, 전게서, p.286.

24) 김영재 등, 전게서.

25) 박경규, 전게서.

26) Kaplan, R. S., & Norton, D. P. (1996). *The balanced scorecard : translating strategy into action*. Boston, MA : Harvard Business School Press.
Kaplan, R. S., & Norton, D. P. (2004). *Strategy maps : Converting intangible assets into tangible outcomes*. Boston, MA : Harvard Business School Press.

27) 성은숙(2009),『전략 BSC 성과혁신』, 서울 : 시그마인사이트

28) 이창길(2016),『인적자원행정론』(제2판), 파주 : 법문사

29) 김영재 등, 전게서 ; 이창길, 전게서.
London, M., & Beatty, R. W. (2006). 360 degree feedback as a competitive advantage. *Human Resource Management*, 32(2–3), 353∼372.

30) 김영재 등, 전게서 ; 박경규, 전게서 ; 임창희, 전게서 ; 최종태 ; 전게서.

31) 이창길, 전게서 ; 한인수(2014), 『현대인적자원관리』(제3판), 서울 : 명경사, pp.284∼287.

32) Spencer, L. M., & Spencer, S. M. (1993). *Competence at work : Model for superior performance.* New York, NY : Wiley & Sons.

33) 전영욱 · 김진모(2005), "기업체 인적자원 개발 담당자의 핵심 직무역량 모델 개발", 「농업교육과 인적자원개발」, 37(2), pp.111∼137.

34) Oberg, W. (1972). Make performance appraisal relevant. *Harvard Business Review*, 50(1), 66∼67.

35) 최종태, 전게서.

36) 박경규, 전게서.

37) 최종태, 전게서.

38) 박기찬(1998), 「팀업적평가」, 한국능률협회

39) 박경규, 전게서, p.286.

CHAPTER 6 보상관리

단원개요

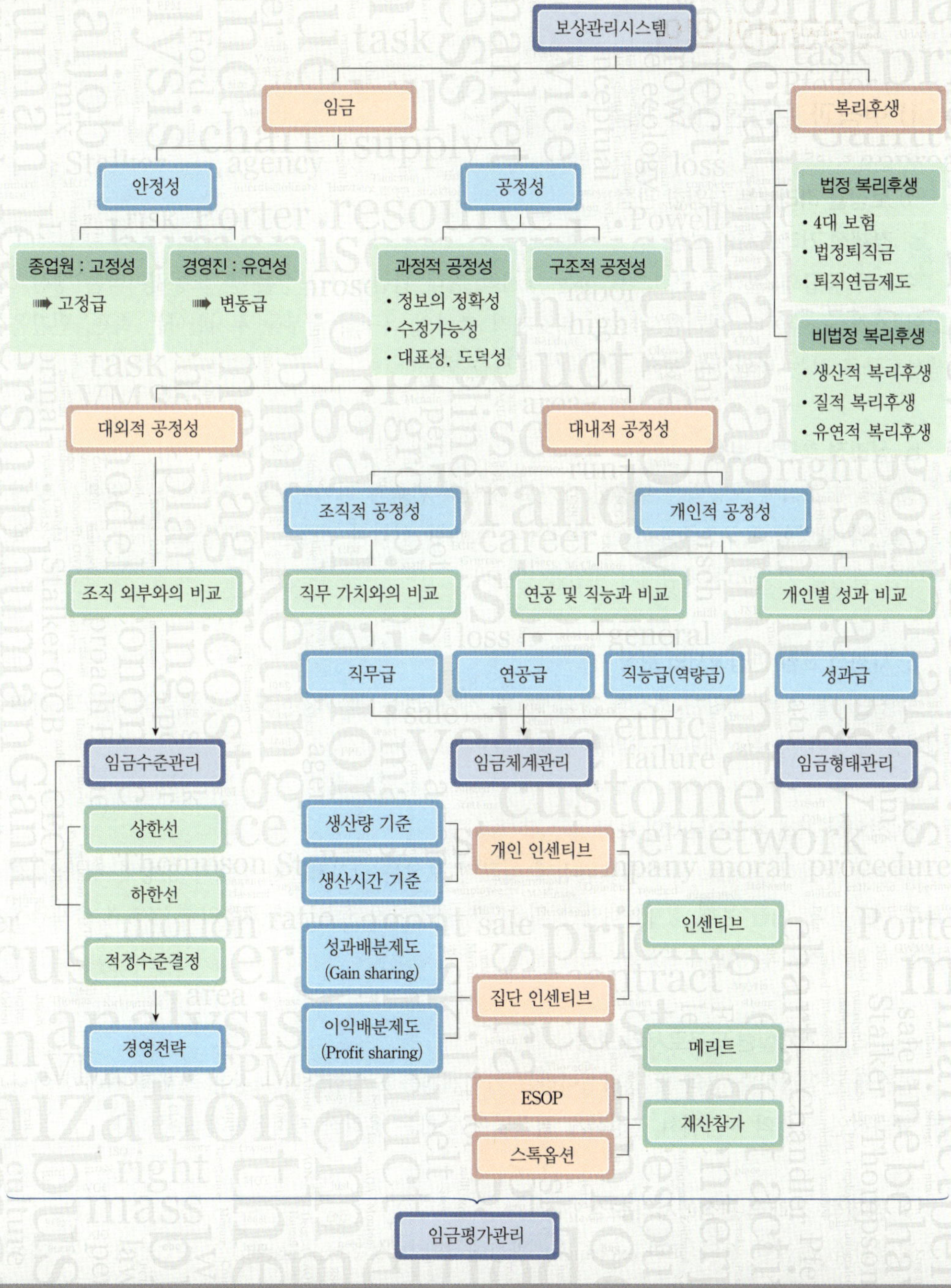
보상관리시스템
임금
복리후생
안정성
공정성
법정 복리후생
• 4대 보험
• 법정퇴직금
• 퇴직연금제도
비법정 복리후생
• 생산적 복리후생
• 질적 복리후생
• 유연적 복리후생
종업원 : 고정성
➡ 고정급
경영진 : 유연성
➡ 변동급
과정적 공정성
• 정보의 정확성
• 수정가능성
• 대표성, 도덕성
구조적 공정성
대외적 공정성
대내적 공정성
조직적 공정성
개인적 공정성
조직 외부와의 비교
직무 가치와의 비교
연공 및 직능과 비교
개인별 성과 비교
직무급
연공급
직능급(역량급)
성과급
임금수준관리
임금체계관리
임금형태관리
상한선
하한선
적정수준결정
경영전략
생산량 기준
생산시간 기준
개인 인센티브
성과배분제도 (Gain sharing)
이익배분제도 (Profit sharing)
집단 인센티브
인센티브
메리트
ESOP
스톡옵션
재산참가
임금평가관리

제1절 보상관리의 의의와 체계

MANAGING HUMAN RESOURCE AND INDUSTRIAL RELATIONS

| 1 | 보상관리의 의의

1) 보상과 보상관리의 개념

① 보상을 바라보는 다양한 관점[1)]

a. 경제적 거래로서의 보상

수요와 공급의 원리를 근간으로 하는 경제적 거래 관점에서 보상은 곧 노동력이라는 생산요소의 가격(price)이다. 이러한 관점은 비경제적 측면의 욕구와 급부를 무시한다는 측면, 인간을 생산도구로 보는 비인간성 등의 측면에서 비판을 받는다.

b. 심리적 측면의 보상

종업원이 조직에 노동력을 제공한 대가로 자신의 만족과 자아실현을 추구한다는 점에서 보상은 개인의 다양한 욕구충족을 위한 수단이다. 이러한 심리적 관점은 조직목표보다는 개인의 욕구에만 관심을 기울였다는 점에서 비판을 받는다.

c. 사회적 교환 관점에서의 보상

고용관계를 통해 개인은 조직과 사회에서의 지위(status)를 획득하므로 오늘날의 대규모 사회에서는 보상이 사실상 개인의 지위를 상징한다.[2)]

d. 정치적 거래 수단으로서의 보상

보상을 정치적 거래로 해석하는 관점에 따르면 보상은 당사자들의 권력과 영향력 행사의 결과로 간주된다. 이를 통해 경제논리에만 의존하여 해결하기 힘든 단체교섭이나 경영권 승계과정 등을 효과적으로 설명할 수 있다.

e. 윤리적 가치실현 도구로서의 보상

인간의 존엄성이나 정의 및 정당성이라는 가치개념을 도입한다면 보상은 경제적 거래가 아니라 규범적인 당위의 시각에서 공정하게 결정되어야 하는 윤리적 가치실현의 도구이다.

② 경제적 · 거래적 관점에서의 보상[3)]

경영진과 종업원 간의 교환(exchange) 관점에서의 보상(compensation)은 종업원이 노동(기여

또는 공헌, contribution)의 대가로 기업측으로부터 수령하는 일체의 금전적 및 비금전적 대가(급부, return)이다. 종업원이 수령하는 노동대가(=총보상, total compensation)에는 심리적(비경제적, psychological) 성격의 신분보장과 거래적(경제적, transactional) 성격의 보상이 있으며, 그중 보상은 다시 노동투입과의 관련성에 따라 직접적 보상인 임금과 간접적 보상인 복리후생으로 나뉜다.

[공헌과 대가의 관계]

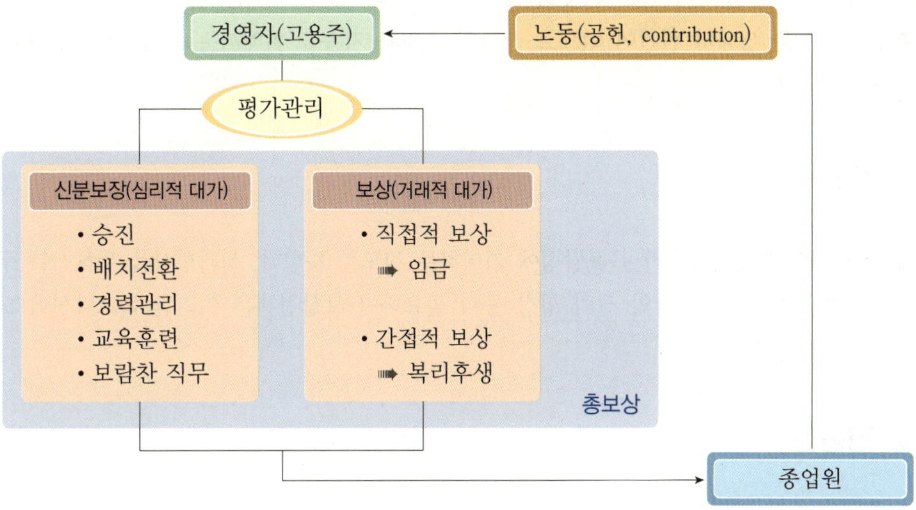

2) 보상관리와 인사기능관리

공정한 보상관리를 위해서는 합리적인 평가제도가 필수적으로 요청되며, 승진 · 교육훈련 · 배치전환 등의 총보상 요인은 개발 및 유지관리의 하위요인이기도 하다. 또한 직무의 내용(직무특성)과 가치가 보상지급의 기준(예 직무급)이 된다는 점에서 보상관리는 직무관리와도 관련이 깊다.

| 2 | 보상의 관리원칙[4)]

인사관리의 주요 이념인 성과적 공동체의 창출을 위해서 보상을 관리하는 과정에서는 공정성과 안정성을 비롯한 다음의 관리원칙을 고려할 필요가 있다.

1) 공정성

노력과 보상 간에 존재하는 합리적 상관성이다. 공정성이 확보된다는 말은 곧 조직구성원들이 인지하는 투입(노력)과 결과(보상) 간 비율이 누구에게나 비슷하게 책정된다는 의미이다.

2) 안정성

조직구성원에게 주어지는 보상의 경제적 예측가능성이다. 사용자측에서 보상은 원가(cost)의 일부를 구성하므로 경제여건과 생산조건에 따라 합리적으로 변동되는 편이 유리하다. 반면 종업원측에서 보상은 생계의 원천이 되므로 생활의 유지와 지속을 위해서는 그 값이 고정되는 편이 유리하다.

3) 효과성

보상이 조직의 성과창출과 목표달성에 기여하는 정도를 뜻한다. 성과향상을 위해서는 구성원의 동기부여, 상사-부하 간의 신뢰 향상 등이 필요하며 보상정책은 이러한 목표달성에 도움을 줄 수 있어야 한다.

4) 평등성

보상지급의 결과가 유사한 정도를 뜻한다. 조직구성원들 간의 일체감 형성과 공동체 의식 고취를 위해 평등보상의 원칙이 적용되어야 할 필요가 있다.

5) 필요성

조직구성원과 그 가족이 필요로 하는 만큼 보상을 지급하는 원칙이다. 우리나라와는 경제사정이 다른 해외로 파견근무를 가는 경우에 특히 그 고려 필요성이 커진다.

제2절 임금관리

MANAGING HUMAN RESOURCE AND INDUSTRIAL RELATIONS

|1| 임금관리의 의의와 대상

(1995년) 제5회 공인노무사시험
기업경쟁력 제고를 위한 임금관리의 의의 및 중요성과 임금수준 결정요인에 대하여 논술하라. (50점)

(2001년) 제10회 공인노무사시험
임금결정과 임금차등화의 요건 및 임금체계 유형을 약술하라. (25점)

(2024년) 제33회 공인노무사시험
임금수준관리, 임금체계관리, 임금형태관리의 의의와 특성을 각각 설명하시오. (25점)

1) 임금관리의 의의와 중요성[5)]

① 의의

임금(pay, salary or wage)은 종업원이 조직에 제공한 노동에 대한 금전적 대가이자 직접적 보상이며, 임금관리는 임금이 조직의 목적달성에 기여하도록 체계적으로 관리하는 과정이다.

② 중요성

a. 기업의 입장

임금은 생산성 향상에 가장 큰 영향을 미치는 요소이고, 제조원가의 상당부분을 차지한다는 점에서 재화나 용역의 경쟁력을 결정하며, 노동시장에서 우수한 인적자원을 확보하는 데 도움을 준다.

b. 종업원의 입장

임금은 생리적 · 안전 · 존경 욕구의 충족수단인 동시에 삶의 질(quality of life)을 유지 · 향상시키는 수단이다.

2) 임금관리의 주요 원칙

① 임금과 공정성[6]

임금의 공정성이란 노동투입에 대한 반대급부로서 종업원과 사용자 모두가 동의할 수 있는 정도의 임금대우가 제공됨을 의미한다. 임금공정성은 크게 구조적 측면과 과정적 측면으로 구분된다.

a. 분배적·구조적 공정성

배분공정성(distributive justice)은 호만스(Homans)와 아담스(Adams)의 공정성 이론(equity theory)에 근거하며, 그 핵심내용은 자원의 합리적 분배 기준이 비교대상(준거, referent)과 자신의 투입–산출간 비교에 있다는 것이다.

- 대외적 공정성(external equity) : 임금을 외부조직(동종업계나 경쟁조직)의 유사한 직무를 수행하는 사람들이 받는 임금액(인센티브나 복리후생을 포함)과 비교할 때의 공정성을 의미한다. 대외적 공정성은 조직이 양질의 인력을 확보·유지하며 제품 및 서비스 시장에서 경쟁우위를 확보하는 데 영향을 미치므로 임금수준(pay level)관리의 지침이며, 공헌과 보상간 상관이라는 점에서 적정성의 개념과도 관련이 있다.
- 조직적 공정성(organizational equity) : 내부공정성(internal equity)이라고도 불리며, 동일조직 내에서 상이한 직무를 담당하고 있는 종업원들이 받고 있는 임금에 초점을 둔 공정성이다. 따라서 조직 내 각 직무들의 상대적 가치를 평가하는 직무평가가 내부적 공정성을 평가하는 중요한 관리도구가 되며, 임금체계(pay structure) 내지 협의의 공정성 개념과 관련이 있다.
- 개인적 공정성(individual equity) : 종업원 공정성(employee equity)이라고도 하는데, 동일조직 내에서 동일한 직무를 담당하고 있는 종업원들 간의 개인차(연공, 공헌, 성과수준 등)에 따른 임금격차에 의해 지각된 공정성이다. 개인적 공정성은 종업원의 동기유발에 특히 직접적인 영향을 미치며, 임금형태 및 합리성의 개념과 관련이 있다.

[효율적 임금관리의 원칙]

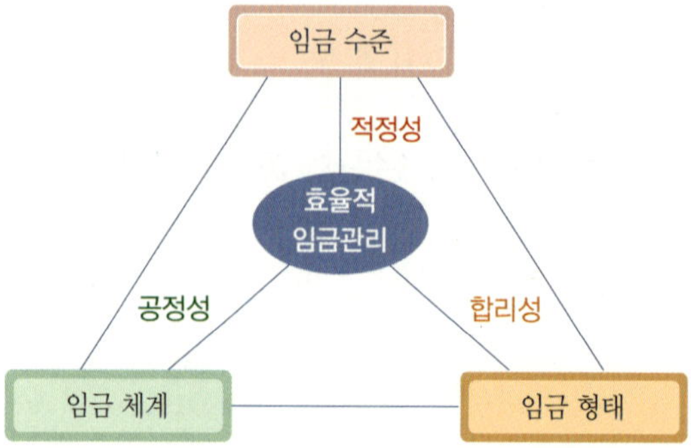

출처 : 김식현(1999)

b. 절차적 · 과정적 공정성[7]

사법절차의 공정성에 관한 티바우트와 워커(Thibaut & Walker)의 연구에서 출발한 과정적 공정성(procedural justice, 절차적 정의)은 결과를 결정하는 데 사용되는 과정에 있어서의 공정성을 뜻하며, 임금제도의 수용성 증가에 결정적 역할을 한다. 레벤탈(Levrnthal)에 따르면 절차적 공정성이 확보되기 위해서는 다음의 네 가지 규칙이 필요하다.[8]

- 임금결정과정에 활용되는 정보는 정확성(accuracy of information)이 높아야 한다.
- 임금결정과정에서 잘못된 의사결정이 포함될 경우 이를 바로잡을 수 있는 수정가능성(correctability)이 있어야 한다.
- 임금배분에 있어서 모든 단계들은 종업원의 관심과 가치관이 적절히 반영되는 대표성(representativeness)이 있어야 한다.
- 임금배분절차가 윤리와 도덕에 관하여 종업원이 가지고 있는 기준과 일치하는 도덕성(ethicality)이 필요하다.

② 임금과 안정성

안정성이란 종업원과 사용자 모두가 어느 정도 예측 가능한 선에서 생활을 영위하는 것이다. 종업원 입장에서의 임금안정성은 최소한의 생활이 가능하도록 임금이 고정성을 갖는 것이고, 사용자 입장에서의 임금안정성은 환경변화에 합리적으로 대응하도록 임금이 유연성을 갖는 것이다.

③ 임금과 효과성 : 동기부여와 조직효과성 증대[9]

허쯔버그의 2요인 이론(two-factor theory)에 따르면 임금은 위생요인(hygiene factor)이지 동기요인(motivator)이 아니므로 불만족을 줄여줄 뿐 만족을 증가시키지는 않는다고 한다. 하지만 효율성 임금 이론(efficient wage theory)과 이하의 경영이론들에 따르면 임금관리를 통해 조직은 종업원들이 더 높은 근로의욕을 갖고 일하도록 동기부여를 할 수 있고, 궁극적으로는 조직효과성 증대에 기여한다.

a. 아담스(Adams)의 공정성이론(equity theory)

종업원은 자신의 투입－산출 비율을 비교대상과 견주어 불공정이 지각된다면 이를 줄이기 위한 노력을 기울이게 된다. 이때 동기부여의 강도는 지각된 불공정성의 크기에 비례한다.

b. 브룸(Vroom)의 기대이론(expectancy theory)

종업원의 동기부여는 노력과 성과, 그리고 보상 간의 관계인식을 통해 달성된다. 임금과 직무성과 간의 상관성인 '수단성 지각(instrumentality perception)'이 크다면 임금을 통한 동기부여가 가능하다.

c. 대리인 이론(agency theory)

본인(principal)과 대리인(agent) 간의 이해대립으로 발생하는 대리인 비용(agency cost)을 줄이고 대리인의 도덕적 해이(moral hazard)를 방지하려면 그의 노력과 보상 간에 강한 연결고리를 제공해야만 한다. 스톡옵션(stock option)은 그 대표적인 사례이다.

d. 강화이론(reinforcement theory)

강화(reinforcement)는 개인에게 강화물을 각각 부여하거나 제거하는 방식으로 구성된다. 4가지 강화기제(긍정적 강화, 부정적 강화, 벌, 소거) 중 임금은 긍정적 강화 수단에 해당되므로, 종업원의 동기는 임금의 영향을 받는다.

[강화전략의 유형]

	행위자가 선호하는 결과물	행위자가 싫어하는 결과물
부여	긍정적 강화(상, 적극적 강화)	벌
제거	소거	부정적 강화(소극적 강화)

|2| 임금수준관리

(2017년) 제26회 공인노무사시험
임금수준의 결정기준과 임금수준을 결정하기 위한 전략별 특성을 논하시오. (50점)

1) 임금수준의 개념과 영향요인[10)]

① 개념

임금수준(pay level)관리는 대외적 공정성을 고려하여 임금수준(사용자에 의하여 지급되는 평균임금)의 총액(규모)을 결정하는 과정이다. 일반적으로 임금수준은 기업이 지불가능한 최대금액(상한선)과 종업원의 최저생계비(하한선) 사이에서 결정된다.

② 적정임금수준에 관한 견해[11)]

임금수준의 적정선에 관해서는 생존비설(생계비만 지급), 잉여가치설(순이익의 증분을 모두 지급), 계약설(임금은 노동상품의 가격으로서 자유계약의 산물) 등의 주장들이 있다.

③ 영향요인

a. 대외적 요인 : 기업의 통제가 어려운 사회일반의 임금수준, 생계비, 물가, 정부정책 등의 변

수들이 해당된다.

b. 대내적 요인 : 기업의 통제가 가능한 기업규모, 경영전략, 노동조합, 지불능력 등의 변수들이 포함된다.

2) 임금수준 상한선의 결정 : 기업의 지불능력[12)]

① 생산성 기준의 분석

생산성은 투입요소 대비 산출량으로 정의되며, 산출이 무엇인지에 따라 물적 생산성과 부가가치 생산성으로 나뉜다.

a. 물적 생산성

ⅰ. 의미

기업의 총고용량 대비 생산된 재화와 용역의 비율이 어느 정도로 변화하였는지에 따라 임금수준을 변동시키는 기준이다.

ⅱ. 특징

계산이 단순하고 쉽지만, 생산된 재화와 용역의 양(量)만을 측정하기에 실제 판매(매출)여부를 고려하지 않는다는 문제를 가진다.

b. 부가가치 생산성

ⅰ. 의미

매출액에서 제조원가를 차감한 부가가치(value added)를 총고용량에 대비하여 분석함으로써 임금수준을 변동시키는 기준이다. 동일한 고용량하에서 부가가치가 10% 증가한다면 임금수준도 마찬가지로 인상시키는 경우가 그 예이다. 부가가치는 창출원천에 따라 노동부가가치와 자본부가가치로 나뉘며, 임금수준의 결정에 활용되는 것은 노동부가가치의 비율인 노동분배율이다.

ⅱ. 특징

부가가치 생산성에 입각한 임금수준 결정은 생산된 제품의 시장가치가 반영된 것이기 때문에 매우 합리적이라 할 수 있으나, 종종 노조에서는 이 값 자체가 부가가치를 자본과 노동 간에 임의로 나눈(즉 노사 간 정치적 타협의) 결과라는 점에 입각하여 이의를 제기하기도 한다.

② 수익성 기준의 분석

수익성은 지출비용에 대한 수익의 비율로 정의되며, 세부내용으로는 손익분기점과 원가구성 등이 있다.

a. 손익분기점(BEP, break even point)

손익분기점은 총매출과 총비용이 일치하는 수준에서의 매출수량을 말한다. 일반적인 기업은 매출량이 손익분기점 이상일 때 양(+)의 이익을 달성하므로, 역으로 생각하면 임금을 손익분기점에 도달할 때까지 인상하는 것이 임금의 상한선이다.

b. 원가구성

원가구성은 전체 원가(cost)가 어떤 항목들로 이루어져 있는지를 뜻하는 개념으로서, 해당 기업의 과거 자료를 근거로 총원가에서 인건비의 비율을 산정하여 임금수준을 결정한다.[13]

3) 임금수준 하한선의 결정 : 생계비

① 생계비의 산정기준

종업원의 생계비 산정기준에는 실제생계비와 이론생계비의 두 가지가 있다. 실제생계비는 음식물비, 피복비, 주거비, 광열비 등에 대한 실태조사를 토대로 산정하며, 이론생계비는 여러 학문(예 식품영양학, 의류학 등)의 연구결과를 활용하여 생활비를 산정한다.

이론생계비는 구체적으로 여러 생필품에 대한 학문적 연구를 토대로 그 수량과 비용을 합산하는 전물량방식(market basket)과 엥겔지수의 역수를 이론적으로 도출된 식료품비에 곱하여 산정하는 반물량방식(Engel method)이 있다.

② 종업원의 생애주기[14] : 가족생활주기(family cycle)

종업원은 독립된 개인인 동시에 가족의 구성원이기도 하므로, 생계비 산정시에는 종업원의 연령별 가족생활주기를 고려하여야 한다.

③ 정부의 정책 : 최저임금제도[15]

a. 의의

최저임금제도(minimum wage system)는 국가가 저임금 근로자의 생활보호를 위하여 임금의 하한선을 정하고, 사용자에게 이 수준 이상을 지급하도록 강제하는 법정임금제도이다.

임금은 본래 사적자치(계약자유)의 원칙에 의해 결정되지만, 노사관계가 현실에서 대등하지 못하고 모든 사업장에서 노조가 조직화된 것은 아니다. 따라서 최저임금제도는 사적자치의 원리를 보완한 사회적 차원의 임금제도라 할 수 있다.[16]

b. 제도의 국내외 연혁[17]

최저임금제는 1894년 뉴질랜드를 시작으로 호주(1896), 영국(1909), 미국 메사추세츠 주(1912), 프랑스(1915) 등의 순으로 확대되어 오늘날에는 ILO 가입국 다수가 최저임금제를 실시하고 있다. 우리나라는 비교적 늦은 1986년 말에 최저임금법이 제정되었고, 그 시행은 현행헌법의 개정 직후인 1988년부터 이루어졌다.

c. 도입목적과 기대효과[18]

i. 최저임금제의 기본적인 목적은 한계근로자(미숙련근로자 등)가 인간다운 생활을 할 수 있도록 정부가 개입하는 사회정책적 빈곤퇴치에 있다.

ii. 최저임금제의 도입으로 기업들은 무분별한 임금인하를 통한 원가절감 경쟁에서 벗어나 기술혁신과 경영합리화 등의 공정경쟁을 통하여 생산성의 향상에 힘쓰게 된다.

iii. 최저임금의 법적 설정은 임금으로 인한 노사분쟁을 방지한다.

iv. 최저임금제는 불황기에 구매력을 보호하여 유효수요(effective demand, 구매력이 뒷받침되는 수요)를 창출함으로써 경기회복에 도움이 준다.

d. 역기능

i. 최저임금제도는 노동공급을 늘리는 동시에 노동수요를 줄이기 때문에 실업을 유발할 수 있다.[19] 최저임금보다 낮은 공헌을 하는 근로자는 해고되거나 고용되지 않으며, 기계의 사용으로 원가절감이 가능한 기업은 근로자를 기계로 대체할 것이다.

[최저임금과 실업]

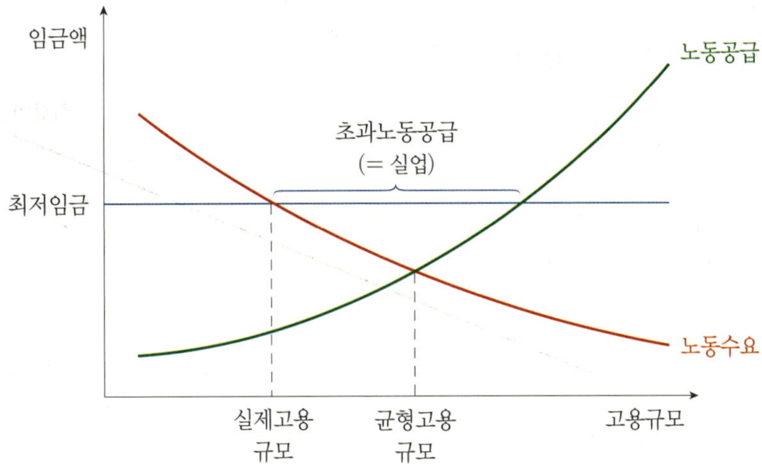

ii. 사용자는 최저임금으로 인한 노무비의 인상을 생산품의 가격에 전가하게 되어 그 부담이 결국 소비자에게 돌아가게 된다.

iii. 지역간 임금격차가 존재하는 연방제 국가에서 전국단위의 최저임금제를 적용할 경우, 산업체 유치에의 이점(merit)이 사라지는 미개발지역의 발전을 저해할 수 있다.

4) 적정 임금수준의 결정

① 지배임금률[20]

a. 개념

지배임금률은 동일 지역, 유사 산업, 동일 직무를 수행하는 노동자가 평균적으로 수령하는 임금수준으로서, 임금의 사회적 균형을 위해 임금수준 결정과정에서 고려할 필요가 있다.

b. 도출과정

ⅰ. 시장임금조사(market pay survey)

지배임금률을 파악하기 위해서는 다른 기업의 임금관련 정보를 수집하는 시장임금조사가 필요하다. 임금조사는 대개 ① 핵심직무의 선정, ② 비교대상 조직의 선정, ③ 1·2차 자료의 수집, ④ 자료들의 해석 및 적용 등의 순서로 진행된다.

ⅱ. 시장임금선(market pay line)**의 도출**

임금조사 결과를 토대로 임금정책을 결정하는 기준이 되는 시장임금선을 도출한다. 이는 임금집단(임금의 구간)별로 지배임률을 파악하여 배치한 선을 뜻한다.

[직무가치에 따라 도출된 시장임금선]

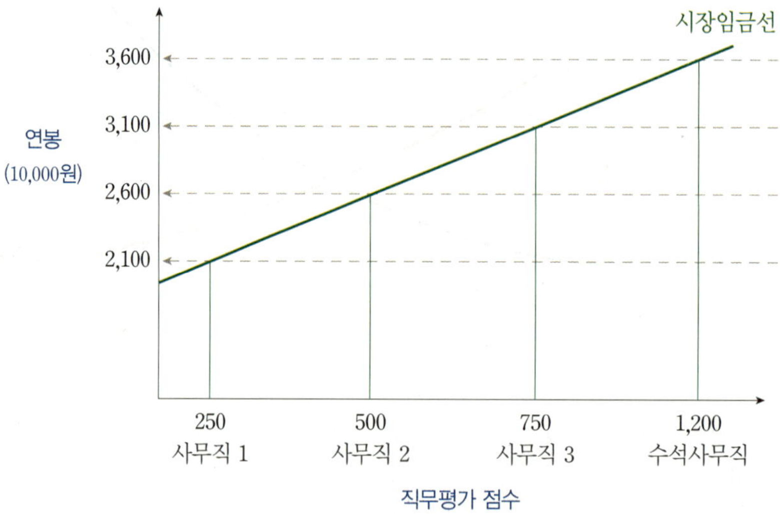

출처 : 배종석(2012)

② 경영전략[21]

밀코비치(Milkovich)에 따르면 경영전략의 실현을 위한 임금수준 결정방식에는 크게 선도전략(고임금 전략), 동행전략(지배임금률 지급전략), 추종전략(저임금 전략)이 있다.

a. 선도전략(lead strategy)과 그 효과

i. 의의

경쟁기업보다 더 높은 수준의 임금을 지급하는 고임금전략을 뜻한다. 주로 설비투자가 중요한 자본집약적 기업에서 사용한다.

ii. 효과

- 유능하고 생산성이 높은 종업원을 유인하고 유지할 수 있다.
- 구성원들이 임금에 대해 가지는 불만을 줄임으로써 결근율과 이직률을 감소시킨다.
- 직무가 가지는 매력적이지 못한 특성을 고임금으로 상쇄한다.
- 고임금을 받는 유능한 직원의 생산성 증가폭이 인건비 증가폭을 상쇄하는 소위 '고임금 저인건비' 현상이 나타날 수 있다.

b. 동행전략(match strategy)과 그 효과

i. 의의

경쟁기업과 유사한 수준의 임금을 책정하여 대외적 공정성을 실현하고자 하는 전략을 뜻한다. 일반적으로 종업원의 노조화를 막기 위해 실시한다.

ii. 효과

- 임금수준(인건비 지출)과 현재의 경영상황이 유지된다.
- 현재의 구성원이 임금 이슈로 인하여 이탈하는 가능성을 줄인다.
- 구성원들은 근무환경이 악화된다고 생각하지 않지만 개선된다고 생각하지도 않는다.

c. 추종전략(lag strategy)과 그 효과

i. 의의

경쟁기업의 임금수준보다 낮은 임금을 지급하는 저임금전략을 뜻한다. 주로 인건비의 절감이 중요한 노동집약적 산업에서 실시한다.

ii. 효과

- 인건비 지출을 줄일 수는 있으나 외부노동시장의 인적자원을 유인하기에는 부적절하다.
- 종업원들이 임금 외의 다른 요인들(예 총보상에 포함될 수 있는 직무특성이나 직업의 성장가능성)에 의해 동기부여가 가능할 때 사용하는 것이 바람직하다.
- 일부 하이테크 기업이나 컨설팅사에서는 스톡옵션이나 고속승진 등 기타 보상의 묶음(package)과 함께 추종전략을 사용하기도 한다.

| 3 | 임금체계관리

(1987년) 제1회 공인노무사시험
직능급의 의의 및 장점과 단점을 약술하라. (25점)

(2001년) 제10회 공인노무사시험
임금결정과 임금차등화의 요건 및 임금체계 유형을 약술하라. (25점)

(2007년) 제16회 공인노무사시험
최근 확산되고 있는 임금피크제의 도입배경, 주요 내용, 효과, 시행상의 이유 및 한계점에 대해 논하시오. (50점)

(2019년) 제28회 공인노무사시험
직무급과 직능급의 개념, 도입의 전제조건에 관하여 각각 설명하고, 직무급과 직능급 각각의 장점과 단점을 3가지씩만 쓰시오. (25점)

1) 의의와 목적

① 의의

임금체계(pay structure)관리는 임금을 구성하는 지급항목들에 대한 결정기준과 임금격차(pay difference)의 구조에 대한 관리로서, 대내적 공정성을 고려하여 기준임금(기본급)과 기준외임금인 수당을 책정한다. 그중에서도 기본급(base pay)과 관련이 있는 연공급, 직무급, 역량급(직능급)의 관리가 임금체계의 주된 내용이다.[22]

② 구분[23]

a. 속직급

직무변수에 의해 책정되는 임금이며, 이는 임금체계상 직무급을 뜻한다.

b. 속인급

사람과 관련한 제 변수에 의해 결정되는 임금이며, 구체적으로는 역량측면에 의한 연공급과 직능급, 성과측면에 의한 성과급으로 나뉜다.

[임금체계의 세부내용]

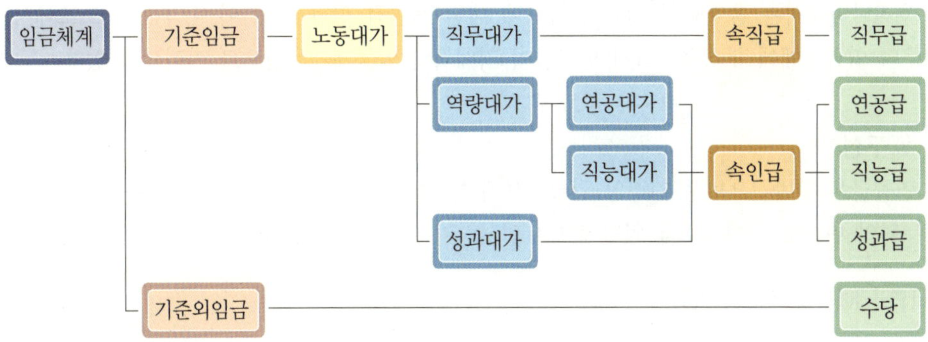

사람과 관련한 제 변수에 의해 결정되는 임금이며, 구체적으로는 역량측면에 의한 연공급과 직능급, 성과측면에 의한 성과급으로 나뉜다.

③ 임금체계관리의 목적

적정한 임금격차를 유지함으로써 조직 내부적으로 임금공정성을 확보하여 구성원의 동기를 증진하고, 궁극적으로 조직효과성 향상을 도모한다.

2) 연공급(seniority-based pay)

① 의의

개인의 학력과 근속연수에 따라 임금을 결정하는 임금체계유형이다. 근속연수(tenure)가 임금 결정의 주된 기준이 되므로 속인급으로서의 성격을 가진다.

② 전제조건 및 기본가정 : 연공급의 정당화 논리[24)]

a. 숙련상승가설

직무(job)에 따라 구성원을 대우하는 분위기가 정착되어 있는 선진산업국가(주로 서구)와는 달리, 동아시아(특히 일본과 한국 등)의 후발 산업국가들에서는 근속기간에 따라 지식과 기술 등의 숙련도가 상승한다고 가정했기에 연공급이 지배적 임금체계 유형으로 자리잡게 되었다.

b. 생계비 보장설

서구보다 유교문화권에서는 노동자가 속한 가정의 생애주기에 따라 연령이 높아질수록 가계 지출도 상응하여 증가했기에 이에 대한 임금지급이 불가피한 것이다.

c. 평가시스템의 미약과 노조의 성과급 반대

우리나라에서는 종업원의 업적과 능력에 대한 객관적 평가시스템이 미약하고, 노조에서 성과위주의 임금체계에 부정적이라서 연공급이 지배적인 임금체계유형으로 자리잡고 있다.

③ 구성[25)]

연공급은 일반적으로 주기적인 임금인상에 해당하는 호봉승급(號俸昇給)과 종업원들의 직무수행능력의 변화로 급여기준를 일괄적으로 인상시키는 베이스업(base-up)으로 구성된다.

[연공급에서 임금인상의 구성]

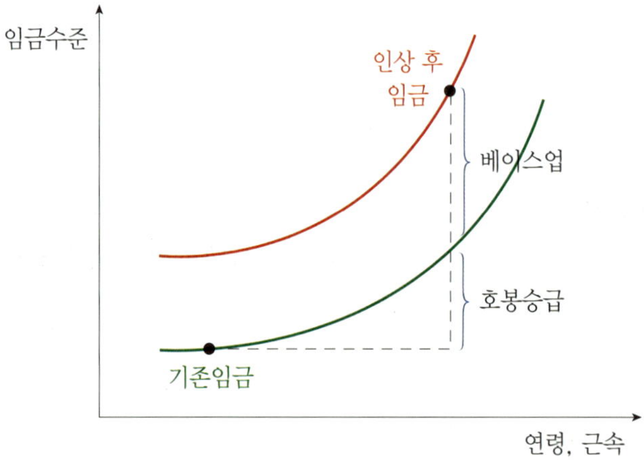

④ 형태[26)]

연공급은 근속연수와 임금액의 관계에 따라 그 형태(유형)를 구분할 수 있다.

[연공급의 여러 형태]

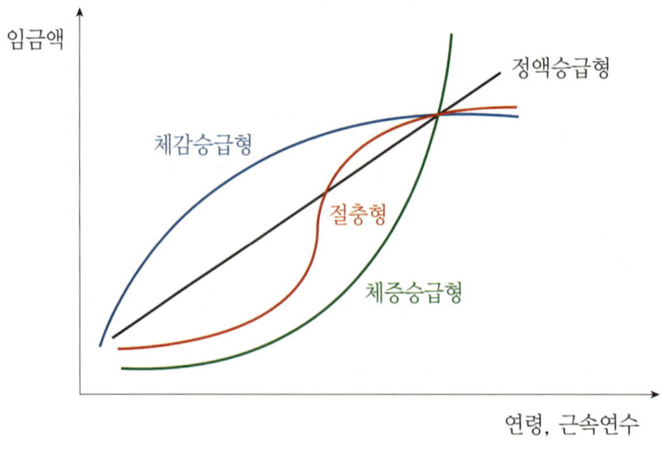

출처 : 최종태(2000), 수정인용

a. 정액승급형(직선형)

연공급 곡선이 선형(linear)을 이루는 형태로서, 승급액은 일정한 반면 승급률은 체감한다. 종업원의 생애주기와 무관하게 동일승급액을 상정하므로 현실적으로 널리 사용되지는 않는다.

b. 체증승급형(오목형)

연공급 곡선이 아래로 볼록한 모양을 이루는 형태로서, 승급률은 일정한 반면 승급액은 체증한다. 직무의 난이도와 직무역량이 가속적으로 증가하는 전문직종이나 고위직의 승급곡선으로 적합하다.

c. 체감승급형(볼록형)

연공급 곡선이 위로 볼록한 모양을 이루는 형태로서, 승급률이 체감하는 동시에 승급액도 체감한다. 직무수행능력이 일정 기간 이후 체감하는 블루칼라(blue collar) 노동자나 조직진입 초반에 고급 기술을 요하는 직무에 활용될 수 있다.

d. 절충형(S자형)

체증승급형과 체감승급형의 혼합형으로서, 승급률은 일정하게 유지 후 체감하고 승급액은 체증 후 체감한다. 개인의 능력곡선과 가장 유사한 형태로서, 중간관리직의 동기부여에 유리하다.

⑤ 연공급의 특징

a. 장점

ⅰ. 동양적 조직풍토에서 질서확립과 사기유지 및 노사관계 안정화에 용이하다.
ⅱ. 기업에 대한 충성심과 귀속의식을 증가시킬 수 있다.
ⅲ. 직무분석이 어려운 폐쇄적 노동시장에서도 적용이 가능하다.
ⅳ. 임금을 많이 받는 상위직 종사자들의 만족도 증진에 기여한다.

b. 단점

ⅰ. 동일노동에 대한 동일임금의 지급이 어려워진다.
ⅱ. 기업측의 인건비 부담이 가중되며, 전문기술인력의 확보에 애로가 생긴다.
ⅲ. 젊은 층의 사기가 저하된다.
ⅳ. 장기근속을 위하여 종속적이고 소극적인 직무태도를 갖게 한다.

⑥ 연공급의 퇴조와 능력주의의 모색[27)]

기업규모의 확대와 1990년대 이후 세계화의 추세에 따라 연공급은 점차 기본급으로서의 한계를 드러내게 된다. 구체적으로는 동기부여 기능의 미약, 차별적 보상의 어려움, 저성장 추세에서 인건비 부담 증가, 관계중심적인 심리적 계약의 퇴조, 기술혁신에 따른 숙련상승설의 타당성 감소 등이 그 내용이다. 그에 따라 정부(고용노동부)에서는 현재의 연공급 체계를 직무급 · 직능급 중심으로 바꾸는 것을 골자로 하는 「임금체계 개편 매뉴얼」을 내놓기에 이른다.

⑦ 임금피크제도(salary peak system)[28]

a. 개념

근로자의 계속 고용을 위해 노사합의에 의하여 일정 연령을 기준으로 생산성과 임금을 연계시켜 점진적으로 임금을 줄여나가는 제도이다.

b. 도입배경

i. 인건비 부담의 경감 : 임금피크제는 주로 연공급 제도를 채택한 기업에서 저성장과 고령화로 인하여 임금정책이 실패한 경우 시도된다.

ii. 생산성과 임금 간의 연계성을 강화 : 연공급제하에서 정년기의 종업원은 그들의 임금 수준이 생산기여도보다 높은 경우가 많고, 임금피크제는 이를 타개하기 위하여 채택된다.

iii. 외부적 충격의 극복 : 임금피크제는 IMF 외환위기와 같은 외부충격하에서, 인건비절감과 고용안정을 동시에 도모할 목적으로 도입할 수 있다.

c. 유형

임금피크제의 조기정착을 위해 정부는 2016년부터 2019년까지 정년연장형, 근로시간단축형, 재고용형(고용연장형) 임금피크제를 자발적으로 실시하는 기업에 임금감소분의 일부를 지원했다.

[임금피크제의 주요 유형]

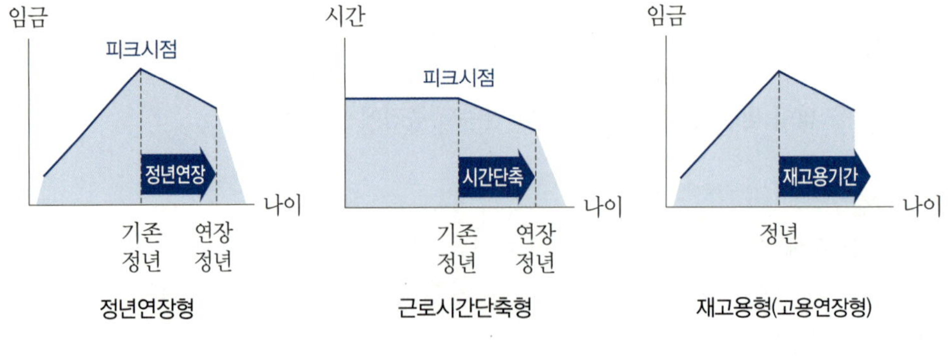

- 정년연장형 : 정년에 즈음한 특정시점을 임금피크로 하여 이후 임금을 삭감하는 대신 정년을 넘겨 더 근무하게 하는 방식으로 실시된다. 숙련된 종업원의 퇴직으로 인한 생산성 손실을 예방할 수 있다.
- 근로시간단축형 : 기존의 정년을 연장하면서 일정시점(피크시점)부터 소정근로시간을 조정하는 방식으로 실시된다. 정년 이후에는 근로시간이 감소되므로 종업원은 퇴직준비를 병행할 수 있고, 기업은 신규채용여력을 확보할 수 있다.

• 재고용형(고용연장형) : 정년연령에 일단 퇴직한 후 재고용계약을 체결하는 형태이다. 정년에 퇴직금이 지급되며, 재고용시 임금수준을 조정한다.

d. 효과

i. 종업원은 경영위기시에 해고를 피하고 정년 이후에도 일할 수 있다.

ii. 사용자는 고령화와 생산성 저하로 인한 인건비 부담을 줄일 수 있고 해고를 둘러싼 노사간의 갈등을 피할 수 있다.

iii. 저렴한 비용으로 숙련된 근로자를 유지할 수 있으며, 경감된 비용으로 신규인력을 채용할 수도 있다.

e. 비판점[29]

i. 임금피크제의 일반적 전제(장기근속자의 생산성이 체감함)에 대한 논란이 있으며, 생산성의 감소시점도 사람과 업종마다 다를 수 있다.

ii. 임금피크시점 이후 임금변동에 따라 새로운 직무를 부여하는 것이 합리적이지만 현실적으로 그렇지 못한 경우가 많다.

iii. 임금피크가 적용되는 연령에 근로자 대부분은 생애 최대의 비용지출에 직면하므로, 임금삭감액을 보완하는 복지제도의 확충이 필요하다.

3) 직무급(job-based pay)[30]

① 의의

직무평가에 의하여 평정된 각 직무의 상대적 가치에 따라 임금이 결정되는 임금체계유형이다. 동일노동에 대하여 동일임금이 지급되므로 가장 합리적인 임금체계라 할 수 있다.

② 전제조건 및 핵심성공요인(CSF)

a. 직무의 표준화(직무분석)와 직무가치의 객관적인 평가가 이루어져야 한다.

b. 직무구조와 능력구조가 균형을 이루어야 한다. 이는 직무의 가치와 종업원의 능력이 가급적 일치하는 선에서 채용 및 배치전환이 이루어져야 한다는 의미이다.

c. 노사 간에 합리적인 노사관행(= 동일노동 동일임금)에의 합의가 있어야 한다.

d. 직무에 적합한 인재의 이동을 위하여 노동시장의 유연성이 확보되어야 한다.

③ 형태

직무급은 직무평가의 결과를 임금에 반영시키는 방법에 따라 크게 세 가지의 형태(유형)를 띠게 된다.

[직무급의 형태]

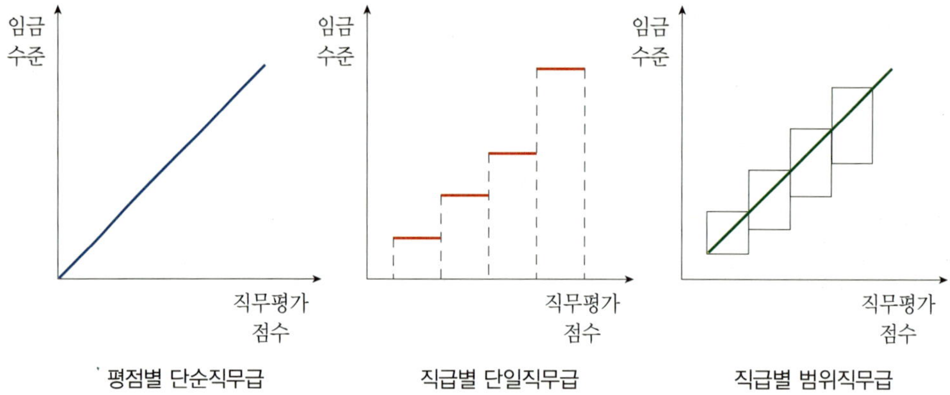

출처 : 박경규(2010), 수정인용

a. **평점별 단순직무급**

직무평가에서 도출된 개별 직무들의 점수와 임금을 비례시키는 방법이다. 직무급 본래의 취지에 부합하지만, 임금관리가 매우 번거로워서 실제로는 거의 사용하지 않는다.

b. **직급별 단일직무급**

직무평가 점수의 구간별로 임금을 지급하는 방식이다. 임금관리가 편리해서 널리 활용되고 있지만, 동일구간 내에서의 정확성과 수용성 문제가 발생한다.

c. **직급별 범위직무급**

직무평가 점수의 구간별 임금제에 개인별 업적 · 연공을 보완하는 방식이다. 순수한 직무급은 아니지만 직무급 구간 구분의 용이성과 임금공정성도 동시에 추구할 수 있어 많은 기업에서 활용한다.

[브로드밴딩]

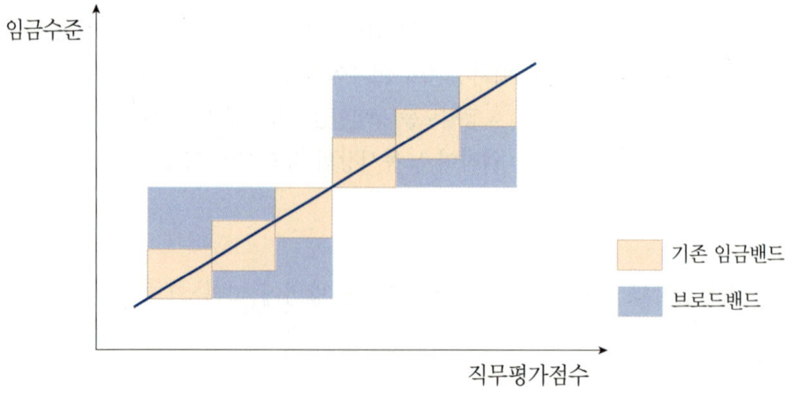

출처 : Dessler(2008), 수정인용

최근 미국에서는 세분화된 급여등급을 허물고 이를 소수의 광범위한 밴드로 재구성하는 브로드밴딩(Broadbanding, 광대역화)을 활용하는 기업이 늘어나고 있다. 이는 기존의 직무급이 가지는 비탄력성과 비적응성을 개선하려는 의도에서 출발하였으며, 다운사이징이나 구조조정이 일상화된 오늘날 사무직이나 기술보조직 또는 단순경비직 등의 업무에서 활용된다.[31]

④ 직무급의 특징

a. 장점

ⅰ. 동일노동 동일임금의 원칙하에서 인사관리의 합리화를 추구할 수 있다.

ⅱ. 연공급에서와 같은 불합리한 노무비의 지출이 적다는 점에서 노동생산성과 작업능률을 향상시킬 수 있다.

b. 단점

ⅰ. 직무평가가 선행되어야 하므로 시행 절차가 복잡하다.

ⅱ. 기존의 학력이나 연공중심의 풍토에서 오는 저항이 강하다.

ⅲ. 종신고용을 기반으로 형성된 가족주의적 공동체 지향문화와 충돌한다.

⑤ 직무급의 구조적 한계점과 직능급

직무급의 가장 큰 구조적 한계점은 바로 경직성에 있다. 상위등급 직무와 하위등급 직무 간에 인사이동이 일어날 경우 반드시 급여체계의 변화를 수반하기 때문이다. 따라서 경영환경에 따라 수시로 인재들을 이동시키는 과정에서 경직적인 직무급 체계가 장애가 되었다. 이러한 관점에서 직능급(역량급)은 직무급의 문제점을 극복할 수 있는 임금체계라 할 수 있다.

4) 직능급과 역량급[32]

① 의의

직능급은 기업의 성과와 종업원의 자기개발 목표를 공히 충족시킬 수 있도록 종업원의 직무수행능력에 대응하는 임금을 설정하는 임금체계유형이다. 여기서 직무수행능력이란 현재 보유하고 있는 능력뿐만 아니라 향후 발휘가능한 잠재능력까지 포함하는 개념이므로 직능급을 역량급(competency-based pay)으로 부르기도 하며, 역량의 구성요소(지식, 기술, 자아개념, 특질, 동기)[33] 중에서 기술(지식)의 측면에 특히 초점을 맞춘 임금체계를 기술급(지식급)이라 부르기도 한다.

② 도입배경

a. 관리직이나 전문직, 기술직의 경우 이들의 업무활동과 결과(성과)를 확인하기가 비교적 어렵다.

b. 기술환경의 변화에 따라 직무내용이 계속 변화하므로 직무중심 급여체계보다는 역할과 역

량중심의 임금체계가 도입될 필요가 있다.

③ **전제조건 : 직능자격제도**

직능급과 역량급의 성공적 도입을 위해서는 직무수행능력이나 역량에 대한 등급화가 필수적이다. 이와 관련된 직능자격제도는 각 직무의 수행에 필요한 핵심역량을 분류하고 이를 등급화하여 승격, 승진 및 임금(직능급)의 결정에 활용하는 제도를 말한다.

④ **직능급의 유형**

a. 단일형 직능급과 병존형 직능급

단일형은 직능급만 사용하는 것이고, 병존형은 직능급과 타 임금체계를 혼용하는 것이다. 특히 연공급과 직능급을 종업원 근속기간에 따라 다른 비율(예 근속기간이 증가함에 따라 직능급의 비중을 증가시킴)로 혼용하는 경우가 많다.[34]

[병존형 직능급에서 직능급과 연공급의 비율]

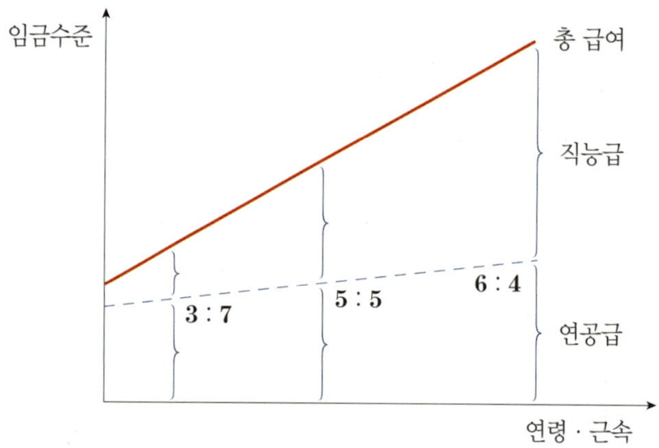

출처 : 한인수(2014), 수정인용

b. 단일임금률 직능급과 범위임금률 직능급

단일임금률 직능급은 하나의 직능등급에 하나의 임률이 할당되는 방식이고, 범위임금률 직능급은 하나의 직능등급에 임금액의 범위(상 · 하한)가 설정되어 있는 방식이다.

⑤ **직능급과 역량급의 특징**

a. 장점

i. 종업원의 근로의욕이 고취되고 자기개발에의 의지가 향상된다.

ii. 종업원들이 다양한 역량을 습득하고 개발하므로 노동력의 기능적 유연성(functional flexibility)이 증가한다.

iii. 구성원 스스로 지속적인 학습과 개선을 꾀하므로 경력개발 효과가 있고, 궁극적으로 경영성과에도 도움이 된다.

b. 단점

i. 형식적인 자격기준에만 치우쳐 실제 경영활동에 필요한 핵심역량을 소홀히 다룰 여지가 있다.

ii. 시험에 근거한 자격취득시 경쟁의 격화로 조직의 분위기가 저해된다.

iii. 역량의 정의가 모호할 경우 임금공정성이 침해된다.

iv. 능력과 역량의 측정에 있어 타당성과 신뢰성을 검증하기도 쉽지 않다. 또한 역량 진부화 시에는 무용한 임금제도로 전락할 우려도 있으며, 50세 이상의 종업원의 경우에는 능력개발이 현실적으로 힘든 경우가 많으므로 이때에는 직무급이나 연공급과의 병행이 필요할 수 있다.

⑥ 직능급과 직무급의 비교[35)]

a. 직무급에서는 아무리 능력이 우수하더라도 중요한 직무를 맡지 않는 한 그에 합당한 임금을 받기가 힘들지만, 직능급에서는 능력에 상응하는 임금 지급이 가능하다.

b. 직능급은 직무급과 같이 직무에 기초를 둔 임금체계가 아니므로 직무의 확정 및 직무표준화를 반드시 임금결정의 전제조건으로 요구하지는 않는다.

c. 직능급은 직무능력 중심의 임금이므로 직무평가가 반드시 필요하지는 않다. 따라서 직무평가작업을 할 여유가 없는 중소기업에서도 그 적용이 용이하다.

d. 직능급은 동일노동 동일임금이 아니라 동일능력 동일임금 원칙이 적용되므로 임금과 능력의 불일치로 인한 문제가 발생할 가능성이 상당히 적다.

e. 직능급에서 직무수행능력의 평가시에는 기존의 연공급적 요소(근속연수, 학력, 경력 등)를 일부 반영하므로 우리나라에서는 임금체계를 직무급보다는 직능급으로 전환하는 것이 훨씬 용이하다.

5) 수당(手當)[36)]

수당은 기준외임금으로서 앞서 살펴본 여러 임금체계 유형들이 추구하는 임금공정성을 부분적으로 보완하는 데 본질적인 목적이 있다.

현재 우리나라 기업에서 도입하고 있는 수당의 종류는 근로기준법에서 규정하고 있는 법정수당(초과근무수당, 야간근로수당, 연차유급휴가수당 등)과 기업 자체적인 기준에 따라 운용하는 법정외수당이 있다.

6) 임금격차의 관리[37)]

① 임금격차의 유형 : 평등구조와 계층구조

평등구조는 임금계층의 수가 적고 최고층과 최저층의 임금격차 또한 작은 구조를 뜻하며, 계층구조는 임금계층의 수가 많고 최고층과 최저층의 임금격차 역시 큰 구조를 말한다. 관리자는 기업운영의 목표에 따라 임금격차의 유형을 달리해야 한다.

② 임금압축(pay compression)

상급자와 하급자, 연장자와 신참자, 고학력자와 저학력자 사이에 존재하는 임금격차의 크기가 적어지는 현상을 임금압축이라 한다. 일반적으로 임금압축은 소득 균등화와 소득 재분배의 관점에서 바람직하다고 하며, 선진국이 후진국보다 더 작은 임금격차를 보인다.

③ 우리나라의 임금격차[38)]

a. 학력별 임금격차

1980년에서 2000년 사이 격차가 완화되다가 2000년 이후 최근에는 학력별 상대적 임금격차가 다시 심화되는 추세이다. 우리나라의 학력별 임금격차는 미국과 영국에 비해서는 상대적으로 작은 수치지만, 프랑스 · 독일 · 핀란드 등에 비해서는 큰 편이다.

b. 소득계층별 임금격차

임금근로자의 근로소득격차는 OECD 주요국들 중에서 미국이 가장 크고 그다음으로 한국이 큰 것으로 나타났다.

c. 성별 임금격차

한국노동연구원에 따르면 여성근로자의 임금수준은 2021년 현재 남성 임금의 68.9% 수준으로서, 한국은 통계를 보고한 OECD 주요국 중에서 성별 임금차이가 가장 큰 국가이다. 향후에는 직무급제도의 도입 확대를 통해 동일노동 동일임금이 이루어질 필요가 있다.

d. 기업규모별 임금격차

우리나라에서는 대기업과 중소기업간에 임금격차가 점차 증가하고 있으며, 이는 국가경쟁력 저하로 귀결될 가능성이 크다.

e. 근로형태별 임금격차

비정규직 근로자의 임금수준은 기간제근로자가 정규직의 70% 수준, 파견/용역근로자가 57% 수준, 단시간근로자가 30% 수준으로 나타나고 있다.

④ 임금차등화의 찬반논리[39]

성과에 따른 임금차등화에 대해서는 찬성 측과 반대 측의 의견이 팽팽하게 대립하고 있다. 배종석(2012)에 따르면 양측의 주요 논거는 다음과 같다.

a. 임금격차를 늘려야 하는 이유

ⅰ. 구성원의 동기부여 효과

임금차등화는 직원들이 더욱 열심히 일할 수 있도록 유도한다. 성과에 따른 차등보상 정책은 직원들에게 업무에 대한 강한 동기를 부여해서 개인과 조직의 성과를 높인다. 이는 다수의 실증 연구에 의해서도 밝혀졌다.

ⅱ. 핵심인재의 유치와 유지에 유리

임금차등화는 핵심인재 활용에 유리하다. 핵심인재들에게 임금은 단지 금전적인 보상뿐만이 아니라 스스로가 조직에서 얼마나 중요한 인재로 여겨지는지를 의미한다. 따라서 임금차등화는 핵심인재의 확보와 이들의 업무몰입 및 이직방지 등의 효과를 기대할 수 있다.

ⅲ. 기회주의적 행동의 방지

임금차등화는 무임승차나 도덕적 해이(moral hazard) 등과 같은 직원들의 기회주의적 행동을 방지할 수 있다. 조직에 확실히 기여한 직원에게 많은 임금을 준다면 개인의 목표달성을 위해서라도 조직의 목표에 충실할 것이다.

b. 임금격차를 줄여야 하는 이유

ⅰ. 공동체의식 고양

임금격차를 줄임으로써 기업은 공동체의식을 고취시킬 수 있다. 임금차등화의 수혜자는 소수에 불과할 뿐, 다수의 직원들은 불공평한 임금체계 때문에 일할 동기를 잃는다. 따라서 임금격차를 줄임으로써 기업은 직무만족도 및 업무성과의 질을 높일 수 있다.

ⅱ. 작은 격차를 통한 협력적 분위기 창출

동료를 경쟁자로 인식하게 되는 임금차등화에 비하여, 작은 임금격차하에서는 구성원 간의 협력을 장려할 수 있다.

ⅲ. 내재적 동기부여

인지평가이론(cognitive evaluation theory)에 따르면 내재적 동기가 충만한 직원에게 금전적 보상은 동기부여에 부정적 영향을 미친다. 오히려 임금격차를 줄임으로써 기업은 직원들의 내적동기를 고양시킬 수 있다.

| 4 | 임금형태관리

(1997년) 제6회 공인노무사시험
연봉제의 특성 및 도입 배경과 효과적 실시방안을 약술하라. (25점)

(1997년) 제6회 공인노무사시험
종업원 지주제도의 특성과 효율적 활용방안을 약술하라. (25점)

(1998년) 제7회 공인노무사시험
인센티브제의 의의와 개인 인센티브제와 집단 인센티브제를 비교 설명하라. (25점)

(2002년) 제11회 공인노무사시험
종업원지주제도(stock ownership)와 주식매입청구권(stock option)을 비교 설명하라. (25점)

(2002년) 제46회 행정고등고시
최근 우리나라의 임금제도가 연공중심에서 성과/능력 중심으로 변모하고 있다. (총 40점)

1) 성과/능력 중심의 임금제도 변화의 배경을 설명하시오. (10점)
2) 성과/능력 중심의 임금제도의 효과성에 대해 모티베이션이론(동기부여 이론) 중 기대이론(expectancy theory)과 공정성 이론(equity theory)으로 설명하시오. (15점)
3) 이상의 논의를 중심으로, 우리나라 경영환경 하에서 성공적인 성과급/능력급 도입을 위한 방안을 설명하시오. (15점)

(2013년) 제22회 공인노무사시험
스캔론 플랜(Scanlon plan)의 개념, 내용, 효과 및 한계점에 대하여 설명하시오. (25점)

(2015년) 제24회 공인노무사시험
우리나라 종업원지주제의 전개 과정, 문제점 및 신우리사주제에 관하여 설명하시오. (25점)

(2020년) 제29회 공인노무사시험
이익분배제(profit sharing plan)의 개념, 특징 및 장단점에 관하여 설명하시오. (25점)

(2024년) 제33회 공인노무사시험
미국에서 처음 개발된 참가형 성과배분제도는 집단보너스제도에 경영참가를 결합한 것이다. 다음 물음에 답하시오.
물음 1) 참가형 성과배분제도의 의의와 특성을 설명하시오. (7점)
물음 2) 참가형 성과배분제도의 3가지 플랜유형을 각각 비교 설명하시오. (18점)

1) 임금형태관리의 일반이론

① 의의와 목적

임금형태(method of pay)관리는 대내적 공정성(특히 개인적 공정성)을 가지는 범위에서, 개인의 성과와 공헌에 따른 차등임금지급에 필요한 산정방식과 계산 · 지불방식을 관리하는 임금관리의 영역이다.

② 임금형태의 유형[40)]

본래 임금형태는 지급방식에 따라 크게 시간급과 성과급으로 나뉜다. 시간급(time payment)은 단순히 근로시간을 단위로 임금액을 산정 · 지급하는 임금형태이다(예 시급, 일급, 주급, 월급, 연봉 등). 한편 성과급은 종업원이나 집단(팀)이 수행한 노동성과나 업적을 기준으로 임금을 산정하여 지급하는 임금형태이다.

③ 성과급의 체계와 구성[41)]

성과급(pay for performance)은 종업원(개인 또는 집단)의 공헌 · 업적(performance)에 대한 보상이다. 여기서 성과(업적)는 그 측정 기준에 따라 객관적 업적(생산량, 작업시간)에 기반한 성과급과 주관적 업적(개인의 특성 · 행동 · 실적에 대한 고과점수)으로 나뉘며, 성과의 귀속 주체에 따라 개인단위의 성과급과 집단단위의 성과급으로도 나뉜다.

[성과급의 체계와 구성]

구분	객관적 성과급	주관적 성과급
개인단위의 성과급	개인 인센티브	메리트(merit) 제도 (연봉제)
집단단위의 성과급	집단 인센티브 • 성과배분(gain sharing) • 이익배분(profit sharing)	

④ 성과급의 효과[42)]

[성과급 실시의 효과]

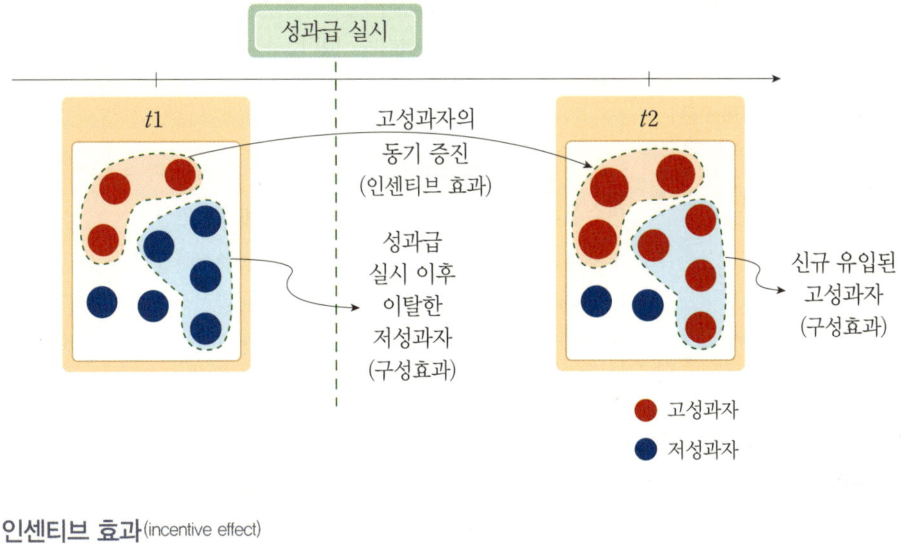

a. **인센티브 효과**(incentive effect)

조직구성원들의 근로의욕을 자극하여 성과증진에 이바지하는 것이다.

b. 구성 효과(sorting effect)

종업원들의 인적 구성을 내재적 동기수준이 높거나 근로의욕이 충만한 종업원들로 바꾸는 일이다.

⑤ 성과급의 설계시 고려사항

a. 임금공정성의 확보

표준성과(성과급 지급의 기준)의 설계와 성과의 측정 및 합리적인 성과급 제도의 선택이 필수적이다.

b. 성과급 제도의 선택

집단 및 조직의 응집성, 기업의 지불능력, 동기부여 효과, 그리고 임금산정과정에의 공정성과 수용성 등을 다각도로 고려하여야 한다.

2) 인센티브(incentive) 제도[43] : 객관적 성과급

종업원 개인 또는 집단의 소득이 상대적으로 객관적인 성과지표인 생산량 또는 작업시간과 직접적인 관계를 갖도록 설계된 임금형태이다.

① 개인 인센티브

a. 개념 및 유형구분 기준

개인 인센티브는 임률의 결정 방식에 따라 시간단위당 생산량에 의한 인센티브와 제품단위당 소요시간에 의한 인센티브로 나뉘며, 이를 다시 임률의 변동성 여부에 따라 고정임률을 적용받는 인센티브와 변동임률을 적용받는 인센티브로 나눌 수 있다.

[개인 인센티브의 유형 구분]

	일정시간당 생산단위	제품단위당 소요시간
고정임률	단순성과급(생산량비례급)	표준시간급
변동임률	복률성과급 • 테일러식 • 메리크식	할증성과급 • 할시식 • 비도우식 • 로완식 • 간트식

b. 단순성과급(생산량 기준, 고정임률)

i. 의미

제품단위당 고정임률에 실제생산량을 곱하여 급여를 산정하는 성과급(= 생산량 비례급, piecerate)이다.

ii. 장점

계산이 편리하며 능률증진에 도움이 된다.

iii. 단점

고령인력이나 미숙련공의 입장에서는 수입의 불안정을 가져오며 근로자의 과로를 촉진한다.

c. 표준시간급(소요시간 기준, 고정임률)

i. 의미

단위시간당 고정임률에 표준작업시간을 곱하여 임금을 산출하는 성과급이다.

ii. 특징

생산단위당 작업시간이 비교적 긴 직무 또는 비반복적이고 높은 수준의 기술을 요구하는 직무 등에 적합하다.

d. 복률성과급(생산량 기준, 변동임률)

i. 의미

표준작업량(기준작업량)을 상회하는 경우에는 고임률, 그렇지 못한 경우에는 저임률의 복수임률을 적용하는 성과급이다.

ii. 유형

[복률성과급의 유형]

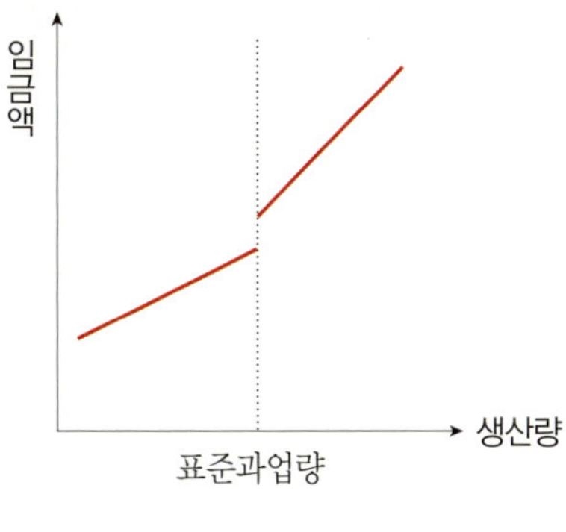

테일러식 성과급

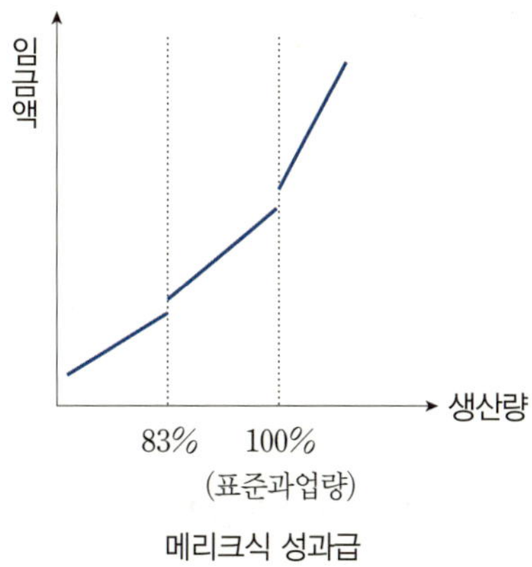

메리크식 성과급

- 테일러(Taylor)식 복률성과급 : 표준작업량을 기준으로 임률의 고·저가 나뉜다. <과학적 관리론>의 고임금·저인건비의 역설(paradox of high wages and low costs)에 입각한 제도이다. 종업원들의 생산성 향상에 도움이 되지만, 저숙련공에게는 불리한 '숙련공우대 임금제도'라는 점에서 비판을 받는다.
- 메리크(Merrick)식 복률성과급 : 표준작업량의 83%와 100%선을 기준으로 하여 복수의 임률을 제공함으로써 중간정도의 목표를 달성하는 종업원을 배려하고 있다.

e. **할증성과급(소요시간 기준, 변동임률)**

ⅰ. **의미**

소요시간을 작업효율의 기준으로 하여 복수의 임률을 적용하는 성과급으로서, 절약시간만큼에 해당하는 보너스를 노사가 나누어 가진다.

ⅱ. **유형**

[할증성과급의 유형]

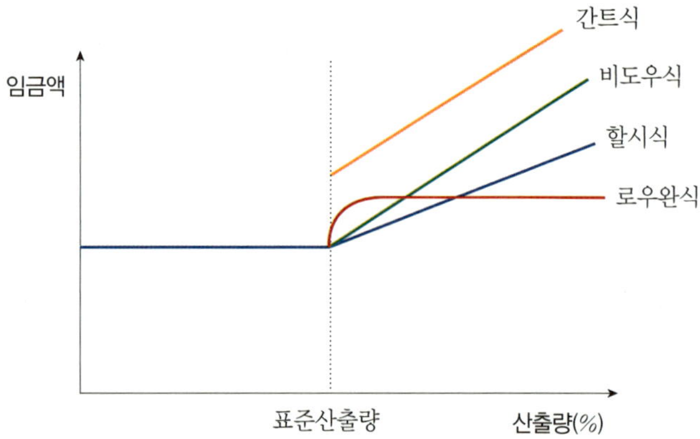

- 할시(Halsey)식 할증성과급 : 표준작업시간에 대한 절약분의 50%(1/2)를 할증급으로 지급한다.
- 비도우(Bedaux)식 할증성과급 : 표준작업시간에 대한 절약분의 75%(3/4)를 할증급으로 지급한다.
- 로우완(Rowan)식 할증성과급 : 표준작업시간에 대한 실제작업시간의 절약분과 작업능률의 역수를 곱하여 할증급으로 지급한다. 작업시간을 약간 단축한 근로자에게 유리하며, 작업능률이 증가할수록 할증률이 체감한다.
- 간트(Gantt)식 할증성과급 : 표준작업시간 내에 과업을 완수하는 경우 시간급의 20%를 인센티브로 가산하여 지급하는 방식이다.

f. **개인 인센티브의 장점과 단점**[44)]

ⅰ. **장점**

생산성의 향상, 직무의욕 고취를 통한 인건비 감소, 무임승차 문제 해결로 인한 감독비용(대리인비용)의 감소 등이 있다.

ⅱ. **단점**

종업원의 과로와 품질훼손 문제가 있으며, 신기술의 도입에 종업원들이 저항할 여지가 많다. 또한 과도한 경쟁으로 인하여 특출한 성과를 보이는 종업원이 조직 내에서 소외되는 경우도 발생한다.

② 집단 인센티브

a. 개념 및 고려사항

집단 인센티브는 집단성과급제 또는 성과참가로 불린다. 그 이유는 이익을 포함한 경영성과를 종업원의 집단적 노력의 산물로 보아 그 배분에 종업원을 참여시키기 때문이다.

이익(profit) = 매출(sales) − 원가(cost)

집단 인센티브 설계의 핵심은 경영성과를 바로 무엇으로 볼 것인가의 문제, 즉 성과판단의 기준 이슈이다. 앞의 식에서 우변(주로 원가절감)에 초점을 두는 제도를 성과배분계획, 좌변(이익)에 초점을 두는 제도를 이익배분계획이라 한다.

b. 성과배분계획(gain sharing plan)[45]

성과배분계획은 노무비를 포함한 각종 원가절감에의 노력에 대한 대가로 주어지는 성과참가의 한 유형이다.

ⅰ. 스캔론 플랜(Scanlon plan)

- 개념 : 스캔론(Scanlon)에 의해 고안되었으며, 노사협력에 의한 생산성 향상대가를 매출액 기준으로 계산하는 방식의 성과배분 모형이다.
- 성과배분 기준 : 공개적 집단제안제도를 확립하고, 여기서 나타나는 종업원의 건설적 제안이 하위수준의 생산위원회(production committee)와 상위수준의 적격심사위원회(screening committee)를 통해 생산활동에 반영되는 인건비의 감축정도가 성과배분의 기준이 된다.
- 성과배분 방식 : 단위기간(예 1개월)마다 계산되는 생산제품의 시장판매가치(SVOP, sales value of production, 매출)와 예상노무비의 평균 비율(표준노무비율)을 산정하고, 실제 노무비 지출규모를 SVOP 대비 표준노무비(예상노무비)와 비교하여 그 절약분을 상여기금(bonus pool)으로 설정한다. 이 금액 중 25%는 (예상노무비보다 실제노무비가 초과되는) 결손월에 대비한 사내유보분으로 남기고 나머지 75%에 대하여 종업원과 회사측이 각각 3 : 1로 나누어 갖는 방식이다. 종업원들이 받을 수 있는 평균상여금은 급여액의 10~15% 정도이다.
- 특징 : [장점] 이익배분과 비교하여 종업원의 공헌과 상여금의 연결고리가 강하고, 제안 등의 노력이 상여금으로 연결된다는 점에서 동기부여 효과가 크다. 또한 거의 매달 상여금의 지급이 가능하다. [단점] 제품이나 서비스의 품질이슈가 발생할 수 있다. 왜냐하면 스캔론 플랜하에서는 노무비 절약만으로 상여금을 받기에 시간당 생산량을 늘릴 가능성이 있다.

ⅱ. 럭커 플랜(Rucker plan)

- 개념 : 미국의 경제학자 럭커(Rucker)에 의해 고안되었으며, 노사협력에 의한 생산성 향상대가를 부가가치의 평균초과규모로 계산하는 성과배분 모형이다.
- 성과배분 기준 : 럭커는 생산가치(production value, 생산부가가치)의 증대를 목표로 한 노사협력체계하에서 생산성 향상의 성과를 '럭커표준'으로 불리는 분배율에 따라 노사간에 배분하는 집단인센티브 시스템을 고안하였다.

- 성과배분 방식 : 럭커표준, 즉 노동부가가치의 비율인 임금상수(labor's share of production)를 활용하여 기업은 예상되는 노동부가가치보다 실제 노동부가가치가 더 큰 경우 그 초과분을 상여기금(bonus pool)으로 설정한다. 이 금액 중 (결손월에 대비한) 25~30%의 유보금을 제외한 나머지를 기업과 종업원 간에 1 : 1로 배분한다.
- 특징 : 기업이 달성한 부가가치를 기준으로 임금배분액을 계산하므로 시장상황을 반영하는 매우 합리적 제도이다. 또한 럭커 플랜을 활용할 경우 종업원의 관심사가 비단 노무비의 절감뿐만 아니라 부가가치의 증가에까지 미치므로 스캔론 플랜의 문제점 중 하나인 품질이슈가 해소된다.

iii. 임프로셰어 플랜(improshare plan)[46]

- 개념 : 산업공학자 페인(Fein)에 의해 고안되었으며, 단위당 소요되는 표준노동시간과 실제노동시간을 비교하여 절약분을 노사 간에 배분한다. (improved productivity through sharing)
- 성과배분의 기준 : 기준기간의 노동시간과 생산량으로 계산한 기본 생산성 비율을 실제기간에 적용시켜서 절감된 노동시간을 구한다.
- 성과배분의 방법 : 기본 생산성 비율을 통해 목표(표준)노동시간을 도출하고 실제노동시간과 비교하여 절약된 노동시간만큼에 해당하는 시간당 임률을 노사가 각각 1 : 1로 배분한다.
- 특징 : 산업공학적 전문기법을 사용하여 기본 생산성 비율을 산출하며, 다른 집단성과급과는 달리 손실보전을 위한 비축금을 적립하지 않는다. 초기에는 종업원의 참여적 측면이 없었으나 점차 품질분임조(Quality Circle) 등의 참여제도와 병행되고 있다.

iv. 프렌치 시스템

- 개념 : 근로자들의 노력을 자극하기 위하여 노무비를 포함한 모든 제반비용을 줄이는 것을 목표로 하는 성과배분계획이다.
- 성과배분의 기준과 방법 : 연간 총투입비용 대비 총산출액의 평균비율(표준비율, standard ratio)을 계산한 뒤, 이를 바탕으로 예상 기대산출액과 실제 산출액과의 차이를 구하여 그 값의 50%를 올해의 보너스 금액에 포함시킨다. 최종 보너스 금액은 특정연도의 성과로만 도출되는 것이 아니라 종업원이 느끼는 성과압력을 완화시키기 위해 3년 전, 2년 전, 1년 전, 그리고 올해의 보너스 금액에 각각 10%, 15%, 25%, 50%를 곱하여 모두 합한 값으로 산정한다.

c. 이익배분계획(profit sharing plan)[47]

i. 개념

1891년 영국에서 처음 실시된 것으로서 사전에 설정된 수준을 초과하는 이익이 발생하였을 때 이를 종업원에게 배분하는 성과참가의 한 방법이다.

ii. 목적

종업원과 기업 간의 운명공동체 의식을 고취시키는 것뿐만 아니라 낮은 이직률과 높은 성과수준의 자극, 노력과 창의적 상상력의 촉진, 경제적 안정의 도모 등에 그 목적이 있다.

iii. 유형

• 현금분배계획(cash distribution plan) : 현시점에서의 이익을 정해진 배분기간(분기, 반기, 1년 등)에 따라 지급하는 제도이다.
• 이연지급계획(deferred distribution plan) : 특정한 사건(퇴직, 사망, 고용관계의 단절 등)이 발생했을 경우 사전에 설정한 규칙에 따라 이익을 배분하는 제도이다. 이익배분의 몫을 공제기금(trust fund)에 예치하고 종업원 각자에 해당되는 계좌가 설치되며, 현금분배제도와는 달리 세제상의 혜택을 받을 수 있고, 연금이나 퇴직금과 연계하여 운영할 수 있다.
• 혼합배분계획 : 현금분배와 이연지급을 혼합한 제도로서, 일정 비율은 현재 지급하고 잔여분은 이연지급계획의 방식으로 지급한다.

iv. 이익산정의 기준

• 순이익 기준 : 이익창출에 기여한 주주, 경영자, 종업원 모두가 순이익(net profit)을 함께 나누는 것이다. 논리성과 합리성 측면에서 비판을 받는다.
• 배분가능이익 기준 : 순이익에서 출자자에게 자기자본비용만큼의 금액을 먼저 배분하고 남은 금액을 노사가 나누는 것이다. 비교적 합리적인 관점이다.

v. 장점

종업원과 기업 간의 운명공동체 의식을 고취시킴으로서 조직몰입도와 기업성과에 긍정적인 영향을 주고, 기본급(base pay)을 대체하는 방식으로 도입될 경우 (노력과 보상간 연결고리의 강화로 인해) 해고와 실업을 낮추고 종업원의 경제적 안정을 도모할 수 있다. 또한 구성원들의 노력과 창의적 상상력을 촉진한다.

vi. 단점

성과배분제에 비하여 종업원의 공헌 시기와 보상의 시기가 괴리됨에 따라 동기부여 효과가 적다. 또한 집단성과급의 속성상 이익배분의 과정에서 무임승차(free-riding)가 발생할 수 있다.

d. 집단 인센티브의 장점과 단점

i. 장점

보상의 유연성(기업사정에 따른 탄력적인 임금정책 실시용 가능)과 안정성(종업원의 재산 형성 가능)을 동시에 추구할 수 있고, 종업원의 협력동기와 집단응집성(group cohesiveness)을 증가시킨다.

ii. 단점

무임승차(free-riding)가 발생하여 열심히 일하는 직원들의 불만이 발생할 수 있다. 또한 밀코비치(Milkovich)가 『보상론(compensation)』에서 지적한 바 있는 소위 3C의 문제가 있다. 이는 집단 인센티브의 계산이 복잡하고(complexity), 종업원의 통제(control)가 어려우며, 제도의 내용에 대한 소통(communication)이 어렵다는 것이다.[48]

3) 메리트(merit) 제도[49]

① 의의

조직의 성과향상에 대한 개인의 기여도를 주관적 기준(지식, 기술, 능력, 행동 등에 대한 인사평가)에 근거하여 측정하고 보상하는 제도이다.

현대 사회에서 지식근로자의 수가 증가함에 따라 전통적인 생산직 근로자에게 주로 적용되던 인센티브 제도의 유효성이 점차 감소함에 따라 메리트 제도가 그 대안으로 등장하게 되었다.

② 특징

인사고과에서의 점수를 활용하여 승급의사결정이 이루어진다. 그러나 평가와 보상의 주기가 1년 내외로 길고 평가에 반영되는 요소가 다양하다는 점에서 성과와 보상 간의 연결고리가 인센티브 제도에 비하여 강한 편은 아니다.

③ 승급원리(승급기준)

메리트 제도 하의 승급은 i) 개인의 성과와 ii) 임금구조상에서 개인의 기본급이 차지하는 위치(콤파율, compa-ratio)의 영향을 받는다. 특정 연도의 낮은 성과를 추후에 만회할 수 있도록 하기 위해, 고임금 종업원의 승급률은 저임금 종업원의 승급률보다 낮게 디자인한다.

[평가등급 및 임금등급에서의 위치별 승급 적용률]

기본급 위치	S등급	A등급	B등급	C등급	D등급
중간점(median) 이상	150%×0.5	125%×0.5	100%×0.5	75%×0.5	50%×0.5
중간점(median) 주변	150%×0.8	125%×0.8	100%×0.8	75%×0.8	50%×0.8
중간점(median) 이하	150%	125%	100%	75%	50%

출처 : 배종석(2012), p.244, 수정인용

④ 승급방식

a. 자동승급방식(automatic progression)

단체교섭에 의한 균일승급, 생활비나 물가수준에 의한 연동승급(예 sliding scale wage plan), 연공에 따라 이루어지는 연공승급 등이 있다.

b. 업적승급방식(merit progression)

하나의 업적평가기준에 의해 이루어지는 단일업적기준승급과 고과분포 및 업적기준을 모두 적용시키는 다원업적기준승급이 있다.

c. 절충승급방식

직급에 따른 절충방식(하위직급에는 자동승급, 상위직급에는 업적승급)과 숙련정도에 따른 절충방식(중간숙련도 집단에는 자동승급, 고급숙련도 집단에는 업적승급) 등이 있다.

⑤ 연봉제[50)]

a. 의의

개별 종업원의 능력, 실적, 공헌도 평가점수를 기준으로 매년의 임금수준(= 연봉)을 계약하는 평가연동형 임금결정방식으로서, 연봉의 결정기준이 평가점수라는 점에서 연봉제는 메리트 제도의 변형된 한 형태가 된다.

b. 도입 배경

ⅰ. 세계화와 무한경쟁의 환경하에서 종업원의 동기부여와 인건비의 효율적 통제 등을 통한 조직의 생산성 향상과 경쟁력 강화를 도모한다.

ⅱ. 업무와 조직인적구성의 다양화로 인하여 구성원들이 각자의 능력이나 업적에 상응하는 보상을 더욱 선호하게 되었다.

ⅲ. 복잡한 임금구성항목을 단순화시켜 임금관리의 간소화를 도모한다.

c. 특성

ⅰ. 능력과 업적에 기반한 전략적인 임금제도로서 변동급의 속성을 가진다.

ⅱ. 연봉액은 단체협약이 아니라 구성원과 회사 간의 개별협약(idiosyncratic deal, 각자의 자질·능력 및 성과와 상황을 반영)에 의해 결정된다.

ⅲ. 각종 수당과 상여금을 연봉으로 통합하는 과정에서 임금체계 및 임금관리를 단순화시킨다.

d. 유형

ⅰ. 연봉임금의 구성방식에 따른 분류

- 총액연봉제 : 기본급, 제 수당, 상여금 등을 하나로 통합해서 임금항목이 연봉 하나로만 구성되어 있는 단일연봉제이다.
- 부분연봉제 : 임금구성이 종래의 월 급여(기본연봉)와 업적연봉(업적상여)으로 구성되어 있는 형태이다.

ⅱ. 연봉임금의 인상방식에 따른 분류

대체로 기본연봉에 대해서는 누적식을, 업적연봉에 대해서는 비누적식을 적용하는 경우가 많다.

	누적식	비누적식
기본급	○	×
변동급	×	○

• 누적연봉제(positive-sum 방식) : 기존 임금액이 다음의 임금협상에서 기본임금이 되어(가급제) 매년 계속 누적되는 제도로서, 종업원의 동기부여에 효과적이다.
• 비누적연봉제(zero-sum 방식) : 전년도 임금수준에서 올라갈 수도 있고 떨어질 수도 있는 가감급이 동시에 이루어지는 제도로서, 임금관리의 유연성을 제고한다.

e. 장점

연봉제의 실시는 우수한 핵심인재의 확보를 용이하게 하며, 기존의 복잡한 임금체계와 지급구조를 단순화하는 데도 도움이 된다.

f. 단점

사원들 간에 불필요한 경쟁심을 조장할 수 있으며 평가의 객관성과 공정성에 대한 문제, 예스맨의 등장으로 인한 소통의 왜곡, 근시안적 시각의 확산 등의 문제가 있다.

g. 효과적인 실시방안

연봉제의 효과적인 운영을 위해서는 성과지향적인 조직문화로의 개선, 합리적인 평가시스템의 도입, 업무 성격에 따른 차등적 도입 등이 필요하다. 또한 연봉제 도입 초기에는 기본연봉의 비중을 업적연봉보다 크게 두면서 서서히 업적연봉의 비중을 늘려나가는 방식을 고려할 필요가 있다.

4) 재산참가제도

① 의의

기업재산(대개 자본금을 의미함)의 소유에 종업원이 참여하는 것을 의미한다.

② 재산참가의 주요 유형

a. 종업원지주제(ESOP, employee stock ownership plan)[51]

ⅰ. 의의

기업이 특별한 조건으로 종업원에게 주식의 일부를 분배하여 주는 인센티브제도이다.

ⅱ. 중요성

• 고용관계적 중요성 : 피고용인에게 주주의 지위를 부여함으로써 경영의사결정상의 역할을 수행하게 하여 노사협조를 촉진시키고, 기업의 경영성과(주가, stock price)와 종업원의 주식 소유가치(재산가치)가 직접 연동되므로 근로의욕과 조직몰입도를 향상시키고, 장기근속을 용이하게 한다.
• 재무관리적 중요성 : 우리사주제도는 자본조달의 수단으로 활용될 수 있으며 우호적 · 안정적 주주를 확보함으로써 적대적 M&A로부터 경영권을 방어하는 효과적인 방안이 된다.

iii. 종업원 지주제의 유형

- 주식구입형 : 종업원이 자기 자금으로 자사주식을 구입하는 과정에서 기업측에서 i) 시가보다 낮은 가격으로 자사주를 제공하거나 ii) 주식구입 자금을 대여하는 등의 편의를 제공하는 형태이다.
- 저축장려형 : 종업원의 급여에서 일정액을 공제하고 이를 국채나 자사주에 일정비율로 투자하는 방식이다.
- 이익분배형 : 회사에서 종업원에게 분배한 이익을 종업원 명의로 적립하였다가 자사주식 또는 기타 유가증권에 투자하는 방법이다.
- 자금대여형 : 기업측이 금융기관을 통한 자금대여를 중개하여 종업원이 자사주를 매입하고, 자금 상환 과정에서 기업이 지원하는 형태이다.

iv. 우리나라에서 종업원지주제의 전개과정[52]

우리나라에서 종업원지주제는 우리사주제의 형태로 시행 중이며, 이는 근로자가 자기회사의 주식 일부를 소유하도록 회사와 정부가 지원하는 제도이다. 1958년 10월 ㈜유한양행의 자사주 지급을 효시로 하며, 1968년 11월 제정된「자본시장 육성에 관한 법률」에서 본격적으로 관련내용을 규정하였다.

v. 종업원지주제 운영상의 문제점

- 자사주 보유비율이 낮고 그 기간도 짧은 등 제도가 활성화되지 못하였다.
- 주가의 상승과 하락으로 종업원 재산의 변동성이 증가한다.
- 비상장기업에서의 적용에 애로가 있다.

vi. 신우리사주제의 내용과 효과

- 내용 : 근로자복지기본법(2001.8.14 공포, 2002.1.1. 시행) 제정을 통해 성과배분형 신(新)우리사주제도를 도입하였으며, 그 핵심내용은 회사에서 성과급 방식으로 자사주 또는 금전을 우리사주조합에 출연함으로써 근로자의 자사주(自社株) 취득을 지원하는 것이다.
- 효과 : 성과급 형태로 자사주 취득을 지원함에 따라 생산성 향상과 노사협력 증진에 기여하고, 상대적으로 복지혜택을 적게 받는 비상장/비등록기업 근로자의 복지향상을 위하여 기능할 수 있도록 설계하였다. 또한 회사나 대주주가 조합에 주식을 무상출연함으로써 직원에겐 가격하락에 따른 손실발생 가능성이 없고, 종업원이 4~8년간 주식을 장기 보유함으로써 인재확보나 경영권 안정에 도움을 받을 수 있다.

vii. 현행 우리사주제의 특징

- 개인적인 자사주 구매가 아니라 회사의 경영방침으로서 피고용인에게 자사 주식을 보유하도록 추진한다.
- 회사가 자금지원 및 보조 등의 특별한 편의를 제공한다.
- 자사주의 취득 및 장기보유를 목적으로 한다.
- 자사주의 취득 · 보유가 제도화되어 항구적으로 운영된다.

viii. 우리사주제도의 실시 현황

우리사주제도의 결성률은 21년 현재 코스피 법인의 경우에는 88.32%이며 코스닥 법인은 80.55%로 매출규모나 영업이익의 규모 등과 긍정적인 상관관계를 보인다.

b. 스톡옵션제(stock option, 주식매입선택권제) 53)

i. 개념

회사가 임직원(주로 임원이나 경영진)에게 일정량의 자사 주식을 일정한 기간 내에 사전에 약정된 가격(= 행사가격)으로 일정한 수량까지 매수할 수 있는 권리를 주는 인센티브제도이다. 임직원의 노력으로 조직성과가 향상되고 그 결과 주가가 행사가격 이상으로 상승하면, 옵션을 행사하여 회사로부터 주식을 매입하고 이를 시장에 매각함으로써 이익을 남길 수 있다. 한국에서는 1996년 12월에 증권거래법이 개정되면서 주식매입선택권이라는 이름으로 법제화되었다.

ii. 목적

- 스톡옵션제도 도입의 주된 목적은 대리인 이론(agency theory)에서 말하는 본인-대리인 문제(principal-agent problem)로 인하여 야기되는 도덕적 해이(moral hazard)를 극복하기 위함이다. 즉 최고경영자가 기업의 주인인 주주의 이해관계(주가상승)보다 자신의 이해관계(연봉인상 및 처우개선)에 더 큰 관심을 가지는 현상을 방지하기 위해 경영자의 인센티브 산정시 주가를 반영하게 한 것이다.
- 그 밖에도 스톡옵션을 통해 기업은 창의적이고 우수한 인재의 유치, 장기적 기업가치 극대화를 위한 조직구성원들의 동기부여 등의 목적을 달성할 수 있다.

iii. 유형

- 인센티브 스톡옵션(incentive stock option) : 가장 일반적인 형태의 주식매입선택권으로서, 일정한 요건하에 세제상의 우대조치가 인정된다.
- 주식평가보상권(stock appreciation rights) : 실제 주식의 매매 없이 자사주의 시장가격 상승액을 보상으로 받을 수 있는 권리를 부여하는 제도이다.

iv. 긍정적 기대효과

- 성과와 연계한 보상으로서 종업원(특히 관리자나 경영자)의 동기를 증진한다.
- 우수인력의 확보와 노사관계의 개선 효과가 있다.
- 기업의 감시체계를 보완하는 동시에 대리인 문제를 극복할 수 있다.

v. 잠재적 문제점

- 신주 발행가보다 낮은 가격으로 스톡옵션을 부여하는 경우 기존 주주의 이익침해가 발생할 수 있으며, 주가폭등의 상황에서 스톡옵션으로 이익을 본 임직원들이 회사를 그만두는 경우(예 1990년대 MS社) 인재 유출로 인한 어려움에 빠질 수 있다.
- (옵션의 개념과 취지상) 이에 상응하는 경영자의 위험부담이 없는 경우가 많아 형평성의 문제가 제기될 수 있다.
- 경영자들이 단기 성과에 집착할 가능성이 있다. 당장 돈이 되는 영역에만 투자하거나, 장기

적 성장동력을 희생시켜 주가상승을 노리는 경우에는 회사와 주주에게 피해가 고스란히 전가된다.

[종업원지주제와 스톡옵션제의 비교]

구분	종업원지주제(ESOP)	스톡옵션제(주식매입선택권제)
목 적	종업원의 재산형성 지원	동기부여 + 대리인 문제 극복
대 상	임원을 제외한 종업원	임원을 포함한 종업원
성 격	집단 인센티브	개인 인센티브
주식취득 방법	우리사주조합을 결성한 후 취득 장기근속자 및 저소득자 우대	회사와 임직원간 개별약정에 따라 옵션 부여 일정기간 경과 후 옵션의 행사 가능

출처 : 최종태(2000), p.286, 수정인용

5) 성과급의 한계

① 일반적 한계[54)]

a. 종업원들이 단기간 내에 최대한의 산출량을 달성하기 위하여 제품 품질을 희생시킬 수 있다.

b. 성과측정지표(= 성과표준)의 설정과 임금결정 과정에서 노사 간의 마찰이 발생할 수 있다.

c. 종업원 입장에서는 안정적 소득을 기대하기 힘들며, 특히 미숙련 및 고령층 근로자, 여성근로자의 경우 불리할 수 있다.

d. 일반적으로 성과급은 작업속도를 증가시키므로 종업원들의 건강을 해친다.

e. 개인성과급은 종업원들의 협동관계와 신뢰감을 저해할 수 있다.

f. 인지평가이론에 따르면 업무 자체의 즐거움인 내적 동기가 외적 보상으로 인하여 파괴될 수 있다.

② 한국적 한계

a. 성과급 제도 자체에 대한 구성원의 이해 수준이 그다지 높지 않다. 우리의 성과급은 구성원의 필요가 아니라 맹목적으로 서구의 제도를 상부주도의 top-down 방식으로 도입 · 시행하였기 때문이다.

b. 성과급 실시의 전제가 되는 성과평가 자체가 합리적으로 시행되지 못하는 경우가 많았다. 그 결과 성과지표와 고과과정 등 성과관리 전반에 걸친 구성원들의 불신이 상당하며, 성과급의 '수단성 지각'이 낮아졌다.

c. 인화와 평등을 지향하는 조직문화 때문에 성과급 제도를 불편하게 생각하는 구성원들이 있다.

6) 성과급의 한계를 극복하는 방안[55)]

① 개인성과급과 집단성과급의 조화(유연성 관점)

과도한 개인별 보상의 차등폭 확대가 구성원 간의 위화감을 조성하고 조직에 대한 신뢰와 충성심을 약화시키는 요인이 되므로 개인과 집단의 성과를 적절하게 조합하는 평가제도를 설계할 필요가 있다.

② 상황요건의 고려(전략적 인사관리 관점)

브룸(Vroom)이 소개한 유의성(valence) 개념에 따라 조직은 구성원이 처한 상황요건을 보상지급에서 고려할 필요가 있다. 구체적으로는 조직의 특성이나 문화 및 종업원의 경력단계별 선호도를 보상과정에서 반영하는 것이 좋다.

③ 성과평가 공정성의 제고

균형성과표(BSC, Balanced Scorecard)나 다면평가(360도 피드백) 등의 다양한 성과평가방식을 도입함으로써 성과측정의 타당성과 공정성을 확보할 필요가 있다.

④ 총보상 관점의 접근

금전적 보상 위주의 동기부여에서 벗어나 경력 개발 기회, 승진, 도전적 직무, 책임과 자율성, 인정, 격려, 만족감, 보람 등 비금전적 보상을 강화하여 총보상의 관점에서 접근할 필요가 있다. (예 SAS나 Southwest Airlines)

7) 성과급 제도의 종합적 비교[56)]

[종업원 대상의 성과급 제도 비교]

	인센티브의 강도	구성 효과의 강도	협업 독려	기업지불능력과의 연동
개인 인센티브	좋음	좋음	나쁨	없음
메리트 제도	중간	중간	중간	없음
성과배분계획	중간[a]	중간[a]	좋음	상황에 따라 다름
이익배분계획	나쁨[a]	나쁨	좋음	있음
재산참가	나쁨[a]	나쁨	좋음	있음

a. 집단이 소수로 구성되면 인센티브 강도가 좋아질 수 있음

출처 : Gerhart & Rynes(2003), p.220, 수정인용

여러 성과급 제도에 대한 각종 비교연구에 의하면 인센티브의 강도(intensity) 측면에서는 개인 인센티브가, 구성 효과(sorting effect)의 측면에서도 개인 인센티브가, 협업(cooperation)의 독

려 차원에서는 집단 인센티브가, 기업의 지불능력을 고려한다는 측면에서는 이익배분계획이나 재산참가(종업원지주제, 스톡옵션)가 각기 우월한 것으로 나타났다.

|5| 임금평가관리[57)]

1) 의의

임금평가는 기업의 임금공정성 확보조치들이 얼마나 효과적이었는가를 측정하는 활동이다.

2) 평가대상

임금평가의 주된 평가항목은 공정성이 되며, 구체적으로는 배분적 측면에서의 대외적(임금수준) · 대내적(임금체계와 형태) 공정성과 절차적 측면에서의 과정적 공정성으로 나뉜다.

3) 평가기준

① 기업의 관점 : 객관적 측면

임금제도가 노동시장에서 유능한 인력을 확보하는 과정과 구성원의 동기부여에 도움이 되는지를 평가한다.

② 종업원의 관점 : 주관적 측면

임금제도가 종업원의 공헌을 충분히 인정하는 동시에 삶의 질을 높였는지를 평가한다.

4) 평가의 실제

① 계량적 접근

임금액수에 대한 양적 평가는 임금수준, 체계, 형태의 측면에서 이루어지며, 각 액수의 평가 시에 콤파율(compa-ratio)을 활용할 수 있다.[58)]

a. 임금수준의 분석

동종 · 동지역 · 동규모의 경쟁회사 임금수준을 조사하여 대외적 공정성을 판단한다.

b. 임금체계의 분석

직무, 연공, 직무수행 능력의 제 측면에서 임금이 합리적으로 산정되었는지를 평가한다.

c. 임금형태의 분석

기업이 실시하고 있는 인센티브가 동기부여와 종업원 유지에 효과적인지를 평가한다.

② 질적 접근

a. 임금과정의 분석

임금산정 과정이 투명하고 윤리적으로 운영되었는지를 평가한다.

b. 심리적 분석

조직구성원들의 임금공정성에 대한 인식은 임금만족에 대한 차이모델(discrepancy model of pay satisfaction)을 따르는 것으로 알려져 있다. 다음 공식과 그래프에 의하면 개인의 임금만족도는 기대임금과 실제임금의 격차가 작을수록 향상된다.

$$\text{임금만족도} = 1 - \frac{|\text{실제 수령한 임금} - \text{기대임금}|}{\text{기대임금}}$$

[임금만족에 대한 차이모델]

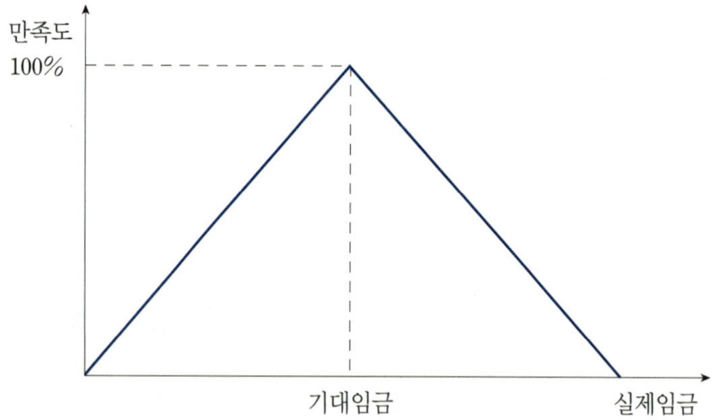

제3절 복리후생관리

MANAGING HUMAN RESOURCE AND INDUSTRIAL RELATIONS

(2005년) 제14회 공인노무사시험
직장생활과 가정생활의 조화(Work & Life Balance)를 제고하기 위한 기업복지제도를 설명하라. (25점)
(2006년) 제15회 공인노무사시험
퇴직금에 관한 제 학설과 퇴직금 제도의 발전방향을 약술하라. (25점)
(2011년) 제20회 공인노무사시험
카페테리아 복리후생제도의 효과와 한계를 약술하라. (25점)
(2024년) 제33회 공인노무사시험
퇴직연금제도의 의미를 설명하고, 확정급여형(defined benefit plan : DB)과 확정기여형(defined contribution plan : DC), 개인형 퇴직연금제도(individual retirement pension : IRP)의 특성을 각각 설명하시오. (25점)

| 1 | 복리후생관리의 의의와 형태

1) 복리후생관리의 의의

① 복리후생의 개념[59)]

복리후생(benefit and service program/fringe benefit)은 조직구성원과 그 가족의 생활수준 향상을 위하여 시행하는 임금 이외의 간접적인 보상이다.

② 등장배경[60)]

최근 복리후생과 같은 간접적 보상항목이 점차 증가하는 이유는 i) 변화저항이 큰 임금에 비해 조절이 용이하다는 점에서 보상관리의 유연성을 제고할 수 있고, ii) 구성원들의 다양한 요구사항에 대한 개인화(個人化)된 대응이 가능하며, iii) 소득세 대상이 아니라는 점에서 세제상의 이점이 있기 때문이다.

2) 복리후생의 목적과 필요성[61)]

① 경제적 측면

복리후생은 추가보상으로서 종업원의 사기앙양과 성과향상에 도움이 되며(인센티브 효과), 노동시장에서 보다 나은 인적자원을 확보하는 데 도움을 준다(구성 효과).

② 사회적 측면

복리후생 제도를 통해 상대적으로 불리한 지위에 있는 종업원들을 차별 없이 보호하는 동시에 자연스러운 인간관계 형성을 통한 사회적 욕구(social needs) 충족을 돕는다는 점에서 종업원의 사회적 통합(social integration)을 도모할 수 있다.

③ 정치적 측면

기업은 선제적으로 복리후생을 도입함으로써 정부와 노조의 압력으로부터 벗어날 수 있다.

④ 윤리적 측면

기업은 복리후생을 도입함으로써 종업원의 최저생활 보장이라는 윤리적 목적을 달성할 수 있다.

3) 복리후생 프로그램의 설계[62)]

① 기업측 요인

복리후생 프로그램을 설계하는 데 영향을 미치는 기업 측 요인은 i) 복리후생비와 전체 인건비의 비율, ii) 투입된 복리후생비와 이로 인해 창출된 편익 간의 관계, iii) 경쟁기업의 복리후생 수준(편승효과, bandwagon effect), iv) 법적 요구사항 등이다.

② 종업원측 요인

복리후생 프로그램을 설계하는 데 영향을 미치는 종업원 측 요인은 i) 복리후생의 수준에 대한 공정성 지각, ii) 종업원의 인구통계적 특성(예 연령구조, 성별, 결혼여부) 등이다.

③ 복지시스템 설계상의 요인

복지시스템을 설계함에 있어서는 i) 복지혜택 대상의 선정(전체와 부분), ii) 복지프로그램의 형태 결정(경제-비경제, 법정-비법정), iii) 재원의 조달방법 결정(기업전액부담, 사용자-수혜자 공동부담) 등이 주요한 이슈가 된다.

4) 복리후생의 제 형태[63)]

기업의 복리후생에는 여러 정책들이 포함되는데, 이들은 크게 법정 복리후생과 비법정(법정 외) 복리후생으로 나눌 수 있다. 비법정 복리후생은 흔히 자발적(voluntary) 복리후생이라 불리기도 한다.

① 사회보험

건강보험과 국민연금은 그 비용을 기업과 종업원이 반씩 부담하며, 산업재해보상보험은 기업이 전액 부담한다. 고용보험은 그 구성요소에 따라 부담방식이 달라진다.

② 유급휴가제도

회사는 종업원들에게 유급휴가를 제공해야 하며 근로기준법상의 기준을 따른다.

5) 퇴직금과 퇴직연금[64)]

① 퇴직금(retirement/severance pay)

a. 의의와 기본성격

퇴직금은 근로자가 일정기간 동안 기업에 근속한 뒤 퇴직시에 주어지는 금전적 급부로서, 법정 복리후생의 한 유형이다.

b. 관련 법규

근로기준법 34조(퇴직금제도)와 근로자퇴직급여보장법(2005년 제정)에 따르면 사업주는 계속 근로연수 1년에 대하여 30일분 이상의 평균임금을 지급하여야 할 의무가 있다.

c. 이론적 성격

ⅰ. 공로보상설

퇴직금을 종업원의 재직 중 공헌에 대한 대가로 보는 것으로서, 의무가 아니라 기업측이 감사함의 표시로서 제공하는 급부이다.

ⅱ. 임금후불설

퇴직금은 재직기간 동안 축적된 미지급임금을 돌려받는 것으로서, 주로 노동조합측의 견해에 해당한다.

ⅲ. 생활보장설

퇴직금을 퇴직 이후에 겪을 생계난의 해소수단으로 보는 관점으로서, 사회보장시스템이 취약한 경우(예 우리나라) 그 설명력이 커진다.

② 퇴직연금제도(retirement pension)

a. 의의

퇴직금을 일시에 수령하지 않고 일정 기간 동안 고정액을 분할하여 수령하는 것으로서, 노후소득의 불안을 해소하고 기업의 퇴직금 지급 부담을 줄이는 취지에서 도입되었다.

b. 도입 배경

ⅰ. 종업원측의 노후소득 보장 니즈(needs)

고령화 추세, 연봉제의 실시, 빈번한 직장이동, 근로형태의 유연화 등의 노후소득 불안요인을 줄이기 위해 퇴직금을 안정적으로 수령하고자 하는 니즈가 발생한다.

ⅱ. 사용자측의 비용부담 감소 니즈(needs)

퇴직 일시금 지급으로 인한 재정부담 감소를 위해 중년층 퇴출 및 임금피크제 도입 등의 니즈가 발생하며, 퇴직연금제는 이러한 니즈 해결에 도움이 된다.

c. 기본 특징

ⅰ. 기업도산에 따른 지급불능 사태에 대응

금융기관에 퇴직금을 예치하므로 사업장이 도산해도 퇴직금을 받지 못할 우려가 없다.

ⅱ. 제도설계 및 운용과정의 다양한 선택권 부여

퇴직적립금의 운용주체가 사용자인 방식[확정급여형, DB(Defined Benefit)]과 근로자인 방식[확정기여형, DC(Defined Contribution)] 등의 다양한 선택옵션이 존재한다.

ⅲ. 변화된 자산관리 환경에 대응

퇴직적립금은 자산운용전문기관을 통해 채권, 주식, 선물 등 다양한 금융상품에 장기 분산투자되므로 오늘날의 변화된 자산관리 환경에 효과적으로 대응할 수 있다.

ⅳ. 은퇴 시까지 충분한 수준의 노후재원 보존

퇴직연금제도에서는 중도인출(중간정산)을 엄격하게 제한하고 이직시에도 퇴직금 적립을 유지할 수 있게 함으로써, 노후재원이 생활자금으로 소진되지 않도록 하고 있다.

d. 종류

ⅰ. 확정급여형(DB, defined benefit)

- 개념 : 종업원의 연금수령액(= 퇴직당시의 평균임금×근속연수)이 사전에 확정되고, 미적립 금액에 대해서는 사용자측이 최종 책임을 진다.
- 장점 : 안정적인 노후예측이 가능하고, 사측이 퇴직적립금의 지급을 보장해 준다.
- 단점 : 기업의 도산시에는 기적립액에 한하여 수급권이 보장되고, 중도인출이 불가하기에 종업원의 이직시에 퇴직금의 계산이 복잡해진다.
- 선호하는 대상 : 장기근속자와 도산 위험이 낮은 대기업 종사자가 선호한다.

ⅱ. **확정기여형**(DC, defined contribution)

- 개념 : 사용자의 퇴직적립액(연간 임금총액의 1/12 이상의 부담금)이 사전에 확정되고, 그 운용을 종업원이 자기책임하에 실시하는 것이다.
- 장점 : 적립금의 운용기관이 유지되고 운용주체가 본인이 되므로 종업원이 직장을 옮기거나 기업이 도산해도 기적립금액이 보장된다.
- 단점 : 투자결과에 따라 종업원의 최종수령금액이 달라질 수 있다. 즉 위험을 종업원이 부담한다고 볼 수 있다.
- 선호하는 대상 : 기업의 불안정성이 큰 중소기업 종사자와 이직이 잦은 단기근속자, 연봉제를 적용받는 사람들이 선호한다.

ⅲ. **개인형 퇴직연금**(IRP, Individual Retirement Pension)

- 개념 : 기존의 IRA(개인퇴직계좌)를 확대 개편한 것으로서, DC형과 유사한 방식으로 퇴직금을 운용하며 자기부담금을 추가하여 적립할 수 있다.
- 특성 : 가입대상이 기존(근로자)보다 확대(자영업자 등도 포함)되며, 연금 수령방식이 다양화(일시수령, 연금수령)되고, 은퇴시점 이후로 과세기간이 이연되며, 추가납입금의 소득공제도 가능하다.

[퇴직연금제의 유형별 적립방식]

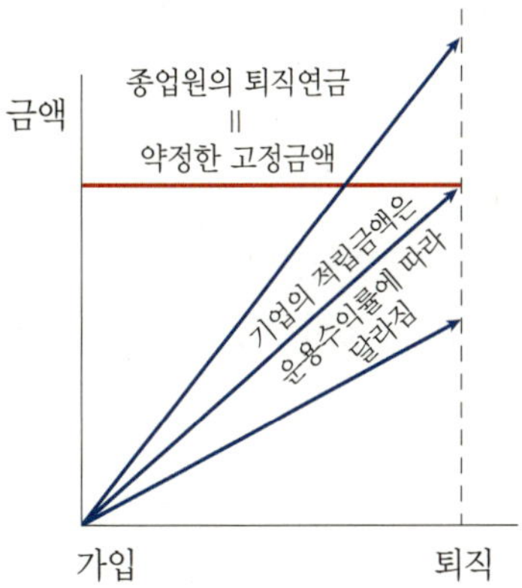

DB형의 구조

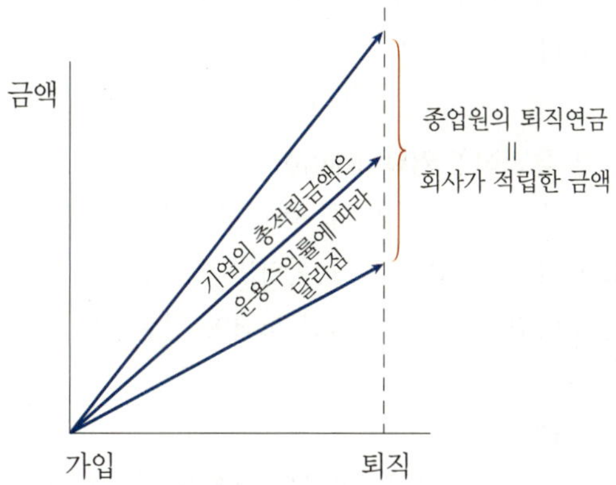

DC형의 구조

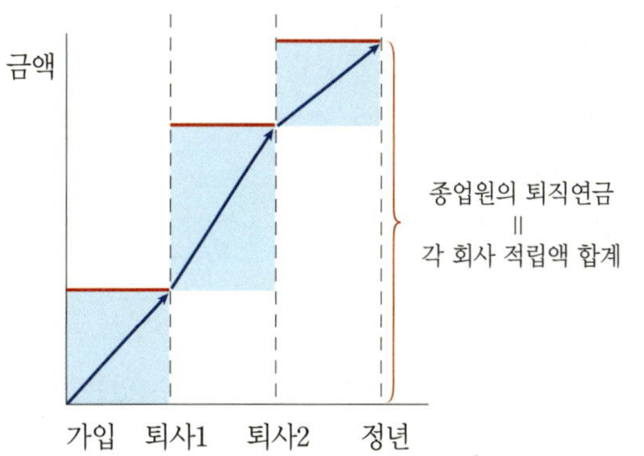

IRP형의 구조

e. 퇴직연금제 도입의 효과

퇴직연금제는 노동자의 노후 소득을 보장해 주며 기업의 합리적 비용관리를 유도하는 한편, 임금피크제 등 기업의 유연적 인사관리에도 도움을 준다.

f. 퇴직연금제의 문제점과 활성화 방안

ⅰ. 문제점

국민들의 퇴직연금 개념에 대한 이해도가 낮고, 운영과정에서 노사협의가 원만하지 않을 수 있으며, 사적연금인 퇴직연금의 활성화에 따라 국민연금이 약화될 수 있다.

ⅱ. 활성화 방안

퇴직연금에 대한 세제혜택을 강화하고, 다양한 유형의 제도를 도입하여 선택의 폭을 넓히며, 연금운용 관련 규제를 줄이고, 지급보장체제를 개선할 필요가 있다.

6) 복리후생의 효과성 제고를 위한 관리방안[65)]

① 복리후생관리의 기본원칙

기업과 종업원 양측의 목표달성을 위해 복리후생은 적정성(동종업계의 타 기업과 비교하여 유사), 합리성(타 복지프로그램과 중복되거나 결여되지 않음), 협력성(노사협력 필요)의 원칙을 충족하여야 한다.

② 효과적인 커뮤니케이션

기업이 아무리 우수한 복리후생제도를 도입 및 실시하더라도 종업원들이 복리후생의 구성요소와 가치를 이해하지 못한다면 복리후생에 대한 불만족을 가질 수 있다. 따라서 복지제도에 대한 경영진의 커뮤니케이션 노력이 절실함을 확인할 수 있다.

a. 내용면

효과적인 커뮤니케이션은 다음의 내용을 포함해야 하며, 종업원들이 신뢰할 수 있도록 진실하고 구체적이어야 한다.

- 복리후생의 목적
- 수혜시기, 수혜범위, 수혜대상자
- 기업과 종업원의 비용부담비율
- 복리후생 프로그램의 이용방법 및 절차 등

b. 방법면

복리후생의 내용을 종업원들에게 효과적으로 전달할 수 있는 방법은 다음과 같다.

ⅰ. 커뮤니케이션 매체의 활용

복리후생관련 소책자 배부, 비디오 상영, 인트라넷을 활용한 전파, 콜센터 활용 등의 방법이 있다.

ⅱ. 종업원 간담회 개최

새로운 프로그램의 소개, 비용절약의 팁, 기타 이슈 등을 다루는 간담회를 개최할 수 있다.

ⅲ. 복리후생 컨설턴트의 활용

기업 내에 복리후생업무를 전담하는 컨설턴트를 둠으로써 상담이나 안내 서비스를 제공한다.

③ 복리후생비용의 철저한 분석

복리후생비용을 분석하는 방법(기준)으로는 다음과 같은 것들이 있다.

a. 연간 총 복리후생비용

이는 각 복지항목들의 연간비용을 합산한 것으로 예산편성시 특히 유용하다.

b. 종업원 1인당 연간 총 복리후생비용

이는 복지비용을 수혜종업원의 수로 나눈 것으로서, 종업원들의 비용인식에 도움을 줄 수 있다.

c. 복리후생의 임금 대비 비율

이는 타 기업과의 복리후생비를 비교하는 과정에서 유용하게 활용될 수 있다.

④ 기타 요인

a. 운영의 공정성

복리후생의 운영은 특정 집단이나 계층에 치우치지 않고 모든 종업원에게 공정하게 이루어져야 한다. 임금과 달리 복리후생의 불공정성은 종업원간 위화감과 불만 증가로 이어질 수 있다.

b. 운영의 신속성과 정확성

복리후생의 제공사유가 발생하면 가능한 신속하고 즉각적인 비용처리가 이루어지도록 해야 하며, 그 내역을 정확하게 기록할 필요가 있다.

c. 모니터링 및 감사

복리후생 프로그램들이 올바르게 운영되고 있는지 평가하는 피드백(feedback) 과정이 필요하다. 구체적인 평가법으로는 ⅰ) 비용-편익 분석, ⅱ) 직무행동 변화 분석, ⅲ) 공정성 지각 분석 등이 있다.

d. 종업원의 참여

제도의 운영과 설계 과정에서 종업원의 적극적 참여가 뒷받침된다면 제도에 대한 수용성이 증가할 것이다.

| 2 | 복리후생관리의 전개방향[66)]

1) 생산적 복리후생 : 경영자측의 니즈와 관련

허쯔버그(Hertzberg)의 2요인 이론에 따르면 복리후생은 일종의 위생요인(hygiene factor)으로서 이것이 제대로 구비되지 않으면 구성원의 불만이 축적되어 생산성의 저하가 발생한다. 따라서 복리후생정책은 비용이 아니라 기업의 생산성을 높이기 위한 수단이라는 인식전환이 필요하다.

2) 질적 복리후생(= 비경제적 복리후생) : 종업원측의 니즈와 관련

종업원의 측면에서 복리후생은 종업원의 만족과 삶의 질 향상에 기여하는 방향으로 설계되어야 한다. 구체적으로 오늘날 그 관심이 증가하고 있는 일과 삶의 균형(work & life balance, WLB) 관점에서 관련된 복리후생제도를 소개하면 다음과 같다.

- 근무형태 다양화 : 유연근로시간제, 원격근무, 집중근무제 등
- 가족대상 프로그램 : 보육지원, 노인부양지원, 가정상담지원 등
- 개인신상 지원 : 교육(학자금)지원, 보험제도 정비, 경력상담 등
- 직무관련 지원 : 직무설계를 통한 종업원 욕구의 충족
- 성과관련 지원 : 승진기회, 재량권 부여, 작업공간 확충 등

3) 유연적 복리후생 : 복리후생 프로그램의 실천과정

① 의의

a. 기존 복리후생의 문제점

전통적인 표준복리후생제도(standard benefit plans)는 평균적인 종업원들을 상정하고 모든 종업원들에게 고정적인 복지혜택을 일률적으로 제공해왔다. 이는 브룸(Vroom)의 기대이론(Expectancy theory)에서 상정하는 유의성(valence) 차원에서 문제가 있다.

b. 유연복리후생계획(flexible benefit plans)

유연복리후생 또는 카페테리아식 복리후생제도(cafeteria-style benefit plans)는 종업원 각자의

욕구와 선호를 반영한 복수의 복리후생 선택안(option)을 제공하여, 자기가 선호하는 복리후생 항목을 총한도액 내에서 자유롭게 선택할 수 있는 제도이다.

② 유형[67]

a. 선택항목 추가형(core plus plans)

종업원 전체에 꼭 필요한 기본적 핵심복지를 먼저 제공한 뒤 여분의 자금으로 추가적인 선택권을 부여하여 종업원이 자기가 원하는 것을 선택하게 하는 제도이다.

b. 모듈 접근법(module plans)

다양한 항목들을 집단화(grouping)한 등가(等價)의 패키지들 중에서 선택하게 하는 제도이다.

c. 선택적 지출계좌형(flexible spending accounts)

종업원 개인에게 주어진 복리후생 예산범위 내에서 자유로이 원하는 복리후생 항목을 선택할 수 있는 제도이다.

③ 효과

a. 종업원의 만족도 증가

유연복리후생제도는 종업원의 욕구와 선호도를 반영하는 복리후생프로그램으로서 만족도 증가에 도움이 된다.

b. 변화하는 욕구에 대응

유연복리후생제도는 종업원들의 인적 구성이나 욕구체계가 변화해도 이에 대응할 수 있다.

c. 복리후생 설계에 참여

종업원들이 직접 본인이 원하는 제도를 선택하므로 복리후생제도의 설계에 참여한다.

d. 비용대비 효과

종업원의 선택의 폭을 넓혀주는 것이므로 비용대비 효과가 크다.

e. 비용의 안정적 통제

조직이 설정한 복리후생비 한도 내에서 종업원들이 선택하므로 비용통제가 가능하다.

④ 한계

a. 종업원들이 선택을 잘못했을 경우 위급시에 혜택을 받지 못하는 경우가 있다.

b. 복리후생 프로그램의 개발 및 이용가능한 선택에 대한 종업원 상담 서비스 제공, 정교한

기록보존 등으로 관리상의 부담과 비용이 증가한다.

c. 경우에 따라서는 기업의 복리후생비 부담이 증가할 수 있다.

d. 종업원들이 특정 복리후생프로그램만을 선호할 경우, 선택의 역기능이 나타날 수도 있다.

⑤ 핵심성공요인

종합적인 보상정책과 정렬(align)시킬 수 있는 효율적인 시스템을 마련하는 동시에 운영적 차원에서 종업원들의 적극적 참여와 의사소통을 장려할 필요가 있다.

심화학습

CHAPTER 06 | 보상관리

다음 글을 읽고 최고경영자를 위한 보상시스템의 설계방안을 고민해 보라.[68]

Ⅰ. 최고경영자 보상에 영향을 미치는 요인

최고경영자를 포함한 경영진의 보상은 주주총회에서 승인된 보수한도 내에서 집행되며, 대개 다음의 이유를 반영하여 일반 종업원에 비해 상당히 높은 수준의 보상을 지급받게 된다.

- 경영진은 조직성과의 근간이 되는 의사결정을 수행하는 사람이다. 즉, 기업의 이익률은 경영자라는 인적자본(human capital)의 경제적 공헌도를 반영하며, 고급 의사결정의 대가로 보상을 지급한다.
- 경영능력을 갖춘 인적자원은 그 수가 많지 않다. 노동시장에서의 수요와 공급을 비교해 보면 경영진이 될 만한 인력의 수요는 공급을 훨씬 초과한다.
- 주주들은 경영자를 그들의 경제적 이익을 극대화시킬 대리인으로 여긴다. 따라서 대리인 비용(agency cost)을 최소화하기 위한 적절한 인센티브의 차원에서 CEO의 보상이 결정된다.

Ⅱ. 최고경영자 보상 : 토너먼트 관점의 접근

최고경영자 보상에 관한 '토너먼트 이론(Tournament Theory)'은 미국 스탠포드대 경영대학원의 에드워드 레지어(Edward Lazear) 교수가 처음 주장했다. 토너먼트 이론은 회사에서 똑같은 일을 하는 직원들을 서로 비교해 그 성과에 따라 토너먼트식으로 보상하는 형태를 가정한다. 레지어에 따르면 사장의 높은 연봉은 사장보다 부사장에게 더 열심히 일해야겠다는 동기를 부여하기 위한 것이다.

Ⅲ. 최고경영자 보상의 구성요소

최고경영자의 보상은 크게 기본급, 단기성과급, 장기성과급으로 구성된다. 과거에는 주로 기본급의 비중이 높았으나, 최근에는 점차 장기성과급의 비중이 늘고 있다.

1. 기본급(base salaries)

경쟁업체, 산업수준, 회사규모, 최고경영자의 경력, 기업의 임금전략 등을 고려하여 책정된다.

2. 단기성과급(short-term incentive)

연단위 성과급으로서, 목표달성도에 따라 지급하는 목표위주계획(goal-driven plans), 미리 설정한 공식에 따라 이익금에서 지급하는 공식위주계획(formula-driven plans), 목표측정 없이 지급되는 순수재량계획(purely discretionary plans) 등이 있다.

3. 장기성과급(long-term incentive)

1년 이상 기간의 성과에 기반한 성과급으로서, 일반적 스톡옵션, 조건제한부 스톡옵션, 수익목표별 지급계획에 의거한 성과기반급부(performance-based grants) 등이 있다.

Ⅳ. 최고경영자 보상관리에 있어 고려해야 할 사항

최고경영자의 보상에 있어서는 경영자의 위험성향(위험기피적, 위험선호적, 위험중립적), 성과와 시장환경에 대한 측정지표(criteria)적 측면, 단기 · 장기 인센티브의 선택과 관련한 시간지평(time horizon) 등을 고려해야 한다.

1) 박경규(2016), 『신인사관리』(제6판), 서울 : 홍문사, pp.394~398.

2) "연봉 1억 4000만원은 돼야 귀한 직업", 조선일보 2010.08.16.

3) 김영재 · 김성국 · 김강식(2015), 『신인적자원관리』(제3판), 서울 : 탑북스

4) 배종석(2012), 『인적자원론』(제2판), 서울 : 홍문사 ; 이창길(2016), 『인적자원행정론』(제2판), 파주 : 법문사 ; 최종태(2000), 『현대인사관리론』(전정판), 서울 : 박영사

5) 박경규, 전게서, p.392. ; 최종태, 전게서, pp.187~189.

6) 박경규, 전게서, pp.398~402. ; 김영재 등, 전게서.

7) Thibaut, J. & Walker, L. (1975). *Procedural Justice : A Psychological Analysis*, Hilldale, NJ : Lawrence Erlbaum Associates.

8) Leventhal, G. S. (1980). What should be done with equity theory? New approaches to the study of fairness in social relationship. In K. Gergen, M. Greenberg, & R. Willis (Eds.), *Social exchange : Advances in theory and research* (pp.27~55). New York, NY : Plenum Press.
박경규, 전게서, pp.401~402.

9) 김영재 등, 전게서.

10) 최종태, 전게서, p.197.

11) 임창희(2014), 『인적자원관리』(제3판), 서울 : 비앤엠북스

12) 박경규, 전게서, pp.405~409.

13) 김식현, 전게서, p.332.

14) 최종태, 전게서, p.203.

15) 김영재 등, 전게서 ; 박경규, 전게서 ; 최종태, 전게서.

16) 김형배(2002), 『근로기준법』(제8판), 서울 : 박영사, p.265.

17) 하경효(2013), 『임금법제론』, 서울 : 신조사, pp.142~143.

18) 김수곤(1978), 『임금과 노사관계』, 서울 : 한국개발연구원

19) 정운찬(2001), 『거시경제론』(제5판), 서울 : 율곡출판사, pp.430~431.

20) 최종태, 전게서 ; 배종석(2012), 전게서.

21) 김식현, 전게서 ; 김영재 등, 전게서.

22) 김영재 등, 전게서.

23) 배무기(2002), 『노동경제학』(전정판), 서울 : 경문사, pp.242~244. ; 최종태, 전게서.

24) 박경규, 전게서, pp.419~420.

25) 한인수(2014), 『현대인적자원관리』(제3판), 서울 : 명경사

26) 김영재 등, 전게서 ; 최종태, 전게서.

27) 한인수, 전게서 ; 고용노동부(2014), 「새로운 미래를 여는 합리적 임금체계 개편 매뉴얼」

28) 김영재 등, 전게서 ; 고용노동부(2011), 「알기 쉬운 임금피크제」 ; 고용노동부(2015), 「업종별 임금피크제 일반모델안 : 나눔과 상생고용의 실천」

29) 구도희(2015), “임금피크제의 문제점과 바람직한 발전 방향”, 「노동사회」, 제183호, 한국노동사회연구소

30) 김영재 등, 전게서 ; 박경규, 전게서 ; 유규창(2013), “직무중심의 인사체계 개편이 필요하다”, 『2013 인사임금사례 총람』, 한국경영자총협회

31) 한인수, 전게서 ; Dessler, G. (2008). *Human resource management* (11th edi.). Upper Saddle River, NJ : Pearson. ; Siegel, G. B. (2010). Designing and creating effective compensation plan, In S. E. Condrey (Ed.), *esearch Handbook of Human Resource Management in Government* (3rd edi.). Jossey-Bass.

32) 박경규, 전게서 ; 김영재 등, 전게서.

33) Spencer, L. M., & Spencer, S. M. (1993). *Competence at work : Model for superior performance.* New York, NY : Wiley & Sons.

34) 한인수, 전게서.

35) 김영재 등, 전게서.

36) 박경규, 전게서.

37) 임창희, 전게서.

38) 정종진 · 이덕로 · 이지만(2018), 『21세기 인적자원관리』, 서울 : 집현재, pp.295~303. ; e-나라지표(www.index.go.kr)

39) 배종석(2012), 전게서, 제7장 토론사례

40) 김영재 등, 전게서.

41) 최종태, 전게서.
Milkovich, G. T., & Newman, J. M. (2008). *Compensation* (9th ed.). New York, NY : McGraw-Hill/Irwin.

42) Gerhart, B., & Rynes, S. L. (2003). *Compensation : Theory, evidence, and strategic implications.* Thousand Oaks, CA : Sage Publications.

43) 박경규, 전게서 ; 김영재 등, 전게서 ; 최종태, 전게서 ; Milkovich & Newman, *Op Cit.*

44) 이창길, 전게서, p.434.

45) 최종태, 전게서 ; 박경규, 전게서 ; Milkovich & Newman, *Op Cit.*

46) 김동원 · 유규창(2000), 『집단성과배분제도』, 서울 : 한국노동연구원, pp.12~14.

47) 김영재 등, 전게서 ; 박경규, 전게서 ; 김성수(2003), “성과급 제도의 동향과 전망”, 「경영논집」, 37(1), pp.29~44.

48) Milkovich & Newman, *Op Cit.*, pp.303~304.

49) 배종석, 전게서 ; Milkovich, G. T., & Boudreau, J. W. (1994). *Human resource management.* IRWIN.

50) 김영재 등, 전게서 ; 이창길, 전게서, pp.431~433.

51) 김동원 등(2023), 『고용관계론』(제4판), 서울 : 박영사, pp.230~231.

52) 고용노동부(2002), 「신우리사주제도 안내 : 2002년 시행 근로자복지기본법령 반영」

53) 김영재 등, 전게서 ; 최종태, 전게서.

54) 김영재 등, 전게서.

55) 이승계(2013), “성과주의 보상제도의 문제점과 개선방안 연구”, 「인적자원관리연구」, 20(3), pp.187~208.

56) Gerhart & Rynes, *Op Cit.*

57) 박경규, 전게서, pp.440~442.

58) 전상길(2016), 『창조경영을 위한 인적자원관리, 길을 묻다』, 하남 : 창명, pp.508~510.

59) 박경규, 전게서, pp.445~447. ; 백삼균 · 정범구(2006), 『인적자원관리』, 서울 : 한국방송통신대학교 출판부

60) 임창희, 전게서.

61) 박경규, 전게서, pp.447~449.

62) 박경규, 전게서, pp.449~452.

63) 김영재 등, 전게서 ; 박경규, 전게서 ; 최종태, 전게서.

64) 김영재 등, 전게서 ; 한인수 · 정범구 · 이현응(2020), 『현대인적자원관리』(제3판), 서울 : 명경사, p.481.

65) 김영재 등, 전게서 ; 박경규, 전게서 ; 박성수 등, 전게서.

66) 김영재 등, 전게서 ; 박경규, 전게서 ; 박성수 등, 전게서 ; 최종태, 전게서.

67) 박경규(2023), 『신인사관리 : 노동과 자본의 통합이론』(제9판), 서울 : 홍문사, p.468.

68) Gómez-Mejia, L.R. (1994). Executive Compensation : A reassessment and a Future Research Agenda. In G. Ferris (Ed.), *Research in Personnel and Human Resource Management* (vol.12, pp.161~223). Greenwich, CT : JAI Press, Inc.
박성수 · 황호영 · 이경근 · 전명숙 · 채준호(2016), 『디지로그 시대의 인적자원관리』, 서울 : 박영사, pp.385~387.
박광빈(2013), "'승진 경쟁'이 기업을 움직인다 : 논문 '토너먼트 이론 : 경쟁의 30년'", 「한경비즈니스」, 940호, 2013.12.02.
Lazear, E., & Rosen, S. (1981). Rank order tournaments as optimum labor contracts. *Journal of Political Economy*, 89, 841~864.
Milkovich & Newman, *Op Cit.*, pp.471~482.

CHAPTER 7
유지관리

단원개요

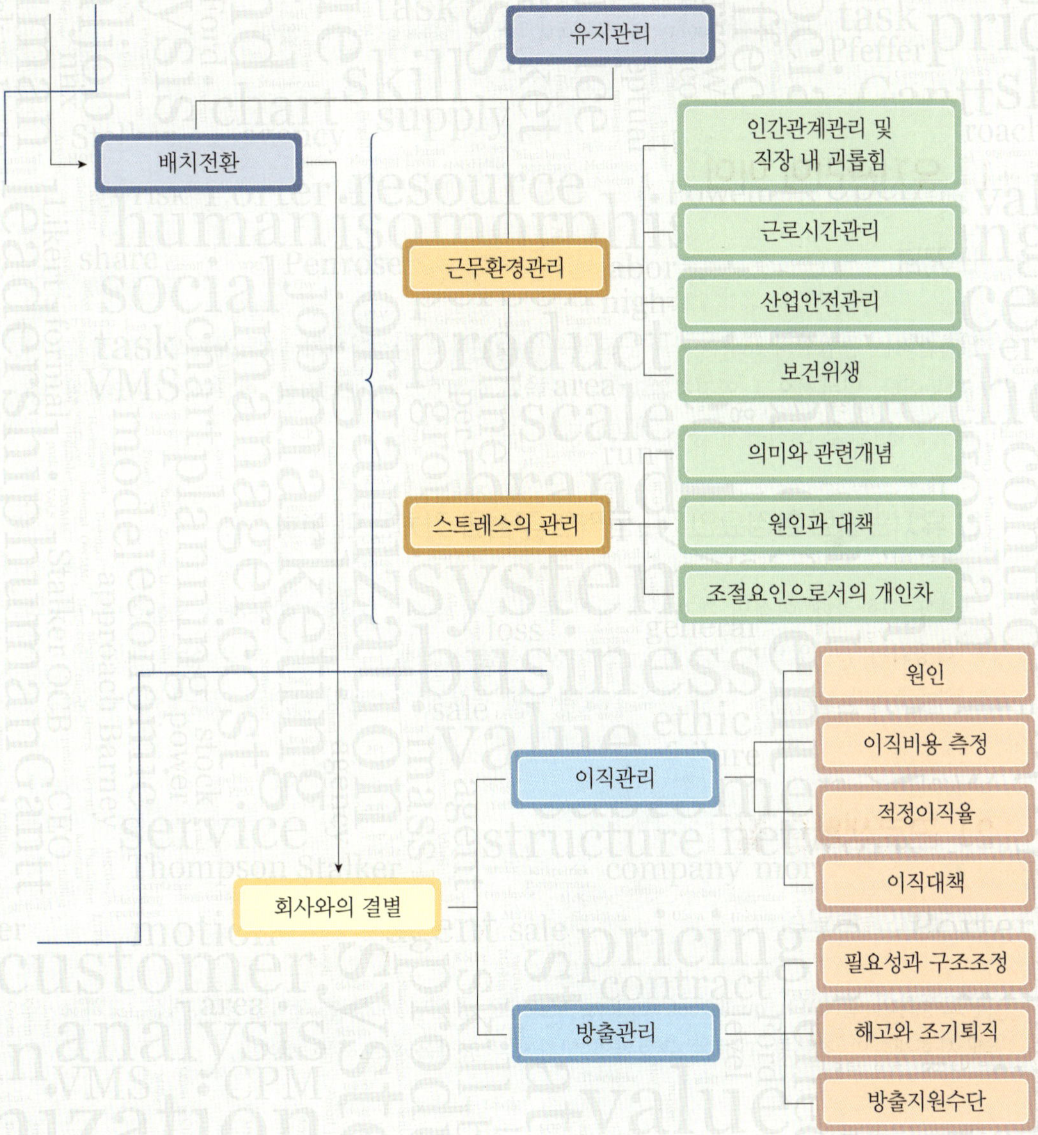

유지관리
배치전환
근무환경관리
인간관계관리 및 직장 내 괴롭힘
근로시간관리
산업안전관리
보건위생
스트레스의 관리
의미와 관련개념
원인과 대책
조절요인으로서의 개인차
회사와의 결별
이직관리
원인
이직비용 측정
적정이직율
이직대책
방출관리
필요성과 구조조정
해고와 조기퇴직
방출지원수단

제1절 유지관리의 의의와 환경

MANAGING HUMAN RESOURCE AND INDUSTRIAL RELATIONS

(1989년) 제2회 공인노무사시험
근로생활의 질(Quality of Working Life)에 관하여 논하라. (50점)

| 1 | 유지관리의 의의[1]

1) 개념

유지관리는 종업원의 노동능력과 근로의욕을 보전하고 활성화하기 위한 계획적이고 체계적인 관리활동이다. 일반적으로 인적자원의 유지관리의 핵심으로서 배치전환, 인간관계, 근무환경, 승진, 교육훈련, 임금, 노사관계 등의 관리활동을 꼽을 수 있다.

2) 유지관리의 환경요인 : 노동력의 구성과 가치관의 변화

고령화, 고학력화, 여성의 경제활동 참여 증가 등의 추세는 기업이 활용하는 노동력의 인적구성을 다양화시키고 있으며, 노동과 근로를 중시하던 시대에서 점차 인간다운 삶에 대한 희구가 강해지는 추세가 나타남에 따라 일과 직장에 대한 근본적 가치관이 바뀌고 있음을 알 수 있다.

| 2 | 근로생활의 질[2]

1) 의의와 중요성

근로생활의 질(QWL, quality of working life)이란 공정한 보상과 작업환경의 개선, 그리고 직장과 사회생활의 조화를 꾀하여 구성원의 인간적 존엄성을 확보하는 것이다.

2) 등장배경

산업화의 심화에 따른 반작용으로 종업원의 자아상실, 인간소외 등의 변화가 야기됨에 따라 근로생활 현장에서의 인간성 회복 움직임이 나타났다.

① 인간소외 극복

1950년대 트리스트(Trist)가 주도한 타비스톡(Tavistock) 연구소의 연구활동을 통해 작업조직의 개선에 관한 사회기술시스템이론이 등장하게 된다. 그 결과 분업화와 전문화로 인한 인간소외를 극복하기 위하여 노동의 질적 측면을 개선하려는 움직임이 나타났다.

② 생산성 향상

분업과 기계화로 인한 생산성 향상이 어느 정도 한계에 이르자, 근로생활의 질 향상을 통하여 생산성을 높여보려는 사용자들의 의도가 QWL 개념을 강조하게 된 배경이 되었다.

③ 종업원 욕구구조의 변화

점차 경제적 보상보다 자아개발과 직장의 분위기 때문에 일하는 사람들이 많아졌다. 즉 종업원의 욕구구조가 경제적 측면에서 인간적인 상위욕구로 변화한 것이다.

3) QWL의 구성요소

월튼(Walton)에 따르면 근로생활의 질을 구성하는 요소는 일반적으로 다음과 같다.[3)]

① 보상과 처우의 공정성

인간답게 살 수 있는 기본적인 물질적 삶을 누리기 위해서는 적절하고 공정한 보상이 필요하다.

② 안전하고 건강한 작업조건과 직장 분위기

사람다운 삶의 요건 중 하나인 건강은 안전한 작업조건과 건전한 직장분위기와 관련이 깊다.

③ 능력개발 및 능력을 발휘할 수 있는 기회

근로자 각자는 스스로의 능력, 기능, 지식, 창의력, 상상력 등을 마음껏 발휘할 수 있는 기회를 부여받아야 한다.

④ 매력적이고 사회적으로도 바람직한 직무

직무는 그 자체로 매력적인(개인적 효용) 동시에 공동체에 도움이 되는 사회적 매력도 갖추어야 한다(사회적 효용).

⑤ 고용 보장 및 성장가능성 보장

근로자는 직장생활을 통해 고용보장을 통한 생활의 안정, 새로운 지식과 기술의 습득, 승진을 통한 자아실현 등을 기대하게 된다.

⑥ 직업생활과 사생활의 조화

종업원의 직장만족도와 노동력의 재충전을 위해서는 직업생활시간과 개인생활시간의 균형, 즉 work-life balance가 필요하게 된다.

4) QWL 향상 프로그램

① 개인 차원

직무재설계를 통한 직무확대 및 직무충실화, 유연근로시간제도, 종업원 고충처리제도 등이 있다.

② 집단 차원

품질관리조의 활성화, 자율적 작업팀의 형성, 참여적 리더십의 발휘 등을 들 수 있다.

③ 조직 차원

보상의 공정성 강화, 경영참가제도의 도입, 유연복리후생제도의 운영, 종업원에 대한 고용안정 보장, 직장과 가정생활의 조화(work-life balance) 등이 있다.

5) QWL 프로그램의 실행절차[4)]

QWL 활동을 실행하는 과정에서는 3S, 즉 상호 존중의 정신(Spirit), 적절한 조직구조(Structure), 효과에 대한 검증과 연구(Study)의 세 관점이 필요하며, 다음과 같은 진행절차를 밟게 된다.

① 제1단계 : 최초 교육과 위원회 구성

노사 양측에서 QWL 활동을 이끌어갈 사람들을 대상으로 사전교육을 실시하고, 이후에는 최고경영층과 노조지도자들로 구성되는 QWL 위원회를 구성한다.

② 제2단계 : 정보수집과 계획

위원회에서는 본격적 활동에 앞서 관찰이나 면접 및 질문지 등의 방법을 활용하여 정보수집에 착수하고, 그 결과를 바탕으로 기업 전체의 QWL 실시계획을 확정한다.

③ 제3단계 : 현장위원회 구성

현장근로자와 관리자들의 심리적 저항감을 줄이기 위해 QWL 프로그램 실시가 가장 용이한 곳을 선정하고 현장위원회를 구성하는데, 여기에는 부서장이나 관리자, 근로자대표, 노조대표 등이 참여한다.

④ 제4단계 : 세부계획 작성 및 실시

지원자를 대상으로 현장, 공장, 부서별 위원회를 구성한 다음, 각 세부 위원회별로 적절한 QWL 활동계획을 작성하여 승인 후 실시한다.

⑤ 제5단계 : 의미해석 및 홍보

시험집단에서의 QWL 활동진행을 기업내 다른 집단 구성원에게도 홍보하고 이 활동의 지원자 내지는 지원집단에 확산시킨다.

6) QWL 향상의 효과

① 개인적 효과

종업원의 직무만족이 향상되고 스트레스가 줄어든다.

② 조직적 효과

조직충성심과 조직생산성이 고양되며, 종업원들의 결근과 이직이 감소되어 잦은 인력 이동으로 인한 종업원의 교육 및 개발비용을 줄일 수 있다.

③ 국가사회적 효과

국가생산성이 향상되고 국민의 삶의 질이 개선 · 증진된다.

7) QWL의 현대적 적용 : 직원경험의 개선[5]

① 직원경험의 의미

모건(Morgan)에 따르면 직원경험(employee experience)은 종업원이 기업과 맺는 모든 상호작용으로부터 형성하는 기업에 대한 인식의 총체로서, QWL에 대한 인식을 향상시킬 수 있다.

② 증진방안

직원경험의 개선을 위해서는 인사부서가 중요경험의 제공(Moment of Impact, Moment that Matters), 재량권과 자율성의 제공, 생애주기적 관리 등의 역할을 수행할 필요가 있으며, 이를 통해 궁극적으로 우리 회사만의 차별적인 '종업원 가치 제안(EVP, employee value proposition)'을 형성하여 일하고 싶은 회사 등의 이미지를 구축할 수 있다.

| 3 | 일과 삶의 균형

1) 개념

일과 삶의 균형(work & life balance, WLB)이란 기업이 조직구성원들로 하여금 스스로의 일과 자신의 생활 간에 균형을 추구할 수 있도록 시간적인 배려와 물질적 및 정서적 지원을 제공하는 것을 뜻하는 용어이다.

2) 유형

① 근무형태 다양화 정책

유연근로시간제, 재량근무, 원격근무, 다양한 유형의 휴가-휴직제도, 집중근무제 등이 포함된다.

② 가족대상 프로그램

각종 보육지원, 노인부양지원, 가정상담지원 등이 포함된다.

③ 개인신상 지원

교육지원(학자금지원 포함), 보험제도 정비, 경력상담 지원, 문화생활 지원 등이 포함된다.

④ 직무관련 지원

직무충실이나 직무순환 등의 직무재설계를 통한 종업원 욕구의 충족이 포함된다.

⑤ 성과관련 지원

구성원이 보다 향상된 업무성과를 달성하여 일하는 재미를 느낄 수 있도록 하는 승진기회 및 재량권의 부여, 독립된 작업공간의 확충 등이 포함된다.

3) 중요성

첫째, 개인 및 사회 가치관의 변화로 과거와는 달리 개인의 취미 및 여가를 중시함에 따라, 직장업무와 가정생활 간 균형과 조화의 필요성이 증가하고 있다.

둘째, 유능한 인재는 반드시 보상만으로 한 기업에 얽매이지는 않기 때문에 자유롭고 즐거운 작업환경을 만드는 것은 핵심인력을 유지하는 데 도움이 된다.

셋째, 여성경제활동 참가율이 점차 증가함에 따라 WLB 정책은 다양하고 우수한 여성인력을 확보하고 유지하는데 도움이 된다.

제2절 배치전환관리

MANAGING HUMAN RESOURCE AND INDUSTRIAL RELATIONS

|1| 의의와 중요성[6)]

1) 의의

배치전환은 인재를 기업의 목적에 맞게 적재 · 적소 · 적시에 배속시키는 배치(placement)와 한 직무에서 다른 직무로 옮기는 수평적 과정인 전환(transfer)의 합성어이다.

2) 중요성

① 역량의 효과적 활용

배치전환은 채용에 의해서 확보된 종업원의 능력을 제대로 활용하기 의한 전제조건이라 할 수 있다.

② 다음 세대 후계자 양성

배치전환을 통해 다양한 직무를 경험하는 종업원은 일반관리자로서의 자질을 습득할 수 있으므로 향후 임직원 자리의 유력한 후보자로 성장할 가능성이 크다.

③ 근로의욕 증진과 자아실현에 기여

적정한 수준의 배치전환은 기술다양성(skill variety)을 향상시켜 근로의욕을 높일 뿐만 아니라 자아실현에도 도움이 된다.

| 2 | 배치전환의 원칙과 내용

1) 기본원칙

배치의 실행에 있어 지켜야 하는 기본원칙에는 다음의 세 가지가 있다.[7]

① 적재적소적시주의

종업원의 배치전환은 적재(역량), 적소(직무), 적시(시간)에 따라 직무요구조건과 종업원의 역량간 차이가 최소화되는 방식으로 이루어져야 한다.

② 인재육성주의

기업은 종업원에게 적합한 직무를 부여함으로써 학습의욕과 성장욕구 및 역량을 향상시킬 수 있다.

③ 균형주의

전체종업원의 상황을 고려하여 조직력의 증가와 협동시스템의 구축에 도움이 되는 방향으로 배치전환을 실시하여야 한다.

2) 능력과 적성을 고려한 배치방식[8]

① 적성 중심의 작업지침방식(vocational guidance method)

직무수행요건보다는 개인적 흥미도나 적성을 기준으로 각 직무에 인원을 배치하는 방식으로서, 자격에 미달되는 종업원이 특정 직무를 담당할 가능성이 있다.

② 능력을 중시하는 단순선발방식(pure selection method)

해당 직무를 가장 잘 수행할 수 있는 사람을 직무에 배치하는 방식으로서, 능력중심의 배치가 이루어지는 대신 개인의 적성과 흥미는 무시된다.

③ 적성과 능력을 동시에 고려하는 재단적응방식(cut and fit method)

해당 직무를 수행할 수 있는 최저 자격요건 이상의 능력을 갖춘 사람을 대상으로 흥미와 적성을 고려하여 인원을 배치하는 방식이다.

3) 적합성의 극대화 방법

① 직무특성모형(job characteristics model)의 활용[9)]

a. 직무특성의 동기부여효과에 대한 조절변수로서의 성장욕구강도(GNS)

해크만과 올드햄(Hackman & Oldham)의 직무특성모형에 따르면 다섯 가지 직무특성(기술다양성, 과업정체성, 과업중요성, 자율성, 피드백)으로 구성된 잠재적 동기부여 지수(MPS, motivating potential score)가 높다면 일반적으로 구성원들은 직무에 대하여 높은 수준의 동기를 갖는다. 그러나 모든 사람들에게 MPS의 효과가 동일하게 나타나는 것은 아니며, 높은 성장욕구강도(GNS : growth needs strength)를 가진 종업원들에게 MPS가 높은 직무가 주어질 때 긍정적인 심리상태(예 만족)를 경험할 가능성이 높고, 내재적 동기도 증가한다.

[MPS, 만족, 성장욕구간의 관계]

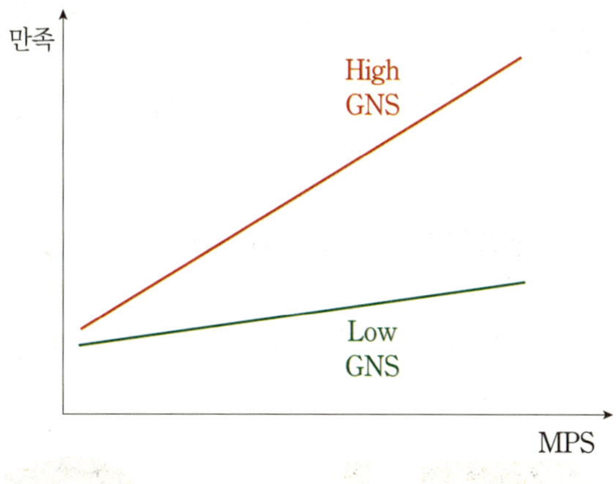

b. MPS와 GNS를 활용한 업무배치 방법

직무특성모형에서 발견된 논의사항들을 활용한다면 구성원을 GNS가 높은 사람과 낮은 사람의 두 유형으로, 직무도 MPS가 높은 직무와 그렇지 않은 직무의 두 유형으로 나눌 수 있다. 업무배치의 핵심이 적재적소(適材適所), 즉 직무요구조건과 구성원 역량 간의 격차(gap)를 최소화하는 것임을 염두에 둔다면, MPS가 높은 직무에는 GNS가 높은 직원을, MPS가 낮은 직무에는

GNS가 낮은 직원을 배치하는 방법을 제안할 수 있을 것이다.

[MPS와 GNS를 활용한 업무배치 예시]

	MPS 높은 직무	MPS 낮은 직무
GNS 높음	적정 배치	부적정 배치
GNS 낮음	부적정 배치	적정 배치

② 계량적 기법[10) : 최소제곱법(least square method, LSM)

적정배치에 활용가능한 대표적인 계량분석기법 중 하나인 최소제곱법은 직무에 요구되는 자격요건(직무가 요구하는 능력요건)과 구성원의 역량요건(지식, 기술, 능력 등) 간의 차이를 최소화하는 배치방법을 찾는 데 도움을 준다. 이 경우 목적함수(objective function)와 제약조건(constraints)은 다음과 같이 표현된다.

목적함수 : $\text{Min. } Z = \sum_{i=1}^{n}\sum_{j=1}^{m}(e_{ij} - a_{ij})^2 X_{ij}$

제약조건 : $X_{ij} \geq 0$

사람$(i) = 1, 2, 3, \cdots\cdots, n$

직무$(j) = 1, 2, 3, \cdots\cdots, m$

(단, e_{ij}는 역량계수, a_{ij}는 직무자격요건, X_{ij}는 의사결정변수)

③ 대체도(replacement chart)

대체도는 주로 직위승계문제를 해결하는 과정에서 사용되며, 일반적인 대체도상에는 현 직급에서의 근속기간, 인사평가 결과, 교육훈련의 정도, 승진가능성(promotability) 등의 정보가 기재된다.

4) 이동방식에 따른 배치전환의 유형 : TILS+

한 사람의 사원이 상위직급에 오르기까지 어떤 기능과 부서를 거치며 이동을 하는지에 따라 다음 중 하나의 배치전환 유형을 거치게 된다.[11)

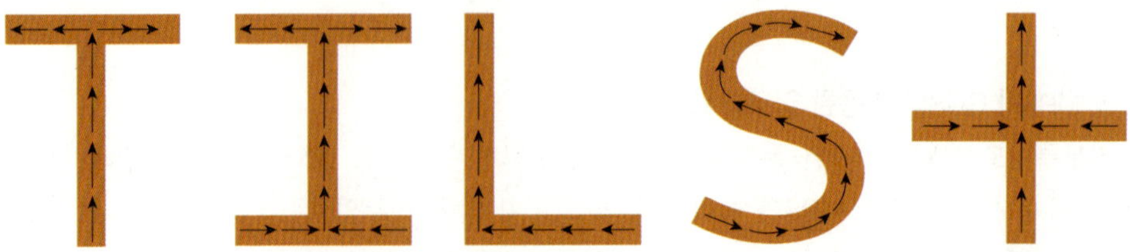

• T형 : 동일직무에서 근무하다가 최상위직급에 이르러서야 여러 부서를 두루 이동한다.

- I형 : 평사원 시절에 여러 직무경험을 한 뒤, 특정부서에서 성장하여 상위직급에 오른 뒤 다시 여러 부서를 이동한다.
- L형 : 평사원 시절에 여러 직무경험을 한 뒤, 특정부서에 정착하여 해당 분야 전문가로 승진한다.
- S형 : 관리역량을 키울 목적으로 승진하면서 계속 다양한 부서들을 이동해 다니는 방식이다.
- ＋형 : 경력초기에 특정 부서에서 전문성을 키우다가, 중견사원 시절 여러 부서를 경험하고, 다시 하나의 전문 부서에 정착하여 최상위층에 오르는 방식이다.

5) 특수목적에 따른 배치전환의 유형[12)]

① 생산 및 판매변화에 의한 배치전환 : 수요변화 대응 목적

제품시장의 환경변화로 인해 생산 및 판매상황이 바뀌게 될 때 이에 대응하기 위하여 내부노동시장에서의 인력수요와 공급을 조절하는 방식의 배치전환이다.

② 직무순환(순환근무, job rotation) : 경력개발의 목적

종업원이 매너리즘에 빠지는 것을 막거나 새로운 직무의 수행을 통한 기술다양성(skill variety) 내지 능력신장의 기회를 제공하여 경력욕구를 충족시키기 위해 직무순환을 도입한다. 이는 일반관리자의 양성 및 승계(succession)에 활용될 수도 있다.

③ 교대근무(shift transfer) : 생산성 유지 목적

업무는 변화되지 않고 근무시간만 바뀌는 형태의 배치전환 형태이다. 생산성의 유지를 위해 기계설비의 24시간 가동이 필요하거나, 초과근로가 필요한 경우 교대근무제의 도입이 필수적이다. 교대근무를 위한 배치계획에서는 바이오리듬(biorhythm)을 반드시 고려해야 한다.

④ 교정배치(remedial transfer) : 인간관계관리 목적

조직 내 인간관계 문제로 인해 협동분위기가 훼손되거나, 상사－부하 간의 갈등이 심화되었을 때 해당 종업원을 다른 작업집단이나 직무에 할당하여 개인－직무－작업집단 간 적합성을 극대화하려는 배치유형이다.

6) 직무의 유형과 적정배치[13)]

① 상호독립적인 직무에 있어서의 배치전환

상호독립적(mutually independent)인 두 직무간의 상관계수는 음(－)의 값이므로, 종업원이 두 직무 모두를 다 잘하기보다는 특정한 하나의 직무를 상대적으로 더 잘할 가능성이 높다. 이 경우에는 개인의 흥미 · 적성 · 직무수행능력 등의 다양한 차원에서 종업원 집단을 가장 분명하게 차별화시키는 기준을 찾음으로써 배치의 합리성을 높일 수 있다. 이 과정에서 활용되는 판별분석(discriminant analysis)은 다변수(多變數)로 표시되는 정보에 대해 집단 간의 차별을 극대화하는 기준선을 찾아내는 통계 기법이다.

② 연속적인 직무에 있어서의 배치전환

연속적인 직무의 수행에 있어서 가장 중요한 것은 생산라인의 균형(line balancing)을 달성하기 위해 숙련수준(level of skill)이 유사한 구성원을 하나의 순차적 작업라인에 배치해야 한다는 것이다. 따라서 이러한 직무의 경우에는 예측타당성(predictive validity)이 높은 지표를 활용하여 각각의 개인들을 능력이나 작업속도가 유사한 종업원끼리 균질적인 집단으로 분류함으로써 생산라인의 효율(efficiency)을 높이고 유휴시간(idle time)을 줄일 수 있다.

③ 상호협력적인 직무에 있어서의 배치전환

팀이나 프로젝트 단위로 이루어지는 상호협력적인 직무의 수행에 있어서는 해당 직무단위를 구성하는 종업원들 간의 상호적합성(fit)이 무엇보다도 중요하다. 따라서 종업원들과 직무들을 타당한 예측지표(predictor)와 심리적 요건(psychological requirement)에 따라 서로 유사하면서도 상호보완적인 소집단으로 분류한 뒤, 종업원집단과 직무집단 간의 최적 결합(optimal matching)을 판별분석을 통해 시도한다.

| 3 | 배치전환의 평가관리[14)]

1) 당사자의 의사 확인

개인별로 최적직무에 배치되었다 하더라도, 과도한 책임감이나 가정문제 등의 이유로 이를 수락하기 쉽지 않을 수도 있으므로 당사자에게 배치전환에 대한 최종의사를 확인하는 사후관리가 필요하다.

2) 배치전환 평가의 제 방법

- 공정성 평가 : 기업 내 이동기회가 종업원들에게 공정하게 부여되어 있는지에 대한 평가이다.
- 타당성 평가 : 기업 내 이동 기준이 명확하고 논리적으로 설정되었는지에 대한 평가이다.
- 경력경로 평가 : 기업의 이동정책이 개별 종업원들의 경력경로를 고려하였는지에 대한 평가이다.
- 효과성 평가 : 근무기간, 전문지식과 능력의 성취도, 직무성과의 수준 등을 평가한다.
- 미래정책 고려여부 평가 : 조직의 경영전략과 배치전환간의 연계여부를 평가한다.
- 종업원의 불만사항 평가 : 배치전환 과정에 대한 종업원들의 불만여부를 확인한다.

3) 사후관리

새로운 부서 업무에 적응을 하지 못하는 구성원들에 대해서는 재교육훈련을 제공하거나 근무환경을 개선할 필요가 있다.

제3절 근무환경관리

MANAGING HUMAN RESOURCE AND INDUSTRIAL RELATIONS

(1991년) 제3회 공인노무사시험
인간관계관리의 제 기법(제도)을 약술하라. (25점)

(1993년) 제4회 공인노무사시험
유연근로시간제(Flex time System)의 의의와 효과를 약술하라. (25점)

(1995년) 제5회 공인노무사시험
재택근무제의 장단점 및 도입과제를 약술하라. (25점)

(2001년) 제10회 공인노무사시험
근로시간 단축과 주 5일제 근무의 의미를 설명하고 이를 둘러싼 노사 간 주장의 쟁점사항과 그 타당성을 논하라. (50점)

(2015년) 제24회 공인노무사시험
산업재해의 원인을 인적 요인, 환경적 요인, 관리적 요인으로 분류하여 설명한 후, 산업재해의 예방대책을 요인별로 설명하시오. (25점)

(2020년) 제29회 공인노무사시험
우리나라의 노동시간은 1963년 근로기준법 제정 이후 지속적으로 단축되어 왔다. 2018년 법정노동시간을 주당 최대 52시간으로 단축하는 내용의 근로기준법 개정안이 통과되어 사업장별로 순차적으로 시행되고 있다. 법정근로시간 단축의 의의, 기대효과, 문제점, 이에 대한 기업의 대응방안에 관하여 각각 논하시오. (50점)

(2021년) 제30회 공인노무사시험
근로기준법상 직장 내 괴롭힘의 개념을 설명하고, 직장 내 괴롭힘 발생 시 조치방안 중 3가지만 쓰고 설명하시오. (25점)

(2023년) 제32회 공인노무사시험
유연한 근로시간제의 대표적인 유형으로 선택적 근로시간제와 탄력적 근로시간제가 있다. 각각의 개념, 특징 및 장단점(개인 및 기업 관점)을 설명하시오. (25점)

|1| 인간관계관리와 직장 내 괴롭힘[15)]

1) 인간관계관리

인사관리의 목표인 '성과적 공동체 형성'을 위해서는 구성원의 인간관계에서의 만족도를 극대화할 필요가 있다. 인간은 합리적 측면뿐만 아니라 비합리적 측면에 의해서도 상당 부분 행동에 영향을 받기 때문이다.

① 사기조사(morale survey)

종업원의 의욕을 저해시키는 요인과 각종 불만 원인 등을 조사한다.

a. 태도조사(attitude survey)

종업원이 직무 · 상사 · 작업팀 등의 제반 요인에 대하여 생각하고 느끼는 바를 종업원의 태도 내지는 심리경향을 통하여 직접적으로 조사하는 방법이다. 종업원 만족도 조사가 태도조사의 대표적 예이며, 면접이나 질문지법, 직접관찰법, 실험법 등의 방법을 통해 측정한다.

b. 통계조사

노동쟁의, 노동이동, 결근 및 지각, 취업규칙위반, 고충(grievance) 등의 산업불안(industrial unrest) 관련 변수의 빈도수를 근무태도기록 등을 토대로 파악하여 종업원의 사기를 간접적으로 측정하는 방법이다.

② 상담제도(counseling)

종업원의 불평불만이나 희망사항 및 개인적이고 가정적인 고민들을 전문상담자를 통해 자유롭게 상담할 수 있도록 하여 사기고양을 도모하는 인간관계관리 기법이다.

③ 문호개방정책(open-door policy)

직속상사를 통한 문제해결이 어려운 경우 보다 높은 직위의 상사에게 고충을 가지고 가도록 하는 제도이다. 대부분의 조직에서 마련되어 있으나 실제적 성과가 크지 않은 것으로 알려져 있다.

④ 제안제도(suggestion system)

a. 개념

조직운영이나 작업수행에 필요한 여러 가지 개선안을 일반 종업원들로 하여금 제안하도록 하여 그것을 실시하고 우수한 안에 대해서는 적절한 보상을 실시하는 제도를 말한다.

b. 효과

우선 좋은 아이디어의 제안 자체로부터 생기는 실익이 있다. 또한 제안제도는 종업원의 목소리를 경영에 반영함으로써 종업원의 사기와 근로의욕을 높일 뿐만 아니라 노사 간의 상호이해 증진에도 도움이 된다.

c. 핵심성공요인

관리자의 구속 없는 자유로운 제안, 제안의 처리와 심사 과정에서의 공정성 보장, 채택된 제안에 대한 보상제공, 적극적으로 참여에의 독려 등이 있다.

⑤ 옴부즈맨 제도(ombudsman)

고대 스웨덴어의 '대리인'에서 유래했으며, 종업원들의 불만이나 고충을 듣고 그 채택 여부를 판단하여 책임자를 직접 조사하거나 관리자에게 권고할 수 있는 권한을 가진 사람이다.

⑥ 소시오메트리(sociometry)

소집단을 구성하는 사람들 간의 인간관계, 영향력, 권력관계, 의사소통 빈도 등을 직접관찰이나 면접 또는 설문지를 통해 측정하는 분석기법이며, 이를 도식화한 것을 소시오그램(sociogram)이라 한다. 여기서 발견되는 주요 역할에는 스타(stars, 여론선도자), 고립자(isolated), 연결역할(liaison role, 부서 간 연결), 경계관리자(boundary spanner)로서의 역할을 수행하는 문지기(gatekeeper) 등이 있다.

⑦ 감수성 훈련(sensitivity training, T-group training)

토론 참가자들 간 상호작용의 과정에서 자기자신과 타인의 감정, 가치관, 동기 및 행동을 이해하고 통찰함으로써 집단과 조직차원의 문제해결 능력을 높이는 훈련기법이다.

2) 직장 내 괴롭힘[16)]

① 근로기준법상 직장 내 괴롭힘의 개념

a. 직장 내 괴롭힘의 이론적 위상

직장 내 괴롭힘은 인사조직론 분야에서는 반생산적 직무행동의 일종이다. 반생산적 직무행동(counterproductive work behavior)은 기물파손, 사보타지, 절도, 생산 방해, 자원 낭비, 약물 남용, 험담, 인신공격, 괴롭힘 등을 포함한다.

b. 입법취지

직장 내 괴롭힘의 개념을 법률로 명시 및 금지하고, 괴롭힘 발생 시 조치 의무 등을 규정함으로써 근로자의 인권과 노동권을 보호하는 데 있다.

c. 내용

근로기준법에서 규정하고 있는 직장 내 괴롭힘은 사용자 또는 근로자가 직장에서의 지위 또는 관계 등의 우위를 이용하여 업무상 적정범위를 넘어 다른 근로자에게 신체적 · 정신적 고통을 주거나 근무환경을 악화시키는 행위를 뜻한다(근로기준법 제76조의2).

ⅰ. 우위성

지휘 · 명령 관계에서 상위에 있거나, 회사 내 직급 체계상 상위에 있는 경우이다.

ⅱ. 업무상 적정범위를 넘음

문제된 행위가 '포괄적인 업무관련성', 즉 업무수행에 편승하여 이루어졌거나 업무수행을 빙자하여 발생한 경우에 해당한다.

ⅲ. 신체 및 정신적 고통을 주거나 근무환경을 악화

행위로 인하여 피해자의 능력발휘에 지장이 발생하거나, 신체적 · 정신적 고통이 발생하거나, 근무환경이 악화되는 경우에 해당한다.

② 직장 내 괴롭힘에 대한 조치방안

a. 사내 규범의 확립 : 취업규칙의 개정

외국의 직장 내 괴롭힘의 예방에 관한 매뉴얼에서 공통적으로 강조하고 있는 것이 바로 최고경영자에 의한 정책선언문과 이를 실현하는 자체규범의 제정이다.

구체적으로는 ⅰ) 직장 내 괴롭힘이 금지된다는 것, ⅱ) 직장 내 괴롭힘 가해자에게는 강력한 제재를 한다는 것, ⅲ) 피해자에 대해서는 보호조치가 이루어진다는 것을 직원들이 확인할 수 있도록 명시할 필요가 있다.

b. 피해자 중심의 문제 해결 원칙 확립

직장 내 괴롭힘 사건의 사업장 내 해결에 있어서 가장 중요한 것은 피해자의 피해상태의 회복, 인격권이 보호되는 근무환경의 확립이라 할 수 있다. 또한 유사한 피해가 반복되지 않도록 행위자에 대한 재발방지조치, 전반적인 조직문화제도의 개선 등도 검토하는 것이 바람직하다.

c. 철저한 조사체계 확립을 통한 원인규명과 대책 수립

상담과정에서 피해자가 정식 조사를 통한 해결을 요청한 경우, 신속하게 조사 방향, 조사범위 및 조사대상 등을 결정해야 한다. 구체적인 조사기간, 조사자, 조사위원회 구성 등에 대해서는 취업규칙으로 규범화하여 사전에 내부구성원들에게 주지시킬 필요가 있으며, 조사위원회를 통하여 조사하는 경우 위원장은 지체 없이 조사 위원회를 구성하여 접수된 사건을 처리해야 한다.

|2| 근로시간관리

1) 의의와 중요성[17)]

근로시간은 종업원이 사용자와 계약한 노동력을 사용자의 지휘와 명령하에 제공하는 시간으로서, 성과를 결정하는 주요 변수인 동시에 다른 성과변수인 능력·동기가 효과적으로 발휘될 수 있도록 도와주는 역할을 한다.

$$성과 = f(능력, 동기, 시간)$$

근로시간은 기업의 입장에서는 주요 성과변수지만, 종업원의 입장에서는 개인의 자유와 건강을 제약하는 조건이 되므로 노사 간의 긴장과 갈등이 존재한다. 또한 국가사회적 측면에서 근로시간 설정은 실업률 감소를 위한 하나의 정책수단으로서의 의미를 가진다.

2) 근로시간관리의 주요 쟁점과 과제[18)]

① 근로시간에 영향을 주는 환경요인

경제성장과 산업구조의 고도화로 인한 임금수준의 향상, 블루칼라(blue collar) 중심에서 화이트칼라(white collar) 중심으로의 변화, 과학기술의 진보와 세계화 등의 환경 변화에 따라 요청되는 근로시간관리의 전개방향은 근로시간의 단축(길이 측면)과 유연화(형태 측면)로 압축할 수 있다.

② 근로시간의 단축[19)]

a. 우리나라의 근로시간

근로시간은 기업의 입장에서 성과를 결정하는 매우 중요한 자원(resource) 중 하나이다.[20)] 최근의 환경변화는 근로방식과 가치관의 변화를 수반하였으며, 장시간 근로 문제를 개선하고 '소득과 여가' 양 측면에서 근로자의 건강증진과 삶의 질 개선을 도모하기 위해 정치권에서는 근로시간을 지속적으로 단축하고 있다. 지난 1989년부터 주 48시간에서 44시간으로, 2003년에는 주 5일 근무제의 도입으로 주 40시간으로, 그리고 2018년에는 추가근로시간까지를 합하여 주당 최대 52시간으로 근로시간을 단축하는 법안이 통과되어 시행 중이다.

b. 근로시간 단축의 역사적 배경

ⅰ. 1920~1930년대 : 건강권 보장

산업혁명기부터 인류가 경험한 가혹한 노동강도로 인한 부작용을 개선하고 근로자의 건강과 안전을 보장하기 위하여, ILO(국제노동기구)의 권고안(1일 8시간, 주 48시간)의 영향을 받아 노동시간의 단축이 이루어졌다.

ii. 1940~1950년대 : 여가선용 및 생활수준의 향상

과학기술의 발전에 따른 노동생산성의 향상 덕택에 보다 적은 시간 일해도 비슷하거나 더 높은 수준의 복리를 누릴 수 있게 됨에 따라, 근로자의 여가증대 및 생활수준 향상 목적의 노동시간 단축이 이루어졌다.

iii. 1960년대 이후 : 경기침체와 실업에의 대응

석유파동(oil shock) 이후 세계적인 경기침체(stagflation)의 여파로 실업률이 치솟자, 실업 대응 수단으로서의 근로시간 단축이 추진된다.

c. 근로시간 단축의 효과

i. 생산성 향상

근로시간의 단축을 통해 피로를 줄여 산업재해를 예방하고 노동력의 재생산을 도모함으로써 각종 경제적 · 사회적 생산성을 향상시킬 수 있다.

ii. 일과 생활의 균형(work-life balance)

근로자의 소득수준 및 교육수준의 향상으로 근로자의 욕구가 고차화 · 다양화되면서 여가의 증대와 인간다운 삶을 보다 강하게 요구하게 되었다.

iii. 고용창출

경기후퇴로 실업이 증가할 때 직무공유(job sharing)를 활용한 임금 삭감과 근로시간 단축을 통하여 고용감소를 방지하고 고용창출 기회를 제공한다.

iv. 기업경쟁력의 확보

근로시간 단축은 장시간 근로관행에 의존하는 비용중심적 경쟁전략을 탈피하여 기술혁신 등 구조적 경쟁력 확보의 계기를 마련한다.

d. 근로시간 단축의 문제점

i. 가격경쟁력의 약화

생산성 향상이나 기존 임금시스템의 조정이 없는 근로시간 단축은 노동비용의 증가를 가져오고 기업의 가격경쟁력을 약화시킬 수 있다.

ii. 생산설비 이용의 비효율성

근로시간 단축을 보전하기 위한 신규채용이 어렵거나, 근로자들이 초과근무를 싫어할 경우 완전한 설비가동률의 유지가 힘들다.

iii. 노동강도 증가로 인한 피로와 스트레스

근로시간의 단축으로 인한 생산량 감소를 방지하기 위해 사용자는 노동의 시간당 효율성을 제고하려 할 것이므로, 이 과정에서 노동강도가 올라가 오히려 피로와 스트레스를 증가시킬 가능성이 크다. 실제로 국내에서 수행된 한 연구[21]에 따르면 기업규모가 커질수록 물적 자본의 노동에 대한 대체 유인을 증가시켜 고용감소를 가져올 수 있다.

iv. 국민경제상의 각종 변수 왜곡

근로시간의 단축이 고용을 창출하더라도 이것이 생산성의 증가를 동반하지 않을 경우 물가만 상승하여 도리어 정부의 긴축정책과 실업증가로 이어질 수 있다.

e. 근로시간 단축에 대한 기업의 대응방안[22]

i. 사무직 : 연장근로의 통제와 관리

연장근로가 필요하면 사전 승인을 받게 하고, 부서원들의 연장근로 양을 관리자들의 평가항목으로 삼아 관리자들이 스스로 연장근로를 관리 · 통제하도록 하는 방안을 제안할 수 있다.

ii. 생산직 : 교대제 개선 및 정원관리

교대근로가 필요한 생산 사업장의 경우에는 정확한 정원 산정을 통해 교대제를 개편하고 정원을 늘리는 등의 대응이 필요하다.

② 근로시간의 유연화[23]

종업원이 수행하는 일의 분량과 난이도는 상황에 따라 달라지며 사람의 작업능률은 일정하지 않다. 따라서 근로시간의 경직성은 어느 정도의 비효율을 내재하고 있으며, 근로시간의 유연화는 생산성 향상의 필수적인 과제이다.

a. 탄력적 근로시간제(경제적 효율성 관련)

i. 개념

근로기준법상의 법정 근로시간을 변형하는 모든 형태를 총칭하는 개념이다. 법정 단위근로시간을 노사 간의 서면 합의에 의해 법정 한도 내에서(일정 기간 동안의 평균 근로시간이 1주 40시간 내) 업무량에 따라 유연하게 조정할 수 있다.[24]

ii. 특징

연속조업 또는 장시간 조업을 하기 위한 교대제 근무를 하거나, 시기적으로 업무량의 편차가 심한 경우에 유용하다.

iii. 종업원 개인 관점에서의 장점과 단점

- 장점
  - 업무량에 따라 근로시간이 변동되므로 회사에서 낭비하는 시간이 감소한다.
  - 통상 회사의 업무량 증감은 어느 정도의 예측가능성을 가지는 경우가 많으므로 근로자가 휴가일정이나 생활업무(예 병원)를 계획하는 데 도움을 준다.
- 단점
  - 연장근로기간과 근로자 개인의 사정이 충돌할 수 있다.
  - 연장근로기간이 길어질 경우 과로로 인한 건강상의 각종 문제가 나타난다.

ⅳ. 기업 관점에서의 장점과 단점

- 장점
  - 업무량이 늘어나는 시기에 추가적 인건비 지출을 최소화할 수 있다.
  - 비수기에 유휴설비 운영 필요가 사라지므로 관리비용을 절감할 수 있다.
- 단점
  - 탄력근로 기간에 대한 노사 간 이견을 좁히기가 쉽지 않다.
  - 연장근로를 통해서도 필요한 업무량을 달성하기 어려운 경우에는 비정규직이나 외주업체를 활용하는 과정에서 추가비용이 발생한다.

b. 집중근무시간제(사회적 효율성 관련)

ⅰ. 개념

주당 근무시간은 변화하지 않는 상황에서 일당 근로시간을 늘림으로써 주당 근로일수를 조정하는 방식이다.

ⅱ. 장점

근무시간의 시작과 종료가 모든 종업원에게 동일하게 적용되므로 종업원 간의 상호협동가능성이 향상되고, 상대적으로 긴 주말 동안 가족과의 레크리에이션 기회가 증가한다.

ⅲ. 단점

저녁 자유시간이 단축되고, 고객서비스 기간도 줄어들며 장비 및 설비의 활용도가 떨어진다는 단점도 있다.

c. 선택적 근로시간제(사회적 효율성 관련)

ⅰ. 개념

종업원이 일정 기간 동안 미리 정해진 총근로시간에 맞추어 원하는 대로 근무시간을 조정할 수 있는 제도이다. 개인이 자신의 책임하에 시간을 배분하여 업무효율을 높일 수 있는 전문직이나 연구직 등에 적합하다.

ⅱ. 특징

종업원 상호 간에 근무시간이 달라서 협업이 어려워질 수 있다는 단점이 있다. 이를 극복하기 위해 모든 종업원들이 함께 일하는 핵심시간대(의무시간대, core time)를 정하는 경우가 많다.

ⅲ. 근로자 개인 관점에서의 장점과 단점

- 장점
  - 종업원 각자 바이오리듬(biorhythm)에 맞추어 일할 수 있다.
  - 맞벌이 부부의 육아에 도움이 된다.
- 단점
  - 개인사정을 반영하여 출퇴근시간을 조정하였기에 업무능률 향상에의 심리적 압박을 사측으로부터 받을 수 있다.

– 상사의 감독으로부터 벗어나는 시간에 일탈행동(deviant behavior)이 나타난다.

iv. 기업 관점에서의 장점과 단점

• 장점
  – 고정근무시간제에 비해 단기적인 업무능률의 향상을 기대할 수 있다.
  – 전반적인 종업원 만족도 제고와 이를 통한 노사관계 개선에 도움이 된다.

• 단점
  – 개인마다 근무시간이 달라서 상사의 업무감독이나 감시가 어렵다.
  – 핵심시간(core-time)만으로는 충분한 협업이나 논의가 어려운 경우에는 중장기적인 업무 능률 저하가 발생한다.

[선택적 근로시간제의 기본 모형]

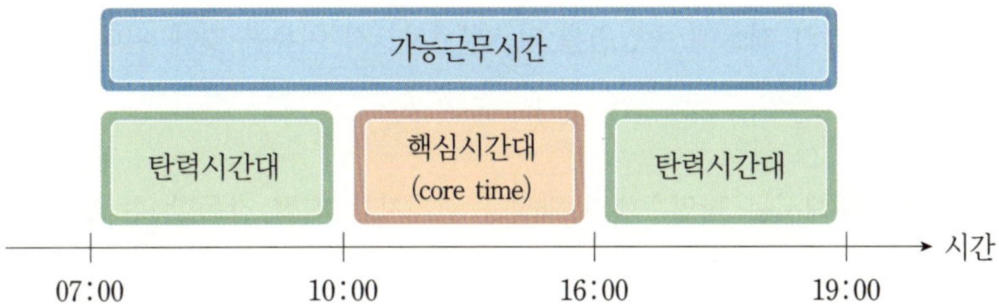

출처 : 박경규(2016), p.108, 수정인용

d. 근로시간의 간주(사회적 효율성 관련)

실제 근로시간의 산정이 어려운 경우에 통상적인 직무수행 필요시간 또는 노사가 서면합의한 시간을 근로시간으로 간주하는 제도를 말한다. 여기에는 인정근로제(사업장외 근로)와 재량근로제가 있다.

e. 근로시간계정제

독일에서 시작된 제도로서 계약근무시간과 실제근무시간의 차이를 종업원별 근로시간 계정(account)에 산입하는 제도로서, 초과근무는 근로시간채권이고 그 반대는 근로시간부채이며 채권과 부채는 모두 일정기간 내에 소멸 · 변제되어야 한다.

f. 부분근로시간제(part-time work)

정규근로시간(full-time work)보다 적은 시간 동안 일을 하며 그에 상응하는 낮은 급여가 지급되는 형태의 근로시간제도이다. 과업상호의존성(task interdependence)이 낮은 분야에 활용된다.

④ 재택근무제(telecommuting) : 근무장소의 유연화[25)]

a. 개념

재택근무는 컴퓨터와 인터넷을 활용하여 근로자 본인의 집에서 적어도 일주일에 이틀 이상

근무를 하는 형태로서, 직무수행의 공간을 변경하는 직무설계의 새로운 방식으로 분류할 수 있다. 재택근무에서는 대개 근로시간과 장소의 변화가 동시에 수반되므로 원격근무와 기업현장에서의 업무가 조화되는 하이브리드 업무방식과도 관련이 있다.

b. 장점

ⅰ. 사무실 공간에 구애받지 않고 대규모의 노동력을 활용할 수 있으며, 생산성도 향상된다. 업무의 효율(생산성)에 영향을 주는 가장 대표적인 것이 1) 일하는 공간으로부터의 만족감과 2) 바이오리듬에 맞는 시간 등인데 재택근무를 통해 이 두 조건을 충족시킬 수 있다.

ⅱ. 재택근무는 참여직원들의 사기를 높이며 이직률을 낮추는 데 기여한다.

ⅲ. 재택근무는 사무실 임대료(rent), 통근비용(commuting cost), 업무준비비용(set-up cost) 등의 다양한 기업관리비용을 줄여주는 장점을 가진다.

ⅳ. 출퇴근을 하지 않기 때문에 종업원은 더 많은 시간적 여유를 갖게 된다.

c. 단점

ⅰ. 재택근무자에 대해서는 작업수행의 과정을 관리자가 직접 감독할 수 없어서 평가의 애로가 발생한다.

ⅱ. 팀 중심의 작업환경에서 재택근무는 커뮤니케이션의 경로풍부성(channel richness)을 낮춰서 팀워크 형성과 부문간 갈등조정을 어렵게 한다.

ⅲ. 재택근무에 필요한 인프라 구축에 상당한 비용이 수반된다.

ⅳ. 출근과 퇴근이라는 물리적 이동절차가 사라지므로 업무와 휴식의 분리가 쉽지 않다.

| 3 | 산업안전관리

1) 의의와 중요성[26)]

산업안전관리는 작업장에서 일어나는 종업원의 각종 손실(산업재해)을 최대한 방지하고 사고와 질병을 유발하는 원인을 제거하여 조직효과성의 달성에 이바지하는 관리영역이다.

2) 관련 법령[27)]

① 산업안전보건법(1981년 제정)

사용자의 역할(산재예방 활동, 쾌적한 작업환경의 조성 등), 산재원인의 기록과 보고, 안전보건 관리체제 구축(담당자의 선정 등), 건강진단 실시의무 등을 규정하는 법률이다.

② 중대재해처벌법(2021년 제정)

산업안전보건법의 시행에도 불구하고 산재의 감소효과가 미미하고, 각종 사회적 재난이 잇따라 발생하자, 국민여론에 힘입어 중대재해처벌법이 제정되었다. 이 법에서는 중대산업재해뿐만 아니라 중대시민재해(제품과 공중시설의 설계 및 제조과정에서의 관리상 결함으로 인한 재해)에 대한 사업주(경영책임자)와 법인의 처벌내용을 규정하고 있다.

3) 안전의 측정과 관리

① 안전문제의 측정변수

안전관리와 관련한 제 변수로는 재해발생의 빈도[=(부상종업원의 수/작업시간의 수)×1,000,000]와 재해발생의 강도[=(총손실근로일수/총근로시간수)×1,000]가 대표적이다.

② 산업재해로 인한 손실의 측정기준[28)]

a. 직접손실비용

산업재해보상보험에 의한 비용과 재해발생시 회사차원에서 지출하는 각종 비용(예 휴업보상비, 장례비, 요양비 등)이 포함된다.

b. 간접손실비용

인건비(손실시간임금 포함), 물적 손실(기계 및 부속설비 손실), 기타 손실, 생산손실(사고로 인한 조업중단 보충을 위해 추후 연장근로하는 비용)이 포함된다.

③ 안전 T점수[29)]

현재의 사고빈도가 과거의 그것에 비해 통계적으로 유의미(significant)한지를 판정하는 지표이다.

$$\text{안전 T점수} = \frac{\text{현재의 사고빈도율} - \text{과거의 사고빈도율}}{\sqrt{\dfrac{\text{과거의 사고빈도율}}{(\text{현재의 작업시간})/1{,}000{,}000}}}$$

T값이 관리상한(UCL, upper control limit)인 +2.00과 관리하한(LCL, lower control limit)인 −2.00 사이에 있다면 현재의 사고빈도가 무척 나빠진 것은 아니라 할 것이지만, T값이 +2.00보다 크면 작업안전이 심각하게 악화되고 있음을, −2.00보다 작다면 작업안전이 눈에 띄게 개선되고 있다고 볼 수 있다.

4) 안전대책의 강구[30)]

① 안전대책에 관한 여러 이론

a. 하인리히의 도미노 이론(domino theory)

i. 이론의 의의

사상자와 경상자 및 잠재적 부상자의 비율에서 착안한 '1 : 29 : 300 법칙(하인리히 법칙)'으로 유명한 보험회사 관리자인 하인리히(Heinrich)에 의해 정립된 산업재해 발생에 관한 최초의 이론으로서, 안전사고는 도미노(연속으로 무너뜨리는 게임)의 한 블록(block)에 해당되는 불안전 행위(인적 측면) 및 조건(환경 측면)을 제거함으로써 예방 가능하다고 본다.

ii. 안전사고의 발생 과정

하인리히에 따르면 안전사고는 선행적(유전적) 또는 사회적 환경, 사람의 과실, 불안전한 행위 및 조건, 사고의 단계를 거쳐 발생하게 된다.

- 선행적(유전적) 또는 사회적 환경 : 높은 곳에서 벽돌 작업을 하는 건설현장의 업무환경
- 사람의 과실 : 근로자의 실수로 벽돌을 아래로 떨어뜨림
- 불안전한 행위 및 조건 : 건물 아래에서 일하던 근로자 일부가 헬멧을 착용하지 않고 있었음
- 사고 : 벽돌로 인한 인명상해 발생

iii. 안전사고의 예방

이상의 사고발생 4단계 중에서 안전관리를 위하여 가장 쉽고 효과적으로 제거할 수 있는 도미노상의 단계는 바로 불안전한 행위 및 조건이 된다.

b. 복합요인이론(multiple causation theory)

안전사고는 다양한 요인들의 무작위적(random)이고 복합적인 결합에 의해 발생한다. 따라서 안전사고의 예방을 위해서는 검사절차, 안전교육, 작업계획 등 전반적인 조직관리의 강화가 필요하다.

c. 깨진 유리창 이론(broken window theory)

범죄학에서 유래한 이론으로서, 깨진 유리창 하나(사소한 무질서)를 방치해 두면 그 지점을 중심으로 범죄(큰 문제)가 확산되기 시작한다는 것이다. 이 이론에 의하면 안전사고는 너무나 미미하여 평소에 지나치기 쉬운 사소한 결함(예 위생, 청결, 정리상태 등)에서 출발한다.

② 안전사고의 원인분석 : 4M 기법

미국 연방교통안전위원회(NTSB, National Transportation Safety Board)에서 채택한 대표적인 재해분석 기법으로서, 안전사고 발생의 원인을 물적 요인(machine), 인적 요인(man), 환경적 요인(media), 관리적 요인(management)의 넷으로 나눈다.

a. 물적 요인(Machine)

기업 내의 각종 시설과 설비 측면에서 비롯되는 재해의 원인이다. 시설의 결함과 노후화, 공구나 기구의 불량, 불완전한 안전표식 등을 포함한다.

b. 인적 요인(Man)

개인의 선천적 · 후천적 요인(예 기질, 체력 저하, 질환 등)과 부주의 및 피로와 스트레스 등을 의미한다.

c. 환경적 요인(Media)

작업장 내에 존재하는 물리적 · 화학적 · 정보적 위험요소 등을 의미한다. 작업공간의 협소, 기계배치의 부적절, 고열, 분진, 소음 등을 포함한다.

d. 관리적 요인(Management)

산업안전의 관리과정에서 발생하는 문제점으로서, 안전교육의 불충분(예 안전수칙의 오해), 작업관리의 불량(예 무리한 작업계획), 채용과정의 오류(예 무자격자의 채용) 등이 포함된다.

③ 안전대책의 마련 : 사고원인의 제거

a. 안전사고 요인별 대책 : 4E

안전사고의 4대 원인(4M) 요소에 대응하는 4가지 대안에 해당되는 내용이다.

- 물적 요인의 측면(Engineering) : 장비와 설비의 규격(설계)사항 등을 구입할 때부터 주의를 기울여 살핀다.
- 인적 요인의 측면(Education) : 작업조건과 방법의 합리화, 건강 증진을 위한 각종 프로그램 등이 필요하다.
- 환경적 요인의 측면(Environment) : 기계 및 설비의 배치와 작업장의 위생관리에 주의하며, 종업원의 적정배치도 필요하다.
- 관리적 요인의 측면(Enforcement) : 종업원, 관리자, 산업안전전문가 등으로 구성된 안전대책위원회를 만들어 안전 중심의 기업분위기를 조성하며, 안전예산의 편성 및 안전사고기록의 분석 등을 제도화하는 재해방지 프로그램을 마련한다.

b. 행위기반 안전(behavior based safety)[31]

사고를 유발하는 작업자들의 행위들을 찾아내어 이들 행위들을 회피하도록 훈련시키는 것으로서, 인사고과에서 활용되는 행위기반평가척도(BARS, behaviorally anchored rating scale)의 원리와 유사하다.

| 4 | 보건위생관리[32)]

1) 의의와 중요성

보건위생관리는 종업원의 건강과 복리 증진에 기여하는 체계적이고 합리적인 관리과정이다.

2) 직업병(occupational disease)

① 의미

근로자가 일정한 직업에 종사함으로써 발생하는 질병으로, 물리적(온도, 습도, 채광 등), 화학적(먼지 등의 공기오염원, 음용수 등의 위험), 생물학적(세균 및 병원체 등) 원인에 의해 발생한다.

② 6대 직업병

고온장애(예 열사병), 저온장애(예 동상), 이상기압에 의한 직업병(예 잠수병), 방사선에 의한 직업병(예 백혈병), 작업장 분진에 의한 작업병(예 석면폐증), 공업중독(예 납중독)이 있다.

3) 피로(fatigue)

과도한 노동(예 근육노동, 정신노동)과 환경조건으로 인하여 에너지 지출이 일정 한도를 넘어서는 경우 발생하는 각종 생리적 현상을 총칭한다. 피로는 노동의욕과 작업능률을 저해시키고, 각종 실수와 사고를 유발한다.

4) 직업병 방지대책 : SIVE

① 대치(Substitution)

가장 근본적 대책으로서 유해물질을 비유해물질로 변경하거나 작업시설을 변경하는 것이다.

② 격리(Isolation)

작업자와 유해인자 사이에 방호벽(barrier)을 설치하는 것으로서, 사람으로부터 유해물질을 격리하거나 유해시설 및 공정을 격리하는 방법이 있다.

③ 환기(Ventilation)

세균이나 냄새 및 먼지의 비중을 낮추기 위해 실내공기를 외부공기와 교환하는 것이다. 창문(환기구)을 이용하는 자연환기와 환풍기·송풍기를 사용하는 기계(강제)환기로 나뉜다.

④ **교육**(Education)

조기예방과 발견을 위한 정기적 건강진단을 실시하는 동시에 종업원들이 이상을 발견할 수 있도록 직업병과 유해물질에 대한 교육을 실시한다.

제4절 스트레스의 관리

MANAGING HUMAN RESOURCE AND INDUSTRIAL RELATIONS

(1999년) 제8회 공인노무사시험(경영조직론)
직무스트레스의 원인과 대책을 약술하시오. (25점)

|1| 의미와 관련개념

1) 스트레스의 의미[33)]

스트레스(stress)란 업무수행의 과정에서 정신적 · 육체적으로 받는 부정적 억압으로 인하여 심기가 불안한 상태를 의미한다. 스트레스의 3대 구성요소는 다음과 같다.

① **제약조건**(constraints)

자원이나 시간의 희소성이 스트레스를 유발하는 가장 중요한 요인이 된다.

② **중요성**(importance)

간절히 바라거나 조직차원에서 해야만 하는 중요한 일에 대해 스트레스를 받는다.

③ **불확실성**(uncertainty)

업무가 즉각적이고 단순하게 파악되지 않아 개인의 통제범위를 벗어날 때 스트레스가 증가한다.

2) 스트레스 요인의 종류

① 도전적 스트레스 요인(challenge stressor ≒ Eustress)

업무량이나 시간의 급박성 등과 같이 업무행위에 자극이 되는 스트레스 요인이다.

② 방해적 스트레스 요인(hindrance stressor ≒ Distress)

조직정치, 직무 책임의 혼동 등과 같이 목표도달 자체를 어렵게 만드는 스트레스 요인이다.

3) 요구와 자원 : 직무요구-통제모형(Job demand-control model)[34)]

① 의의

구성원의 직무스트레스는 구성원에게 요구되는 직무(Job demand)와 구성원이 자신에게 요구된 직무를 원활히 수행할 수 있는 통제권한(자원)의 보유 정도(Job control)에 의해 결정된다는 이론적 모형이다.

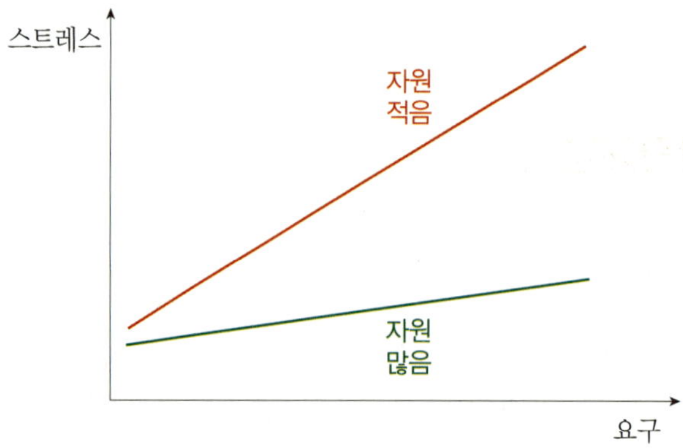

② 요구(demand)

직무수행을 하는 과정에서 부담으로 작용하는 작업량(workload), 시간의 압박, 위험요소 등을 총칭하는 개념으로서, 요구에 직면하는 사람은 스트레스를 받게 된다.

③ 자원(resource)

직무수행과정에서 활용가능한 자산이 되는 자율성, 상사의 지원, 과업다양성, 긍정적 피드백, 성장가능성 등을 총칭하는 개념으로서, 스트레스에 대응하는 적절한 자원이 존재한다면 요구로 인한 스트레스를 줄일 수 있다.

④ 이론의 시사점

개인의 동기부여를 위해서는 직무요구를 줄이는 소극적 전략보다는 직무자원의 공급에 힘쓰는 적극적 전략이 필요하다.

| 2 | 스트레스 인과모형 : 원인과 대책[35)]

1) 스트레스 인과모형

직장 생활에서 경험하는 스트레스의 원인과 결과 모형을 요약하면 다음 그림과 같다. 각종 요인들이 스트레스와 관련 증상을 유발하며, 이 과정에서 개인적 차이가 조절변수로서의 역할을 수행한다.

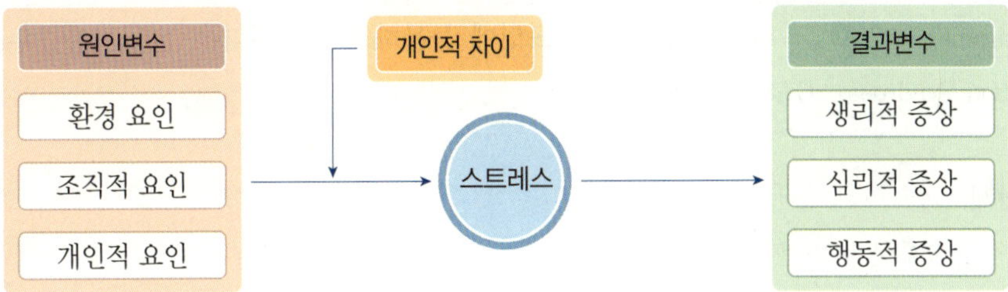

2) 스트레스의 원인

① 환경적 원천

거시환경요인(정치, 경제, 사회, 문화, 기술) 측면의 불확실성은 스트레스를 유발할 수 있다.

② 조직적 원천

a. **직무요구**(job demand)

직무의 양과 질(직무특성), 각종 과업요구(task demand)와 지위에 따른 역할요구(role demand), 다른 직원들에 의해 생기는 인간관계요구(interpersonal demand) 등을 총칭한다.

b. **부정적인 조직풍토**(organizational climate) **인식**[36)]

구성원이 근무환경(작업공간의 물리적 배치 및 위생상태)과 조직운영시스템(부서 간의 관계, 리더십, 갈등, 경영진의 과도한 성과압력)을 부정적인 방향으로 인식할 경우, 스트레스가 증가하게 된다.

c. **직장과 가정 간의 갈등**(work-family conflict)

맞벌이 부부가 증가하고 있는 오늘날의 선진국에서 자녀양육이나 관공서 업무 등의 시간제약으로 인한 스트레스를 뜻한다.

d. **정보불안증**(information anxiety)

새로 업데이트되는 정보를 입수해야만 경쟁자들과 비슷해진다는 압박을 뜻한다.

③ 개인적 원천

가족과의 관계, 경제적 압박, 성격 특징 등이 주로 개인적 측면에서의 스트레스 유발요인이다.

3) 스트레스의 결과

① 스트레스에 대한 반응 : 일반적응증후군[37)]

a. 의미

셀리에(Selye)는 우리 몸(전신, general)에 스트레스에 대응(적응, adaptation)하려는 변화작용(증후, syndrome)이 있고 그 변화가 스트레스 요인에 불문하고 일정하다는 '일반적응증후군(General Adaptation Syndrome ; GAS)'을 발표했다.

b. 단계

일반적응증후군의 3단계는 다음과 같다.

[셀리에의 일반적응증후군 단계]

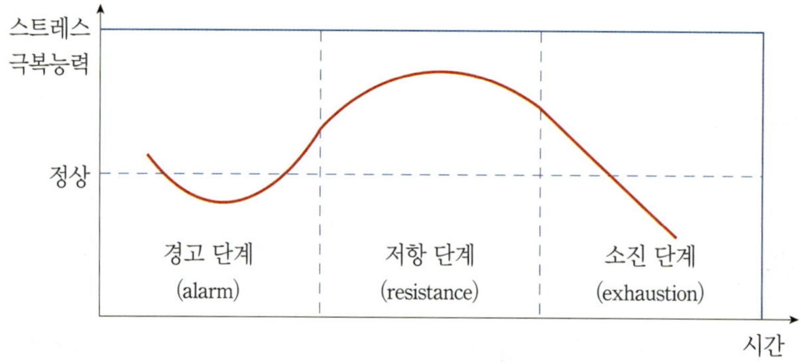

출처 : 백기복(2011), p.53, 수정인용

ⅰ. 경고(alarm reaction)

스트레스의 원인이 전달되면서 신체의 모든 부분에서 혈압상승, 근육수축 등의 반응이 나타난다.

ⅱ. 저항(stage of resistance)

신체가 스트레스와 맞서 싸우는 단계로서, 피로와 긴장감을 느끼게 된다.

ⅲ. 소진(stage of exhaustion)

우리 신체가 저항 과정에서 모든 에너지를 써버려 기진맥진하는 단계이다.

② 스트레스로 인한 증상의 세부 내용

a. 생리적 증상

일반적으로 스트레스는 뇌, 순환계, 소화계 등에 부정적인 영향을 준다.

b. 심리적 증상

스트레스는 업무에 대한 불만족, 긴장감이나 초조함, 불안감, 지루함 등의 심리적 상태로 발현된다.

c. 행동적 증상

스트레스는 생산성, 결근율 · 이직률 등의 다양한 행동변수에 영향을 미칠 수 있다. 일반적으로 스트레스와 업무성과 간에는 역U자형의 관계가 성립한다고 알려져 있다. 즉 낮은 수준의 스트레스는 일상에 적당한 자극과 긴장감을 조성해서 업무성과에 도움이 되지만, 과도한 스트레스는 생산성 및 개인적 삶의 질에 악영향을 미친다.

[스트레스와 성과 간 관계]

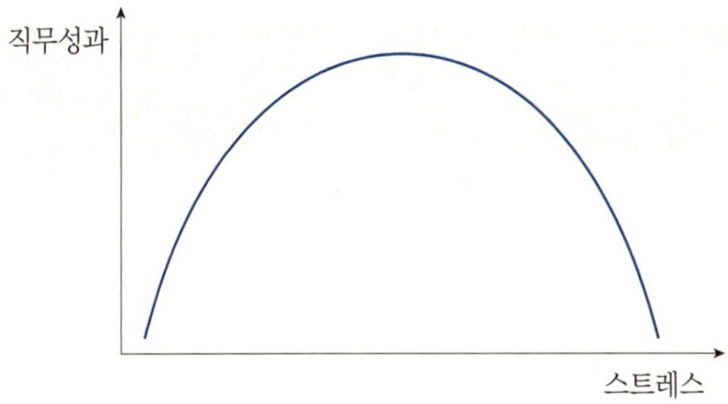

4) 스트레스 관리방안

① 개인적 접근 : 사후대처의 관점

직원 스스로가 자신의 스트레스 수준을 낮추기 위하여 철저한 시간관리, 적당한 운동, 긴장완화 훈련(명상 등)과 사회활동(타인과의 교류) 등의 노력을 기울여야 한다.

② 조직적 접근 : 사전예방의 관점

조직(관리자) 수준에서는 선발과 업무배치의 질 제고, 현실적인 목표 설정, 업무 재설계, 직원참여 프로그램의 확대, 안식년 제공, 복리후생 증대 등의 정책이 필요하다.

5) 조절요인으로서의 개인차[38)]

스트레스의 원인과 결과 사이에 개입가능한 조절변수들은 다음과 같다.

- 지각(perception) : 각자가 스트레스를 어떻게 받아들이고 해석하느냐에 따라 결과가 달라진다.

- 업무경험(work experience) : 해당 분야에서의 근무기간은 업무 스트레스와 반비례한다. 그 이유는 i) 선택적 철회(selective withdrawal), 즉 스트레스를 받는 사람이 이직하므로 장기 근속자는 그 반대이고, ii) 오랜 근무경험으로 스트레스의 대처법을 터득하기 때문이다.
- 사회적 지지(social support) : 직장 동료나 상사와의 긴밀한 관계는 스트레스를 경감해주는 효과를 가진다.
- 자기효능감(self-efficacy) : 특정 업무수행에 대한 자신감이 높은 사람은 스트레스를 덜 받는다.

제5절 이직관리

MANAGING HUMAN RESOURCE AND INDUSTRIAL RELATIONS

(2014년) 제23회 공인노무사시험

최근 기업에서 일어나는 구성원의 자발적 이직의 개념, 원인, 긍정적 및 부정적 효과(기업, 이직자, 잔류자 관점), 그리고 효과적인 관리방안에 대해 논하시오. (50점)

(2020년) 제29회 공인노무사시험

우수인재의 확보만큼이나 유지도 중요하다. 이직의 유형, 이직의 순기능과 역기능, 이직관리의 효과적 전략, 그리고 중소기업의 이직관리 방안에 관하여 설명하시오. (25점)

|1| 의의와 중요성

1) 이직의 개념과 종류[39)]

넓은 의미의 이직(turnover)은 입직(accession)과 협의의 이직(separation)을 포함하지만, 일반적인 의미의 이직은 현재 종사하고 있는 조직이나 직종으로부터 이탈하는 행동이다.

2) 이직의 원인과 유형[40)]

① 종업원의 의사

a. 자발적 이직(voluntary turnover)

스스로의 의사에 의한 이직으로서, 전직(타 직장으로의 이동)과 사직(결혼 및 출산이나 지병 등)으로 구분된다.

b. 비자발적 이직(involuntary turnover)

타의에 의한 이직으로서, 해고(구조조정이나 징계로 유발)와 퇴직(정년 및 사고나 사망 등)으로 구분된다.

② 유발요인의 원천[41)]

a. Pull형 이직

외부의 요인(근무조건, 연봉, 유연근무환경 등)에 의해 발생하는 이직으로서, 다른 직업에 대한 대안(alternative)이 있을 때 나타난다.

b. Push형 이직

내부의 요인(업무과중, 일과 생활의 불균형, 인간관계의 문제 등)에 의해 발생하는 이직으로서, 현재 상황에 대한 불만(discontent)이 있을 때 나타난다.

③ 이직원인의 통제가능성

a. 가피형 이직(avoidable turnover, 통제가능 이직)

사용자가 통제가능한 요인(임금, 복리후생, 업무시간 등)의 불만으로 인한 이직이다.

b. 불가피형 이직(unavoidable turnover, 통제불가능 이직)

사용자가 통제할 수 없는 요인(정년, 사망, 임신 등)으로 인한 이직이다.

④ **갈등**

보수나 신분 등의 경제적인 이유로 인한 이직을 이해갈등(interest conflict)형 이직, 사고방식이나 가치관 및 문화 차이로 인한 이직을 가치갈등(value conflict)형 이직이라 한다.

3) 이직관리의 중요성[42]

고도성장기의 한국경제에서는 이직 및 방출관리보다는 확보관리에 초점을 둔 경향이 있었다. 하지만 경제성장률이 점차 둔화되고 있는 오늘날에는 현재 보유하고 있는 인적자원을 잘 활용하는 것이 확보 이상으로 성과창출에 중요하다.

| 2 | 이직의 효과[43]

자발적 이직, 특히 전직(轉職)이 기업을 떠나는 사람(이직자)과 기업에 남아 있는 사람(잔류자) 및 기업에 미치는 효과를 긍정적인 측면과 부정적인 측면으로 나누면 다음과 같다.

1) 긍정적 효과

① **이직자에 대한 효과**

타사로부터 더 나은 직무제의(job offer)를 받는 경우에는 경력개발(승진), 높은 임금, 능력발휘에의 기회 등을 기대할 수 있다.

② **잔류자에 대한 효과**

이직으로 직무공석(T/O)이 발생하면 잔류자에게는 보다 나은 직무로의 이동기회가 생기며, 신규채용시 해당 인력이 작업집단의 분위기를 일신할 수도 있다.

③ **기업에 대한 효과**

무능한 인재가 조직을 자발적으로 떠날 경우에는 능력 있는 인재의 영입을 통해 조직 전체의 역량이 제고되고, 신규인력으로부터의 새로운 기술과 아이디어를 활용한 성과증진과 조직활성화의 계기(메기효과, catfish effect)를 기대할 수 있다.

2) 부정적 효과

① **이직자에 대한 효과**

기업을 떠나는 개인에게는 구직과 새 조직에의 적응 등의 부담이 발생하므로, 전반적인 직장

생활의 불확실성이 증가한다.

② 잔류자에 대한 효과

이직자의 발생으로 조직 내의 여러 인간관계가 변화되므로 조직 내 집단응집성(group cohesiveness)이 약화되고, 후임인력이 즉시 대체되지 않을 경우 개인의 업무량이 증가한다.

③ 기업에 대한 효과

자발적 이직은 생산성의 감소 및 채용과 교육비용을 포함하여 높은 이직비용을 발생시킨다. 또한 유능한 인재가 이직할 경우 인적자원의 경쟁력이 약화되고, 그 빈도가 높다면 조직분위기가 훼손되며 불안정이 야기된다.

|3| 이직의 측정과 분석

합리적 이직관리를 위해서는 적정이직수준의 확정이 가장 중요하다. 상대적으로 높은 이직률은 회사의 역동성을 드러내는 동시에 종업원의 불만이나 고용정책의 비효율(제대로 선발하지 않아서 채용 직후 이직)을 대변할 수 있으며, 상대적으로 낮은 이직률은 기업의 안정성을 드러내는 동시에 기업활동의 침체나 기업의 낮은 매력도를 나타낸다.

1) 이직률(turnover rate)의 측정과 분석

① 조이직(粗離職) 계산법

종업원 수에 대비한 총이직인원의 비율로 계산한다.

$$\text{조이직률}(\%) = \frac{\text{총이직자 수}}{\text{종업원 수}} \times 100$$

② 순이직(純離職) 계산법

종업원 수에 대비한 순이직인원(불가피형 이직을 제외한 나머지 이직자)의 비율로 계산한다. 조이직률에 비해 순이직률이 경영의사결정에 실질적인 도움이 된다.

$$\text{순이직률}(\%) = \frac{\text{총이직자 수} - \text{불가피형 이직자 수}}{\text{종업원 수}} \times 100$$

2) 이직비용의 측정과 분석

① 이직비용의 의미

a. 이직비용의 발생원인

이직은 종업원과 사용자 모두에게 다양한 비용을 발생시킨다. 종업원의 입장에서는 새 직장으로의 이동 사이에 발생하는 공백기간에 대한 기회비용과 새 직장에 대한 탐색비용이 소요되고, 사용자의 입장에서는 이직을 앞둔 종업원의 생산성 저하로 인한 비용과 더불어 신규 인력의 확보에 필요한 비용이 고려되어야 한다.

b. 이직비용의 세부 구성항목

ⅰ. 광의의 이직비용

종업원 1인의 신규채용과정에서 발생하는 대체비용(replacement cost, 채용비용, 교육비용, 적응비용 등)과 협의의 이직비용을 합한 개념이다.

ⅱ. 협의의 이직비용

이직하려는 종업원에 의해 발생하는 생산성 저하와 인수인계 시간에 대한 기회비용 등을 포함한다.

② 이직비용 : 시계열적 분석

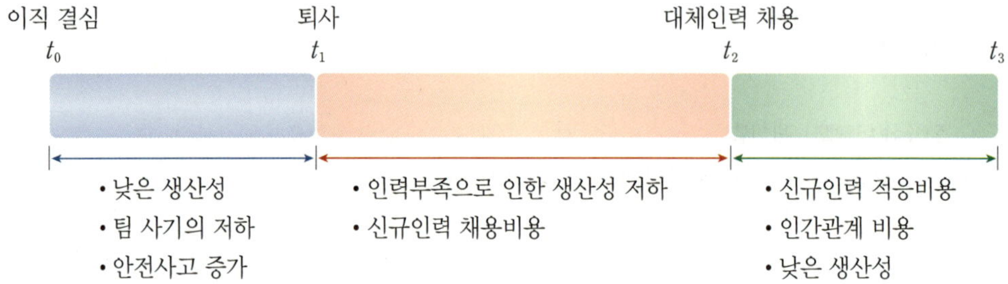

a. 이직 결심시점부터 실행시점 사이에 발생하는 비용

일반적으로 이직을 결심하면 현재의 업무에 집중하기 어려워 생산성 저하가 발생할 수 있고, 해당 종업원의 이직이 팀 전체 사기의 동반 저하로 이어지며, 생산직 종사자들에게는 안전사고의 발생가능성을 높이기도 한다.

b. 이직시점부터 대체인력고용이 완료되기까지의 비용

ⅰ. 인력부족으로 인한 생산성 저하

이직종업원의 업무를 잔류자들이 나누어 수행하는 과정에서 발생하는 스트레스와 업무과중의 비용이며, 통상 WVU[worker value unit, 종업원 1인이 단위기간(통상 1일)당 발생시키는 수익]으로 측정된다.

ii. 대체인력의 충원비용

신규인력의 모집과 선발에 드는 각종 비용이다.

c. 대체인력의 고용 이후 발생하는 비용

신규 인력이 채용된 이후 조직에 적응하는 과정에서 발생하는 비용으로서, 그 주된 원인은 업무 미숙으로 인한 성과저하, 조직부적응 비용, 인간관계 갈등 비용 등이다.

3) 적정이직률의 관리[44)]

① 적정이직률의 의미

이직률이 너무 낮으면 인재의 유실은 적겠지만 조직은 침체되고, 이직률이 너무 높으면 조직은 보다 높은 이직비용을 감수해야 한다. 따라서 기업에는 적정이직률이 존재하게 된다.

② 적정이직률 도출을 위해 고려해야 하는 요인들

종업원이 기업을 떠남으로써 발생하는 이직비용(성과저하, 대체비용 등)과 기업이 종업원을 계속 보유하기 위해 투입해야 하는 인력보유비용(매력적인 직무제공, 높은 임금 및 복리후생비용 등)을 종합적으로 검토해야 할 것이다.

③ 적정이직률의 결정

기업의 적정이직률은 기업이 부담해야 하는 (광의의) 이직비용과 인력보유비용의 합이 최소가 되는 지점에서 결정된다. 지나치게 이직률이 높다면 노무비가 줄어드는 대신 이직비용이 높아질 것이고, 지나치게 이직률이 낮다면 이직비용이 줄어드는 대신 노무비가 증가하기 때문이다.

[적정이직률]

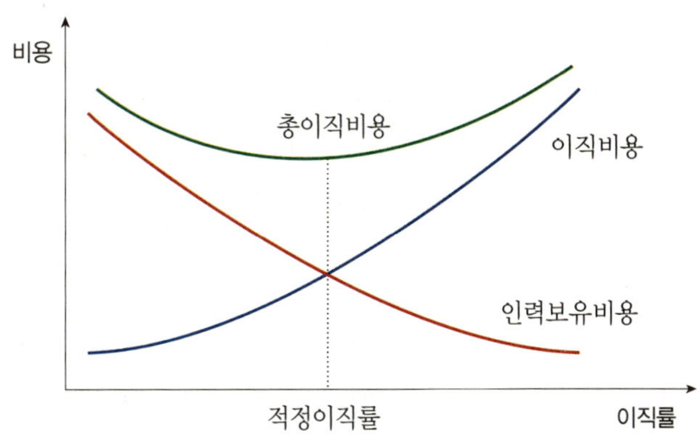

| 4 | 이직 원인의 분석과 대책

1) 이직원인 분석의 필요성

이직은 내부의 push 요인(업무과중, 일과 생활의 불균형, 인간관계의 문제 등)에 의하여 발생하기도 하지만 외부의 pull 요인(근무조건, 연봉, 유연근무환경 등)에 의하여 발생하기도 한다. 따라서 이직의 원인을 면밀히 분석할 필요가 있다.

2) 이직원인의 분석내용과 방법[45)]

효과적인 이직관리를 하기 위해서는 이직자의 특성(who), 이직의 원인(why), 이직이 주로 발생하는 부서나 직무(where), 이직이 주로 발생되는 시기(when), 이직 결심을 하게 되는 경로(how) 등을 다각도로 분석할 필요가 있으며, 이 과정에서는 면접법, 질문지법, 인사기록 분석법, 태도조사법 등의 다양한 도구를 활용할 수 있다.

3) 이직과 근속의 유형 구분[46)]

이상의 이직원인 조사를 통하여 종업원의 선택을 외부환경 압력(pull factor)과 내부불만 압력(push factor)에 비추어 4가지 유형으로 나눌 수 있다.

[이직과 근속의 유형 구분]

		Push Factor	
		Low	High
Pull Factor	Low	① 적극적 근속	② 소극적 근속
	High	③ 소극적 이직	④ 적극적 이직

① 적극적 근속(Push 요인 낮음, Pull 요인 낮음)

현재의 직무 자체에 만족하며, 이직에의 환경압력도 거의 없는 경우이다. 이때 종업원은 근속에 대한 의지가 강하며, 장기 근속할 가능성이 높다.

② 소극적 근속(Push 요인 높음, Pull 요인 낮음)

현재의 직무 자체에 만족하지 않지만, 이직에의 환경압력이 거의 없는 경우이다. 매력적인 직장대안이 없거나, 현 직장에의 지속적 몰입(continuous commitment)이 큰 경우에는 지금의 직장에 근속하려는 성향이 강하다.

③ 소극적 이직(Push 요인 낮음, Pull 요인 높음)

현재의 직무 자체에 만족하지만, 이직에의 환경압력이 높은 경우이다. 이때 종업원은 근속과 이직 사이 선택의 기로에서 만약 더 매력적인 직장으로의 이직을 선택할 가능성이 높다.

④ 적극적 이직(Push 요인 높음, Pull 요인 높음)

현재의 직무 자체에 만족하지 않으며, 이직에의 환경압력도 높은 경우이다. 이때 종업원은 대부분 이직의지를 실천에 옮긴다.

4) 이직에 대한 대책

만약 현재의 이직률보다 적정이직률이 더 높은 경우라면 기업은 인위적 방출을 선택해야 하지만, 반대로 현재의 이직률이 적정이직률보다 높다면 기업은 이직을 줄이기 위한 대책을 마련해야 한다.

① 대상별 대책[47)]

a. 신입종업원의 부적응으로 인한 이직 방지 : 위생요인 측면

신입사원의 이직은 주로 위생요인(hygiene factor)에 의해 발생하므로 이를 줄이기 위한 조직사회화(organizational socialization)가 필요하다. 따뜻한 배려에 기반한 적응시스템(멘토링), 직책상의 지도 및 훈련(OJT) 등이 필요하다.

b. 고성과자의 자아발전욕구 좌절로 인한 이직 방지 : 동기요인 측면

고성과자의 이직은 주로 동기요인(motivator)의 좌절에 기인하므로 이를 줄이기 위해서는 승진기회의 부여, 교육훈련과 자기발전의 기회 제공, 전문직능의 확충으로 인한 실질적인 우대방안 마련 등이 필요하다.

② 원인별 대책[48)]

a. 조직차원의 이직원인과 관리방안

ⅰ. 원인

주로 임금 및 복리후생과 승진이 조직차원의 이직원인이며, 이들은 그 절대수준보다 지각된 공정성의 수준이 이직에 영향을 미친다.

ⅱ. 대책

현실적으로 외부공정성(임금수준, pay level)의 충족은 어렵기에 내부공정성을 높이는 전략이 필요하다.

- 조직적 공정성(internal equity) : 동일조직 내에서 상이한 직무를 담당하고 있는 종업원들이 받고 있는 임금에 초점을 둔 공정성으로서, 각 직무들의 상대적 가치를 평가하는 직무평가

가 공정성 관리의 핵심수단이다.

- 개인적 공정성(individual equity) : 동일조직 내에서 동일한 직무를 담당하고 있는 종업원들 간의 개인차(연공, 공헌, 성과수준 등)에 따른 임금격차에 의해 지각된 공정성으로서, 호봉체계 관리(연공급), 직능자격제도(직능급), 성과평가시스템(성과급) 등이 필요하다.

b. 작업환경차원의 이직원인과 관리방안

ⅰ. 원인

주로 감독자(상사)의 리더십 스타일, 동료집단과의 상호작용과 인간관계, 작업조건과 근무환경 등이 작업환경차원의 이직원인이다.

ⅱ. 대책

- 상사의 리더십 개선 : 가장 흔히 지적되는 이직원인 중 하나로서, 리더-구성원 관계(leader-member relationship)를 고려한 인력배치와 부하직원의 동기부여에 효과적인 각종 관리기술(managerial skills)의 교육훈련이 요청된다.
- 근무환경의 개선 : 허쯔버그(Hertzberg)의 2요인 이론에 따르면 근무환경과 같은 위생요인은 미충족시 불만을 일으키는 원인이므로 개선이 필요하다.

c. 직무내용차원의 이직원인과 관리방안

ⅰ. 원인

주로 직무의 특성이나 난이도 및 책임감과 자율성 등의 문제가 직무내용차원의 이직원인이다.

ⅱ. 대책

- 해크만과 올드햄(Hackman & Oldham)의 직무특성이론에 따르면 바람직한 직무특성으로의 설계(예 직무확대와 직무충실)를 통하여 동기부여를 도모할 수 있다.
- 로크(Locke)의 목표설정이론에 의하면 도전적인 직무를 부여할 경우 구성원은 업무에 더 큰 흥미를 느끼게 된다.

5) 직무배태성(job embeddedness)[49]

① 개념

미첼(Mitchell) 등이 정립하였으며, 종업원이 현재의 직무와 조직에서 계속해서 근무하도록 하는데 (즉, 이직하지 않도록) 영향을 미치는 종합적이고 광범위한 연결망을 의미한다.

② 구성요소

a. 연결고리(links)

ⅰ. 의미

조직생활을 통해 구축한 인간 및 환경과의 관계망으로서, 연결고리의 양과 질이 증가할수록 개인이 회사를 떠날 가능이 감소한다.

ⅱ. 증진방안

연결고리를 강화 · 증진시키는 방법으로는 멘토링, 체계적인 조직사회화, 인간관계관리 기법 등이 있다.

b. 적합성(fit)

ⅰ. 의미

개인과 조직이 가치나 목표의 측면에서 서로를 잘 맞다고 느끼는 정도로서, 적합성의 인식수준이 높을수록 직무성과가 향상되고 이직의도가 감소한다.

ⅱ. 증진방안

선발과정에서부터 지원자들의 인성과 적성 및 성격을 종합적으로 판단하고 검토할 수 있는 도구(예 인적성검사)를 개발해야 한다.

c. 희생(sacrifice)

ⅰ. 의미

직장을 상실할 경우 발생하는 물질적 · 정신적 비용(예 회사가 제공하는 혜택, 흥미로운 직무, 보상 등)으로서, 희생의 가치가 증가할수록 종업원의 이직확률은 낮아진다.

ⅱ. 증진방안

희생은 이직시의 잠재적 위험(potential risk), 즉 지속적 몰입(continuance commitment)과 유사하므로, 평소에 회사가 제공하는 혜택과 보상을 구성원들에게 주지시키고, 회사에 대한 투자(= 공헌)의 회수(payback) 가능성을 강조한다.

③ 효과[50)]

첫째, 직무배태성의 증가는 이직하려는 의도(turnover intention)를 가진 종업원이 실제 이직을 결심하여 실행에 옮길 가능성을 (특히 장기근속자일수록) 낮춘다.

둘째, 직무배태성의 증가는 고성과자가 되고자 하는 동기를 높인다. 직무배태성이 높은 개인일수록 자신의 경력성공과 조직의 성과 간에 강한 상관성을 인지할 가능성이 높기 때문이다.

6) 신입사원의 조기이직 원인과 극복방안[51)]

① 원인

a. 파랑새 증후군(bluebird syndrome)

현재의 직장보다 더 좋은 곳이 있을 것이라는 이유로 끊임없이 새로운 직장을 탐색하는 현상이다.

b. 셀프홀릭 증후군(self-holic syndrome)

본인의 역량에 비해 가치가 낮은 일을 한다고 생각하며 갈등을 느끼는 것이다.

c. 피터팬 증후군(Peter Pan syndrome)

기성 문화를 비판하면서 상급자로서의 책임감을 피하고자 하는 신세대 직장인의 특성이다.

② 극복방안 : START

a. Selection : 기업 특유의 선발 방식을 고민할 필요가 있다.
b. Truth : 입사 전 회사와 직무에 대해 현실적인 정보를 제공할 필요가 있다.
c. Achievement : 입사 초기에 성공을 경험하게 하여야 한다.
d. Route : 성공에의 비전과 경력경로를 보여줄 필요가 있다.
e. Talk : 직원들과의 격의 없는 소통이 필요하다.

제6절 방출관리

MANAGING HUMAN RESOURCE AND INDUSTRIAL RELATIONS

(1993년) 제4회 공인노무사시험
기업정년제의 의의 및 유형과 효율적인 관리방안(인사노무관리차원의 대응방안)에 대하여 논술하라. (50점)
(2012년) 제21회 공인노무사시험
전직지원서비스(outplacement services)의 효과와 한계에 관하여 서술하시오. (25점)

|1| 의의와 필요성 및 인력감축전략

1) 방출관리의 의의

방출(release)은 인력공급이 인력수요보다 과잉인 경우 기업이 행하는 각종 고용조정(employee adjustment) 조치(전직, 해고, 노동시간 변경 등)를 총칭하며, 잉여인적자원을 기업 내에서 흡수하는 내부방출과 조직 밖으로 내보내는 외부방출로 나뉜다.

2) 방출의 원인 : 인력과잉[52)]

① 인력공급과잉의 개념과 원인

가용한 인력의 공급량이 필요한 인력량(수요량)을 초과하는 원인은 다음과 같다.

a. 기계화와 사무자동화(OA, office automation)

일반적으로 기계가 도입되는 경우 기존 인력수요의 80%가 줄어든다.

b. 시장에서의 경쟁 격화

업무방식을 개선하여 적은 수의 인력으로 같은 양의 생산을 해낼 수 있다면 상당수의 기업에서는 인력감축을 시도할 것이다.

c. 경기후퇴 내지는 해당기업 제품의 노후화

매출액과 생산량 자체가 줄어들거나, 공장이 해외로 이전하는 경우에는 인력필요량이 줄어들어 공급과잉 상태가 된다.

d. 기업이 계절적 사업을 수행하는 경우

이러한 경우에는 성수기에 확보한 인력규모가 비수기에는 필요 이상의 규모가 된다.

e. 경영관리의 실패

경영자가 잘못된 사업계획이나 경영전략적 판단으로 조직을 실패로 이끈다면 자연히 인력공급의 과잉상태로 이어진다.

② 인력공급과잉의 해소를 위한 인력감축전략과 그 효과

기업이 공급과잉 해소를 위해 사용하는 다양한 인력감축전략 중 근무시간 단축, 보상동결 및 삭감, 신규채용 억제 등은 내부방출, 조기퇴직과 해고는 외부방출로 구분할 수 있다.

a. 근무시간 단축

i . 의미

제품수요가 줄어들어 생산량도 줄여야 할 때 조업시간이나 작업시간을 기존보다 줄이는 방법이다.

ii . 기업에 미치는 영향

- 장점 : 경쟁력 저하나 경제적 비용 등의 문제는 발생하지 않는다.
- 단점 : 생산시설의 활용도가 낮아진다.

iii. 종업원에 미치는 영향

- 장점 : 근무시간이 줄어들어 피로도가 낮아진다.
- 단점 : 임금이 줄어들 수 있다.

b. 신규채용 억제(=자연감원)

i. 의미

정년퇴직 및 자발적 이직으로 발생하는 공석을 충원하지 않거나 채용 규모를 줄임으로써 인력공급을 점진적으로 해소하는 전략이다.

ii. 기업에 미치는 영향

- 장점 : 인건비가 줄어든다.
- 단점 : 신기술 보유인력의 유입이 차단되므로 경쟁력 저하가 발생한다.

iii. 종업원에 미치는 영향

- 장점 : 기존 종업원 입장에서는 보상액의 손실은 거의 없다.
- 단점 : 인력감소로 인하여 업무부담이 증가하게 된다.

c. 조기퇴직제도(early retirement program)

i. 의미

정년에 도달하지 않은 종업원을 자발적 의사에 따라 퇴직시키는 제도로서, 인력과잉의 해소와 더불어 경력정체현상의 완화 목적으로 사용되기도 한다. 명예퇴직제도, 희망퇴직제도, 선택정년제도 등 다양한 명칭으로 불린다.

ii. 특징

- 일정한 연령에 도달한 종업원이 조기퇴직신청서를 제출하면, 회사가 이를 검토하여 조기퇴직자를 최종 선정한다. 따라서 자발적 이직과는 달리 사용자가 주도권을 갖는다.
- 조기퇴직신청자에게 퇴직금 외에 특별가산금을 지급하고, 이들의 전직이나 창업을 지원하기도 한다.

iii. 장점

- 인사적체 및 승진정체 해소에 기여한다.
- 조직 내 분위기를 일신함으로써 조직활성화에 기여한다.
- 기업의 인건비 절감에 도움이 된다.
- 인적자원의 재배치(조직 내 이동)를 통해 인력충원의 유연성을 제고한다.
- 전직지원프로그램(outplacement)을 실시할 경우 기업의 사회적 평판 향상에 도움이 된다.

iv. 단점

- 무능인력 방출이라는 의도와는 달리 오히려 유능한 인력이 퇴직하고 무능한 인력이 남게 되는 인적자원의 그레샴 법칙(Bad money drives out good)이 발생할 가능성이 있다.
- 사용자 측면에서는 퇴직금을 조기에 지불해야 한다는 부담이 발생한다.

- 퇴직희망자가 핵심인재인 경우에는 기업경쟁력이 훼손된다.
- 퇴직 후 후임자의 확보 이전까지는 종업원의 업무량이 증가한다.
- 자발적 의사보다 권고사직의 형태로 전개된다면 심리적 · 정신적 부담이 가중된다.
- 궁극적으로는 노사관계에 있어 불신과 갈등을 야기하며, 고용보장의무를 회피한다는 윤리적 문제로 비화될 수도 있다.

d. 보상의 동결 및 삭감

i. 의미

임금과 복리후생의 수준을 현행수준에서 고정시키거나 줄임으로써 자발적 이직을 유도하는 것이다.

ii. 기업에 미치는 영향

- 장점 : 기업 입장에서 직접적 비용이 유발되지는 않는다.
- 단점 : 유능인력의 퇴직으로 인한 경쟁력 저하가 발생한다.

iii. 종업원에 미치는 영향

업무량의 증가, 업무동기의 저하, 물가상승시 실질임금 저하로 인한 생활수준 하락 등의 문제가 발생한다.

e. 해고

i. 의미

기업의 의지에 따라 종업원이 반강제적으로 기업을 떠나는 것이다. (고용계약의 해지)

ii. 유형

- 정리해고 : 긴박한 경영상의 필요에 따라 인원감축의 필요가 있을 때 실시하는 해고로서, 인수 · 합병 및 기업폐쇄시에 주로 발생한다.
- 징계해고 : 취업규칙 및 단체협약에 의거하여 회사 기강유지를 위해 실시하는 해고이다.
- 통상해고 : 근로자 일신상의 사유로 인하여 법률, 단체협약, 취업규칙 및 근로계약 등에 규정된 근로제공의무를 충분히 이행할 수 없는 경우 이를 이유로 한 해고이다.

iii. 기업에 미치는 영향

- 장점 : 인건비 절감효과가 부분적으로 발생한다.
- 단점 : 경쟁력 약화와 노사관계 악화 등의 문제가 발생한다. 다만 경쟁력 약화의 강도는 (불만인력 자체가 기업을 떠나므로) 보상삭감보다는 덜하다.

iv. 종업원에 미치는 영향

- 잔류자 : 추가해고에의 불안감과 직무불만족으로 인한 생산성 저하가 발생한다.
- 퇴직자 : 생계의 문제와 정신적 고통 등의 문제가 발생한다.

3) 방출수단으로서의 구조조정[53)]

① 의의

조직의 구조조정은 흔히 규모 축소, 즉 조직구성원 수의 감소를 뜻한다. 일반적으로 조직규모의 과도한 증대가 갖는 여러 문제점[조직의 관료화, 집권화로 인한 구성원 재량의 감소, 조직정치, 과두제(oligarchy, 소수 엘리트에 의한 통치) 등]을 극복하기 위해 추진된다.

② 구조조정의 유형

a. 원가 절감형 구조조정

인건비의 절감을 위해 하향식(top-down)으로 진행되는 고용조정으로서, 조직의 장기적 성장 기반을 해치고 집단응집성(group cohesiveness)과 조직몰입을 저해한다.

b. 조직 통폐합형 구조조정

조직효과성의 향상을 위해 유사조직이나 기능부문 간의 통폐합을 추진하는 방식으로서, 상당한 수준의 조직불안정을 가져오므로 철저한 준비와 계획이 필요하다.

c. 시스템 변신형 구조조정

새로운 시장이나 제품영역에 대한 도전을 위하여 조직의 일하는 방식을 개혁하는 과정으로서, 체제 전환을 이끌 수 있는 조직역량의 뒷받침이 필요하다.

③ 규모축소의 기준

a. 효율성 원칙

구성원의 가치창출 기여도와 고용으로 인한 원가상승을 비교하여, 떠나야 할 사원을 가려냄으로써 기업경쟁력을 제고한다.

b. 형평성 원칙

객관적 성과기준도 중요하지만 근속기간, 가족구성원의 수, 이직준비정도, 사회문화적 상황 등을 종합적으로 고려하여 퇴출대상자를 선정해야 한다.

④ 구조조정의 효과

원가절감, 조직구성원들의 매너리즘 탈피, 잔류자들의 긴장감과 도전의식 고취를 통한 조직활력 증가(= 메기효과), 승진기회의 증가 등의 긍정적 효과가 있다.

4) 방출시의 유의사항

방출을 통해 조직효과성을 높이기 위해서는 장기적 시각에서 다른 전략목표와 정렬(alignment)을 이루는 동시에 종업원을 포함한 이해관계자와의 협력을 추구하는 적극적 자세가 필요하다.

| 2 | 방출관리의 효과적 실천방안

1) 방출의 2차적 부작용

방출시에는 방출과정에서 발생하는 직접적(1차적) 비용 이외에도 기업이미지의 손실과 잔류자의 근로불안 및 사기저하로 대표되는 간접적(2차적) 비용이 발생한다.

① 종업원의 행위상 부작용[54)]

a. 방출은 해고되는 종업원뿐만 아니라 잔류자들에게도 심리적 불안감을 증폭시켜 조직에 대한 몰입도와 충성도가 떨어진다.

b. 직무 간의 관계 및 상사 및 동료와의 인간관계 등 상호작용에 있어서도 부작용을 야기한다.

c. 연구에 따르면 퇴출로 인한 불안이 단기적으로는 긴장을 통해 성취동기를 유발하기도 하지만 장기적으로는 생산성이 저하되는 등의 부작용이 발생한다.

② 조직차원에서의 부작용

a. 강제퇴출이 발생하는 조직에서는 인적자원의 그레샴 법칙, 즉 부실인재의 해고정책이 도리어 유능한 인재의 유출을 촉진하여 무능한 구성원이 잔류하는 역효과가 발생한다.

b. 방출로 인한 원가절감은 중장기적으로 여유자원(slacks)[55)]의 부족으로 인한 경영의 전략적 마비증상(paralysis)을 유발한다.

c. 불신과 혼돈 및 수동적인 조직문화를 만들면서 기업이미지에도 악영향을 미친다.

2) 방출공정성의 확보

① 대상자 선정의 공정성

객관적이고 합리적인 기준에 따라 해고대상자를 선정할 필요가 있다. 구체적으로는 건강상태나 근무상황, 작업능력 및 능률, 회사의 질서유지, 개별 종업원의 가계상황 등을 종합적으로 고려한다.

② 절차의 공정성

노동법상의 정리해고 요건 및 절차를 준수하는 소극적 의미의 절차공정성과 평소 노사 간에 구축된 신뢰를 바탕으로 방출 필요시 원만한 합의를 도출하는 적극적 의미의 절차공정성으로 나뉜다.

3) 방출 지원수단의 확보

① 퇴출인력을 위한 아웃플레이스먼트(outplacement, 전직지원제도)[56]

a. 의의

퇴직예정자를 대상으로 인생설계 프로그램이나 재취업을 위한 전직 및 창업교육을 실시하여 구성원의 지속적인 경력개발에 도움을 주려는 지원수단이며, 심리적 계약(psychological contract) 파기에의 책임을 그 목적으로 한다.

b. 중요성

i. 일자리에 대한 정보비대칭(information asymmetry)에 놓이는 종업원에게 상대적으로 정보가 풍부한 기업측에서 직장탐색에 큰 도움을 줄 수 있다.

ii. 아웃플레이스먼트는 종업원의 고용가능성(employability)을 증진시킨다는 점에서 '기업의 사회적 책임(CSR)'의 실천이기도 하다.

c. 등장배경

효율성이 중시되는 오늘날의 경영환경하에서 불가피한 인력방출로 인한 해고자의 새로운 생업수단 확보와 기업측의 죄의식 경감을 위해서 아웃플레이스먼트가 필요하다.

d. 실시단계

i. 충격완화 단계

해고의 통보로 인한 종업원의 충격상태를 안정화하기 위한 상담(counseling)이나 멘토링(mentoring) 등이 실시된다.

ii. 개인에 대한 종합적인 평가단계

심리평가와 더불어 시험이나 인터뷰를 통해 개인의 강·약점과 그간의 직무경력을 평가하여 스스로에 대한 이해수준을 높인다.

iii. 교육훈련 단계

새로운 일자리 탐색에 필요한 정보를 제공하고 교육을 실시한다.

iv. 추가지원 단계

구직활동에 대한 지원을 하는 단계이다.

e. 성공요인

구성원의 능력 · 적성, 시장상황, 기업환경 간에 공통영역이 확대될 수 있도록 관리한다.

f. 효과

ⅰ. 기업 차원

아웃플레이스먼트의 실시로 퇴직위로금 등의 추가적 비용부담을 줄일 수 있고, 노사마찰을 피하며, 시장에서의 평판과 경쟁력을 유지한다.

ⅱ. 종업원 차원

해고로 인한 심리적 · 정서적 갈등과 혼란을 조기에 극복하며, 전직을 위해 필요한 능력을 개발하고, 미래에 대한 장기계획을 수립하는 기회를 얻는다.

ⅲ. 국가경제 차원

유능한 인재의 손실을 막고, 인적자원의 적절한 재배치와 활용이 가능하며, 실업급여 등의 복지비용과 사회적 불안을 함께 줄일 수 있다.

g. 한계

ⅰ. 획일화된 집체교육으로 실시될 경우 서비스의 실효성이 저하

퇴직자에 맞춘 개인화된 서비스가 아니라면 제도 시행의 본 취지를 망각하는 것이 된다.

ⅱ. 생계수단을 마련해 주는 교육에 그치는 경우

아웃플레이스먼트는 단순히 퇴직자들의 호구책 마련에 그치는 것이 아니라, 궁극적으로는 능력개발과 자아실현에 도움이 되도록 실시해야 한다.

ⅲ. 사회적 이미지 제고 수단으로만 활용되는 경우

종업원이 필요로 하는 교육보다는 전시효과가 가장 큰 방식의 전직지원방식을 택하는 등 이미지 제고 수단으로만 활용되면 안 된다.

② 잔류인력을 위한 인플레이스먼트(inplacement)

잔류자를 대상으로 새로운 경력관리를 지도하며 교육훈련 및 기타 지원을 실시하는 정책이다. 정리해고의 부작용을 줄이기 위해서는 잔존 종업원들이 가지고 있는 오해나 불신을 극복할 수 있는 정보의 제공과 커뮤니케이션 노력이 우선 필요하고, 구성원의 니즈와 조직의 니즈를 조화시킬 수 있는 경력관리 시스템의 확립과 교육훈련의 다양화 등을 시도할 필요가 있다.

심화학습

다음은 종업원 징계에 관한 여러 교과서[57]의 내용을 요약한 것이다. 이 글을 읽고 효과적인 징계방안에 관하여 생각해 보자.

1. 개념과 사유

징계(discipline)는 직장질서에 위배되는 종업원의 역기능적 비위행동(非違行動, 규정위반행동)에 대한 기업측의 제재이다. 대개 노무관리상의 요청(예 잦은 무단결근), 비행행위(예 사내에서 각종 문제를 야기), 품위유지의무위반행위, 기업재산의 침해행위 등이 통상적인 징계사유이다.

2. 목적과 효과

1) 예방적 효과

조직구성원의 적절한 직무배치와 업무관리를 통하여 징계대상 행동이 일어나지 않도록 사전에 방지하는 것이다.

2) 행동개선효과

관리자의 상담과 지도 그리고 구성원 자신의 자기징계(self-discipline, 자계)와 자기개발(self-development)을 통하여 행동개선을 모색하는 것이다.

3) 처벌효과

예방효과와 개선효과가 불가능할 경우 최종적으로 부당행위 혹은 규정위반행위를 저지시키고 벌칙을 적용함으로써 그러한 행동을 억제시키는 것이다.

3. 징계시스템의 설계

전통적 징계시스템은 처벌을 목적으로 하는 것이었으나, 최근의 인사관리에서는 징계의 행동개선 목적을 강조하고 있다.

[징계시스템의 설계과정]

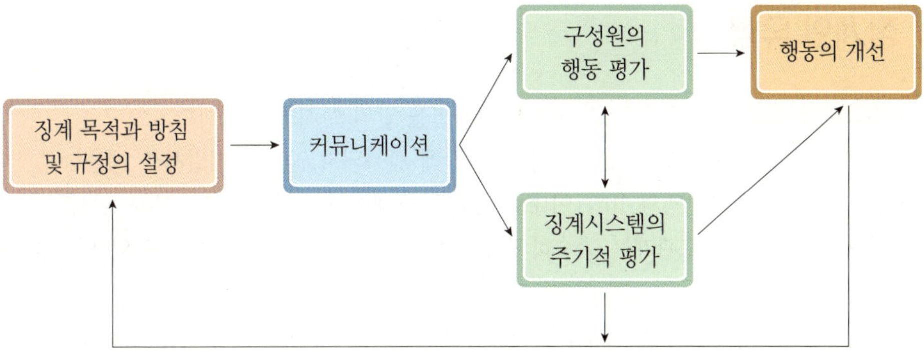

출처 : 이학종 · 양혁승(2006), p.494.

1) 징계규정의 설정

징계방침과 규정을 정하는 과정에서는 구성원들이 받아들일 수 있는 내용, 조직효과성 실현에 도움이 되는 내용, 행동개선과 관련이 되는 내용 등으로 설정할 필요가 있다. 맥그리거(McGregor)의 뜨거운 난로의 법칙(hot stove rule)에 따르면 일반적으로 징계나 처벌규정은 비위행동이 발생한 즉시 시행되어야 하며(즉시성, immediate), 처벌의 일관된 적용이 필요하다(일관성, consistent).

2) 커뮤니케이션

징계규정은 다양한 도구(소책자, 인트라넷 공지 등)를 활용하여 구성원들에게 명확히 전달되어야 한다.

3) 구성원의 행동 평가 및 개선

목표관리(MBO) 등의 평가시스템과 연계하여 행동개선방안을 제시하고 관리자가 이에 대한 상담을 진행한다.

4) 징계시스템의 주기적 평가

조직구성원의 행동개선뿐만 아니라 징계시스템 자체도 주기적으로 점검하고 평가하여 불필요한 제재는 제거하고, 미흡한 규정은 보완한다.

4. 징계의 유형

- 주의 · 경고 : 서면이나 구두로 규정위반 사실을 알리고 시정을 명한다.
- 견책 : 위법한 부당행위를 반성하게 하고 장래 반복되지 않도록 시말서를 제출하게 한다.
- 감급(감봉) : 월 급여액의 10% 이내로 임금을 공제하며 기간은 3개월 내로 실시한다.
- 정직(출근정지) : 근로관계는 존속하되 근로제공을 금지하고 그 기간 동안의 임금을 지급하지 않는다.
- 강등 · 강위 · 강격 : 직위나 계급을 1계급 낮추는 것이며, 사기업에서는 사용빈도가 낮다.
- 징계해고 : 가장 강력한 징계로서 근로계약관계를 소멸시키는 사용자의 일방적 의사표시이다.

1) 최종태(2000), 『현대인사관리론』(전정판), 서울 : 박영사, p.514.
김식현(1999), 『인사관리론』, 서울 : 무역경영사, p.395.

2) 임창희(2014), 『인적자원관리』(제3판), 서울 : 비앤엠북스 ; 변상우 등, 전게서, pp.416~422.

3) 신건호(2004), "근로생활의 질(QWL) 향상을 위한 인사관리에 관한 연구", 『동중앙아시아연구』, 13, pp.145~171.
; Walton, R. E. (1973). Quality of working life : What is it? *Sloan Management Review*, 15(1), 11~21.

4) 최종태(1996), 『현대노사관계론』(전정판), 서울 : 박영사, pp.741~760.

5) 박지성, 장태수, 전상길. (2022). "생물학과의 통섭을 통한 MZ세대에 대한 이해와 MZ세대 인력운영방안 모색", 「인사조직연구」, 30(3), 53~78.
Morgan, J. (2017). *The Employee Experience Advantage : How to Win the War for Talent by Giving Employees the Workspaces they Want, the Tools They Need, and a Culture They Can Celebrate*. Hoboken : John Wiley & Sons.

6) 최종태, 전게서, pp.514~515.

7) 박경규(2016), 『신인사관리』(제6판), 서울 : 홍문사, pp.361~363.

8) 최종태, 전게서.

9) Hackman, J. R., Oldham, G., Janson, R., & Purdy, K. (1975). A new strategy for job enrichment, *California Management Review*, 17(4), 57~71.

10) 김영재 · 김성국 · 김강식(2015), 『신인적자원관리』(제3판), 서울 : 탑북스

11) 임창희, 전게서.

12) Pigors, P., & Myers, C. A. (1981). *Personnel Administration*(9th edi.). McGraw-Hill.

13) 최종태, 전게서.
Schoenfeldt, L. F. (1974). Utilization of manpower : Development and evaluation of an assessment-classification model for matching individuals with jobs. *Journal of Applied Psychology*, 59(5), 583~595.

14) 박성수 · 황호영 · 이경근 · 전명숙 · 채준호(2016), 『디지로그 시대의 인적자원관리』, 서울 : 박영사
박성환 · 이준우(2014), 『역량중심 인적자원관리』(제3판), 파주 : 법문사

15) 박경규, 전게서 ; 최종태, 전게서.

16) 고용노동부(2019), 「직장 내 괴롭힘 판단 및 예방 · 대응 매뉴얼」

17) 김영재 등, 전게서 ; 박경규, 전게서 ; 최종태, 전게서.

18) 최종태, 전게서.

19) 최종태, 전게서, pp.547~553.

20) 박경규, 전게서, p.102.

21) 안지영(2015), "근로시간 단축이 기업의 고용에 미치는 영향", 『조직과 인사관리연구』, 39(4), pp.1~30.

22) 이광선(2018), 『근로시간 단축에 따른 기업의 대응방안』, 지평 뉴스레터

23) 박경규, 전게서, pp.102~113 ; 최종태, 전게서, pp.553~557.

24) 임종률(2016), 『노동법』(제14판), 서울 : 박영사, p.425.

25) 전상길(2020), 『창조경영을 위한 인적자원관리, 길을 묻다』(제2판), 하남 : 창명, pp.227~228. ; Noe, R. A., Hollenbeck, J. R., Gerhart, B., & Wright, P. M. (2010). *Human resource management : Gaining a competitive advantage.* (7th ed.). New York, NY : McGraw-Hill/Irwin. ; 중앙일보(2020.06.30) "출퇴근이 사라진다, 저커버그도 강추하는 재택근무" ; Gratton, L.(2021), Doing Hybrid Right, *Harvard Business Review*, 2021 May-June.

26) 최종태, 전게서.
Mathis, R. L., & Jackson, J. H. (2011), *Human Resource Management*(13th edi.). Cengage Learning.

27) 한인수(2014), 『현대인적자원관리』(제3판), 서울 : 명경사

28) 박경규, 전게서, pp.494~495.

29) 최종태, 전게서, pp.560~561.

30) 김영재 등, 전게서 ; 박경규, 전게서 ; 전상길, 전게서 ; 최종태, 전게서.

31) Mathis & Jackson, *Op Cit.*

32) 전상길, 전게서 ; 최종태, 전게서.

33) 박성수 등, 전게서 ; Robbins, S. P., & Judge, T. A. (2013). *Organizational Behavior* (15th ed.). Upper Saddle River, NJ : Prentice Hall.

34) 임창희(2013), 『조직행동(제5판)』, 서울 : 비엔엠북스 ; 문형구 · 최병권 · 고욱(2010), "직무스트레스 연구의 동향과 향후 방향", 「조직과 인사관리연구」, 34(3), 117~187.

35) Robbins & Judge(2013), *Op Cit.* ; Schermerhorn, J. R., Uhl-Bien, M., & Osborn, R. N. (2019). *Introduction to organizational behavior*(13th edi.), New York, NY : John Wiley & Sons.

36) Schneider, B., Ehrhart, M. G., & Macey, W. H. (2013). Organizational climate and culture. *Annual Review of Psychology*, 64, 361~388.

37) 백기복(2011), 『조직행동연구』(제5판), 서울 : 창민사

38) Robbins & Judge, *Op Cit.*

39) 박경규, 전게서.

40) 박경규, 전게서 ; 최종태, 전게서.

41) March, J. G., & Simon, H. A. (1958). *Organizations.* New York, NY : John Wiley & Sons. p.93.

42) 최종태, 전게서, pp.531~533.

43) 박경규, 전게서, pp.553~554.

44) 박경규, 전게서 ; 김영재 등, 전게서.

45) 최종태, 전게서, pp.540~542.

46) 최종태, 전게서, pp.544~547.

47) 최종태, 전게서, p.546.

48) 박경규, 전게서, pp.558~561.

49) 김영재 등, 전게서 ; 최중락(2024), *Time and performance in organization*, 서울대학교 박사학위논문

50) Lee, T. W., Mitchell, T. R., Sablynski, C. J., Burton, J. P., & Holtom, B. C. 2004. The effects of job embeddedness on organizational citizenship, job performance, volitional absences, and voluntary turnover. *Academy of Management Journals*, 47 : 711~722.

51) 서형택(2011), "신입사원 조기정착을 위한 스마트 스타트", 「SERI 경영노트」, 129, 서울 : 삼성경제연구소

52) 박경규, 전게서, pp.544~549 ; 최종태, 전게서, pp.574~579.

53) 임창희(2010), 『조직론』, 서울 : 학현사 ; 최종태, 전게서.

54) 최종태, 전게서.

55) Thompson, J. D. (1967). *Organizations in action*. New York, NY : McGraw-Hill.

56) 김영재 등, 전게서 ; 박경규, 전게서.

57) 정종진 등, 전게서, pp.204~210. ; 이학종 · 양혁승(2006), 『전략적 인적자원관리』, 서울 : 박영사, pp.491~496.

PART Ⅳ 전략

CHAPTER 8
고용관계관리

단원개요

- 고용관계론
  - 고용관계의 일반이론
    - 사회적 교환과 고용관계
    - 심리적 계약
    - 인적자원 아키텍처
    - 인적자원의 유연화
    - 성과주의 인사관리
    - 몰입형 인사관리
  - 노사관계관리론
    - 노사관계의 개념
    - 노사관계시스템
    - 노동조합과 단체교섭
    - 노동쟁의
    - 경영참가

제1절 고용관계관리의 일반이론

MANAGING HUMAN RESOURCE AND INDUSTRIAL RELATIONS

(1997년) 제8회 공인노무사시험
인력관리 유연화(flexibility)의 필요성과 실시방안의 장단점을 논하라. (50점)

(2016년) 제25회 공인노무사시험
현대의 기업은 지식 및 역량 중심의 고성과팀에 의해 생존가능성이 증대된다. 과거와 다르게 변화된 기업환경의 특성과 고성과팀에 관하여 각각 설명하고, 고성과팀을 동기부여 할 수 있는 방안을 인사노무관리 기능별(확보, 개발, 보상, 유지)로 나누어서 논하시오. (50점)

| 1 | 고용관계관리의 개념과 내용

1) 고용관계의 의미[1]

과거에는 구성원과 조직체 간의 관계를 설명할 때 흔히 노사관계(industrial relations)라는 용어를 사용하였으나, 오늘날 인사조직론에서는 개별구성원과 조직 간에 형성되는 다차원적인 측면을 포괄적으로 설명하기 위해 고용관계(employment relations)라는 용어를 사용하는 빈도가 점차 늘어나고 있다.

2) 조직과 구성원의 교환관계[2]

버나드(Barnard)에 따르면 구성원이 조직에 공헌하려는 의사를 가지고 있고, 조직도 구성원의 공헌에 상응하는 반대급부를 제공할 때 조직은 항구적으로 존속할 수 있다는 점에서 고용관계는 조직과 구성원 간의 사회적 교환(social exchange) 관계이다.

구성원의 비용 : 시간과 노력의 희생 = 조직의 이익
조직의 비용 : 보상과 혜택의 제공 = 구성원의 이익

| 2 | 심리적 계약

1) 개념[3]

루소(Rousseeau)에 의해 체계화된 심리적 계약(psychological contract)이란 교환(거래)관계상의 누군가가 자신의 공헌에 상응하여 상대방으로부터 무엇을 대가로 받을 수 있을 것인지를 예상하는 일종의 믿음이다.

명시적(explicit)이고 물질적인 조건에 대한 합의인 경제적 계약과는 달리 심리적 계약은 묵시적(tacit)이고 정서적인 요소를 수반하며, 한 번 형성이 되면 쉽게 바뀌지 않는다.

2) 중요성

① 조직이 심리적 계약을 존중하고 있다고 구성원이 지각할 때 그들의 규범적 몰입(normative commitment)이 증가한다.

② 오늘날의 정보화와 지식경제화 추세로 인하여 지식제공 및 창출 주체로서의 인적자원이 조직에서 가지는 비중이 점차 증가하고 있으므로, 심리적 계약의 중요성 또한 더욱 커진다.

3) 심리적 계약의 유형[4]

① 성과규범의 명확성과 시간개념(단기-장기)에 의한 구분

루소(Rousseau)에 따르면 심리적 계약은 업무성취기준인 성과규범(performance norm)의 명확성 여부와 구성원의 장기적 · 단기적 시간지평(time horizon)에 따라 네 가지의 유형으로 구분한다.

[심리적 계약의 유형]

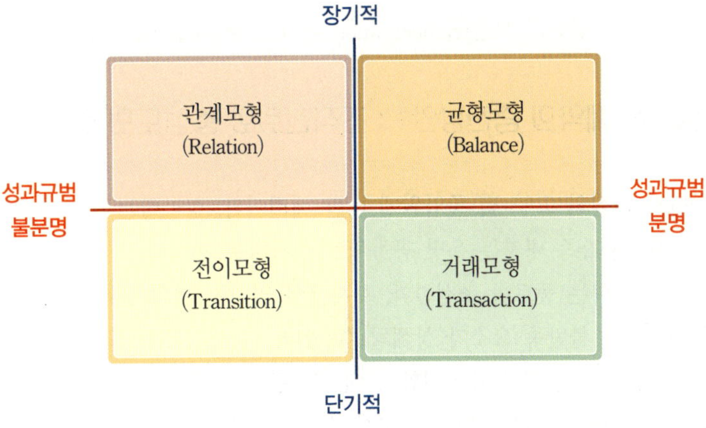

출처 : Rousseau(1995), 수정인용

a. **관계모형**(relational model)

상대적으로 불분명한 성과규범과 장기적 시각을 가지는 조직에서 주로 나타나는 가족적 고용형태로서, 조직원들의 높은 충성심과 경영진의 배려(고용안정)가 서로 교환된다. 우리나라의 전통적 고용관행과 유사하며, 높은 고용 안정성을 보인다.

b. **균형모형**(balanced model)

상대적으로 분명한 성과규범과 장기적 시각을 가지는 조직에서 주로 나타나는 동반자적 고용형태로서, 조직원들의 고성과에 대하여 경영진이 경력개발 기회를 부여한다.

c. **전이모형**(transitional model)

상대적으로 불분명한 성과규범과 단기적 시각을 가지는 조직에서 주로 나타나는 임시적 고용형태로서, 고용관계의 불확실성 때문에 노사 간에 신뢰가 형성되지 않는다.

d. **거래모형**(transactional model)

상대적으로 분명한 성과규범과 단기적 시각을 가지는 조직에서 주로 나타나는 계약적 고용형태로서, 성과에 대하여 경영진이 즉각적으로 보상을 제공하는 단기적 거래 형태이다. 우리나라의 최근 고용관행과 유사하며, 낮은 고용 안정성을 보인다.

② 계약의 적용범위에 의한 구분[5]

a. 포괄적 계약

경제적 영역을 포함한 개인의 삶 전반에 관한 심리적 계약이며, 1997년 외환위기 이전의 한국식 고용관계가 이에 해당한다. 조직과 개인이 서로를 챙겨주고 배려한다.

b. 제한적 계약(한정적 계약)

주로 경제적 측면에 국한한 심리적 계약이며, 우리나라의 최근 고용관계가 이에 해당한다. 종업원의 공헌과 경영진의 보상(compensation)이 1 : 1로 대응되는 형태이다.

4) 심리적 계약의 증진방안[6] : 조직신뢰와 충성도의 향상

① 동반자 의식의 고양 및 종업원에 대한 배려이다. 성공하는 주요 기업들의 경영진과 종업원은 서로를 가족 내지는 운명 공동체로 생각하는 경향이 있다.

② 즐겁게 일하는 풍토를 조성한다. 회사에서 일하는 것이 즐겁다면(예 fun 경영) 임금이나 근무조건상의 불만족 요소가 상쇄될 수 있다.

③ 직장생활과 종업원의 개인생활 간에 조화를 중시한다. 종업원 사생활에 대한 개입을 최소화하고, 회사 업무로 인한 불가피한 손실에 대해서는 반드시 보상을 실시한다.

④ 종업원의 경력개발에 우선적 관심을 가진다. 종업원들은 장래에 도움이 되는 경력경로를 제공하는 직장에 기꺼이 몰입할 의사가 있다.

⑤ 최고와 함께하는 자부심(pride in top)을 느끼게 한다. 근무한다는 사실만으로도 타인의 부러움을 사는 직장에 재직하는 종업원은 조직몰입도와 업무성과가 우수할 확률이 높다.

| 3 | 인적자원 아키텍쳐

1) 구성형태와 HR 아키텍쳐의 개념[7)]

① 구성형태와 HR 아키텍쳐

인사관리의 구성형태(configuration)는 인사관리를 구성하는 개별 제도(practice)들이 통합되어 하나의 방향을 지향하는 것을 의미하며, 관련된 대표적인 이론으로 레팍과 스넬(Lepak & Snell)의 HR 아키텍쳐(HR architecture) 모형을 꼽을 수 있다. 이 이론의 핵심은 인사관리 제도가 인적자본(인적자원)의 유형에 따라 상이한 방식으로 적용되어야 한다는 것이다.

② 인적자본의 유형

인적자본의 유형은 인적자본의 가치와 독특성에 의해 정의된다.

a. 가치(value)

전략적 가치는 기업의 이해관계자들에게 비용 대비 큰 효용을 주는 특성이며, 가치가 높은 종업원은 기업의 입장에서 내부화(internalize)하는 것이 유리하다.

b. 독특성(uniqueness)

인적자원이 회사 특정적(firm-specific)인 지식이나 정보를 가지고 있거나, 특유한(idiosyncratic) 대체불가능성을 가지는 경우를 뜻한다. 기업은 인적자본의 전이(transfer) 확률이 낮은 독특한 인재에게는 지속적 관계유지 및 투자에의 의향을 보인다.

2) 인적자원의 유형별 관리방법

① 지식기반 고용

가치와 독특성이 모두 높은 인적자원, 즉 핵심인재에게 적합한 구성형태로서, 이들의 만족과 자발적 몰입을 촉진하는 몰입형 인사관리가 필요하다.

② 직무기반 고용

가치는 높지만 독특성은 낮은 인적자원에 적합한 구성형태로서, 역량의 전이가능성이 높아 필요시에 한시적으로 고용하는 시장형 인사관리를 적용하게 된다.

③ 제휴-파트너십 고용

가치는 낮지만 독특성이 높은 인적자원에게 적합한 구성형태로서, 제공가치에 비해 유지비용이 높아서 외부화하되 필요시 관계를 맺어 나가는 협력형 인사관리를 적용하게 된다.

④ 계약업무 방식

가치와 독특성이 모두 낮은 인적자원에게 적합한 구성형태로서, 필요에 따라 유연하게 그 수를 조정하는 아웃소싱(outsourcing)이나 계약직 형태의 순응형 인사관리가 적용된다.

[HR 아키텍쳐 모형]

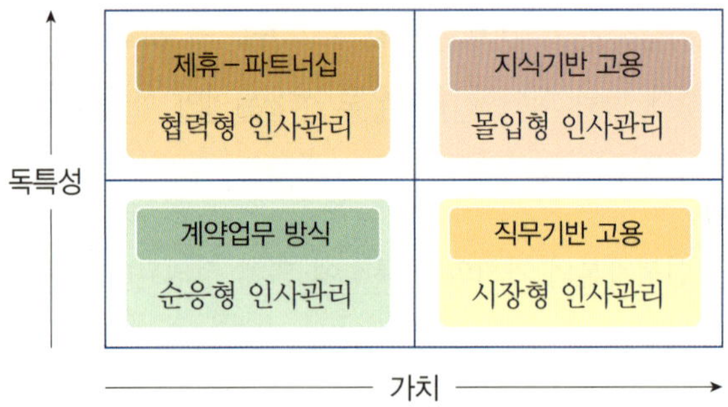

3) 이론의 시사점

① 인사관리시스템의 보편론에 대한 비판논리 제공

HR 아키텍쳐 이론에 따르면 개별 인사제도의 적합·부적합 여부는 타 인사제도와의 연계 및 조화 정도와 인적자원의 가치 및 독특성에 따라 비로소 결정되는 것이다.

② 인적자원의 유형별 관리방안 제시

인적자원이 그 가치와 독특성에 따라 상이한 집단으로 구분되고, 각 집단별로 다양한 인사제도들을 어떻게 조합·운영할 것인지가 기업경쟁력의 주요 원천임을 강조함으로써 인사관리 이론의 현실성을 높였다.

③ 지속적 경쟁력 확보 방안 제시

인사제도들 간에 유기적 결합관계(configuration)가 형성되면, 이는 타 기업이 쉽게 모방하거나 따라잡기 힘든 고유한 경쟁역량이 되어 지속적 경쟁우위를 창출한다.

|4| 인적자원의 유연화

1) 개념과 등장배경[8)]

① 의미

기업의 유연화(flexibility, 유연성)는 경영환경의 변화에 대응하여 조직과 인적자원의 관리활동을 탄력적으로 수행하는 것이다.[9)] 따라서 인적자원의 유연화는 노동시장의 유연성, 즉 환경변화에 따른 인적 자원의 신속하고 효율적인 재배분을 의미한다.

② 등장배경

선진국에서는 1970년대 이후 두 차례의 석유파동(oil-shock)을, 우리나라에서는 1997년 IMF 외환위기를 겪으면서 노동시장의 유연성 문제가 크게 부각되었다. 경기회복에도 불구하고 고실업이 유지되는 원인 중 하나는 강력한 노동조합, 정부의 노동규제, 노동시장의 칸막이화 등으로 대표되는 노동시장의 경직성이다. 이를 타개하기 위하여 유연화가 시도되었다.

2) 유형[10)]

① 노동시장의 종류에 따른 구분

노동유연화는 유연성을 획득하는 노동시장의 종류에 따라서 i) 내부노동시장의 유연성을 제고하는 내부적 유연화(internal flexibilization)와 ii) 외부노동시장으로의 고용조정을 포함하는 외부적 유연화(external flexibilization)로 구분한다.

② 유연성의 획득수단에 따른 구분

a. 수량적 유연화(numerical flexibilization)

수요 변동에 따라 신축적으로 노동력 수준을 조절하려는 노력으로써, 근로시간이나 근로자수의 조정을 통한 유연성 획득 방법이다.

b. 기능적 유연화(functional flexibilization)

교육훈련이나 배치전환 등을 통하여 개별근로자의 직무수행범위를 확대 · 전환하는 방식으로서, 일본 토요타 자동차에서 카이젠(Kaisen)과 적시생산(JIT)을 위하여 도입한 OWMM(one-worker multiple machine)이 대표적 사례이다.

c. 임금유연화(pay flexibilization)

기업과 노동자의 성과에 따라 변동적 · 차별적 임금을 지급하는 성과급제를 뜻한다.

3) 인사관리 유연화의 실천방안

① 수량적 유연화의 실천방안

수량적 유연화는 기업의 인력수요 변동에 따라 신축적으로 고용수준을 조절하여 기업이 '필요로 하는 인력'과 '실제 고용된 인력'의 수를 일치시키는 전략이다. 필요로 하는 최소한의 인력만을 고용하고 경기변동에 따라 임시적, 단기적 노동력을 탄력적으로 활용한다.

a. 유연근무시간제도

근로시간의 경직성이 갖는 비효율을 극복하고 생산성을 향상시키기 위하여 탄력근로시간제, 집중근무제, 선택적 근로시간제 등을 도입할 수 있다.

b. 고용계약의 조정

고용계약의 형태를 변형하는 방식으로 파견근로, 임시직 고용, 아웃소싱 등이 있다.

② 기능적 유연화의 실천방안

기능적 유연화는 다기능화와 숙련형성 등을 통하여 업무수행의 유연성을 제고하는 전략이다. 기존 직무의 재설계와 과업수행범위의 확대를 통하여 개별 노동자의 다기능화를 유도한다.

a. 직무확대

종업원이 중심과업의 수행뿐만 아니라 관련된 기타 과업까지도 동시에 수행하도록 하여 개인의 직무를 보다 넓게 확대하는 것이다.

b. 직무충실

수직적 직무부하(vertical job loading)로서 직무의 질적 개선을 도모하는 동시에 작업자의 능력신장을 꾀하는 방법이다.

c. 직무순환

여러 직무를 여러 작업자가 일정 기간을 주기로 순환하여 수행하는 것을 의미한다. 장기간의 직무수행에 따른 스트레스와 매너리즘을 감소시켜 주며, 기능다양성(skill variety)을 통해 종업원의 능력신장을 도모한다.

③ 임금유연화의 실천방안

임금유연화는 연공급이나 직무급 등의 고정임금구조를 성과에 연계하여 결정되는 임금구조로 전환하는 것으로서, 성과급제의 형태로 실현된다.

a. 개인 성과급

성과의 귀속주체가 개인인 성과급이다.

i. 임률의 결정 방식에 따라 시간단위당 생산량에 의한 인센티브와 제품단위당 소요시간에 의한 인센티브로 나뉘며, 이를 다시 임률의 변동성 여부에 따라 고정임률을 적용받는 인센티브와 변동임률을 적용받는 인센티브로 나눌 수 있다.

ii. 그 외에도 조직의 성과향상에 대한 개인의 기여도를 주관적 기준(지식, 기술, 능력, 행동 등에 대한 인사평가)에 근거하여 측정하고 보상하는 메리트 제도(한국에서는 주로 연봉제로 불림)도 있다.

b. 집단 성과급

경영성과를 종업원에게 집단적으로 배분한다는 점에서 성과참가의 한 유형이라 할 수 있다.

i. 노무비를 포함한 각종 원가절감에의 노력에 대한 대가로 주어지는 성과참가의 한 유형을 성과배분계획(gain sharing plan)이라 한다.

ii. 사전에 설정된 수준을 초과하는 이익이 발생하였을 때 이를 종업원에게 배분하는 성과참가의 한 유형을 이익배분계획(profit sharing plan)이라 한다.

| 5 | 성과주의 인사관리

1) 등장배경과 의의

세계화와 글로벌 경제 통합화로 대표되는 최근의 경영환경하에서 성과(performance)에 따라 보상을 받는 성과주의 시스템의 필요성이 대두되었으며, 우리나라의 경우 1997년 경제위기 이후 그 도입이 본격화되었다.

2) 성과주의의 의미와 구성요소[11)]

① 의미

성과주의 인사관리란 근본적으로 모든 사고의 중심을 성과에 두고 경영활동을 전개하는 경영철학이다. 연공, 직급, 학력 등의 비경쟁적 요인이 중시되는 기존의 연공주의와는 달리 성과주의에서는 성과기여도와 역량발휘정도 등의 능력주의적 요소를 보다 더 중시한다.

② 구성요소

a. 공격적 확보관리

인재 전쟁(war for talent)이라고 불릴 만큼 공격적인 인재의 유치 및 확보 경쟁이 각 기업 간에 치열하게 벌어진다.

b. 성과와 연계한 차별적 보상

차별화된 보상은 조직 구성원의 동기부여, 성과향상 그리고 우수인재 유치를 위한 가장 효과적인 수단이다. 따라서 호봉제가 사실상 폐지되며 성과에 입각한 연봉제나 성과급제 등을 통해 보상을 하게 된다.

c. 동기유발적인 유지관리

우수인재의 경우에는 해외 유학 등의 파격적인 교육기회를 제공받을 수 있으며, 발탁승진의 기회도 부여받을 수 있다.

3) 성과주의 인사제도의 도입배경[12)]

① 1987년 민주화 전후의 변화 : 성과주의 도입기

민주화 이후의 노사분규는 경제성장의 결실에 대한 노동자측의 성과배분압력이 표출된 것으로서, 임금인상 추세로 이어진다. 노동집약적 기업들은 생산기지를 중국이나 동남아로 옮겼고, 기술혁신에 성공한 일부 대기업은 고부가가치형 산업으로 전환하면서 임금과 성과를 연계하려는 움직임을 보였다.

② 1997년 IMF 경제위기 전후의 변화

1997년의 외환위기를 전후로 한 일련의 외부 충격은 한국에서의 인사관리와 고용관계 전반에 걸친 패러다임과 제도의 전환을 가져왔다. 외환위기를 극복하는 과정에서 정부 주도의 강력한 기업 구조조정이 단행되었고, 신자유주의적 경제질서가 사회 전반에 걸쳐 수용되면서 기업에서도 본격적으로 성과주의를 심화시키기에 이른다. 이 시기에 정리해고(layoff)를 통한 노동시장의 유연화도 본격적으로 추진되었다.

이 시기에 본격화된 성과주의의 확산에는 정보화와 지식기반사회로의 변화, 고객욕구의 다양화, 세계화 등의 요인이 촉매역할을 하였다.

4) 한국 인사관리 시스템의 변화양상[13)]

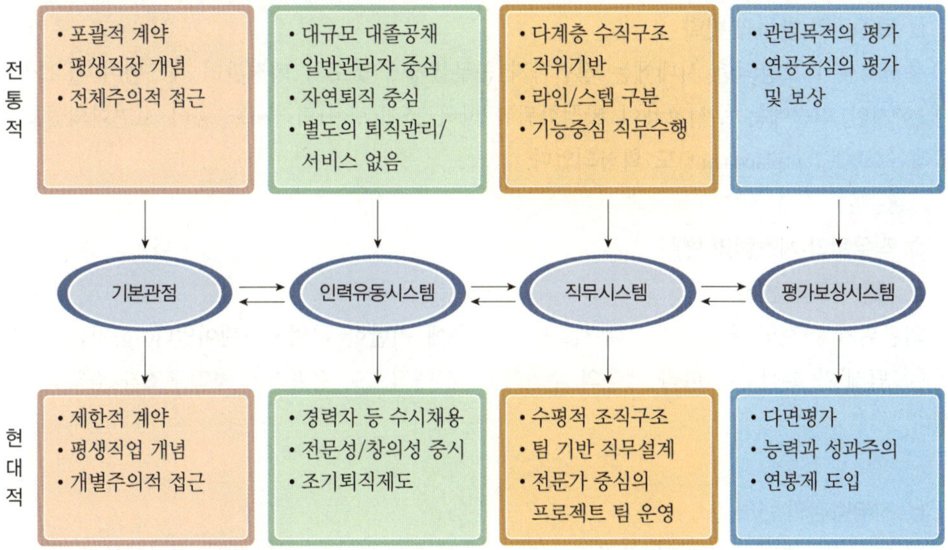

출처 : 배종석(2006)

① 인사철학 및 기본관점의 변화

a. 심리적 계약상의 변화

외환위기 이전의 고용관계에서는 포괄적 계약관계가 주를 이루었으나, 외환위기 이후에는 주로 특정 영역(주로 경제적 측면)에 국한된 거래적 계약이 중심이 되었다.

b. 평생직장 개념의 변화

과거에는 비교적 종신고용의 원칙이 잘 지켜졌으므로 한 직장에서 경력주기를 채우는 이른바 평생직장의 개념이 뿌리박혀 있었다. 하지만 최근에는 '고비용－저효율 구조'를 탈피하기 위해서 노동시장의 유연성제고의 과정에서 평생직장이 아니라 평생직업의 개념이 널리 퍼지게 되었다.

c. 전체주의적 접근의 변화

과거에는 노조를 중심으로 한 단체협약의 과정에서 각종 근로조건이 결정되는 경우가 보편적이었다. 하지만 점차 한 조직 내의 구성원이라 하더라도 입사시점이나 근로계약의 내용이 상이해지는 경우가 많아졌기에 개별고용협약(idiosyncratic deal, I-deal)이 등장하였다.

② 인력유동시스템의 변화

a. 채용방식의 변화

대기업과 중소기업을 막론하고 기존에는 대규모로 고/대졸 신입사원 공채를 실시한 결과 코호트 효과(cohort effect)가 나타났다. 그러나 외환위기 이후 나타난 개인화(individualization) 경향은 앞서 언급한 수시채용을 활성화시켰다.

b. 퇴직관리 방식의 변화

종신고용이 보장되던 시대에는 정년까지 근무했기에 별도의 퇴직관리 시스템이 필요가 없었다. 하지만 최근에는 수시고용이 활성화됨에 따라 조기(명예)퇴직제도 등이 보편화되었고 아웃플레이스먼트(outplacement)도 확산되었다.

③ 직무관리 시스템의 변화

a. 계층구조의 변화

외환위기 이전의 우리나라 직무시스템은 계층에 기반한 분업시스템이었다. 하지만 외환위기 이후 "팀제"가 확산됨에 따라 계층의 수가 줄고 상대적으로 수평적인 조직구조가 정착되기 시작했다.

b. 직무범위의 변화

기존의 직무범위는 철저한 분업에 의한 전문화에 기초하고 있었지만, 최근에는 전문적 역량을 갖춘 개인의 집합인 팀에서 문제를 해결하는 애드호크라시(adhocracy)적인 조직운영논리가 점차 보편화되고 있다.

④ 평가 및 보상시스템의 변화

a. 평가시스템의 변화

기존의 평가시스템은 주로 구성원의 상대적 가치평가 중심의 관리목적의 평가를 지향하였다. 반면 최근의 인사평가는 코칭활동과 경력개발계획 수립 등 종업원의 능력개발에 기여하는 것을 그 목표로 삼는다.

b. 보상시스템의 변화

과거의 보상시스템은 연공급(seniority-based pay) 중심이었으나, 최근의 보상시스템은 직능급이나 역량급(competency-based pay)을 중심으로 하며, 인사고과와 연봉을 연동하는 메리트(merit, 연봉제)도 확산되고 있다.

5) 성과주의 인사제도의 효과와 부작용

① 효과

a. 다양한 인력의 탄력적 활용을 통한 연공주의의 한계 극복

능력을 기반으로 하는 성과주의 인적자원관리는 학력이나 직종, 성별에 의한 불합리한 차별을 개선하고 보다 공정하고 균등한 기회제공을 추구함으로써 다양한 인력을 탄력적으로 활용할 수 있도록 하는 효율적인 인사제도로서, 구성원들의 높은 만족도와 몰입도를 유도하여 급변하는 환경에 적응할 수 있도록 한다.

b. 우수인재의 확보·유지를 통한 고용가능성 증대

성과를 기반으로 차별화된 인적자원관리를 하게 되면 우수 인재들을 확보하고 유지할 수 있으며(sorting effect), 구성원 스스로 경쟁력을 갖추어 시장가치를 높이기 위해 노력하는 과정에서 인적자원의 고용가능성(employability)도 증대된다.

c. 동기부여 및 재무성과 향상에 기여

연봉제 혹은 성과급제 등과 같은 성과주의 임금제도는 인센티브 효과(incentive effect), 즉 조직구성원 개인과 조직의 동기를 증진시킴으로써 궁극적으로 기업의 재무성과를 향상시킨다.

② 부작용

a. 단기재무성과에 집착

성과주의를 도입하게 되면 단기적이고 측정가능한 재무성과(예 수익률, 매출액 등)에 집착한 나머지, 지속적인 성장을 위한 장기적 관점의 투자와 인재육성에 소홀해진다.

b. 협력 저해

성과에 대한 차별적인 관리는 과도한 경쟁의식을 유발하여 구성원 간, 부서 간 협력과 조직 활성화를 저해하고 부서 간의 벽을 높인다(Silo effect).

c. 탐색적 혁신에 불리[14)]

성과주의 시스템을 도입하게 되면 직원들은 다소 모험이 따르는 탐색적 혁신(exploration)보다 당장의 결과로 이어질 수 있는 활용적 혁신(exploitation)을 추구하는 경향을 가지게 된다. 그 결과 환경대응역량이 감소하여 경쟁기업에 비해 도태될 가능성이 높아진다.

6) 성과주의의 바람직한 발전 방향

① 장기적 관점의 인재 역량강화

근로자들의 잠재역량을 평가하여 후계자 선발, 육성시스템 등의 인사부문과 연계하고 장기적 관점에서 우수인재를 관리한다.

② 과도한 경쟁의 방지

성과주의 인적자원관리의 초점을 개인에서 집단 및 조직 차원으로 바꾸어 조직 구성원의 행동과 태도를 Zero-sum게임이 아닌 Positive-sum게임으로 전환한다.

③ 평가제도의 개선

비재무적 요소와 장기적 성장성을 고려한 균형성과표(BSC)와 체계적인 목표관리(MBO) 시스템을 도입한다.

④ 구성원의 참여

성과주의 인사관리는 구성원들의 이해와 지지가 없이는 성공하기 어려우므로 구성원들의 참여를 이끌어내는 것이 중요하다.

⑤ 내재적 보상 강화

금전위주의 외재적 보상방식에서 벗어나 인정, 격려, 승진과 육성을 통한 다양한 보상방식을 활용함으로써 개인의 성장을 촉진할 뿐 아니라 조직차원의 핵심역량을 확보한다.

| 6 | 몰입형 인사관리[15)]

1) 의의

1990년대 이후 활발히 연구되고 있는 몰입형 업무시스템(High Involvement Work System, 몰입형 인사관리 또는 몰입형 HR관행) 또는 고성과 작업시스템(High Performance Work System)은 가치창출에 도움이 되는 인적자본을 형성하는 인사관리 제도들로서, 구체적으로는 노사협력과 신뢰에 기반하여 구성원들의 자발적 참여와 헌신을 유발함으로써 보다 높은 성과를 달성한다.[16)]

2) 등장배경과 근거이론

지식정보화로 상징되는 환경 변화 속에서 인적자원이 경쟁우위확보의 핵심원천이 될 수 있다는 인식이 확산되면서 몰입형 인사관리시스템에 대한 연구가 활발하게 이루어지게 되었다. 이 이론의 발전에 기여한 대표적인 조직경영모델로는 일본식 인적자원관리, 사회 · 기술 시스템모형, 전사적 품질관리 등이 있다.

① 일본식 인적자원관리 모델

종신고용제와 연공형 승진 및 보상제도의 실시가 집단 및 팀을 중시하는 공동체형 인사관리 관행과 결합될 때 성과달성에 유리한 관계형 인사시스템이 구축됨을 시사한다. 구체적인 구성요소는 다음과 같다.

- 종신고용과 기업별 노조
- 연공서열에 입각한 임금과 승진제도
- 팀 중심의 작업방식과 공동체적 가치 중시
- 활발한 종업원 참여
- 다기능훈련

② 사회 · 기술 시스템 모델

개별 종업원과 기업의 기술시스템 간 연계를 통한 직무충실 및 준자율적 작업집단의 형성이 성과실현에도 도움이 된다고 본다. 그 구성요소는 다음과 같다.

- 환경과 상호작용하는 개방시스템
- 기술시스템과 사회시스템 간 상호작용
- 노사 공통의 비전에 기초한 임파워먼트
- 직무충실과 (준)자율적 작업팀 및 집단성과급제

③ 전사적 품질관리 모델

문제해결지식을 가장 많이 보유하고 있는 일선 작업자들에게 권한을 위임함으로써 최고의 품질을 추구한다. 구체적 구성요소는 다음과 같다.

- 고객만족 최우선
- 지속적인 프로세스 개선(Kaisen)
- 엄격한 직원 선발(quality at the source)과 임파워먼트
- 다기능 훈련

3) 몰입형 인사관리(HPWS)의 특징

① 몰입형 인사관리는 인적자원을 통한 경쟁력 향상을 도모한다. 자원기반관점(resource based view)에 따르면 인적자원을 통해 만들어지는 아이디어나 기술 및 창의력과 같은 부가가치 창출요소는 다른 경쟁기업들이 쉽게 모방할 수 없다.

② HPWS는 업무와 조직에 대한 구성원들의 정서적 몰입을 높이는데 초점을 둔다. 자신의 일과 조직에 대한 애정이 큰 사람들로 구성된 조직은 그렇지 못한 사람들로 구성된 조직에 비해 높은 성과를 달성할 수 있다.

4) 몰입형 인사관리의 구성요소

언제나 적용가능한 HPWS의 보편적 구성요소는 다음과 같다.[17)]

① 신중하고도 까다로운 채용관행

종업원들의 몰입과 헌신을 효과적으로 유도하는 기업들은 필요한 인재를 엄선하는 다양한 채용 방법과 채용 도구를 보유한다.

② 자율성에 기반한 의사결정참가 및 활발한 커뮤니케이션

기업 구성원들의 참여는 주인의식과 긍지를 통한 내재적 동기를 향상시켜 조직의 생산성을 제고한다. 또한 구성원 간의 활발한 커뮤니케이션은 임파워먼트의 효과를 증대하는 역할을 한다.

③ 인적자원개발 및 교육훈련에의 투자

고몰입 HR관행을 중시하는 기업은 종업원 대상의 다양한 교육훈련과 인적자원개발 프로그램을 제공함으로써, 종업원들의 역량을 제고하고 회사의 인재양성 방침에 대한 확고한 신뢰를 줌으로써 자긍심과 동기부여를 꾀한다.

④ 성과와 연계된 인센티브의 제공

합리적 인센티브제도는 종업원들이 성과지향적 행동을 하도록 동기를 유발하는 효과가 있다.

5) 몰입형 인사관리와 전통적 통제형 인사관리의 차이점

몰입형 인사관리는 성과주의로 대표되는 전통적인 통제형 인사관리(control-based HRM)와 다음의 요소에서 차이가 있다.

① 직무설계

a. 수준

전통적 인사관리가 개인단위 직무설계를 실시하는 반면, 몰입형 인사관리에서는 시스템단위 직무설계가 중시된다.

b. 지향성

전통적으로는 업무를 세분화시키고 전문화하는 것을 중시하지만, 몰입형 인사관리는 직무 고유의 속성을 중시하여 일 자체를 통한 동기부여를 유도한다.

c. 책임소재

기존의 인사관리에서는 개인의 책임이 강조되는 반면, 몰입형 인사관리에서는 팀 단위의 책임을 강조한다.

d. 직무규정

전통적 인사관리에서의 직무규정이 매우 세부적이고 명확한 반면, 고몰입형 인사관리에서의 직무규정은 상당히 포괄적이고 유연한 속성을 가진다.

② 고용관계 일반

전통적 인사관리에서는 고용관계가 시장지향적 속성, 즉 해고와 채용의 유연성을 강조하는 반면, 고몰입형 인사관리에서의 고용관계는 장기근속을 유도하는 속성을 가진다.

③ 보상정책

a. 임금체계

전통적 인사관리에서는 직무급이나 연공급을 주로 활용하는 반면, 고몰입형 인사관리에서는 기술급이나 지식급 또는 역량급을 주로 활용하게 된다.

b. 임금형태

기존의 인사관리에서는 개인 인센티브가 강조되는 반면, 몰입형 인사관리에서는 집단 인센티브가 중심이 된다.

④ 직원참여

a. 참여영역

기존의 인사관리에서는 제한된 사안에서만 종업원 참여를 허용하는 반면, 몰입형 인사관리에서는 광범위한 사안에 걸쳐 직원들의 참여를 독려한다.

b. 정보제공

전통적 인사관리에서는 일부 제한된 측면의 정보만 종업원에게 제공하지만, 몰입형 인사관리에서는 종업원에게 상당한 수준의 정보에 대한 접근권을 부여하고 발언권도 강화시켜준다.

⑤ 노사관계

기존의 인사관리에서는 노사 간 이해상충을 전제로 한 적대적인 노사관계를 상정하는 반면, 몰입형 인사관리에서는 노사 상호의존성에 기반한 협력적 · 호혜적 노사관계를 상정한다.

6) 몰입형 인사시스템 구축 시 유의사항

① 경영자의 직원들에 대한 인식전환이 필요하다. 즉 통제기반형의 X론적 시각에서 자율과 몰입을 강조하는 Y론으로의 시각 전환이 필수적이다.
② 기회주의적 행동(free-riding)에 대한 제재가 필요하다.
③ 업무수행방식과 사고방식의 근본적 변화를 위하여 단기적 시야의 극복이 필요하다.
④ 일부 제도만을 도입하거나 모방하는 것이 아니라 시스템적 사고가 필요하다. 고몰입형 인사관리시스템은 내적 정합성(internal fit)을 가지는 구성요소들로 이루어지기 때문이다.

제2절 노사관계관리

MANAGING HUMAN RESOURCE AND INDUSTRIAL RELATIONS

(1989년) 제2회 공인노무사시험
경영참가제도의 의의와 유형을 약술하라. (25점)

(1999년) 제8회 공인노무사시험
숍(shop)제도에 관하여 약술하라. (25점)

(2003년) 제12회 공인노무사시험
한국적 상황하에서 경영참가제도를 도입할 때의 순기능 및 역기능에 대해 약술하라. (25점)

(2004년) 제13회 공인노무사시험
산별노조와 산별교섭에 관한 다음 항목에 대하여 서술하라. (50점)
1) 산별노조 결성의 대두배경 (20점)
2) 산별교섭의 장점과 단점 (15점)
3) 이에 대한 개별기업(조직)의 대응방안 (15점)

(2008년) 제52회 행정고등고시

숍제도(shop system)는 노동조합의 안정적 위상과 활동에 대한 제도이다. 숍제도에 대한 다음 물음에 답하시오. (총 20점)

1) 오픈숍(open shop)과 유니온숍(union shop)을 설명하고 그들의 장단점을 논하시오. (15점)
2) 에이전시숍(agency shop)이 오픈숍(open shop)과 유니온숍(union shop)의 절충안으로 간주되는 이유에 대하여 설명하시오. (5점)
3) 클로즈드숍(closed shop)의 문제점을 논하고 클로즈드숍(closed shop)의 변형된 형태인 프레퍼렌셜숍(preferential shop)에 대하여 설명하시오. (5점)

(2014년) 제23회 공인노무사시험

조합원의 가입자격에 따른 노동조합의 형태를 구분하고 그 형태별 특징, 장·단점을 설명하시오. (25점)

(2016년) 제25회 공인노무사시험

노사관계의 양면성과 경영참가 제도의 유형에 관하여 각각 설명하시오. (25점)

(2017년) 제26회 공인노무사시험

노동쟁의의 개념을 제시하고, 노동조합 측의 쟁의행위 유형 5가지를 설명하시오. (25점)

(2018년) 제27회 공인노무사시험

노사공동결정제도의 의의, 기본사고(사상), 구조와 기능에 관하여 설명하시오. (25점)

(2019년) 제28회 공인노무사시험

단체협약의 기능(또는 역할)에 관하여 2가지만 설명하고, 단체협약에 포함되는 내용을 규범적, 채무적, 조직적 부분으로 분류하여 각각 기술하시오. (25점)

(2022년) 제31회 공인노무사시험

사용자가 노동조합에 대응하는 교섭전략인 포용전략, 압박전략, 회피전략의 개념을 각각 설명하고, 교섭전략별 실행방안을 각각 2가지만 쓰시오. (25점)

| 1 | 노사관계관리의 의의와 역사

1) 의의

노사관계관리는 조직에서의 종업원(노동자)과 관리자(사용자) 간의 제 관계에 대한 관리기능을 의미한다. 노사 쌍방의 이해충돌을 줄이기 위해서는 노사 각자의 절대효용(absolute utility)이 아닌 총효용(total utility), 즉 노사 간 협력의 정도에 따라 그 크기가 달라지는 변합(variable-sum)에 초점을 두고 갈등을 생산적으로 해결하려는 의지가 필요하다.[18]

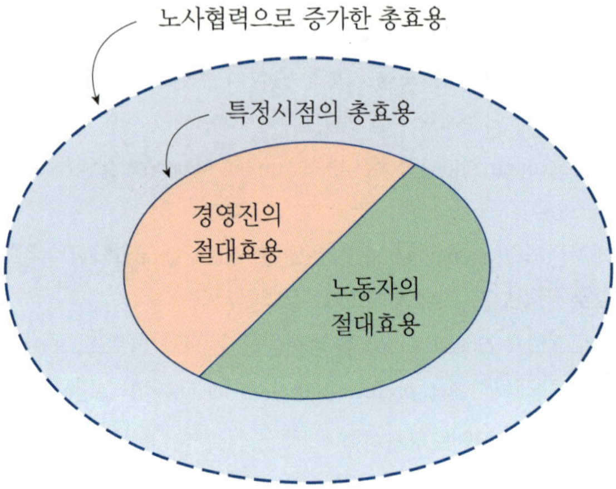

출처 : 김동원 등(2016), 수정인용

2) 노사관계의 양면성

① 노사관계는 종업원(노동자)과 관리자(사용자) 간의 대립적 관계를 다루는 동시에 양자의 협력도 강조한다.

② 경제적 관계(예 임금협상 등)를 규율하는 동시에 사회적 관계(예 기업은 하나의 사회적 시스템이라는 점)를 규율한다.

③ 노사관계는 종속관계와 대등관계의 양면성을 갖고 있다.

④ 노사관계는 개별고용(근로계약)의 관점과 집단적 노사관계의 양 측면을 모두 포괄한다.

3) 노사관계시스템(IRS, industrial relation system)[19]

① 이론의 의의

[노사관계시스템의 구성]

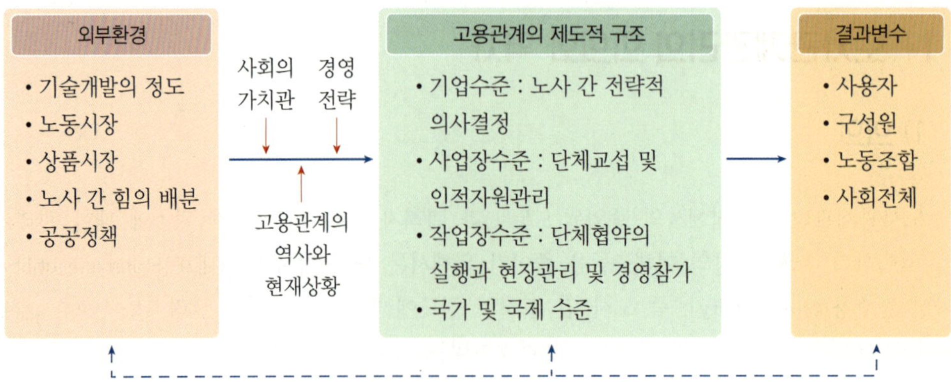

출처 : 김동원 등(2025), 수정인용

미국의 던롭(Dunlop)과 후속 연구자들(KKM : Kochan, Katz, McKersie)에 의해 제안된 노사관계(고용관계) 분석의 기본 모형으로서, 고용관계의 전통적 이론에 경영전략과 의사결정 등에 관한 내용을 통합시킨 이론적 틀이다. 노사분규나 교섭활동에 초점을 둔 기존의 연구와는 달리, 던롭의 이론에서는 노사관계를 이해관계자들의 다양한 행동법칙(rules)과 규범(norms)으로 설명한다는 점에서 현대 노사관계론의 기본 접근법이라 할 수 있다.

② 노사관계의 주체 : 노 · 사 · 정(勞 · 使 · 政)

a. 근로자와 근로자조직

근로자와 그들의 연합체인 노동조합, 그리고 직장 내에서 장기간 근속하면서 자연적으로 형성되는 각종 비공식조직들은 노사관계시스템을 구성하는 주요 주체가 된다.

b. 사용자와 사용자조직

사용자는 중간관리층에서 최고경영자에 이르기까지, 심지어 소유주(owner)도 포함되는 개념이다. 또한 각종 경영자단체 역시 포함된다.

c. 정부와 각종 단체

정부의 각종 기관들은 노사관계에 대단히 광범위하고 결정적인 영향력을 발휘할 수 있어 노사관계를 분석하는데 반드시 고려되어야 하는 주체가 된다. 그 밖의 영향요인으로는 국제조직인 세계은행(World Bank), 세계노동기구(ILO), 비정부조직인 각종 시민단체나 종교단체, 정당 등이 있다.

③ 노사관계의 환경요인

기술개발의 정도, 노동시장과 상품시장, 노사 간 힘의 배분, 공공정책 등이 현재의 노사관계에 영향을 미친다.

④ 노사관계의 제도적 구조

환경요인의 영향하에서 노 · 사 · 정 주체들은 작업현장이나 노사관계에 관한 각종 (성문 또는 불문) 규칙(예 단체협약문 등)을 제정하게 된다. 이를 규칙의 망(web of rules)이라 부르며, 규칙의 제정절차, 규칙의 내용, 규칙의 적용방식 등을 포함한다.

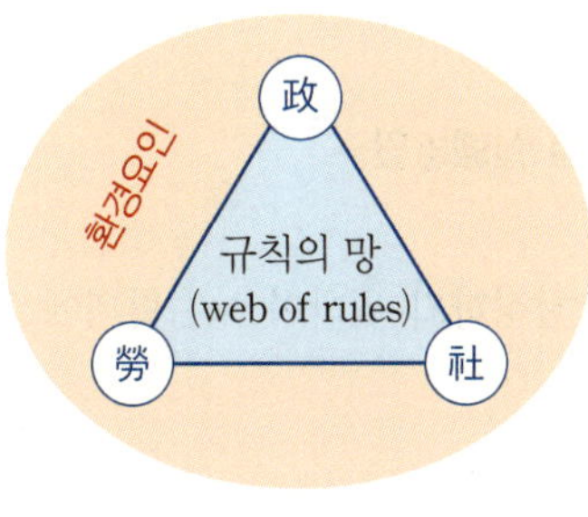

⑤ 노사관계시스템 이론의 특징과 시사점

a. 당사자(勞 · 社 · 政)의 전략적 선택(strategic choice), 즉 의사결정자들이 환경에 순응하는 것이 아니라 환경을 고려한 주체적 의사결정을 수행한다는 점을 강조했다.

b. 고용관계의 분석수준을 세 수준(기업, 사업장, 작업장)으로 구분하였다. 던롭 모형에서는 기업수준(인사전략), 사업장수준(단체교섭), 작업장수준(경영참가) 등의 내용을 모두 IRS의 분석내용으로 포섭하였다.

4) 서구사회 노사관계의 역사[20]

① 전제적 노사관계

자본주의 초창기의 노사관계는 명령과 복종의 원칙이 지배하던 주종관계와 유사했다. 인간적 요소는 무시되었고, 중노동의 관행화로 인한 노동자 계층의 저항의식에 힘입어 노동조합이 결성되었다.

② 온정적 노사관계

인간적이고도 가족주의적인 노동관행이 확산되기 시작하는 시기이다. 가부장적인 온정주의에 입각하여 관리자의 전제와 동시에 종업원의 충성과 자주성을 이끌어내기 위한 다양한 노력이 전개되었다.

③ 근대적 노사관계(완화적 노사관계)

20세기 전반에 산별노조가 결성되면서 기존의 자본가 우위 질서에 큰 변화가 생겼고, 법에 의한 합리적 노동관행이 정착되었다. 합리주의와 온정주의가 혼재된 시대라 할 수 있다.

④ 민주적 노사관계

1930년 대공황 이후, 종업원을 대하는 경영진의 관점이 기존의 전제적 · 가부장적 관점에서 대등주의적 관점으로 전환되었다. 단체교섭의 활성화와 산업민주주의의 정착으로 근로생활의 질(QWL)이 강조되는 시대이다.

5) 사용자와 노동자의 전략적 선택[21]

① 사용자의 전략적 선택

a. 사용자의 협상전략 및 전략별 실행방안

ⅰ. 포용전략(fostering strategy)

• 개념 : 노사 양측의 목표를 달성하기 위하여 노사합의에 의한 변화를 추구하는 전략이다.

- 목표 : 노조와 직원들로부터 장기적이고 자발적인 변화노력을 이끌어내고 고용관계의 근본적 문제해결에 집중하는 것이다.
- 상황조건 : 점진적인 변화가 목표이거나 노조가 사용자의 제안에 동의할 가능성이 크다고 판단될 때 주로 쓰인다.
- 실행방안 : 통합적(integrative) 협상관점
  - 협상당사자의 이해관계(interest, 관심사)에 초점을 둔다.
  - 상대방에 대하여 우호적이거나 긍정적 태도를 견지한다.
  - 노조와의 관계개선을 위하여 노사공동 의사결정 프로그램을 실시한다.

ii. 압박전략(forcing strategy)

- 개념 : 사용자 측이 강력한 협상력을 바탕으로 노조에게 양보를 강제하는 전략이다.
- 목표 : 노조로부터 즉각적이고 실질적인 양보(임금동결, 노조권한의 약화 등)를 얻어내는 데 있다.
- 상황조건 : 노조가 자발적으로 동의할 가능성이 낮거나 고용조건의 악화가 상대적으로 덜 중요하다고 판단될 때 주로 쓰인다.
- 실행방안 : 분배적(distributive) 협상관점
  - 우월한 협상력을 과시하거나 노조를 위협한다.
  - 파업이나 공장의 폐쇄 등을 불사한다.
  - 상대의 실질적 양보를 얻어내기 위해 정보를 왜곡한다.
  - 노조의 분열을 조장(divide & conquer)한다.

iii. 회피전략(escaping strategy)

- 개념 : 사용자가 노조를 가급적 회피하려는 전략이다.
- 목표 : 노동조합을 무력화하려는 목적으로 사용된다.
- 상황조건 : 그 자체로 협상전략이라 할 수는 없지만 사용자측의 BATNA(best alternative to a negotiated agreement)로서의 역할을 하므로 다른 협상전략의 보조수단으로 활용될 수 있다.
- 실행방안
  - 하청이나 아웃소싱을 통하여 노조원의 숫자를 줄인다.
  - 비노조공장에 대한 투자를 증가시켜 노조가 있는 공장의 비중을 감소시켜 나간다.
  - 기존 노조원의 조합탈퇴를 유도하여 노동조합의 세력을 약화시킨다.
  - 노조가 결성된 공장을 대체하는 비노조/해외공장을 신설한다.

b. 고용유연성 확보를 위한 사용자의 고용전략

i. 신자유주의적 전략(neo-liberal model)

노조의 세력이 약할 때 철저히 외부노동시장에 의존하여 고용유연성을 확보하려는 전략이다. 경기가 좋을 때는 추가고용하고 경기가 나쁠 때는 해고하여 인력을 축소한다.

ⅱ. 이원화 전략(dualistic model)

기업인력의 유형에 따라 서로 다른 전략을 구사하는 것이다. 즉 핵심인력에 대해서는 내부노동시장에서의 장기고용을 보장하며, 주변인력에 대해서는 외부노동시장으로의 해고와 재고용을 비교적 자유롭게 운영한다.

ⅲ. 사회조합주의적 전략(quasi-corporatist model)

노조의 힘이 강력한 경우에는 주로 내부노동시장을 활용하여 다기능공화를 통한 기능적 유연성(functional flexibility)을 확보한다.

② 노동조합의 전략적 선택

a. 절대반대(just say no)

기업의 경영혁신이나 구조조정이 노조에 부정적 영향을 미칠 것으로 예상될 때 그 시행을 적극 반대하여 경영층의 실시의지를 꺾는 전략이다.

b. 불개입(sit tight/wait and see)

혁신이나 구조조정이 노조나 구성원들에게 바람직한 결과를 가져올 것인지 확신이 서지 않는 경우 노조 지도부에서 찬성도 반대도 하지 않는 태도를 취하는 경우를 뜻한다.

c. 소극적 개입(protective involvement)

혁신이나 구조조정의 실시에 대해 구성원들이 불이익을 당하지 않도록 노동조합 지도부에서 소극적인 개입을 하는 것이다. 이 전략의 궁극적 목적은 제도 도입이 미치는 부정적 영향을 최소화하는 것이므로, 노조의 위상을 지켜줄 수 있는 전략으로 인식되어 많은 수의 노동조합들이 실제로 채택한다.

d. 적극적 참여(participation)

회사의 경쟁력이 위기에 달하여 기존의 경영방식을 유지하는 것보다 적극적인 혁신과 구조조정이 필요하다고 인식되는 경우 노조가 그 도입과 운영에 적극 참여하는 전략이다.

| 2 | 노동조합 · 단체교섭 · 노동쟁의

1) 노동조합(labor/trade union, 노조)

① 의의

종업원(근로자)의 근로조건을 유지 · 개선하고 사회적 생활 수준을 향상시키는 것을 목적으로 하여 자주적으로 결성된 항구적 단체를 의미한다.

② 노동조합의 이데올로기(ideology)[22]

a. 경제적 노동조합주의(business unionism)

자본주의 체제를 인정하고 시장경제 체제하에서 노동조합원의 임금 등 노동조건의 개선을 노조의 가장 직접적이며 중요한 목표로 삼는 이데올로기이다. 미국의 AFL-CIO, 일본의 렌고(連合) 및 한국의 한국노총 등이 대표적인 예이다.

b. 사회주의적 노동조합주의(social unionism)

스웨덴, 덴마크 등 북유럽의 진보적 노동조합에서 나타나는 이데올로기로서, 자본주의보다는 사회민주주의를 선호하고 선거 등의 정치적 수단을 통하여 사회체제를 점진적으로 변혁시키고자 한다. 정치적 수단(의회 로비, 입법활동)과 경제적 수단(단체협상)을 병행함으로써 요람에서 무덤까지를 정부가 책임지는 국가복지체제 구축을 목표로 한다. 핀란드, 스웨덴의 LO, 한국의 민주노총 등이 대표적인 예이다.

c. 혁명적 노동조합주의(revolutionary unionism)

정부와 자본주의 체제를 전복시키고, 공산주의나 무정부주의 등 소위 '새로운 사회'를 건설하는 것을 목표로 한다. 극단적인 구호와 정치적인 주장을 내세운다. 프랑스노동총연맹(CGT)이 대표적인 예이다.

③ 노동조합의 등장배경 : 직무불만족과 노조의 수단성[23]

이하에서는 노동조합이 등장하게 되는 경영학적 배경을 직무불만족과 노조의 수단성이라는 두 개념을 활용하여 설명한다.

a. 직무불만족과 그 결과

[직무불만에 대한 반응]

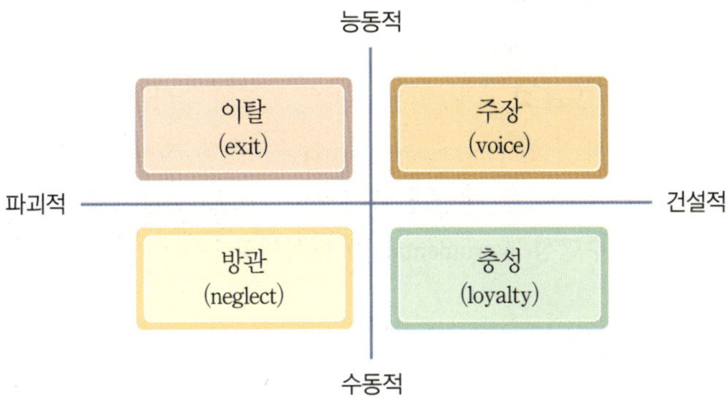

출처 : Hirschman(1970), 수정인용

직무불만(job dissatisfaction)이 발생하면 종업원은 다양한 행위를 통해 이를 표출한다. 불만에 대한 반응은 그 적극성 측면에서 능동적-수동적 표출행동으로, 표출행동의 목적이 현 상황의 전복인지 아니면 개선인지의 측면에서 파괴적-건설적 표출행동으로 구분된다.

ⅰ. 이탈(exit)

조직을 떠나려는 행동으로서, 상황이 개선되지 않을 것이라는 생각에 기초하여 조직을 떠날 생각을 하거나, 다른 직업을 찾는 노력 등을 한다.

ⅱ. 주장(항의, voice)

- 개념 : 상사나 노조에 상황의 개선을 위해 문제를 제기하고 항의하는 등의 건설적이고 능동적인 시도를 의미한다.
- 연구내용 : 프리만과 메도프(Freeman & Medoff, 1984)가 쓴 "What do unions do?"에 따르면 EVLN의 네 가지 행동(즉 이탈, 주장, 충성, 방관) 중에서도 주장 메커니즘이 노조활동과 가장 큰 관련이 있다. 주장은 정보공유 기능을 통해 노사 간의 정보 비대칭을 해소하고 양방향 커뮤니케이션을 가능하게 한다.
- 유형과 효과 : 주장은 조직에 바로 불만을 제기하는 직접적 주장(direct voice)과 고용자가 지지하는 구조(employer-sponsored channels)를 통한 간접적(집단적) 주장(indirect/collective voice)으로 구분할 수 있다. 노조활동은 간접적 주장에 해당하며, 이는 이탈(exit)에 대한 대체개념이므로 이직률을 낮추는 효과가 있다.

ⅲ. 충성(loyalty)

수동적이지만 낙관적으로 상황이 개선되기를 기다리는 것으로서, 외부의 비판에도 불구하고 조직에 대한 신뢰를 가지는 것이다.

ⅳ. 방관(태만, neglect)

상황이 악화되는 것을 수동적인 태도로 허용하는 행위로서, 상습적으로 결근이나 지각을 하고 직무 수행 시 노력하지 않으며 실수가 많아지는 경우를 포함한다.

b. 노조의 수단성

무노조기업의 근로자들이 노조를 결성하는 이유는 직무불만족과 노조의 수단성이라는 두 개념으로 설명된다. 이를 수식의 형태로 표현하면 다음과 같다.

$$노조화 = f(직무불만족, 노조의 수단성)$$

직원들은 불만을 느낄 때 이탈(exit)과 주장(voice) 가운데 하나를 선택하게 된다. 이때 이탈이 아니라 노조결성을 통한 주장을 택하게 되는 것은 노조활동을 통하여 자신들의 직무불만족을 해소할 수 있으리라는 수단성(instrumentality) 때문이다.

④ 노동조합의 기능과 역할[24)]

a. 순기능과 역기능

ⅰ. 순기능

- 구성원들이 가지는 불만을 자체적으로 해소 · 대변하는 의사대표기능(collective voice effect)

을 가지고 있다.
- 이직을 감소시키고 근로조건을 개선한다.
- 노사 간 정보흐름을 원활히 한다.
- 기업의 경제적 효율성을 제고하고 소득분배의 공정성도 보장한다.

ii. 역기능
- 구성원들의 의사를 독점적으로 반영하는 과정에서 이를 왜곡한다(monopoly effect).
- 집단이익을 위해 불필요한 분규를 발생시켜 사회적 효율성을 저하시킨다.
- 불필요한 인건비 상승을 주도하여, 노조로 조직화된 근로자와 그렇지 않은 근로자 간 소득분배의 불균형을 야기한다.
- 경영위기 상황에서 필요한 각종 개혁에 저항세력으로 작용한다.

b. 노조의 전통적 3대 기능[25)]

i. 경제적 기능

노동력의 판매자로서 사용자에 대해 발휘되는 교섭력과 협상력을 의미한다. 던롭(Dunlop)에 의하면 노동조합의 기본 성격은 바로 임금수준의 인상과 근로조건의 개선을 통한 효용 극대화와 관련이 있다.

ii. 공제적 기능

노동조합의 구성원 간에 형성되는 대내적 관계로서, 조합원이 불의의 사고나 피해를 입는 경우를 대비하여 조합이 기금을 설치 · 운영하는 기능이다.

iii. 정치적 기능

단순히 사용자측만을 상대(counterpart)로 삼는 것이 아니라 국가나 사회단체까지도 협상 및 교섭의 대상으로 삼는 기능이다.

c. 노동조합의 현대적 3가지 기능[26)]

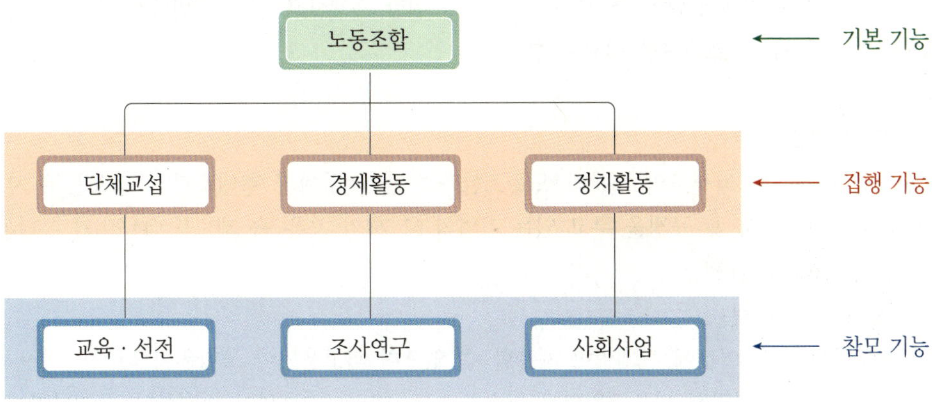

출처 : 변상우 등(2017), p.123, 수정인용

i . 기본 기능(제1차적 기능)

노동조합을 조직하고 그 조직을 유지 · 확장하는 기능을 말한다. 노동조합의 기본 기능은 비조합원인 노동자를 조직화하는 '노동자 기능(organizing function)'과 노동조합이 조직된 후에 그 노동조합을 유지하는 '노동조합 기능(serving function)'으로 구분된다.

ii . 집행 기능(제2차적 기능)

노동조합이 결성된 후에 조합의 목적인 근로조건의 유지 및 개선을 위해 활동하는 기능이다.

- 단체교섭 기능 : 노동 3권이 확립됨에 따라 근로조건의 유지 및 개선을 위한 사용자측과의 교섭기능이 노조 기능의 핵심으로 부상했다.
- 경제활동 기능 : 경제활동 기능은 조합원의 생계에 경제적 보조역할을 하는 기금을 준비하는 공제기능과 조합원을 소비측면에서 보호하기 위한 각종 협동조합 · 신용조합 등을 결성하는 협동기능으로 구분된다.
- 정치활동 기능 : 근로자 지위의 향상은 입법의 영향을 받게 되므로 노동조합의 경제적 목적 달성에 있어 정치적인 활동의 전개는 필수불가결한 측면이 있다.

iii . 참모 기능(제3차적 기능)

조합의 기본기능과 집행기능을 더욱 효과적으로 수행할 수 있도록 보조하는 기능이다.

- 교육 및 선전활동 : 교육활동은 조합간부와 일반조합원에 대한 노동이론 및 협상교육을 포함하며, 선전활동은 신문 등 노조기관지의 발간과 홍보 등을 통해 조합원들을 단결시키고 적극적으로 노조 활동에 참여하도록 유도한다.
- 조사 및 연구활동 : 이 활동은 노조 내 전문연구부서에서 노동조합과 노동관계에 대한 각종 자료수집과 분석 등을 담당하는 기능이다.
- 사회봉사 활동 : 근로자의 고충을 상담하고 지역사회에 봉사하며, 각종 휴양시설을 설치하거나 장학사업을 하는 등의 활동을 수행한다.

⑤ 노동조합의 조직강화수단

노조는 양적 측면에서 많은 조합원을 확보하기 위한 숍제도와 질적 측면에서 조합운영자금을 확보하기 위한 체크오프제도를 필요로 한다.

a. 숍(shop)제도[27]

신규인력 채용시 지원자의 신분과 노동조합과의 관계 사이의 형태로서, 고용노동부 자료에 따르면 우리나라에서 숍 규정을 두고 있는 기업의 51.5%가 오픈 숍 제도를, 44.2%가 유니온 숍 제도를 채택하고 있다.[28]

i . 오픈 숍(open shop)

노동조합의 가입 여부에 관계없이 채용할 수 있으며 피고용인이 조합원이 되어야 하는 의무가 없는 제도이다. 따라서 비노조원의 무임승차(free-riding) 가능성이 존재한다. 우리나라에서는 「노동조합 및 노동관계조정법」 제81조 2항에서 오픈 숍 제도를 원칙적으로 적용하고 있다.

ii. 클로즈드 숍(closed shop)

인력을 선발하거나 채용할 경우 조합원 중에서만 고용하도록 하는 제도로서, 노조 가입이 채용의 전제가 되므로 가장 강력한 조합참가제도가 된다. 우리나라의 노동법에서는 이를 부당노동행위로 보아 원칙적으로 금지한다.

iii. 유니온 숍(union shop)

취업 후 일정기간(예 견습·수습 기간)이 경과하면 본인의 의사에 관계없이 노동조합에 자동적으로 가입하게 되는 제도이다. 근로자의 선택자유를 침해하지 않기 위해 근로자의 2/3 이상을 조직하고 있는 노동조합이 있을 경우에만 이 협정을 둘 수 있도록 「노동조합 및 노동관계조정법」에서 규정하고 있다.

iv. 기타 숍 제도

- 에이전시 숍(agency shop) : 노동조합이 스스로를 모든 종업원의 대표자로 간주하여 노조원과 비노조원 모두에게 조합비나 교섭경비를 징수한다.
- 프레퍼렌셜 숍(preferential shop) : 채용시 노조원에게 우선순위를 부여한다.
- 메인터넌스 숍(maintenance shop) : 한 번 노조에 가입하면 일정기간 조합원 지위를 유지해야 한다.

b. 체크오프(check-off) 제도

조합비의 일괄공제제도로서, 클로즈드 숍이나 유니온 숍을 허용하는 조직에서는 대부분 체크오프제를 허용하고 있다. 우리나라의 「노동조합 및 노동관계조정법」 제22조에서 조합비 납부의무를 규정하고 있다.

⑥ 노동조합의 형태[29]

a. 단일조직과 연합체조직 : 결합방식에 따른 분류

i. 단일조직(unitary organization)

개별 근로자가 개인 가입의 형식을 취하는 노동조합으로서 지부 또는 분회(일정지역, 기업체 또는 사업장 단위로) 등의 하부구조를 갖는다.

ii. 연합체조직(federation)

노동조합이 그 영향력 강화를 위하여 국가단위나 국제단위로 연합하여 형성하는 조직체를 뜻한다. 이 경우 구성원 조합을 '단위조합', 전국적 조직을 '연합조직'이라 한다. 우리나라의 한국노총, 민주노총, 미국의 AFL-CIO, 영국의 TUC 등은 국가 단위의 연합조직이고, 국제노동조합연합(ITUC)은 국제적 단위의 연합조직이다.

b. 조합원의 자격에 따른 단일조직의 형태 구분

i. 직업별 노동조합(craft union)

- 개념 : 동종의 직업을 가진 노동자들 간에 형성되는 노동조합을 말한다. 숙련공의 기술이 필

수적이던 초기 산업화 단계에서 노동시장을 배타적으로 독점하여 교섭력을 높이려는 의도에서 출범하였으며, 가장 오랜 역사를 가진 방식이다. 현재는 교직원노동조합 등의 일부 형태로만 존속하고 있다.

- 특징 : [장점] 단결력이 강하고 단체교섭 및 임금협상이 용이하다. [단점] 직업과 직종에 의해 배타적인 속성을 가지므로 근로자집단 전체의 지위향상에는 부적절하며, 개별기업의 현실을 고려한 협상을 수행하기는 힘들다.

ii. **산업별 노동조합**(industrial union)

- 개념 : 동일산업에 종사하는 근로자가 회사에 관계없이 결성하는 노조를 말한다. 20세기에 석유화학, 철강, 자동차 등 대량생산공업이 발달하면서 그 필요성이 대두되었다. 초기업단위의 노조조직과 노동운동이 일반화된다. (예 전국금속노동조합)
- 특징 : [장점] 정책에 대한 압력단체로서의 역할을 수행할 수 있으며 해당 산업 내에서 기업간 교섭력을 통일할 수 있다. [단점] 직종과 기업마다 상충되는 이해관계로 인하여 응집력이 약화될 수 있다.

iii. **기업별 노동조합**(enterprise union)

- 개념 : 동일기업에 종사하는 근로자들 간에 결성되는 종단적 노동조합이다. 사용자에 대한 직접적인 영향력 행사를 통해 기업의 근로조건을 일정수준 이상으로 개선 · 향상하는 것을 목표로 한다. (예 현대중공업노동조합)
- 특징 : [장점] 근로조건에 대한 조정과 조직 내 공동체의식의 형성이 용이하고, 노동조합이 회사의 사정에 정통하므로 무리한 요구로 인한 노사분규의 발생이 적다. [단점] 다른 기업노조와의 횡단적 연대의식이 형성되기가 힘들고 노동시장에 대한 지배력도 행사하기가 쉽지 않다. 또한 노동조합이 쉽게 어용화 될 가능성이 있다.

iv. **일반 노동조합**(general union)

- 개념 : 숙련도나 직종, 산업에 관계없이 일반근로자를 폭넓게 규합하는 노조이다. 작업의 표준화, 전문화, 분업화가 가속화함에 따라 발생한 대량의 미숙련공들이 최저 생계수준을 확보하기 위하여 결성하였다. (예 전국여성노동조합)
- 특징 : 일반노조의 요구사항(예 최저임금 인상)들은 주로 입법투쟁을 통하여 관철되며, 미숙련근로자로 구성되는 특성상 내부 단결력이 낮아 단체교섭력이 약하다.

⑦ 무노조기업의 노사관계관리[30)]

a. 무노조기업 등장의 배경

우리나라는 경제협력개발기구(OECD) 회원국 중 프랑스, 터키에 이어 노동조합 조직률(2014년 기준으로 10.3%)이 가장 낮은 국가로서, 그 원인은 다음과 같다.

i. **경제의 구조적 변화**

전통적으로 노조조직률이 낮았던 서비스산업과 화이트칼라 직종의 확대, 여성과 고령인력, 비정규직, 외국인인력의 증가 등이 빠르게 진행되었다.

ii. 신자유주의 풍조의 영향

1980년대 이후 세계적으로 유행한 신자유주의적 풍조의 영향으로 정부의 정책이 노조에 적대적인 방향으로 선회한 점도 노조조직률 하락에 기여했다.

iii. 개인고용관련 보호법안

고용평등법, 차별금지법, 모성보호법, 장애인고용촉진법, 성희롱금지법 등 정부가 통과시킨 개인차원의 고용관련 보호법안들이 피고용인이 느끼는 집단노사관계에 대한 필요성을 감소시키는 역할을 하였다.

iv. 사용자들의 노조회피 전략

반노조적인 사회정치적 분위기를 배경으로 사용자들이 노조회피전략(고충처리제도 확충, 경영참여기회 제공 등)을 적극적으로 활용하였다.

b. 무노조기업의 노조화 방지전략

i. 노조탄압전략(union suppression)

노조파괴전문가(union buster)를 고용하거나 활용하는 것, 노조결성을 추진하는 세력을 해고하는 것 등이 있다.

ii. 노조회피전략(union avoidance)

경쟁대상인 노조기업의 임금수준 및 근로수준보다 더 높은 임금수준과 더 나은 근로조건을 제시하여 일종의 무노조 프리미엄(nonunion premium)을 제공하거나, 유노조 사업장과 무노조 사업장 중 전자는 축소하고 후자에 대한 투자와 고용을 확대하는 병렬형 관리(double breasting) 등이 이에 해당한다.

iii. 노조대체전략(union substitution)

법의 테두리 안에서 노조의 순기능을 대신할 수 있는 대안적 의사소통기구(alternative voice channel)를 제시하는 것이다. 노사협의회, 평사원협의회, 청년이사회, 청년중역회 등과 같은 조직을 적극 활용한다.

c. 체계적 무노조기업의 경영상 특징

최고경영자가 인재경영에 대한 독특한 철학을 가지고 있거나(철학적 무노조기업), 무노조경영이 효율적이라는 사실을 경험으로 체득하는 경우에 체계적 무노조경영이 이루어진다.

i. 최고경영자의 가치 및 태도

체계적 무노조기업의 최고경영자는 주로 일원론(unitarism)에 따른 가치관, 즉 기업 내에서 노사 간의 이해관계가 완전 일치한다는 생각을 가지는 경우가 많다.

ii. 체계적 무노조기업의 주요 고용관계정책

- 고용안정정책 : 적정인력 규모를 유지하기 위하여 인력수요 증가시에는 임시직이나 외주를 활용하고, 인력수요 감소시에는 신규채용억제나 직무공유(job-sharing) 등을 실시한다. 불가피한 인력조정의 상황에는 전직지원프로그램(outplacement)을 활성화한다.

• 신중한 선발과 내부승진 : 신규채용시 노조가입 성향이 강한 피고용인들의 선발을 억제하는 한편, 내부승진을 적극적으로 활용하여 기업에 대한 신뢰감을 준다.
• 평가 및 보상제도 : 무노조 프리미엄을 제공하여 노조기업보다 약간 높은 수준의 보상을 제공하며, 다양한 성과배분정책을 활용한다.
• 의사소통제도 : 회사정책에 대한 의견을 수렴하는 정기설문(survey feedback) 시스템을 통해 불만을 사전에 감지하고 그에 대한 대책을 세운다.

2) 단체교섭(collective bargaining)

① 의의

노동조합과 사용자가 임금이나 근로시간 및 그 밖의 근로조건에 관한 협약체결을 위해 집단적 타협을 모색하고 또 체결된 협약을 관리하는 절차와 행위로서, 영미식의 시장경제적 이해관계조정모델에 입각하여 노사 간의 경제적 거래관계를 안정적으로 제도화하는 장치이다.

② 단체교섭제도의 성격

a. 단체교섭은 노사 간 교섭력(bargaining power)을 중심으로 진행되며, 교섭력은 정당성의 한계를 벗어나지 않는 것이어야 한다. 교섭력을 결정하는 교섭태도는 이론상 다음의 공식을 통해 계산한다.

$$\text{조합의 교섭태도} = \frac{\text{사용자에 동의하지 않음으로 인한 비용(cost)}}{\text{사용자에 동의함으로 인한 비용(cost)}}$$

$$\text{사용자의 교섭태도} = \frac{\text{노조에 동의하지 않음으로 인한 비용(cost)}}{\text{노조에 동의함으로 인한 비용(cost)}}$$

만약 분자보다 분모가 큰 경우, 즉 상대방의 주장에 따를 때 발생하는 손실이 동의하지 않는(=파업) 손실보다 크다면 노사 간에는 타협이 사라지고 강경한 협상태도가 주류를 이루게 된다.

b. 단체교섭에서는 힘의 논리가 개입하지만, 노사 쌍방 간 애정을 갖고 서로의 목적실현을 위해 진지한 자세를 견지하여야 한다.

c. 노사공통의 이해사항에 대한 노사협의와는 달리 단체교섭은 노사 간 이해가 상충되는 임금, 근로조건, 노동시간 등에 대한 협상과정이다.

d. 노사 간에 책임과 의무를 다하려는 산업민주주의의 과정으로서, 노사분규에 따른 손실을 절감하는 효과가 있다.

③ 유형[31)]: 노동조합의 조직형태와 당사자의 수 및 교섭방향에 따른 분류

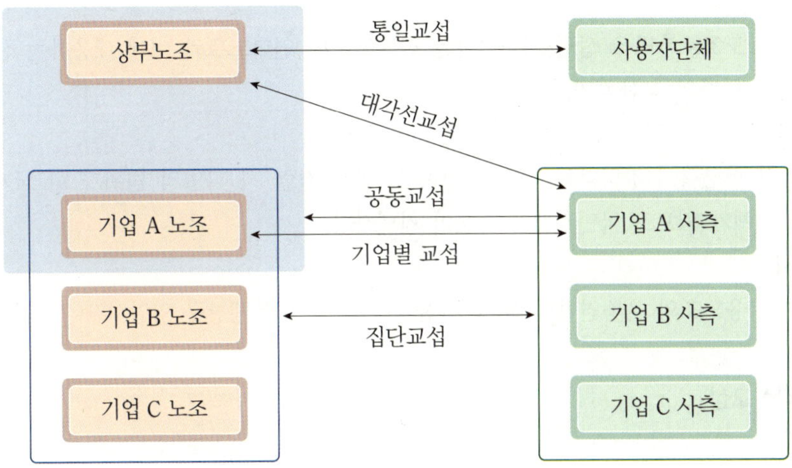

a. 기업별 교섭

ⅰ. 의미

기업별 노조와 사용자 간에 단체교섭이 이루어지는 방식으로서, 우리나라와 일본에서의 단체교섭 대부분은 이에 해당한다.

ⅱ. 특징

개별기업의 특수성이 교섭내용에 잘 반영된다는 장점이 있는 반면, 노조의 교섭력이 사용자에 비해 취약하다는 단점이 있다.

ⅲ. 예시

한국도로공사와 한국도로공사노동조합 간의 교섭이 이 유형에 해당한다.

b. 집단교섭

ⅰ. 의미

복수의 단위노조와 복수의 사용자가 업종, 기업규모, 지역 등을 기준으로 집단연합전선을 형성하여 교섭하는 방식이다.

ⅱ. 특징

노조 간 연합은 상위단위노조가 아니라 개별노조 간 협상력 강화를 위한 연대를 의미한다.

ⅲ. 예시

1960년대부터 버스업계에서는 지역별로 다수의 버스사업주와 노조가 각각 교섭대표를 선출하여 집단교섭을 실시하고 있다.

c. 통일교섭

i . 의미

하부단위 노조로부터 교섭권을 위임받은 산별노조나 연합노조와 이에 대응하는 산업별, 지역별 사용자단체 간의 교섭을 의미한다.

ii . 특징

노조측의 협상력이 강하다는 장점이 있지만, 협상 결렬 시 파업의 범위가 한 국가의 특정산업조합원 전체가 되므로 국민경제적 손실이 지대하다.

iii. 예시

2007년 금융노조와 은행연합회 간 통일(산별)교섭 끝에 은행창구 영업시간이 조정된 바 있다.

d. 대각선교섭

i . 의미

단위노조가 소속된 상부단체(예 산별노조나 지역별노조)와 개별 사용자 간에 이루어지는 교섭 형태를 말한다.

ii . 특징

사용자단체가 조직되어 있지 않거나, 조직되어 있더라도 각 기업에 특수한 사정이 있을 경우에 사용된다.

iii. 예시

대학교직원의 산별노조인 전국대학노조가 개별대학교의 사용자(총장)와 벌이는 교섭이 대각선교섭의 사례이다.

e. 공동교섭

i . 의미

기업별 단위노조 또는 지역별 단위노조가 그 상부단위 노조와 공동으로 참가하여 기업별 사용자측과 교섭하는 방식을 말한다.

ii . 특징

노조에 가장 유리한 노동조건을 제시하는 특정기업과 선(先) 교섭을 실시한 뒤 그 결과를 동일상부노조의 구성단위가 되는 타 기업에 강요하는 이른바 유형교섭(pattern bargaining)을 활용하는 전략과 관련이 깊다.

iii. 예시

육상상하차업무 종사자들로 구성된 지역단위 항운노조와 이들의 연합체인 항운노련이 공동으로 CJ대한통운과 벌이는 교섭이 공동교섭의 사례이다.

④ 우리나라에서의 산별교섭 현황과 기업의 대응[32)]

a. 산별교섭의 대두

우리나라에서는 1997년 경제위기 이후 노동조합의 조직구조가 기업별 노동조합에서 산별노동조합으로 전환하는 추세이다. 반면 전통적으로 산별노동조합의 뿌리가 깊은 유럽을 비롯한 선진국들은 산별교섭을 탈피해 기업(단위사업장)별 교섭으로 전환하는 추세에 있다.

b. 한국에서 산별노조의 발생 배경

첫째, 외환위기와 금융위기 등의 경제적 충격으로 기업별 노조의 수단성(instrumentality)이 감소하여 노동자들이 보다 큰 협상력을 가지는 산별노조로 조직형태를 이동하게 되었다.

둘째, 노동법의 개정으로 그동안 산업별 노동조합의 결성을 제약하던 요인(㉥ 복수노조 설립금지, 제3자 개입금지 조항) 등이 사라짐에 따라 노조 조직형태 변경이 자유롭게 되었다.

셋째, 노조 전임자 임금지급이 금지되고 복수노조가 허용되면서 기존 노동조합의 기반이 흔들리자, 대(對) 정부 및 사용자 교섭력을 회복하기 위하여 산별노조 결성이 추진되고 있다.

c. 산별교섭의 장점과 단점

i. 장점

- 산업별로 임금 및 근로조건에 관한 통일된 교섭결과를 도출할 수 있다.
- 노동자의 단결력을 강화시켜 압력단체로서의 교섭력을 확보할 수 있다.

ii. 단점

- 기업마다 경영환경과 성과의 차이가 존재하므로 교섭결과의 실행 과정에서 직종 간의 이해대립과 반목의 가능성이 크다.
- 산별교섭 결과의 구체화 과정에서 기업별 교섭이 추가되는 다층교섭으로 사회적 교섭비용이 증가할 수 있다.

d. 산별교섭에 대한 기업측의 대응방안

i. 사용자단체는 산별 · 집단교섭에 임하기에 앞서 교섭효율성 제고를 위하여 교섭전제조건에 대한 논의를 먼저 진행할 것을 노조에 요구해야 한다.

ii. 사용자단체는 산별교섭에서 다룰 수 있는 내용범위를 정해야 한다. 고용, 임금, 근로시간 등 구체적인 항목들에 대해서는 원칙적이고, 선언적인 수준에서 가이드라인을 제시하는 방향으로 유도할 필요가 있다.

iii. 개별 기업들은 적극적으로 개별기업 차원에서 단체교섭을 추진하도록 노력하는 한편, 특정 사안에 관해서는 기업별 교섭이 보다 현실적이고 효과적임을 각 노조원에게 주지시킬 필요가 있다.

⑤ 단체교섭제도의 구성[33)]

a. 협약체결(contract negotiation)[34)]

한국노동연구원에서 발간한 보고서에서는 노사협상의 절차를 교섭준비, 예비교섭, 본 교섭, 마무리교섭 및 타결, 교섭의 평가 등 5단계로 나누고 있다.

ⅰ. 교섭준비

노동조합 집행부는 평상시의 활동을 통해 조합원들의 요구나 불만사항을 파악하는 것이 필요하다. 노사 간의 관계, 경영실적, 노조의 능력 및 조직력, 사용자의 대(對)노조관 등을 종합적으로 고려하여 교섭항목을 선정하고, 교섭위원을 선정하며, 교섭전략 역시 수립한다.

ⅱ. 예비교섭

교섭위원의 상견례에서 노조측은 교섭 요구안을 사용자측에 제시하고, 사용자측은 경영여건과 노사관계에 대한 평가 등을 밝힌다. 예비교섭에서는 본 교섭의 일정, 교섭장소, 본교섭에서 다룰 안건들의 우선순위, 쟁의조정제도의 활용 등 교섭규칙에 대한 합의가 필요하다. 통상 비금전적인 사항을 금전적 사항보다 먼저 다룬다.

ⅲ. 본 교섭

본교섭은 예비교섭을 통해 파악한 정보를 바탕으로 교섭목표와 전략을 재정비한 이후 진행된다. 통상 사용자측이 노조측의 교섭요구안에 대한 첫 제안을 하면서 시작되는데, 이 첫 제안은 향후 교섭진행에 매우 중요한 의미를 가진다. 이것이 교섭상대방의 BATNA(best alternative to negotiated agreement)를 추정하는 데 필요한 정보이기 때문이다.

본교섭에서 노사의 요구안과 대안제시는 수정요구안에 대해서 대안을, 수정대안에 대해서 다시 수정요구안을 제시하는 형태로 진행되는 경우가 대부분이다.

ⅳ. 마무리교섭 및 타결

마무리교섭은 본교섭에서 상당한 진전은 있었으나 핵심적인 쟁점사항에 대한 교섭이 공전상태에 들어가는 시점부터 시작된다. 대체로 교섭에 부여된 시간의 제약 때문에 (협약 만료기간 직전에) 일괄타결하는 경우가 많아서 교섭위원들에게는 고도의 판단력이 요구된다.

교섭 마무리단계에서 교착상태에 빠지는 경우 노사교섭대표가 단독 또는 1~2명의 교섭위원과 함께 비공식적으로 만나 막후교섭을 시도할 때도 있다. 노사가 최종적으로 합의에 이르게 되면 단체협약(collective agreement)이 작성된다.

ⅴ. 교섭의 평가

협약문구가 최종적으로 도출되면 교섭과정상에 나타난 문제점을 노사 모두 정리하고 교섭과정의 평가서를 만들어 다음번의 협상에 자료로 이용하여야 한다.

b. 협약관리(contract administration)

이는 체결된 협약의 해석과 적용에 대한 분쟁이나 다툼을 관리하는 노사관계에서의 사법(司法)활동으로서, 고충처리제도와 중재제도 및 쟁의제도로 구성된다.

⑥ 단체협약(collective agreement)[35]

a. 개념

노동조합 또는 그 연합체와 사용자 또는 사용자단체 간에 체결되는 집단적 근로관계에 관한 계약으로서, 근로조건의 기준을 정하고 협약 당사자 간의 권리와 의무를 규제하는 자체 규범이다.

b. 성격[36]

ⅰ. 형식적 측면

단체협약은 그 형식상 근로자집단이 사용자와 체결하는 단체적인 약속으로서 합의의 성격을 가진다. 따라서 개인적 계약인 '근로계약'이나, 사용자가 주도하여 제정하는 '취업규칙'과는 차이가 있다.

ⅱ. 내용적 측면

단체협약은 규범적, 채무적, 조직적 내용으로 구성된다.

ⅲ. 사회적 측면

단체협약은 노사 간의 대립과 분쟁을 (노사가 서로의 의무를 성실히 이행하는 동안에) 잠정적으로 중지하는 일종의 휴전협정과 같다.

c. 기능

ⅰ. 근로조건의 개선기능

단체협약에서 정해진 근로조건상의 기준은 개인 근로자와 사용자 사이의 교섭에서 기대할 수 없는 보다 좋은 근로조건의 확보에 도움이 된다.

ⅱ. 산업평화의 기능

단체협약에 의해 일정기간 동안 근로조건 등에 관한 일정기준을 설정해 놓으면 그 기간 내에는 쌍방이 이를 준수함으로써 무의미한 분쟁을 피할 수 있기에, 이를 단체협약의 평화기능이라 한다.

ⅲ. 경영안정화의 기능

단체협약은 유효기간 중에 경영의 안정화를 도모할 수 있다. 대내적으로 근로자의 대우를 일정수준으로 유지함으로써 노무비의 예측가능성을 높일 수 있고, 대외적으로 (산별협상의 경우) 해당 업종 기업 간의 노동조건을 평준화하여 불필요한 경쟁을 방지하기 때문이다.

ⅳ. 민주화 기능

단체협약은 노사의 공동의사에 의한 새로운 기업 질서로서 근로계약이나 취업규칙에 우선하는 것이다. 이를 단체협약의 우위성이라 부른다.

d. 내용

ⅰ. 규범적 부분

단체협약은 본래 협약당사자인 노동조합과 사용자 간의 계약이지만, '협약당사자가 아닌 개별

조합원'과 사용자를 구속하는 속성 또한 갖는다. 이를 규범적 효력이라 한다. 이는 집단적 의사를 근로자의 개별적 의사에 우선시키는 효력이다.

ⅱ. 채무적 부분

단체협약의 채무적 부분이란 단체협약에서 협약당사자(노동조합, 사용자, 사용자단체 등) 상호 간의 권리와 의무를 규정하는 영역을 뜻한다.

ⅲ. 조직적 부분

단체협약의 조직적 부분이란 노사의 공동기구 설치 등에 관한 조항을 뜻한다. 징계권의 남용 방지를 위하여 해고협의기구나 징계관련 위원회를 두는 것이 그 예이다.

e. 단체협약시 주의사항

단체협약의 체결에 있어서 다음의 사항에 유의해야 한다.

- 협약조항의 합법성과 타당성을 충분히 검토해야 한다.
- 단체협약의 체결과 운용 역시 교섭의 과정이므로 노조간부들의 관련지식과 자질향상을 위해 노력한다.
- 단체교섭 및 단체협약과 노사협의의 기능을 구분하여 단체협약 고유의 기능을 이해한다.
- 단체협약 내용에 대한 분쟁의 예방과 해결방법을 구체화할 필요가 있다.

3) 노동쟁의(labor dispute)

① 개념과 고려사항

노동쟁의는 노사 간 주장의 불일치로 인하여 발생한 분쟁상태이다. 대개의 노동쟁의는 노동자의 쟁의행위(예를 들면 파업이나 태업)와 그에 대한 사용자의 대항행위(예를 들면 직장폐쇄)를 포함한다.

② 노사갈등의 기본 성격[37)]

a. 노사갈등에 대한 세 가지 관점

ⅰ. 일원론(unitarism)

과학적 관리론을 주창한 테일러(Taylor)나 인간관계론을 집대성한 메이요(Mayo) 등으로 대표되는 관점으로서, 노사 간에 갈등이라는 것은 근본적으로 존재하지 않는다는 시각이다. 이 관점에 따르면 노조의 발생은 부실경영이 그 원인이 되며 경영자가 올바르게 경영을 하면 노동조합이 생길 이유가 없다. 즉 노조의 존재 이유와 노사갈등을 부정하는 시각이다.

ⅱ. 급진주의(radicalism)

마르크스(Marx)로 대표되는 관점으로서, 노사 간의 갈등은 자본주의 사회에서 피할 수 없는 것이며 자본주의 발달에 따라 노사갈등은 더욱 격화된다. 노사 간의 갈등을 해결하는 유일한 방법은 무산계급의 혁명을 통하여 생산수단을 공유하는 공산주의 체제로 전환하는 것이다.

iii. 다원론(pluralism) · 신제도론(neo-institutionalism)

한 기업 안에는 노동자와 사용자와 같이 서로 다른 이해관계를 가진 집단이 존재하는 것이 당연하며 갈등은 필연적으로 발생한다. 급진주의와는 달리 다원론에서는 노동조합과 파업으로 인한 노사갈등의 표출이 역설적으로 가진 자와 못 가진 자의 긴장을 간헐적으로 해소시켜 주므로 혁명을 피할 수 있다고 본다.

b. 노사갈등의 속성

최근 인사조직론의 이론적 관점에 따르면 서로 이해관계가 상이한 집단이 공존하는 경우 갈등(conflict)이 필연적으로 발생하게 된다. 따라서 갈등을 무조건적으로 도외시하거나 없는 것처럼 취급해서는 안 된다. 적절한 수준의 갈등은 순기능을 가지므로 오히려 노사갈등을 주기적으로, 그리고 건전한 방식으로 표출하여 노사 간 긴장을 완화 · 해소해 나가기 위해 노력을 기울여야 한다.

[갈등과 성과의 관계]

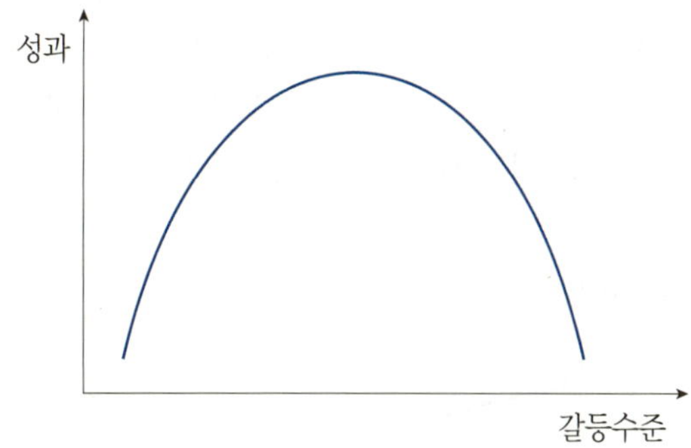

③ 쟁의행위의 유형

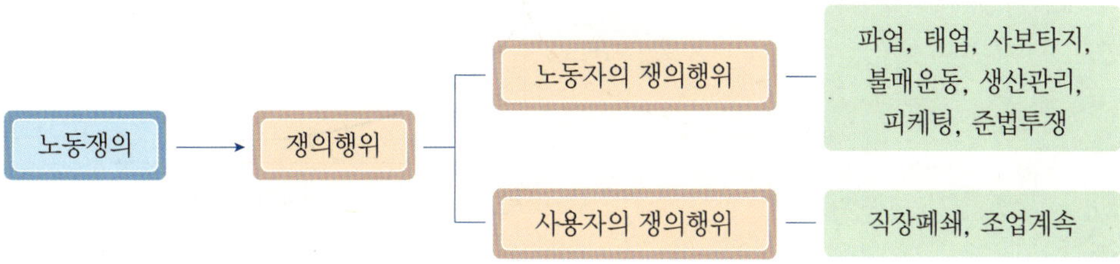

a. 노조측의 쟁의행위

i. 파업(strike)

- 개념 : 근로자가 단결하여 근로조건의 유지 및 개선이라는 목적 달성을 위해 집단적으로 노동의 제공을 거부하는 행위이다.
- 기능[38] : 첫째, 노동조합의 요구에 대해 부정적 입장을 가지는 상대방(대개 사용자)의 태도를 바꿀 수 있다.

둘째, 노조 내부의 일반조합원과 교섭대표자 간의 관계를 조정하는 데 도움이 된다. 노조지도부는 조합원들의 지지를 얻기 위해 요구조건을 스스로 낮추기가 어렵기에, 파업을 결행한 다음 사용자가 요구안을 거부할 경우 내부 조합원을 설득하여 조건을 수정한 후 교섭에 임할 명분을 얻을 수 있다.

- 유형 : 의사결정 특성을 중심으로
  - 계산적 파업(rational strike) : 상황에 대한 정확한 이해와 목적지향적인 행동에 근거하여 수행되는 파업으로서 실제적 갈등(real conflict)이나 유도된 갈등(induced conflict) 하에서 발생한다.
  - 착오적 파업(nonrational strike) : 상대방의 의도나 행위를 오해하거나 파업이 유발할 결과를 잘못 추정하는 등 정확한 정보나 지식이 없거나 상황을 착오해서 발생하는 파업이다.
  - 충동적 파업(irrational strike) : 근로자들이 순간적인 감정에 흥분되어 방향성이나 목적성 없이 수행되는 파업이다.
- 발생원인의 이론적 설명
  - 힉스(Hicks)의 두 곡선 : 노사 간에 상대방의 행동유형[노동조합의 저항곡선(resistance curve)과 사용자의 양보곡선(concession curve)]을 제대로 파악하지 못하는 교섭경험의 부족이 파업을 유발한다고 보았다. 노사가 서로 많은 교섭경험을 쌓아간다면 상대방의 행동을 정확히 파악할 수 있고 그 결과 파업을 피할 수 있다.

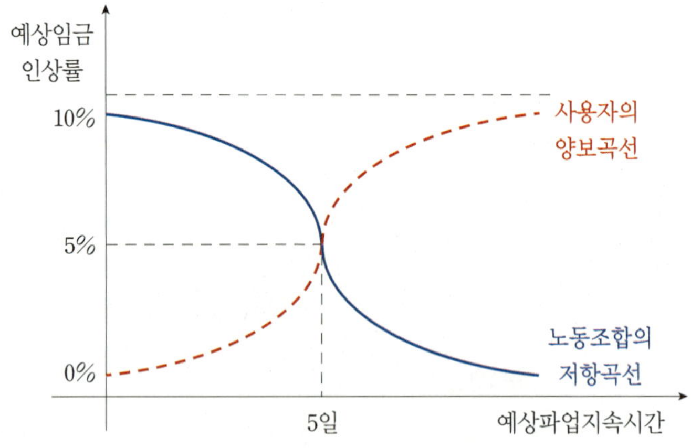

  - 파업비용이론 : 파업을 하는 비용이 파업을 피하는 비용보다 저렴한 경우 파업이 발생한다는 이론이다.
  - 비대칭정보이론 : 힉스의 두 곡선 이론을 헤이스(Hayes)가 보다 구체화시킨 것이다. 노조 측에서는 정보의 비대칭으로 인해 회사의 사정이 어렵다는 사측의 주장이 사실인지 파악할 수가 없기에 파업을 통해 그 진위여부를 확인한다는 것이다.

ⅱ. **태업**(soldiering)

근로자가 집단적이고 의도적으로 작업능률을 저하시키는 쟁의행위를 말한다. 구체적으로는 생산작업의 속도를 늦추거나 서비스의 질을 떨어뜨림으로써, 사용자측에 경제적 압박을 가하는 수단이다. 소극적 사보타지(passive sabotage)로도 불린다.

iii. 사보타지(sabotage)

태업에 그치지 않고 의도적으로 생산설비를 파괴하는 행위를 뜻하며, 적극적 사보타지(active sabotage)로도 불린다. 사업장에 대한 방해행위, 업무의 고의적 방해, 기계류의 파괴 등에 의하여 사용자의 생산 또는 사무를 의식적이고 적극적으로 방해하는 행위를 포함한다.

iv. 불매운동(boycott)

사용자 또는 그와 거래관계에 있는 제3자의 제품구입이나 시설이용을 거절한다든가 그들과의 거래관계를 거절할 것을 호소하는 투쟁행위이다. 사용자의 제품구매나 시설이용을 거부하는 일차적 보이콧(primary boycott)과, 사용자와 거래관계에 있는 제3자에게 사용자와의 거래를 단절할 것을 요구하는 이차적 보이콧(secondary boycott)으로 나뉜다.

v. 생산관리(생산통제)

노동조합이 사용자의 의사에 반하여 공장시설이나 원자재를 점유하고 사용자의 지휘명령을 배제한 상태에서 기업을 경영하는 쟁의행위이다. 생산관리는 단순한 노무거부가 아니라 사용자의 소유권과 경영권을 침해하는 것이다.

vi. 피케팅(picketing)

파업이나 불매운동을 효과적으로 수행하기 위해 근로희망자들의 사업장 혹은 공장 출입을 저지하고 파업참여에 협력할 것을 호소하는 행위이다. 피케팅은 파업 중 사업장의 사용자에 대하여 노동력의 제공을 철저히 차단함으로써 경제적인 타격을 확대하려는 것이다.

vii. 준법투쟁(work-to-rule)

피고용인들이 법 규정을 엄격하게 준수하거나 법 규정 그대로의 권리를 행사함으로써 그들의 주장을 관철시키고자 하는 쟁의행위이다. 당해 규정이 객관적으로 요구하는 정도를 벗어나는 방법으로 준수되는 경우에는 작업의 능률이 저하되어 사용자에게 압력수단이 될 수 있다.

b. 사용자측의 쟁의행위

i. 직장폐쇄(lockout)

사용자가 그의 주장을 관철시키기 위한 수단으로서 근로자를 직장으로부터 집단적으로 차단하고 근로자가 제공하는 노무를 총괄적으로 거부하는 쟁의행위로서 노조에게 임금손실로 인한 경제적 압박을 하는 동시에 노조의 쟁의 거점을 봉쇄하고자 하는 목적을 가지고 있다.

ii. 조업계속

사용자가 파업에 참가하지 않은 조직구성원을 활용하여 조업활동을 계속하는 것이다. 이를 통해 사용자는 파업이 지속되더라도 이에 굴하지 않고 고객에게 제품과 서비스를 공급할 수 있음을 보여줌으로써 파업의 위력을 약화시킬 수 있다.

④ 쟁의해결을 위한 조정 및 중재의 의의[39]

쟁의조정은 노사 쌍방이 쟁의를 자주적으로 해결하기 어렵고 쟁의로 인한 사회전체 질서와 안녕이 위태로울 때 국가 등 제3자가 협상타결을 위해 돕는 것이다. 다만 쟁의조정에 지나치게 의존한다면 노사 당사자들이 협상에 적극적인 자세를 보일 필요가 없어지는 냉각효과(chilling effect)가 발생하고, 노력이 필요한 당사자 간 협상보다는 정부의 중재에 의존하는 중독효과(narcotic effect)도 나타날 수 있다. 연구에 따르면 노사 간의 자주적 협상을 촉진하는 방법으로는 파업의 가능성을 열어두는 것이 가장 효과적이다.

| 3 | 경영참가제도

1) 의의

경영참가(participation in management)란 기업경영상의 제반 문제에 대한 결정과 운영에 근로자 및 노동조합이 참여하여 그들의 의견을 반영하는 것으로서, 독일식의 공동의사결정 중심모델에 입각하여 노사 간의 공동체적 협력관계를 안정적으로 제도화하는 장치이다.

2) 필요성과 목적

① 자본주의적 생산방식의 발달에 따른 노동의 인간소외(alienation)를 극복한다.
② 의사결정과정에 근로자의 참여를 유도하여 산업민주주의(기업 내 민주주의)를 실현한다.
③ 노사 상호신뢰의 증진 및 경영의 효율화와 생산성 향상에의 기여를 도모한다.

3) 유형

경영관리과정에 대한 의사결정참가(협의의 경영참가)와 경영관리결과에 대한 성과참가(이익참가) 및 재산참가(자본참가)로 나뉠 수 있다. 여기서 재산참가는 경영활동에 대한 간접참가가 되며, 성과참가와 의사결정참가는 경영활동에 대한 직접참가가 된다.

	경영관리과정에 대한 참가(과정참가)	경영관리결과에 대한 참가(결과참가)
경영활동에 대한 간접참가	(해당 없음)	재산참가(자본참가) • 종업원지주제(ESOP) • 스톡옵션(Stock Option)
경영활동에 대한 직접참가	의사결정참가(협의의 경영참가) • 공동의사결정제 • 노사협의체	성과참가(이익참가) • 성과배분계획(gainsharing) • 이익배분계획(profit sharing)

① 결과참가

a. 재산참가

근로자를 자본출자자로서 경영에 참가시키는 것으로서, 종업원지주제도(ESOP, employee stock ownership plan)와 스톡옵션(stock option)을 포함한다.

b. 성과참가

기업의 생산성 향상에 종업원이나 노조의 기여를 보상의 형태로 제공하는 것으로서, 성과배분(gainsharing)과 이익배분(profit sharing)으로 흔히 표현된다.

② 과정참가[40] : 협의의 경영참가로서의 의사결정참가

a. 과정참가의 수준 : 앤소프(Ansoff)의 경영의사결정론을 중심으로

ⅰ. 업무적 의사결정 수준에서의 경영참가

직무수행 과정의 경영참가로서, 구성원의 재량권 확보와 직무만족감 증진을 위한 직무확대, 직무충실화, 직무순환 등이 그 예이다.

ⅱ. 관리적 의사결정 수준에서의 경영참가

작업집단에서의 의사결정과정에 영향력을 행사하는 경영참가로서, 준자율적 작업집단이 그 예이다.

ⅲ. 전략적 의사결정 수준에서의 경영참가[41]

기업의 전체적인 전략적 정책이나 목표설정과정에서 근로자측이 영향을 미치는 모든 참여로서, 근로자이사제도, 노사합동위원회제도, 노사협의회제도, 공동결정제도 등이 이에 해당한다.

b. 과정참가의 단계

ⅰ. 정보참가

인사, 재무, 생산, 마케팅, 전략 등 경영에 관련된 모든 정보를 노사가 공유하는 과정이다.

ⅱ. 협의참가

근로자의 심의와 자문 및 사용자의 상담 등으로 구성되며, 노사 쌍방이 의견을 교환하며 토론하고 협의하는 과정이다.

ⅲ. 결정참가

노사 쌍방이 협의하여 공동의사결정을 수행하는 단계로서, 의사결정의 책임은 노사 쌍방이 쌍무적으로 진다.

c. 노사협의회제도[42]

ⅰ. 의의

노사협의회(작업장평의회, labor-management committee) 제도는 노사대표자들이 단체교섭의 대상 외의 문제, 즉 작업능률이나 생산성 등에 대하여 논의하는 합동 협의기구로서, 경영참가제도

의 일종이다. '근로자참여 및 협력증진에 관한 법률'에 의하여 상시 30인 이상의 근로자를 사용하는 사업장에서 의무적으로 설치된다.

ii. 도입취지

노사협의회와 같은 비노조 근로자대표제도(NER, non-union employee representation system)는 사용자의 동의와 지원 아래 조직되고 운영되면서 근로자 이익대변과 노사 간 의사소통 활성화를 그 목적으로 한다.

iii. 노동조합과 노사협의회의 차이점

- 노사협의회가 사용자의 지원과 용인 아래 근로자 대표 기능을 수행하지만, 노동조합은 사용자와 독립적 입장에서 근로자들의 권익을 옹호한다.
- 노사협의회는 교육훈련, 정보공유, 의사소통, 작업환경 개선 등 노사 간 공동 이해관계를 반영하는 조직인 반면, 노동조합은 사용자와의 이해관계가 대립하는 임금 등의 분배적 교섭사항에 대한 배타적 교섭권을 행사한다.
- 협력적 관계를 전제로 하는 노사협의회에 비해 노동조합의 경우에는 사용자의 입장에서 의사결정의 지연이나 경영권 침해 등의 부작용이 더 클 수 있다.

iv. 노사가 협의하는 안건의 범위

노사협의회에서 다루는 내용은 생산계획과 방법 및 직무조직 등의 기술 및 생산관련 사항, 승진, 배치전환, 교육훈련, 임금, 산재 등의 고용 및 인사노무관련 사항, 투자계획이나 자금운영계획 등의 경제적 사항, 공장이전이나 합병 등의 기타 사항으로 구성된다.

v. 노사협의회의 기능과 역할

보고사항에서 협의사항과 의결사항으로 갈수록 근로자의 의사결정 참여비중이 점차 커진다고 볼 수 있다.

- 보고사항(동법 22조 1항) : 사용자가 근로자측에 성실하게 보고하거나 설명해야 하는 사항으로서 경영실적, 생산계획, 인력계획 등의 내용을 포함한다.
- 협의사항(동법 20조 1항) : 사용자와 근로자가 상호 대등한 지위에서 협의해야 하는 사항으로서, 채용과 교육훈련, 산업안전, 작업시간, 임금, 종업원지주제 등의 내용을 포함한다.
- 의결사항(동법 21조) : 근로자의 협력과 참여를 구하기 위해 협의회의 의결을 거쳐 사용자가 시행해야 하는 사항으로서, 복지시설의 설치와 관리, 사내근로복지기금의 설치 등의 내용을 포함한다.

vi. 노사협의회의 효용

- 거래비용(transaction cost)에 미치는 영향 : 노사협의회제도는 불완전한 정보 내지 정보의 비대칭성이 존재하는 상황에서 거래비용을 줄일 수 있는 기능을 한다. 조직 내 정보흐름의 제약이나 왜곡에 대한 대응방안으로서 노사협의회는 근로자들이 경영진의 직접소통기회를 제공하여 정보의 신뢰성과 정확성을 높인다.
- 외부경제 효과(外部效果, External effect) : 일반적으로 공공재(public goods)는 그 비배제성(non-excludability)과 비경합성(non-rivalry)으로 인해 시장기능하에서는 과소생산될 수 있

으나, 노사협의회를 활용하면 이러한 공공재 내지 외부효과가 있는 서비스(예 소음감소, 산업안전)의 공급 문제를 해소할 수 있다.

- 생산성에 미치는 영향 : 노사협의회는 사용자의 기회주의적 행동을 차단하는 동시에 경영진의 의사결정의 질을 향상시킨다는 점에서 생산성에 긍정적인 효과를 갖는다. 또한 노사협의회에서의 제안과정에서 의사대표기능(voice)이 활성화되면 이직비용을 감소(Hirshman, 1970)[43] 시킬 수 있다.
- 근로자 이익대변 기능 : 노사협의회는 복지시설의 설치와 관리, 임금지불방식, 휴게시간 운영 등 다양한 측면에서 근로자의 이익을 대변하는 기능을 수행한다.

d. 공동결정제도[44]

ⅰ. 의의

공동결정제(joint-decision making)는 경영자가 근로자 또는 노동조합을 기업의 전략적 의사결정과정에 적극적으로 참여시키는 것으로서, 통상적인 협의의 범위를 넘어 공동책임경영의 이념을 실현하는 제도이다.

ⅱ. 기본이념 및 사상

노사공동결정제도는 이들 여러 방식들 중 가장 노동자의 참여강도가 강한 산업민주제도라 할 수 있다.

ⅲ. 공동결정제의 구조와 운영 : 이중구조

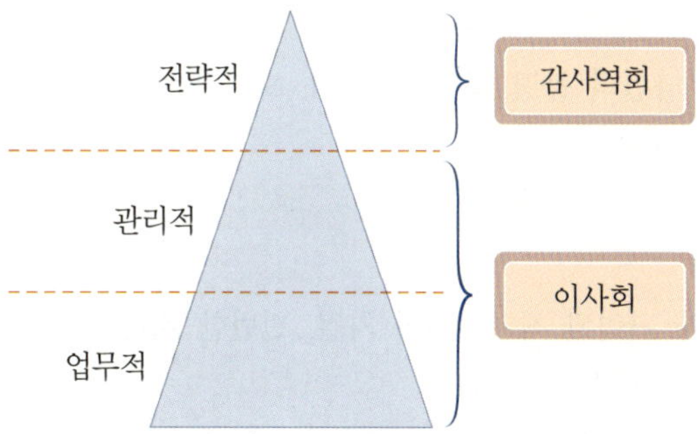

공동결정제가 정착된 독일의 경우, 전통적인 의사결정기구인 이사회(board)보다 상위에 근로자 대표가 참여하는 감사역회(중역회)를 둔다. 즉 전략적 의사결정은 감사역회에서 이루어지고, 이사회는 감사역회에서 결정된 관리적 · 업무적 사항을 집행하고 일상적 사무를 처리한다.

4) 경영참가의 문제점[45]

① 경영자측의 우려

노동자의 경영참가로 인해 경영권이 침해되는 것이 아닌가 하는 우려가 존재하며, 일부 경영자들은 노동자의 지식이나 경험 및 판단력에 의문과 불신을 갖기도 한다.

② **노동자측 우려**

경영참가를 통해서 구성권과 경영진 간의 소통이 활발해지면 전통적인 노조의 기능이 유명무실해지고, 노동자의 의견이 사측에 전달됨으로써 노조의 협상력도 약화될 수 있다.

| 4 | 고충처리제도[46)]

1) 고충처리제도의 개념

① **의미**

미국에서 유래한 고충처리제도(grievance procedure)는 단체협약의 해석이나 적용 과정에서 개개의 조합원이 고충(집단적 불편함이나 불만)을 느끼는 경우 이를 단체교섭이 아닌 비교적 간단하고 신속한 절차에 의해 해결하는 것을 목적으로 하는 제도이다.

② **고충의 원인 · 영향 · 징후**

a. 원인

낮은 임금, 승진 적체, 인사고과에 대한 불공정성 지각, 근로조건의 열악함 등이 있다.

b. 영향

근로자의 사기저하, 타인의 불평 및 불만 증가, 노사갈등의 발생, 품질의 저하와 국제경쟁력 악화 등이 있다.

c. 징후

종업원의 능률저하와 관련된 작업계획의 차질, 빈번한 지각과 계획적 결근, 조직 내 갈등과 상사와의 불화, 작업의 기피 등이 있다.

③ **고충처리의 주요 방법**

고충은 일차적으로 노사 간 직접 해결방법(직장위원회제도, 경영협의회, 고충처리위원회)으로 처리하고, 여기서 해결이 안 될 때 제3자의 중재에 의한 방법(상임중재자, 임시중재자, 중재위원회)을 사용한다.

2) 고충처리기구 및 절차

① **고충처리기구**

우리나라는 독일이나 일본과 같이 노사협의회를 통하여 고충처리가 이루어지고 있으며, 미국의 경우는 작업자와 조합위원, 조합 · 공장위원, 고충처리위원회 대표, 전국노조대표, 중립자(중재자)의 5단계를 두고 있는데, 일반적으로는 3단계(고충처리위원회 대표)에서 고충이 처리된다.

② 고충처리위원

우리나라는 「근로자참여 및 협력증진에 관한 법률」에서 모든 사업장에 고충처리위원을 두도록 규정하고 있다(단, 일부 예외 있음).

③ 고충처리절차

고충처리기구와 고충처리절차에 관해서는 반드시 단체협약에 세부적인 규정을 마련해 두는 것이 필요하다. 통상적으로는 종업원의 고충 제기, 공장위원 또는 기업위원을 통한 문제 제기, 고충처리위원회, 최고위층으로의 전달, 고충해결포기 · 실력행사 · 조정의뢰 등의 순으로 진행된다.

심화학습

다음 글[47])을 읽고 공공부문 노사관계와 교원 노사관계의 특징을 정리해 보자.

1. 공공부문 고용관계

1) 공공부문 고용관계의 의미

공공부문이란 고용관계 측면에서 볼 때 정부, 즉 중앙정부와 지방자치단체가 실질적으로 사용자 역할을 하는 기관이라고 할 수 있다.

2) 공공부문 고용관계 추세

2020년 말을 기준으로 할 때 공공부문 노조조직률은 공무원이 88.5%, 교원이 16.8%, 공공기관이 69.3%로 민간부문을 포함한 전체 노동조합 조직률 14.2%보다 훨씬 높은 수준이다. 공공부문 고용관계가 노동운동의 주류가 되는 경향은 이미 선진국에서도 나타나고 있는 현상이다.

3) 공공부문 고용관계의 이론적 특징

공공부문의 고용관계는 민간부문과는 현저히 다른 세 가지의 특징을 지니는데 이들은 ① 노동조합결성과 유지의 상대적인 용이성, ② 경영자, 노동자, 납세자 간의 다면적 협상(Multi-lateral bargaining), 그리고 ③ 대체재의 부재로 인하여 파업시 공공부문 노동조합의 협상력이 커질 가능성 등이다.

2. 교원의 고용관계

교육의 공익성 때문에 공립학교와 사립학교 모두 공공부문에 준하는 고용관계를 유지하고 있다.

1) 교원노동조합의 역사

교원노동조합은 1960년 4 · 19 이후 처음 결성되었으나 군사정권 시절 해체된 이래 전교조가 법외노조로 활동하는 등 법의 보호를 받지 못하였다. 이후 ILO, OECD 등 국제기구로부터 교원의 노동기본권 보장을 권고받았고, 마침내 1999년 『교원의 노동조합 설립 및 운영 등에 관한 법률』이 제정되어 교원노동조합이 합법적인 조직으로 탄생하였다. 이후 유아교육법상 교원, 고등교육법상 대학교원 등으로 적용 범위가 확대되고 있다.

2) 교원노동조합의 현황

진보성향의 전국교직원노동조합(이하 전교조)과 온건성향의 한국교원노동조합(이하 한교조) 그리고 교원의 노동기본권보다는 학생들의 학습권보호를 강조하는 자유교원조합이 대표적인 교원노동조합이다. 민법상 사단법인인 '한국교원단체총연합회(교총)'는 교육부와 교섭을 수행한다 하더라도 일반적으로 고용관계의 당사자로 볼 수 없다.

3) 교원노동조합의 고용관계

① 노동3권과 노동조합

a. 노동3권의 보장

국 · 공립학교와 사립학교의 교원(유아교육법, 초 · 중등교육법 및 고등교육법의 교원)은 단결권과 단체교섭권을 가진다. 그러나 학생들의 학습권 보호를 위하여 단체행동권에는 제약이 따른다.

b. 노동조합의 설립

유아교육법과 초 · 중등교육법상의 교원노조, 고등교육법상의 교원노조 모두 지역과 전국단위로 노동조합을 설립할 수 있다. 교육의 중립성을 고려하여 교원노조의 정치활동은 금지되어 있다.

② 단체교섭과 단체협약

a. 교섭위원의 구성

일반적인 사항은 노조법상 교섭과 비슷하나 노동조합 측의 교섭위원은 당해 노동조합을 대표하는 자와 그 조합원으로 구성하여야 한다고 규정하고 있어, 교섭의 위임을 허용하지 않고 있다는 점이 특이하다.

b. 교섭방식

단체교섭의 교섭방식으로 학교단위의 교섭은 허용하지 않고 통일 교섭(즉, 교육부 차원의 중앙 교섭과 시·도단위의 교섭)만을 허용하고 있다. 노조 측의 교섭창구는 복수노조의 경우 노조 자율로 교섭창구를 단일화하도록 규정하였다. 또한 단체교섭시 여론·학부모의 의견을 수렴하도록 하고 있는 것도 교육서비스의 특성을 고려한 특이사항이다.

c. 교섭사항

교섭사항으로는 조합원의 임금·노동조건·복리후생 등 경제적·사회적 지위향상에 한정하고 있어 교육정책과 관련된 사항도 단체교섭 사항으로 포함할 것을 요구하는 노조 측과 다툼이 있다.

d. 단체협약

교원노조와 사용자는 단체협약을 체결할 수 있다. 다만, 단체교섭 내용 중 법령·조례·예산에 의해 규정되는 내용은 단체협약의 효력을 인정하지 아니하고 사용자 측의 성실이행 노력의무를 부여하고 있어 노조의 단체교섭권에 대한 제약이 있다.

③ 쟁의조정과 단체행동

교원의 노동쟁의를 조정·중재하기 위해 중앙노동위원회 내에 교원노동관계조정 위원회를 두고 있다. 단체행동 특히 파업은 학생들의 수업권 보장을 위해 제한되고 있다.

4) 외국의 교원고용관계 사례

미국, 독일, 일본 등 OECD 회원국에서는 일반적으로 교원의 노동 조합결성을 허용하고 있음을 알 수 있다. 대체로 교원의 단결권과 단체교섭권을 인정하고 있으나 단체행동권은 일반적으로 금지하고 있다. 이러한 외국의 입법사례는 우리나라의 교원노조법의 경우와 흡사하다는 점을 알 수 있다.

1) 김동원 · 이규용 · 권순식 · 김동주 · 김윤호 · 김주희 · 손동희 · 송민수 · 유병홍 · 이수영 · 정흥준(2016), 『고용관계론』, 서울 : 박영사, pp.9~10.

2) Barnard, C. I. (1938). *The Functions of the Executive*. Cambridge, MA : Harvard University Press ; Cropanzano, R., & Mitchell, M. S. (2005). Social exchange theory : An interdisciplinary review. *Journal of Management*, 31(6), pp.874~900.

3) Rousseau, D. M. (1995). *Psychological contracts in organizations : Understanding written and unwritten agreements*. Thousand Oaks, CA : Sage.

4) 배종석(2018), 『인적자원론』(제3판), 서울 : 홍문사, p.55.

5) 배종석(2012), 『사람기반 경쟁우위를 위한 인적자원론』(제2판), 서울 : 홍문사, p.84.

6) 이정일(2011), "조직 충성심과 신뢰를 높이는 비결 : 심리적 계약", 「SERI 경영노트」, 116, 삼성경제연구소

7) Meyer, A.D., Tsui, A.S., & Hinings, C.R. (1993). Configuration approaches to organizational analysis. *Academy of Management Journal*, 36, 1175~1195.
Lepak, D. P., & Snell, S. A. (1999) The human resource architecture : Toward a theory of human capital allocation and development. *Academy of Management Review*, 24, 31~48.

8) 노사정위원회, 「한국의 노동시장 유연화의 필요성과 방안」

9) 최종태(2000), 『현대인사관리론』(전정판), 서울 : 박영사, p.797.

10) 윤윤규 · 정승국 · 노용진 · 이상민(2008), 「산업별 노동유연성에 대한 국제비교 연구 : 기업사례 비교를 중심으로」, 한국노동연구원

11) 배종석, 전게서, pp.442~443.

12) 배종석, 전게서.

13) 배종석, 전게서.

14) 배종석 · 박오원(2005), "전략적 인적자원관리와 조직의 혁신성과 : 탐색적 혁신성과와 활용적 혁신성과의 비교 분석", 「인사조직연구」, 13(2), 147~186.

15) 이학종 · 양혁승(2012), 『전략적 인적자원관리』(제2판), 서울 : 오래

16) 김동원 등, 전게서, pp.178~182.

17) Pfeffer, J. (1997). *New directions in organization theory : Problems and prospects*. New York, NY : Oxford University Press.

18) 김동원 등, 전게서, pp.156~157. 수정인용

19) Dunlop, J. T. (1958). *Industrial relations system*. Boston, MA : Harvard Business School Press.
Kochan, T. A., Katz, H. C., & McKersie, R. B. (1986). *The transformation of American industrial relations*, New York : Basic Books.
김동원 · 이규용 · 권순식 · 김동주 · 김윤호 · 김주희 · 손동희 · 송민수 · 유병홍 · 이수영 · 정흥준(2016), 『고용관계론』, 서울 : 박영사, pp.15~17. ; 이영면(2015), 『고용관계론』(제5판), 서울 : 경문사, pp.138~166.

20) 박경규(2016), 『신인사관리』(제6판), 서울 : 홍문사

21) 김동원 등, 전게서, pp.73~78.

22) 김동원 · 이규용 · 권순식 · 김동주 · 김윤호 · 김주희 · 손동희 · 송민수 · 유병홍 · 이수영 · 정흥준(2019), 『고용관계론』(제2판), 서울 : 박영사, pp.56~57.

23) Hirschman, A. O.(1970), Exit, Voice, and Loyalty : Responses to decline in firms, organizations, and states. Cambridge, MA : Harvard University Press.
Farrell, D. (1983). Exit, voice, loyalty, and neglect as responses to job dissatisfaction : A multidimensional scaling study. *Academy of Management Journal*, 26, 596~606.
김동원 등(2019), 전게서, p.249. ; 손태원 · 공도훈 · 여경태(2014), "조직공정성 유형별 불공정성 인식이 반응행동(EVLN)에 미치는 영향", 「조직과 인사관리연구」, 38(1), pp.25~67.

24) Freeman, R. B., & Medoff, J. L. (1984). *What do unions do?* NY : Basic Books.

25) 박경규, 전게서, pp.507~509.

26) 변상우 · 허갑수 · 채규옥 · 이상우 · 정현우(2017), 『글로벌 시대의 노사관계론』(제2판), 고양 : 피앤씨미디어, pp.122~127.

27) 김동원 등(2016), 전게서, pp.62~63.

28) 고용노동부(2014), 「단체협약 실태조사」, pp.292~293.

29) 변상우 등, 전게서, pp.128~137.

30) 김동원 등(2016), 전게서, pp.228~245.

31) 박경규, 전게서.

32) 박성준(2007), 「산별노조 · 산별교섭의 실태와 문제점」, 한국경제연구원 정책연구(2007-04)

33) 최종태, 전게서.

34) 박경규, 전게서 ; 한국노동연구원(1993), 「단체교섭의 절차와 기법」

35) 김형배 · 박지순(2019), 『노동법강의』(제8판), 서울 : 신조사, pp.522~532. ; 박경규, 전게서 ; 한국노동연구원, 전게논문

36) 노동조합사전편찬위원회(1985), 「노동조합의 기초 활동」, 형성사, pp.613~616.

37) 김동원 등(2016), 전게서, pp.126~134.

38) 김수곤(1992), 『한국현대노사관계론』, 서울 : 경문사

39) 김동원 등(2019), 전게서, pp.145~147.

40) 최종태, 전게서.

41) 김영재 · 김성국 · 김강식(2011), 『신인적자원관리』(제2판), 서울 : 탑북스
박성환 · 이준우(2014), 『역량중심 인적자원관리』(제3판), 파주 : 법문사

42) 정종진 · 이덕로 · 이지만(2018), 『21세기 인적자원관리』, 서울 : 집현재, pp.420~423. ; 최준하 · 이영면(2017), "노사협의회에 대한 최근 연구성과 및 향후 연구과제 : 노동조합의 대체재와 보완재 논의를 중심으로", 「인사조직연구」, 25(4), pp.97~130.

43) Hirschman, *Op Cit*.

44) 정종진 등, 전게서, p.421. ; 변상우 등 전게서.

45) 최종태, 전게서.

46) 변상우 등, 전게서, pp.230~237.

Mills, D. Q. (1982). *Labor-management relations*(2nd edi.), McGraw-Hill.

47) 김동원 등(2023), 『고용관계론』, 서울 : 박영사, 제9장 ; 박재춘 등(2022), 『고용노사관계론』, 서울 : 한경사, 제11장

CHAPTER 9
전략적 인사관리

단원개요

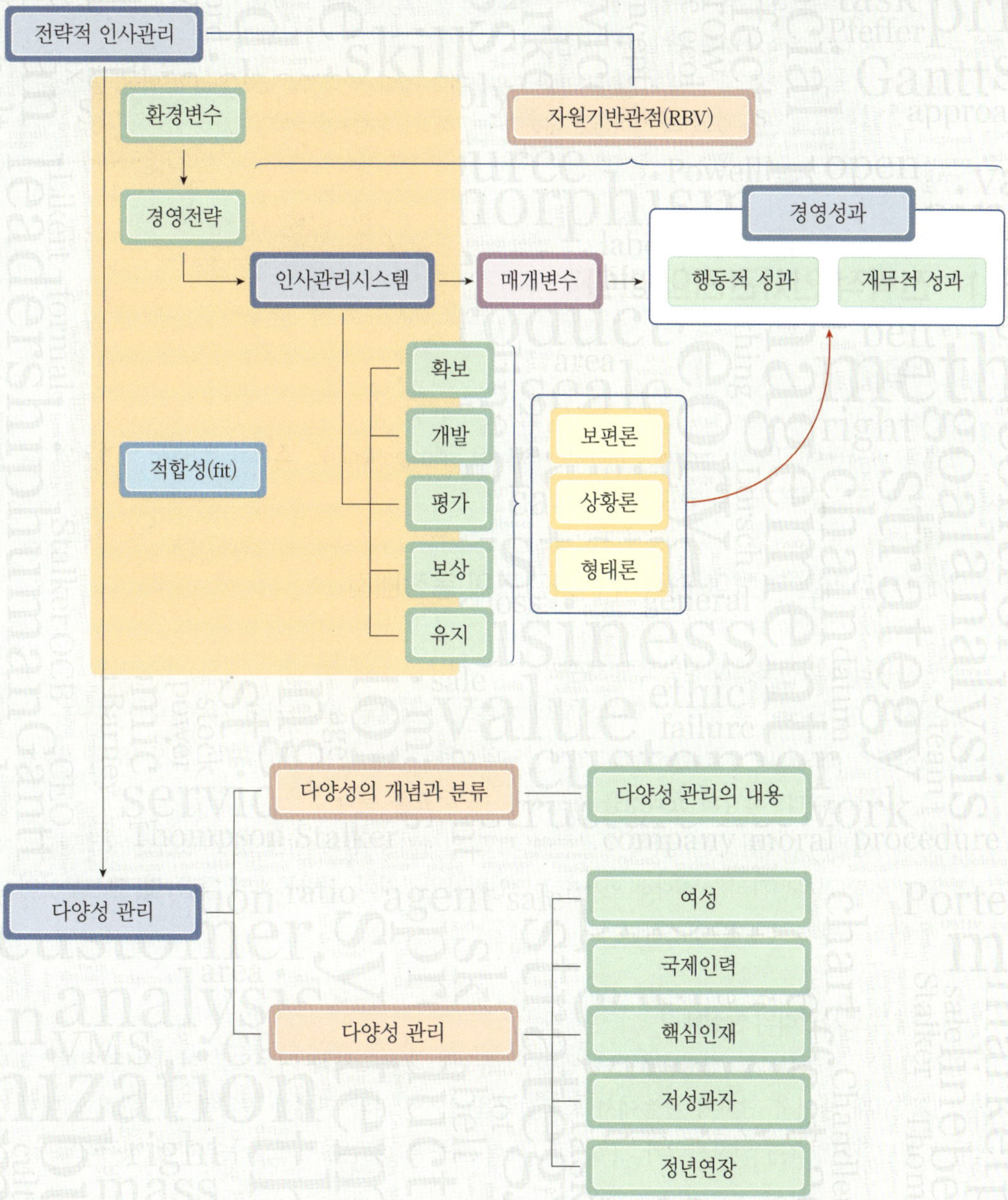

전략적 인사관리
환경변수
자원기반관점(RBV)
경영전략
경영성과
인사관리시스템
매개변수
행동적 성과
재무적 성과
확보
개발
평가
보상
유지
보편론
상황론
형태론
적합성(fit)
다양성의 개념과 분류
다양성 관리의 내용
다양성 관리
여성
국제인력
핵심인재
저성과자
정년연장
다양성 관리

제1절 전략적 인사관리

MANAGING HUMAN RESOURCE AND INDUSTRIAL RELATIONS

(1999년) 제8회 공인노무사시험
기업환경 변화에 따른 인사노무관리의 대응방안을 논하라. (50점)

(2003년) 제12회 공인노무사시험
최근 기업들은 전략적 인사관리를 도입하려고 있다. 전략적인 인사관리의 의의, 필요성, 기존의 인사관리와의 차이점에 대하여 논술하라. (50점)

| 1 | 전략적 인사관리의 의의[1)]

1) 개념

전략적 인사관리(SHRM, strategic human resource management)는 조직의 전략과 연계되어 설계되고 운영되는 인적자원의 관리방식이다.

2) 인사관리의 역사와 전략적 인사관리의 등장배경

① 인사관리의 발전과정과 전략적 인사관리[2)]

a. 원시적 인사관리 : 종업원 인적사항 등의 기록과 문서보관 및 관리에 치중한다.
b. 인사관리(personnel management) : 인사관리의 개별 기능(확보, 개발, 평가, 보상, 유지, 직무관리, 노사관계관리) 각각의 효과성을 제고하는 데 목표를 둔다.
c. 인적자원관리 : 자원기반관점에 입각하여 개별 인사기능 간의 연계 및 시너지를 강조한다.
d. 전략적 인적자원관리(= 전략적 인사관리) : 인적자원관리와 전략목표의 통합 및 인사부서의 전략적 동반자 기능을 강조한다.

② 전략적 인사관리의 등장배경

인사관리는 전통적으로 경영효율성에 관련한 부수적 혹은 2차적 기능으로 여겨져 왔었다. 그러나 1990년대 들어서 거시적 관점에서 조직전략을 인사관리와 연계한 전략적 인사관리에 대한 연구가 본격화되었으며 인사관리와 기업성과, 특히 재무적 성과와 관계를 논의하기 시작하였다.

3) 전통적 인사관리와 전략적 인사관리의 비교[3)]

① 전통적 인사관리는 종업원을 통제와 관리의 대상인 생산요소로 보지만, SHRM에서는 사람을 경쟁우위 확보의 필수 요소로 본다.
② 전통적 인사관리는 노동력을 비용으로 취급하였으나, SHRM에서는 인적자원의 능력개발과 동기부여를 통한 투자(investment)를 강조한다.
③ 전통적 인사관리는 개별적 인사기능들의 독립적 역할을 강조하였으나, SHRM에서는 인사기능들을 통합(integration)하는 일관성 있는 관리에 초점을 둔다.
④ 전통적 인사관리는 관료적 규정과 통제(control)에 초점을 두었으나, SHRM에서는 팀에 자율권을 위임하는 유연하고 유기적인 관리활동을 강조한다.

4) 전략적 인사관리의 전개과정[4)]

전략적 인사관리는 외부 · 내부환경분석(SWOT 분석 등), 인사전략의 수립, 전략에 기반한 구체적 인사기능별 과업할당, 인사관리의 실천, 사후평가 및 검토 등의 절차로 진행된다.

5) 특징[5)]

① 경쟁우위 원천으로서의 인적자원 강조

산업구조분석에 초점을 두는 과거의 경쟁이론(예 포터의 5-forces분석 등)과는 달리 SHRM에서는 자원기반관점(RBV)을 근거로 하여 경쟁우위의 원천이 기업 내부의 인적자원이라고 본다.

② 적합성의 강조

전략적 인사관리는 기업의 경영전략과 환경과의 전략적 통합을 위하여 적합성을 추구한다. 적합성(fit)이란 경영전략과 인사전략 간에 모순이 없고 방향성이 부합되는 의미에서의 외부 · 유사 적합성(external and supplementary fit)과 개별 인사전략들 간에 추구되는 일관성인 내부 · 보충 적합성(internal and complementary fit)을 모두 포함하는 개념이다.

적합성을 보다 세분화하면 기능 내 적합성, 기능 간 적합성, 인사시스템과 전략 간의 수직적 적합성, 기업 내 존재하는 복수의 HR 시스템 간 적합성, HR을 포함한 경영시스템과 환경요인 간의 외부 적합성 등으로 나뉜다.

③ 유연성의 강조

유연성(flexibility)이란 복잡하고 역동적인 환경의 요구를 수용함을 뜻한다.

| 2 | 전략적 인사관리의 접근법[6] : 인사관리와 경영성과의 관계

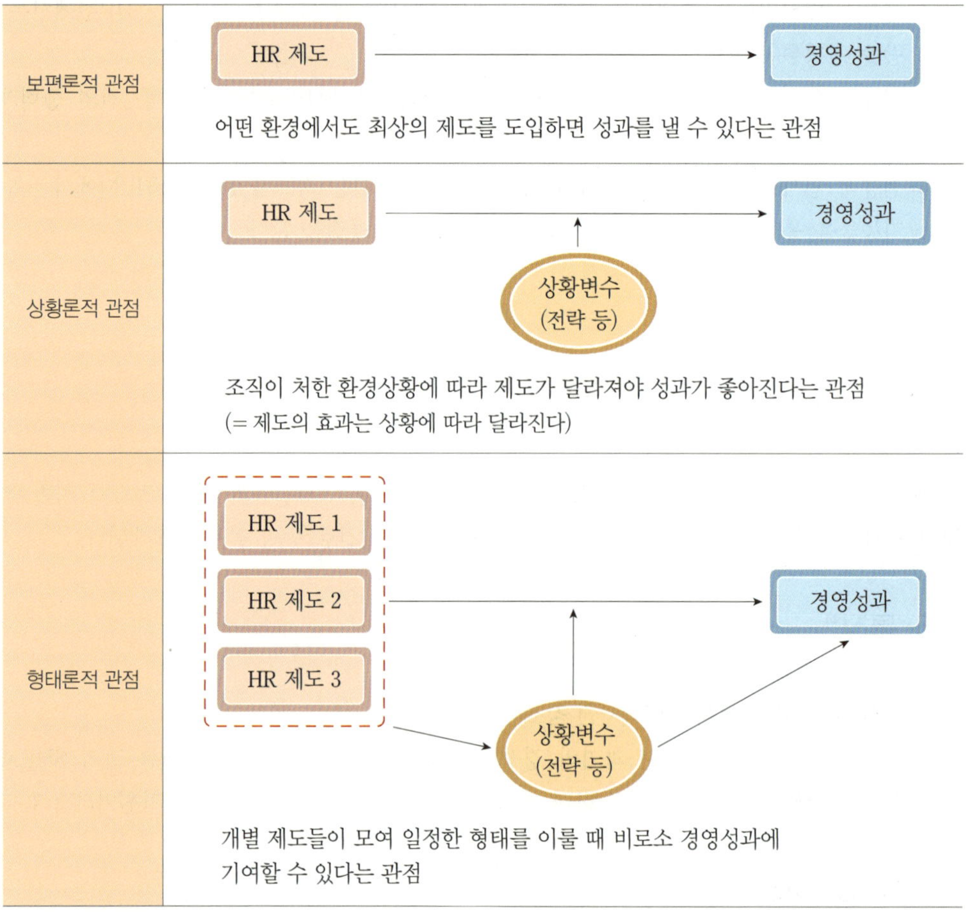

출처 : 배종석(2012), 수정인용

1) 보편론적 접근법(universalistic approach) : Best practice 관점

특정 인사관리 제도가 조직의 특성이나 산업에 관계없이 보편적으로 효과가 있다는 주장으로서, 소위 최적의 제도(one-best way)를 밝히는 데 초점을 둔다. 페퍼(Pfeffer)가 제안한 가장 효과적인 인사정책(the best HRM practices)은 일곱 가지(고용보장, 까다로운 채용, 의사결정의 분권화, 성과와 연계된 임금, 광범위한 교육훈련, 신분의 차별의 축소, 정보공유 등)의 하위요소로 구성된다.[7]

2) 상황론적 접근법(contingency approach) : Best fit 관점

항상 성과를 내는 최적의 제도는 없으며, 인사관리 제도가 조직의 환경요소(내부환경요인인 경쟁전략을 포함) 등과의 적합성(fit)이 있을 때 성과가 높다는 관점이다.

3) 형태론적 접근법(configuration approach)

상황론을 구체화한 관점으로서 여러 인사제도들이 모여서 형성한 구성형태(configuration)가 특정한 상황조건하에서 성과를 낸다는 관점이다.

| 3 | 인사관리와 전략계획의 연계[8)]

1) 전략과 인적자원관리 간의 연계 수준

	관리적 연계	일방적 연계	쌍방적 연계	통합적 연계
전략계획과 HRM의 연계	전략계획 HRM	전략계획 ↓ HRM	전략계획 ↑↓ HRM	전략계획 HRM
핵심사업과의 연계	×	○	○	○
상호의존성	×	×	○	○
지속적 상호작용	×	×	×	○

출처 : Noe et al.(2012)

① 관리적 연계(administrative linkage)

인적자원관리와 전략계획 간 연계의 수준이 가장 낮은 것으로 여기서는 사업전략계획과 인적자원관리가 별개로 이루어진다.

② 일방적 연계(one-way linkage)

기획부서가 (HR이슈의 고려 없이) 전략계획을 수립(formulating)하고 이에 따라 인사부서에서는 전략계획을 실행(implementation)하는 시스템 및 프로그램을 개발한다. 따라서 HR차원에서 성공적 실행이 어려운 전략이 만들어질 수 있다.

③ 쌍방적 연계(two-way linkage)

전략계획기능과 인적자원관리기능이 상호 영향을 미치는 관점으로서, i) 전략기획팀이 HR팀에 다양한 전략대안의 정보를 제공하고, ii) HR팀은 각 전략대안별 인사이슈를 분석하여 전략팀에 보고하며, iii) 전략팀이 최종 확정된 전략에 따라 HR 부서는 구체적 실행방안(action plan)을 개발한다.

④ **통합적 연계**(integrative linkage)

인사부서와 전략부서가 동시적이고 계속적인 상호작용을 수행한다. 인적자원관리기능은 전략 수립과 실행 프로세스에 통합되어, HR 이슈는 재무나 마케팅 등의 이슈들과 함께 고려 · 검토된다.

2) 인사관리에 영향을 미치는 환경요인으로서의 전략유형[9)]

① **성장전략**(growth strategy)

a. 성장전략의 개념과 기업수명주기

기업의 규모 확장과 관련한 전략인 성장전략에는 집중전략(focus strategy), 확장전략(expansion strategy), 철수전략(divest strategy) 등이 있으며, 이들 전략은 인사제도와 정렬(alignment)되어야만 그 효과성을 담보할 수 있다.

성장전략과 관련한 개념인 기업수명주기(corporate life cycle)는 유기체(organism)로서의 조직이 탄생 · 성장 · 성숙 · 쇠퇴의 단계를 거치며 변천해 간다고 보는 관점이다.

b. 중소기업과 대기업의 인사관리 비교

ⅰ. 중소기업과 대기업의 기업수명주기별 특징

중소기업은 기업성장과정에서 도입기 내지는 성장기에 해당하는 기업이라 할 수 있다. 따라서 안정보다는 혁신과 변화가 중요할 수 있으며, 신제품이나 서비스를 출시하는 동시에 기업의 관리방식을 제도적으로 정착시켜야 하는 과제도 있다.

반면 대기업은 기업성장과정의 측면에서 성숙기에 해당하는 기업이라 할 수 있다. 수익과 매출의 측면에서 정점에 도달했으며, 현재의 성과창출 구조를 안정화시키는 것이 주된 과제이다. 이를 위해서는 불필요한 비용지출을 막는 동시에, 경쟁자의 거센 도전을 방어해야 하는 과제도 있다.

ⅱ. 중소기업과 대기업의 인사기능별 차이

- 채용과 확보 측면 : 중소기업은 우수인력과 전문가의 적극적 외부영입이 필요한 반면, 대기업은 내부에 경쟁력 있는 인적자원이 충분하므로 내부모집이나 배치전환을 통해 인력을 확보하게 된다.
- 교육훈련 측면 : 중소기업의 경우 신규로 입사자를 위한 조직사회화와 그들의 경력관리에 초점을 두는 반면, 대기업에서는 현재 종업원들의 기능적 유연성(functional flexibility) 제고를 위한 교육훈련에 집중한다.
- 평가관리 측면 : 중소기업의 경우 성과창출을 위한 목표관리(management by objective)가 필수적인 반면, 대기업에서는 기존의 성공적 업무수행 방식을 구성원들이 학습 · 실천하는지 검토하는 행위기준평가법(BARS) 등이 활용된다.
- 보상관리 측면 : 중소기업의 경우 기업의 매출증대를 위해 구성원들에게 성과급과 인센티

브를 통해 유인효과(incentive effect)를 극대화하는 반면, 대기업에서는 안정적 직장분위기 유지와 장기근속을 위해 기본급 위주의 보상시스템을 운영한다.

② 경쟁전략(competitive strategy)[10]

경쟁전략은 고객의 욕구 충족과 시장에서의 우월적 지위 형성을 도모하는 전략이다.

a. 마일즈와 스노우의 전략유형과 인적자원관리[11]

ⅰ. 이론의 의의

마일즈와 스노우(Miles & Snow)에 의하면 전략유형에 부합(align)되는 조직구조 및 관리특성을 갖추어야 성과를 낼 수 있으며, 성공적 경쟁전략의 유형에는 방어형, 공격형(혁신형), 분석형이 있다. 실패하는 임기응변적(ad-hoc) 전략유형은 반응형(reactor)이라 한다.

ⅱ. 성공하는 기업전략의 세 유형과 인재상

- 공격형(prospector, 개척형) : 고객의 욕구를 파악하고 이를 신속하게 충족시키기 위해 제품과 기술의 혁신을 주된 경쟁수단으로 삼는다. 창의적이고 혁신적인 유능한 인재를 적극 스카우트한다.
- 방어형(defender) : 생산공정의 효율화를 통해 고품질의 제품을 경쟁력 있는 가격으로 제공한다. 일정 수준 이상의 업무능력을 갖춘 인재들의 단합된 노력에 의한 성과창출을 중시하므로 성실근면한 인재가 필요하다.
- 분석형(analyzer) : 공격형과 방어형의 결합 형태이다. 방어형처럼 품질 · 비용 측면의 경쟁력을 추구하고, 공격형 기업을 관찰하다가 성공가능성이 보이면 흡수능력(absorptive capacity)을 활용해 신사업모델을 재빠르게 모방하여 생산공정 · 마케팅 측면의 이점을 살려서 경쟁한다. 공동체형 인재와 학습지향형 인재가 함께 필요하다.

ⅲ. 공격형에서의 인적자원관리

- 충원 : 주로 외부노동시장으로부터 인재를 영입하는 정책(buy)을 사용하게 된다. 내부노동시장의 교육훈련이 가져다주는 효과와 비용이 불확실한 것에 반해 외부노동시장에서는 시장에서 형성된 합리적인 가격을 지불할 수 있다는 장점이 있다.
- 개발 : 핵심인력에 대한 개발시스템에 집중한다. 외부노동시장에서 새로운 인재를 영입하기 때문에 일반적 교육훈련보다는 장기근속을 유도할 필요가 있는 인재들에 교육자원을 집중한다.
- 성과평가 : 성과와 업적을 강조하는 공격형 전략하에서 평가의 초점은 조직목표달성에의 공헌도로 판단되는 결과 위주의 성과평가(예 MBO)에 있다.
- 보상 : 혁신과 변화를 위한 동기부여 차원에서 성과주의와 경쟁주의가 보상의 일반원칙으로 자리잡는다. 우수한 인적자원의 확보를 위한 선도전략(leading strategy)과 성과급(인센티브)을 활용한다.

ⅳ. 방어형에서의 인적자원관리

- 충원 : 주로 내부노동시장으로부터 인재를 육성하는 정책(make)을 사용하게 된다. 헌신과 충성심에 기반한 장기근속을 원칙으로 하여 외부고용에 수반되는 노동비용을 감소시킨다.
- 개발 : 교육의 목표는 내부노동시장에서의 인적역량 축적에 있으며, 스킬(skill) 향상을 위한 전 직원 인력개발 시스템 구축에 집중한다.
- 성과평가 : 효율성과 조직문화의 안정을 동시에 강조하는 방어형 전략하에서 평가의 초점은 조직목표달성에 필요한 역할의 수행 여부에 집중하는 행동중심형 고과(예 BARS)가 강조된다.
- 보상 : 원가절감과 조직안정을 위하여 기존인재의 유지(retain)가 보상의 일반원칙으로 강조된다. 임금에 대한 불공정 지각(injustice perception)이 발생하지 않도록 동행전략(match strategy)을 사용하고, 기본급의 비중이 큰 임금시스템을 운영한다.

ⅴ. 분석형에서의 인적자원관리

- 충원 : 외부충원(buy)과 내부육성(make)을 필요에 따라 적절히 병행한다.
- 개발 : 핵심인재를 위한 교육훈련의 집중관리가 이루어지는 동시에, 방어형에서의 내부구성원 스킬향상 교육을 병행하게 된다.
- 성과평가 : 효율성을 중시하는 방어형에서의 평가방식, 즉 시계열 비교 방식의 행동중심형 고과를 기준으로 삼으며, 추가적으로 타기업과의 횡단적 성과비교를 병행한다.
- 보상 : 대내적 공정성과 대외적 경쟁성을 동시에 고려하기 위해 기본급을 베이스로 하되, 개인 및 집단차원의 인센티브 제도를 추가적으로 보완한다.

b. 포터의 전략유형

포터(Porter)는 산업 내 경쟁우위를 점할 수 있는 본원적 경쟁전략(generic strategy)으로 원가우위 전략, 차별화 전략, 집중화 전략의 세 가지를 제시하였다.

- 원가우위(cost leadership) 전략은 경쟁기업들에 비해 상대적으로 저렴한 원가를 통하여 산업평균 이상의 수익을 얻는 데 집중한다.
- 차별화(differentiation) 전략은 구매자가 중요하다고 여기는 속성을 선택해서 그 요구에 맞추어 기업이 판매하는 제품 및 서비스를 경쟁기업과 구별되는 독특한 것으로 인식시키는 데 경영역량을 집중한다.
- 집중화(focus) 전략은 특정한 범위의 시장에서 가장 잘할 수 있는 측면에 경영역량을 쏟는 전략으로써, 산업 전체를 대상으로 하는 원가우위/차별화 전략과는 달리 시장의 일부 영역을 그 대상으로 한다.

[포터의 경쟁전략과 인사관리]

	원가우위 전략	차별화 전략
확보관리	안정 및 위험회피 추구 성향을 가진 종업원을 선호	고도의 창의성과 협동성 및 위험선호 성향이 큰 종업원을 선호
개발관리	요구하는 스킬을 구체적으로 규정하고 이를 교육	외부에서 충원하는 경우가 많으므로 다양한 조직사회화 프로그램과 광범위한 경력경로 제공
평가관리	행동중심 인사평가를 통해 보상 및 내부승진을 실시	성과를 강조하는 결과중심 평가방식을 도입
보상관리	상사와 부하 간 임금격차가 큰 임금체계를 운영	외부공정성 개념에 입각한 임금시스템을 운영
유지관리	근로자의 참여를 통해서 효율성과 생산성을 제고	명확한 MBO를 통해 구성원의 동기수준을 유지

| 4 | 인사관리와 경영성과 간의 관계 : HR을 통한 성과증진[12)]

1) 이론적 근거 : 자원기반관점(RBV, resource-based view)

바니(Barney)는 조직이 경쟁력을 갖출 수 있는 자원들로 재무적 자원, 물적 자원, 조직역량 자원 등을 강조하였다. 이 가운데 고용시스템과 같이 복잡한 사회적 구조(social complexity)를 가지고 있는 인사관리는 경쟁기업들이 모방하기 어렵고, 희귀하고, 이동이 쉽지 않기 때문에 경쟁우위를 제공하는 중요한 원천이다.

2) 성과의 유형과 BSC

자원기반관점에 따르면 기업의 성과는 크게 재무적 성과(financial performance)와 행동적 성과(behavioral performance)로 구분할 수 있다. 균형성과표(balanced scorecard)에 따르면 인사관리에 의해 영향을 받는 행동적 성과(동기부여, 직무만족 등)는 재무적 성과의 원천이 된다.

3) 인사관리와 성과 간의 관계

인사관리는 그 자체가 성과에 도움이 된다고 주장할 수도 있지만, 다양한 매개변수(mediating variable)를 거쳐서 성과에 영향을 준다고 파악하는 것이 일반적이다.

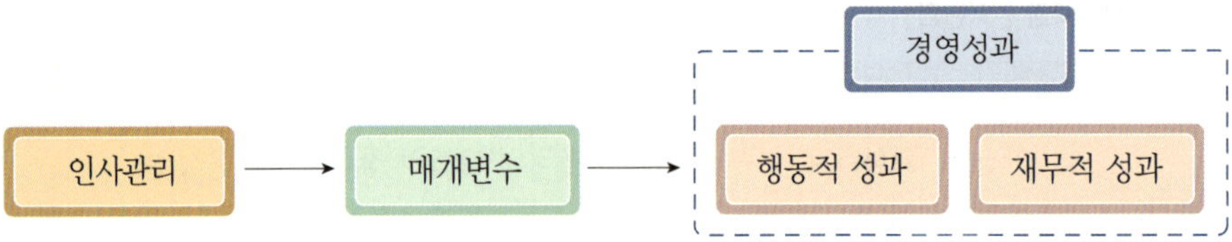

① **조직몰입**(organizational commitment)

교육훈련, 성과급, 종업원 참여 등의 인사관리 정책은 구성원들의 조직몰입을 높이고, 조직몰입은 종업원 보상비용 감소, 생산성과 품질의 향상, 재고비용 감축 등에 영향을 미친다.

② **구성원들에 의해 지각된 조직분위기**(perceived organizational climate)

조직분위기는 종업원들 사이에서 공유하는 공통의 지각이다. 기업마다 상이한 인사정책이나 리더십 스타일은 상이한 조직분위기를 창출하며, 이러한 분위기는 집단구성원들의 행동과 태도의 차이를 유발한다.

③ **조직 내 정보의 질**(information quality)

종업원의 학습과 성장을 촉진하는 인사관리 정책들(예 몰입형 인사관리)은 종업원의 지식(과학적 및 경험적 지식) 수준과 과업에 대한 책임감을 높여줌으로써 조직 내 정보의 질을 향상시켜 조직성과를 개선한다.

④ **조직문화**

인사관리는 조직문화, 즉 공유하는 규범, 가치, 비공식적 규칙 등을 생성하고 유지시키며 이러한 강한 조직문화는 종업원들의 행동과 성과를 향상시키는 주요한 도구가 된다.

| 5 | 윤리적 인사관리

1) 조직윤리의 의의[13)]

① **개념과 중요성**

조직윤리(organization ethics, 기업윤리)는 기업에서 옳고 그름을 결정할 수 있는 판단의 원칙으로서, 사회적 책임(corporate social responsibility)과도 깊은 관계를 맺고 있다. 조직효과성을 평가하는 이해관계자(stakeholder) 관점에 따르면 기업의 성과는 수많은 이해관계자들이 조직에 요구하는 바를 제대로 충족할 수 있을 때 비로소 향상되는 것이다.

② 조직내부와 외부의 윤리적 인사관리

a. 조직내부의 윤리적 인사관리

ⅰ. 판단기준

조직내부의 윤리에 대한 판단기준은 조직의 종업원에 대한 유인과 종업원의 조직에 대한 공헌이 일치되어야 한다는 버나드(Barnard)의 균형이론으로 설명한다.

ⅱ. 실천방안 : 조직공정성(organizational justice)

조직의 유인과 종업원의 공헌 간 균형을 위해서는 조직공정성이 필요하다. 조직공정성의 투입 대비 산출로 계산하는 분배공정성(distributive justice, DJ), 조직 내 의사결정 과정에 대한 절차공정성(procedural justice, PJ), 조직구성원에 대한 인격적 존중과 정보의 공유에 관한 상호작용공정성(interactional justice, IJ) 등으로 판단한다.

b. 조직외부의 윤리적 인사관리

ⅰ. 판단기준

조직외부의 윤리에 대한 판단기준은 조직과 사회의 이해당사자들과의 관계이다. 즉 주주를 비롯한 이해관계자들에 대한 기업의 사회적 책임을 말한다.

ⅱ. 실천방안 : 기업의 사회적 책임(CSR : corporate social responsibility)

CSR은 기업이 종업원, 고객, 주주, 지역사회와 같은 모든 이해관계자의 복지와 이익에 기여할 수 있도록 의사결정을 하고 행동을 해야 하는 의무를 뜻한다. 캐롤(Carroll)과 드러커(Drucker)에 따르면 사회적 책임은 양질의 상품과 서비스를 생산하고 고용을 창출하는 경제적 책임, 정부가 제정하는 법에 부응하여 탈법이나 불법을 범하지 않는 법적 책임, 사회일반의 기대에 부응하는 도덕적(윤리적) 책임, 환경이나 소외계층에 대한 관심과 책임인 자발적 · 자선적 책임 등의 4단계로 구성된다.

2) 인사제도를 윤리적으로 정당화하는 네 가지 근거[14)]

① 교조적인 근거(dogmatic justification)

종교적 사상이나 절대적 강령에 기초하여 특정한 인사제도를 정당화하는 관점이다. "성과주의 보상제도는 개인의 발전에 도움이 되므로 비판의 대상이 될 수 없다"와 같이 주장하는 것이 이에 해당한다.

② 의무론적 근거(deontologic justification)

개인의 내부적 성찰(reflection)에서 비롯된 도덕적 결단에 기초하여 특정한 인사제도를 정당화하는 관점이다. "성과주의 보상제도는 열심히 노력한 사람이 그 대가를 수령한다는 일반원칙에 입각해 볼 때 정당하다"와 같이 주장하는 것이 이에 해당한다.

③ 공리주의적 근거(utilitarian justification)

a. 의미

공리주의는 벤담(J. Bentham)과 밀(J. S. Mill)에 의해 주창되었으며, 가장 많은 사람들에게 유익을 줄 수 있는지(The greatest happiness of the greatest number)의 여부에 따라 특정한 인사제도를 정당화하는 관점이다.

b. 장점

효율성과 생산성 및 이익 등의 논리로 각종 인사정책에 대한 판단이 이루어지게 된다. 경영의사결정의 대부분은 이 기준을 따른다.

c. 한계점

이익 중심으로 접근을 하다 보니 조직을 구성하고 있는 소수자들의 권리를 무시하는 결과를 초래할 수 있다.

d. 성과지향적 인센티브제도에의 적용

공리주의 관점에 따르면 성과급제도는 가장 많은 수의 조직구성원들에게 이 제도가 도움이 될 경우 그 도입이 정당화될 수 있다. 예를 들어 성과급제를 시행하기 전보다 후에 조직구성원들에게 제공되는 총효용이 조금이라도 증대된다면 이 제도의 도입은 정당한 것이다.

④ 교호적인 근거(communicative justification)

a. 의미

하버마스(J. Habermas)가 집대성한 교호주의 내지 의사소통합리주의(communicative rationality)는 조직윤리의 근거가 관련된 사람들 간의 대화를 통한 합의(consensus)에 있다고 보는 관점이다.

b. 장점

의사소통합리주의는 결과보다는 과정에 초점을 맞추는 관점이다. 따라서 비주류 소수자들도 공론장(public sphere)에서의 토론과 합의에 참여함으로써 의견을 개진할 수 있다.

c. 한계점

객관적으로 옳지 못한 정책에 대해서도 이해관계자들의 토론결과 합의에 이르면 조직이 이를 준수하거나 따라야 한다.

d. 성과지향적 인센티브제도에의 적용

의사소통합리주의에 따르면 인센티브제도의 도입여부와 관련하여 최대 이해관계자라 할 수 있는 근로자와 경영진 간의 합의가 필수적이라 할 수 있다. 소위 '노사합의' 내지는 '노사협의'에 의해 제도의 도입여부를 결정한다면 본 제도의 도입은 정당한 것이 된다.

3) 공식구조와 시스템을 통한 조직윤리의 형성[15)]

- 경영자는 윤리적 가치판단의 책임을 조직 내 특정 지위(예 윤리부서)에 부여할 수 있다.
- 비윤리적 활동에 대한 신고제도나 내부고발자의 보호 역시 필요하다.
- 존슨앤존슨의 "Our Credo"와 같은 윤리규약을 제정하고 운영할 필요도 있다. Fortune 1,000대 기업의 98%는 윤리문제를 공식적인 회사의 정책으로 시행하고 있다.
- 윤리에 높은 가치를 두고 있는 대부분의 기업들은 윤리교육을 실시하고 있다.

4) 윤리적 압력에 대한 기업의 대응전략[16)]

① 방해전략

기업의 이윤에만 집착하고 사회적 책임 수행은 전혀 신경쓰지 않는 전략이다.

② 방어전략

소극적으로 법이 요구하는 최소한의 규정만 지키는 전략이다.

③ 적응전략

윤리경영의 압력이 클 때 도의적인 책임까지 인정하고 책임을 실천하는 전략이다.

④ 행동전략

사회봉사나 기부 등 자발적 · 예방적 · 선제적으로 사회적 책임을 적극적으로 이행하는 전략이다.

5) 윤리경영을 위한 인사관리의 실천방안[17)]

① 직무설계

동기를 부여하고 작업자의 자아성장을 북돋워주는 방향의 직무순환 및 직무충실화를 병행한다면 단기적으로 비용이 늘어나더라도 인간존중의 직무설계라 할 수 있다. 또한 직무명세서와 직무기술서도 전문성 배양뿐만 아니라 노동생활의 질(QWL)을 고양하는 방향으로 작성될 필요가 있다.

② 채용

고용주는 지원자의 인종, 피부색, 종교, 성별, 국적 등을 이유로 채용에서의 차별을 하면 안

될 것이다. 그리고 면접시에는 다양한 배경을 가지고 있는 인적자원의 확보에 유리할 수 있도록 면접관의 선발원천을 다양화할 필요가 있다.

③ 교육훈련

교육내용이나 개인의 경력개발과정에 윤리적인 주제를 삽입하여 평소에도 윤리문제에 관심을 가질 수 있도록 해야 한다. 여성에게도 유리천장(glass ceiling)을 철폐하는 경로를 만들어 줄 필요가 있다.

④ 평가

윤리적 평가관리의 핵심은 인사평가시스템을 공정하고 투명하게 운영하는 것이다. 평가기준을 구성원들에게 공개하고, 기준에 입각하여 평가를 실시한 뒤 결과를 당사자에게 피드백한다.

⑤ 보상

소수자에게 차별적인 보상을 해서는 안 된다. 또한 공정성과 안정성을 동시에 실현하여 사원들이 미래의 보상을 예측할 수 있도록 제도화할 필요가 있다. 그리고 노사 간의 임금협약시에 기업의 지불능력을 초과하는 임금수준을 정하지 않도록 서로가 조심할 필요도 있다.

⑥ 이직 및 해고

부득이한 경우가 아니라면 원칙적으로 사원의 고용은 보장되어야 한다. 이직과정의 부작용을 방지하기 위해 적당한 시기에 예고하며, 퇴직자의 연착륙을 위한 사전교육(outplacement)을 실시한다.

6) 지속가능성과 인적자원관리

① 지속가능경영(Sustainable Management)의 의미

기업경영에 영향을 미치는 경제적, 환경적, 사회적 이슈들을 균형 있게 고려하면서 기업의 장기적인 생존 및 성장을 추구하는 경영활동을 의미한다.

② 지속가능의 3대 요소(TBL, triple bottom line)와 인적자원관리

a. 경제적 수익성 측면

기업의 가장 중요한 기능은 이윤을 통한 기업가치의 창출이다. 이를 위해서는 다른 기업과 차별화되는 경쟁우위를 확보해야 한다.

b. 환경적 건전성

세계적으로 환경규제가 더욱 강화되고 있다. 따라서 기업은 구성원들에게 환경의 중요성을 인식시키고(교육 · 훈련측면) 글로벌 환경규제에 능동적으로 대응하는 선진기업의 이미지를 구축할 필요가 있다.

c. 사회적 책임성

이는 사회적 정당성, 즉 윤리성 및 투명성 확보와 관련이 있다. 기업은 사회의 일원으로서 사회문제에 대한 고통을 분담하고 사회에 공헌할 책임이 있다.

제2절 인적자원의 다양성 관리

MANAGING HUMAN RESOURCE AND INDUSTRIAL RELATIONS

(2000년) 제9회 공인노무사시험

비정규직 인력활용의 장·단점과 효과적인 관리방안을 약술하라. (25점)

(2002년) 제11회 공인노무사시험

현재 외국인근로자에 대한 제도적 문제점과 그 해결방안에 대하여 약술하라. (25점)

(2007년) 제16회 공인노무사시험

해외투자기업의 현지 인력관리에서 발생하는 문제점과 그 해결방안을 약술하라. (25점)

(2010년) 제19회 공인노무사시험

국제기업의 본국인, 현지인, 제3국인 채용시 장·단점을 약술하라. (25점)

(2015년) 제24회 공인노무사시험

기업은 해외활동에 필요한 인력으로 주로 본국인과 현지인을 활용하고 있다. 본국인과 현지인 활용의 장·단점을 설명하고, 본국인과 현지인의 활용과정을 인적자원관리의 기능(확보, 개발, 평가, 보상, 유지) 관점에서 논하시오. (50점)

(2023년) 제32회 공인노무사시험

국제인적자원관리에 관한 다음 물음에 답하시오. (50점)

물음 1) 국제인적자원관리에 대한 접근방식 4가지(본국중심, 현지중심, 권역중심, 세계중심)에 대해 설명하고 각각의 방식에 따른 장단점을 제시하시오. (20점)

물음 2) 해외주재원(expatriate)의 역할과 중요성을 설명하고 해외주재원에 대한 관리를 선발, 교육훈련, 보상, 유지, 귀임(repatriation) 관점에서 설명하시오. (30점)

| 1 | 다양성과 다양성 경영[18]

1) 다양성의 의미

① 다양성의 의의

다양성(diversity)이란 한 집단 내에 존재하는 개인들이 서로 각기 다른 특성, 신념, 상대적 위치를 보유하고 있는 상태이다. 개인 간의 차이는 일반적으로 조직경영에서 갈등을 유발하는 등 여러 문제의 원인이 되기도 하지만, 개인차를 잘 이해하고 적절히 관리하면 집단이나 조직성과를 높일 수 있는 좋은 기회가 될 수도 있다.[19]

② 다양성관리의 개념

콕스(Cox)에 따르면 다양성관리(diversity management)는 다양성이 조직성과에 도움이 되도록 조직을 운영하고 관리하는 방침이다.

③ 다양성의 두 측면

a. 긍정적 측면

인적구성의 다양성 추구는 기업이 활용가능한 인재의 풀(pool)을 확대함으로써 선발의 제2종 오류(Type Ⅱ error)를 감소시킬 수 있고, 여러 구성원들 간의 차이점을 활용한 새로운 아이디어의 창출이 가능해지며, 궁극적으로 기업이미지도 개선된다.

b. 부정적 측면

조직에서의 다양성은 구성원들 간의 의사소통에서 각종 오류를 야기하여 조직 내 효율성을 저하시킬 수 있으며, 각종 오해와 갈등 및 편견(상동효과, stereotype)의 발생원인이 된다.

④ 다양성의 종류[20]

다양성은 이를 구성하는 변수의 수준에 따라 사람의 외적 요소에 의한 다양성(표면적 다양

성 : 성별, 인종, 민족, 나이, 장애상태 등)과 내면적 요소에 의한 다양성(내면적 다양성 : 가치관, 성격 및 일에 대한 선호도 차이 등)으로 구분해 볼 수 있다.

2) 대두 배경

① 역사적 배경

a. 전략적 인적자원관리(strategic human resource management)

다양한 인적자원의 합리적 활용을 통해 성과창출에 필요한 아이디어의 생성과 확산이 가능해진다.

b. 1960년대 미국 사회의 인권운동

개인의 다양성을 존중하고 소수집단을 보호하며 차별을 방지하는 입법조치를 촉발했다.

② 조직 내 개인화(individualization) 추구 경향

개인의 행복추구권에 대한 관심이 높아지면서, 조직구성원들을 동질성(homogeneity)인 집단으로 관리하기보다는 개인의 다양성(이질성, heterogeneity)을 존중하고 그 이점을 살려 효율적으로 관리하는 방향으로 기업경영의 목표를 수정하게 되었다.

3) 다양성 경영의 패러다임 변화[21)]

① 과거 다양성 경영의 목표 : 결핍모형(deficit model)

1990년대까지는 다양성 경영의 목표가 차별의 철폐에 있었기 때문에, 미국의 긍정적 조치(affirmative action)와 같이 소수집단(minority group)의 최소 구성요건에 대한 규정을 제정한다든지 소수집단을 존중하는 기업문화의 정립을 강조하였다.

② 오늘날 다양성 경영의 핵심 : 다양성의 활용

최근에는 차별철폐라는 소극적 목표에서 벗어나 '다양성의 긍정성' 활용에 초점을 두고 있다. 자원기반관점(resource-based view, RBV)에 따르면 기업 내 비주류 인재들은 차별로부터 보호해야 할 소수 보호집단이 아니라 기업이 적극적으로 활용해야 할 핵심인재가 된다.

4) 다양성 경영의 추진 동기와 기대효과

① 추진 동기

a. 법적인 이유 : 차별금지법, 고용평등법, 장애인 고용법 등 고용 및 근로와 관련된 법률을 준수할 필요가 있다.

b. 윤리적인 이유 : 기업의 사회적 책임 관점에서 다양한 인력을 채용·활용하여 조직 내 차별을 철폐하고 소수집단의 권익을 옹호할 수 있다.

c. 경제적인 이유 : 다양하고 우수한 인력을 활용하여 시너지 효과를 거두어 매출액과 생산성, 고객만족도를 제고할 수 있다.

② 기대효과

미국과 유럽에서 실시된 연구들에 따르면 Fortune 1000 기업과 '근무하고 싶은 100대 기업'에 속한 인사담당자 중 91%가 다양성 경영이 기업문화 개선, 신입사원 채용에 유리, 고객관계 개선, 창의와 혁신, 기업이미지 제고 등의 측면에서 기업경쟁력 제고에 도움이 된다고 응답하였다.

| 2 | 다양성 관리의 실제

1) 인사정책을 통한 다양성 관리의 실천[22)]

① 차별의 개념과 확인

a. 차별의 개념

인적자원의 관리과정에서 발생하는 의도적·직접적 차별 뿐만이 아니라 간접적이고 비의도적이나 결과론적으로 존재하는 차별(간접차별, adverse impact)을 모두 포함한다.

b. 차별 존재유무의 확인방법

서구에서는 간접차별의 판단 기준으로 실무에서 흔히 '4/5 규칙'을 활용한다. 이는 특정한 집단의 선발률이 가장 높은 선발률을 기록한 집단 대비 80%에 미치지 못할 때, 해당 집단에 대한 간접차별(혹은 부정적 영향력)이 존재할 개연성이 있다고 본다.

② 인사기능별 접근

a. 확보전략

유능한 인재확보를 위해서는 면접관이나 리쿠르터(recruiter)의 다양성 확보가 전제되어야 하며, 편견과 고정관념이 미치는 영향을 최소화하기 위한 평가자 교육도 필요하다. 또한 단계적 제거법보다는 종합적 평가법(보완적 방식) 사용이 권장된다.

b. 개발전략

소수집단 출신의 인력들에게도 공평한 교육기회를 부여하고, 언어나 가치관의 차이에 따라 체계적인 맞춤형 학습프로그램을 제공할 필요가 있다.

c. 평가전략

공정한 평가를 위하여 고과자 훈련을 실시하며, 평가시 편견 및 문화적 차이가 평가결과에 미치는 영향을 최소화할 수 있도록 평가기준 및 평가척도와 문항을 설계해야 한다.

d. 보상전략

보상차별을 최소화하기 위해서는 성과와 능력에 따르는 보상을 실시하여야 한다. 또한 다양한 집단의 니즈 충족을 위한 유연한 복리후생이 필요하다.

e. 유지전략

이직을 막고 만족도를 증진하기 위하여 의사결정참여를 활성화하고, 유연적 직무설계와 탄력근로시간제도를 도입할 필요가 있다.

2) 여성인력의 관리[23)]

① 성역할 변화와 여성인력의 중요성 인식

오늘날 여성의 사회활동과 경제활동 참가율이 증가하고 학력도 높아지고 있지만, 아직도 많은 분야에서 여성은 남성에 비해 사회적인 편견과 이에 따른 각종 어려움에 노출되어 있다. 최근에는 양성 모두 결혼 후에도 직장생활을 지속하는 비율이 증가하면서 여성인력 관리와 활용이 기업경영에 있어 중요한 문제로 떠오르게 되었다.

② 여성노동에 대한 제약요인과 '벡-게른스하임 명제'

성역할 인식은 사회화의 산물이며 학습으로 인하여 형성된다는 것이 최근의 관점이다. 특히 벡-게른스하임(Beck-Gernsheim)은 여성과 남성의 역할은 생물학적 차이에 불과한 것으로, 성역할 인식은 순전히 형식적인 분류(범주화)일 뿐이라 주장하였다.

③ 직장 성차별의 원인과 현황

a. 원인

일반적으로 여성에 대한 차별이 발생하는 이유로 경영자의 남성선호 의식, 남녀 간 수익과 효율의 차이가 있다는 생각(예 여성사원은 남성에 비해 교육투자 회수기간이 길), 유교적 전통문화, 혼인과 출산 및 육아에 기인하여 여성들의 업무태도가 소극적이라는 관념 등을 꼽고 있다.

b. 현황

우리나라의 직장에서 남녀 간 차별은 선진국에 비해 상당히 큰 편이다. 여성의 경제활동 참가율(55.6%)이나 임금총액(남성의 68.9% 수준) 모두 선진국과 비교할 경우 낮은 실정이다. 채용과

정도 비정규 형태로의 취업비율이 높고, 교육훈련이나 경력관리 차원에서도 토큰이즘(tokenism)에 기반한 상징적 승진이 이루어지며, 그나마 이후에는 곧 유리천장(glass ceiling)에 도달한다. 이직률은 남성에 비해 높은 동시에, 평균퇴직연령은 남성보다 낮다.

④ 유리천장의 개념과 발생원인[24)]

a. 유리천장의 개념

미국의 경제주간지인 《Wall Street Journal》을 통해 1970년에 처음 소개된 개념인 '유리천장(glass ceiling)'은 직장 내에서 여성들의 승진을 가로막는 장벽을 의미한다. 유리천장의 특성은 ⅰ) 인적 변수를 통제한 후에도 존재하는 차별, ⅱ) 고성과자에게서 불평등 현상이 더욱 강화, ⅲ) 시간이 경과함에 따라 불평등 · 차별이 강화, ⅳ) 향후 승진가능성에서도 차이를 유발하는 현상 등으로 정리할 수 있다.

b. 유리천장의 원인

ⅰ. 성역할적 편견의 사회화

유리천장의 가장 큰 원인으로는 성역할에 대한 사회적 편견을 들 수 있다.

ⅱ. 비대칭(skewed) 조직에서의 소외

젠더구성(gender composition) 분야의 선구적 연구자인 캔터(Kanter)에 의하면 조직에서 인정받기 어렵다고 판단되거나 소외된 비주류 집단(예 여성)에 속한 개인들은 조직을 떠나려는 경향이 있다.

ⅲ. 기타 요인

조직 내에 승진할만한 고숙련 · 화이트칼라 여성인력이 부족하거나, 여성에게 불균형적인 가족친화적(family-friendly) 정책으로 발생하는 경력단절, 기업 내에 존재하는 남성위주의 문화(old boy networks) 등도 유리천장의 원인이다.

⑤ 여성인력의 전략적 개발을 위한 방안

a. 정부와 기업의 역할

정부는 여성에 대한 법적 보호를 통하여 노동시장에서 상대적 불평등을 해결하고, 직종 및 임금 등의 차별적 처우를 개선하는 한편, 인사상 기회균등이 이루어지도록 하여야 한다. 특히 일 · 가정양립을 위한 제도를 운영하면서도 실질적 사용을 억제시키는 이른바 제도적 디커플링이 발생하지 않도록 유의해야 한다.

b. 적극적 고용개선 조치제도(Affirmative Action Program)

ⅰ. 의미

적극적 고용개선 조치(AAP)는 노동시장에서 여성의 고용을 획기적으로 개선하고 일과 가정의 양립을 지원하기 위해 「남녀고용평등법」에 근거하여 2006년 3월에 도입되었다.

ii. 배경 및 필요성

결혼, 출산 시기를 중심으로 발생하는 여성의 경력단절은 흔히 연령대별 M자형 또는 고학력자의 경우 L자형 고용률로 상징된다. 이는 여성이 한번 노동시장을 벗어나면 다시 돌아오기가 쉽지 않음을 의미한다. 따라서 입사에서 차별받지 않을 뿐만 아니라 입사 후에도 승진, 훈련, 배치 등에서 정당한 대우를 받을 수 있도록 하기 위해 AAP가 필요하다.

c. 대안적 노동형태

여성인력의 효과적 활용을 위해서는 유연근무시간제, 재택근무, 시간제근무, 직장어린이집 등의 제도를 실시할 필요가 있다.

⑥ 여성인력의 유형별 활성화 전략[25]

조직에서 여성인력을 효과적으로 활용하기 위해서는 여성인력에 대한 조직문화의 개방성과 여성인력의 전문성의 두 측면을 고려해야 한다.

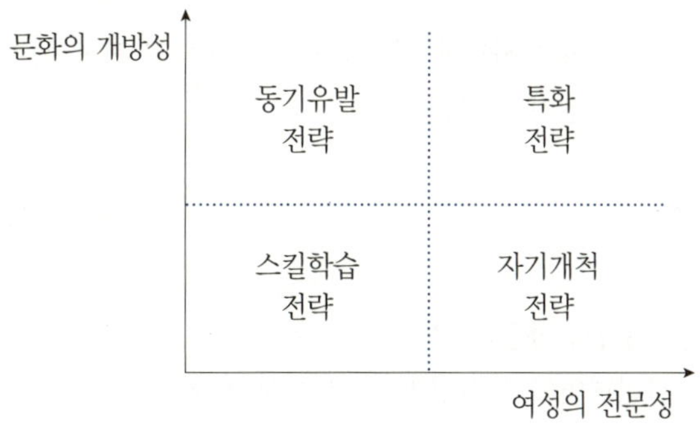

a. 특화전략

조직문화가 여성에게 개방적이고 여성인력의 역량도 뛰어난 경우에는 조직이 여성인력을 최대한 활용할 수 있는 바람직한 상황이다.

b. 동기유발전략

조직문화가 여성에게 개방적이지만 여성인력의 역량은 낮은 경우에는 여성멘토를 활용하거나 여성이 성과달성에 결정적 역할을 한 사례 등을 소개하여 동기부여에 집중한다.

c. 자기개척전략

조직문화가 여성에게 폐쇄적이지만 여성인력의 역량은 높은 경우에는 여성인력 스스로 강점을 개발하고 이를 남성위주의 조직에서 어필(appeal)할 수 있는 인사제도(예 이중경력제도, 직능자격제도) 구축이 필요하다.

d. 스킬학습전략

조직문화도 여성에게 우호적이지 않고 여성인력의 역량도 낮은 경우에는 유연근무시간제나 직무공유제 등을 통해 남성구성원들과 여성구성원들이 자연스럽게 화합할 수 있게 하는 동시에, 업무스킬 향상을 위한 각종 교육훈련 프로그램을 운영한다.

⑦ 여성인력 활용의 효과

a. 인재의 풀(Pool)확대

선택 가능한 고급 인재의 풀을 넓혀주며, 인사선발의 오류를 감소시켜 직무성공률을 높인다.

b. 창의성 증대

여성인력의 활용은 다양한 인력구성을 통한 창의적인 재능 발휘와 부가가치의 창출을 가능하게 한다.

c. 기업이미지 개선

활발한 여성인력의 사용은 외부 사회에 가족적이고 섬세한 선진적 이미지를 형성시켜 여성고객 및 우수인재들의 확보에 긍정적 영향을 미친다.

3) 국제인사관리[26]

① 국제인적자원관리의 4가지 접근방식[27]

국제인사관리에서는 관리영역의 복잡성과 지리적 분산 또는 다양성이라는 특성 때문에 세계적 보편성[수렴(convergent) 관점]과 지역적 특수성[확산(divergent) 관점]을 동시에 고려하는 정책이 요청된다.

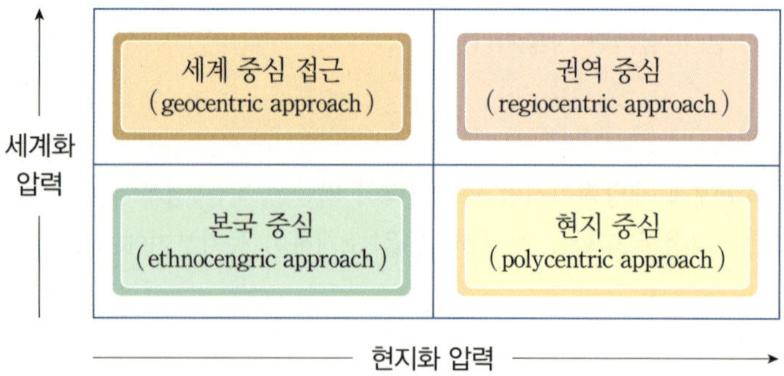

a. 본국 중심 접근법의 개념과 장단점

ⅰ. 개념

본국중심적 접근(ethnocentric approach)은 본국의 인적자원 관리정책과 관행들을 단순히 해외 자회사에 그대로 적용하는 자국중심의 집권화 전략으로서, 본국에서 파견된 책임자가 현지국의 인사관리를 책임진다.

ii. 장점

본국인(PCN, parent country nation)은 본사의 목표, 정책, 경영관행과의 친밀성이 크고 기술적, 관리적 능력이 우수하다. 또한 그들은 본사 인사부서와 효과적인 커뮤니케이션이 가능하며, 해외 자회사에 대한 통제가 용이하다.

iii. 단점

본국인은 외국어 능력이 부족한 경우가 많고, 현지 환경 적응에 어려움이 있으며, 인력과 그 가족을 파견하는데 드는 선발, 교육훈련, 유지 · 적응 비용의 부담이 크고, 현지인 승진을 포함한 해외 자회사의 운영에 대한 현지국의 압력에 노출될 수 있다.

b. 현지 중심 접근법의 개념과 장단점

i. 개념

현지중심적 접근(polycentric approach)은 각 나라의 고유한 문화적 특성을 존중하며 해외지사의 인적자원관리에 대하여 해외지사 스스로 관리하는 형태이다.

ii. 장점

현지국 인력(HCN, host country nation)은 현지국 환경에의 친밀성이 크므로, 현지인을 채용할 경우 상대적으로 비용이 절감된다. 또한 현지인에게 승진 및 발전의 기회를 제공함으로써 조직몰입과 모티베이션이 증진되며, 현지 자회사 운영에 대한 현지국의 요구에도 효과적으로 대응할 수 있다.

iii. 단점

현지인 위주의 자회사 운영은 본사의 통제를 어렵게 하고, 본사 인사부서와의 커뮤니케이션에도 애로가 발생하며, 본사 인력을 해외의 다양한 문화에 경험 · 노출시킬 기회가 부족해진다.

c. 권역 중심 접근법의 개념과 장단점

i. 개념

권역중심적 접근(regiocentric approach)은 자회사들을 세계의 각 지역별로 분류한 권역으로 나누어 인사관리를 실시하는 것이다. 권역관리자는 그 지역 내에서 선발, 교육, 훈련, 배치, 평가하며, 권역 내 HR제도의 통합성을 유지하려고 노력한다.

ii. 장점

인사관리 활동을 한 나라의 국경을 넘어 한 지역 내에서 합리화하는 데 초점을 두고 있으므로, 권역 내부의 의사소통과 조정이 활발하다.

iii. 단점

각 지역(권역)별 관리에 HR의 초점이 맞추어지므로 권역과 본국에 위치한 본사 간의 의사소통과 조정은 미흡한 경향이 있다.

d. 세계 중심 접근법의 개념과 장단점

ⅰ. 개념

범세계적 접근(geocentric approach)은 전체 기업을 하나의 범세계적 네트워크로 운영하는 방법으로, 인사관리도 최적결합의 원칙에 따라서 운영된다.

ⅱ. 장점

지리적 · 문화적 제약에 무관하게 능력에 따라 본국이나 현지국 또는 제3국인(TCN, third-country nation)을 적재적소에 맞게 충원할 수 있다.

ⅲ. 단점

글로벌통합과 현지화의 두 운영원리가 충돌하므로, 관리역량이 부족한 기업에서는 여러 접근법에서의 단점이 동시에 나타날 우려가 있다.

② 해외주재원의 역할, 중요성 및 관리방안[28)]

a. 해외주재원(expatriate)의 역할과 중요성

해외파견주재원은 본사의 정책을 현지에서 실행하는 과정에서 글로벌 역량을 개발할 수 있다. 성공적인 해외파견제도의 사례에는 삼성의 지역전문가 제도가 있다.

ⅰ. 직접적 통제 대리인(agent of direct control)

파견주재원은 본사의 해외 지사에 대한 직접적 통제 역할을 수행한다.

ⅱ. 사회화 대리인(agent of socialization)

파견주재원은 본사의 가치관이나 신념(믿음)들을 간접적으로 해외 자회사에 확산시킬 수 있다.

ⅲ. 네트워크 구축자(network builder)

파견주재원은 파견기간 동안 현지 경영자들과 공식적 및 비공식적 커뮤니케이션 네트워크를 구축하게 된다.

ⅳ. 역량과 지식의 전달자(transfer of competence and knowledge)

해외 자회사의 파견 근무는 현지 구성원과의 지식 공유와 역량 전달을 통하여 자회사와 본사 간의 사회적 자본(social capital)을 증대시키는 동시에, 트리클업(trickle-up) 혁신을 촉진한다.

b. 해외주재원의 인사기능별 관리방안

ⅰ. 해외주재원의 선발관리

- 기본원칙 : 해외파견주재원의 높은 실패율을 극복하기 위해서는 철저한 선발과 초기 훈련이 필요하다. 여기서 실패율은 일반적으로 예상된 파견기간 이전에 귀환하는 인력의 비율로 측정한다.
- 세부 내용 : 해외 파견인력을 선발할 때는 전략적 마인드, 새로운 환경에의 적응능력, 문화적 감수성, 개방성(openness), 언어능력 등을 고려해야 한다.

[파견주재원 선발 시 고려요인]

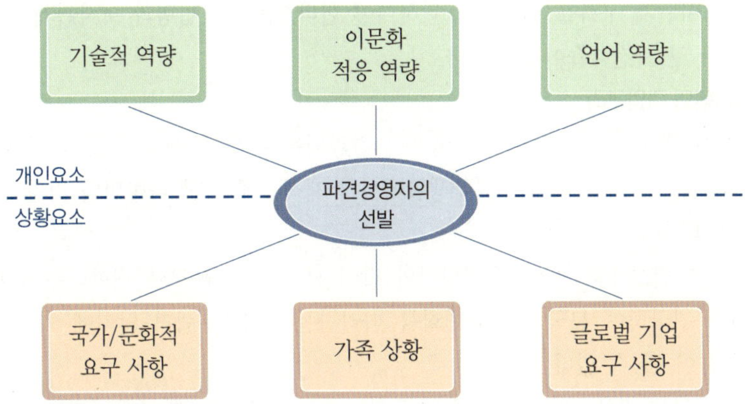

출처 : 권석균 등(2021)

ii. 해외주재원의 교육훈련관리

해외파견주재원 교육의 핵심은 업무역량과 더불어 이문화(異文化) 적응 역량에 있다.

- 인지적(cognitive) 측면 : 현지국의 전통, 역사, 언어 등에 대한 교육훈련이다.
- 정서적(emotional) 측면 : 타문화에서 느끼는 불안과 편견 감소를 위한 문화적 감수성 훈련 및 의사소통(적극적 경청, 비언어적 표현, 공감 능력) 훈련 등을 포함한다.
- 행동적(behavioral) 측면 : 가상 문화 훈련, 문화 간 적응을 용이하게 하기 위한 사회적 기술(social skills) 향상 훈련 등을 포함한다.

iii. 해외주재원의 보상관리

- 국제보상관리의 기본 원칙 : 본국과 해외 자회사 간에 일관성 있고 합리적인 보상시스템을 마련하는 동시에 경쟁기업과 비교했을 때 상대적 경쟁우위를 가질 수 있는 보상정책이 필요하다.
- 보상의 체계
  - 협상 방식(negotiation approach) : 해외 진출 경험이 적은 경우의 보상체계 결정 방식으로서, 구성원과 기업이 개별적으로 임금 및 복리후생 규모를 협상한다.
  - 균형화 방식(balance sheet approach) : 본사의 기본적인 보상 시스템과 현지 상황 간의 비교를 통해 보상내용을 결정하는 방식으로서, 주로 글로벌 · 다국적 기업과 같이 해외 파견인력의 수가 많은 기업에서 사용한다.
  - 현지화 방식(localization approach) : 현지국의 보수수준과 체계에 따라 보상을 지급하는 방식이다.

iv. 해외주재원의 유지관리

- 동기부여를 위한 권한위임 : 현지에서의 효율적 의사결정을 위해서는 현지에 파견되는 본국출신 임직원에 대한 본사차원의 확실한 권한위임이 필요하다.

- 노사관계관리 : 본국과 현지국의 노동조합 조직의 차이가 클수록 국제기업은 현지에서의 원만한 노사관계 구축을 위하여 노력하여야 한다. 현지국 법령과 노사관계 문화에 대한 철저한 이해 및 사전학습이 요청된다.

v. 해외주재원의 귀임관리

파견과정에서 중요하지만 많은 기업들에서 간과되는 부분이 바로 귀임(repatriation, 귀환) 과정의 관리이다. 귀임관리의 핵심은 본국생활에서의 재적응에 관한 다방면의 지원이다.

- 재적응의 내용
  - 모국 문화변화에의 적응 : 우리나라와 같이 모든 것이 빠르게 변화하는 곳에서는 파견경영자가 귀국하여 모국의 문화변화를 따라잡는 과정이 쉽지 않기에 기업차원의 지원이 큰 도움이 될 수 있다.
  - 본사 내의 재적응 : 파견기간 중에 조직의 구조, 담당자, 과거에 수행하던 직무 내용 등이 거의 모두 변화하는 경우가 많기 때문에, 본사로 복귀한 뒤의 재적응은 문화적응보다 더욱 중요하다.
- 재적응의 지원대책
  - 귀임과정의 어려움을 사전에 교육 : 귀임자들이 본사에 재적응하지 못하여 2년 이내에 전직하는 비율이 40%에 이른다. 이는 파견비용의 낭비인 동시에 파견과정에서 축적된 글로벌 사회적 자본의 상실로 이어진다. 따라서 파견과 귀환의 과정에서 본국 및 현지와의 네트워크를 파악하고 유지할 수 있도록 도움을 제공할 필요가 있다.
  - 조직차원의 노력 : 다양한 기술적 요소(화상회의 등)를 활용하여 파견경영자들이 사내 네트워크에서 완전히 배제되지 않도록 돕거나, 사내외 전문가의 경력컨설팅을 통해 파견인력의 경험(암묵지)과 해외에서 축적한 인적 및 정보적 네트워크를 지속적으로 활용할 수 있을 것이다.

c. 파견단계별 귀임관리의 주요 과업

i. 파견 전 : 멘토 지정, 의사소통체계 확립, 파견 전 훈련 등이 필요하다.

ii. 파견 중 : 모국 방문 휴가, 업무관련 정보의 지속적 교환, 멘토와 지속적 교류, 귀환에 대비한 체계적 오리엔테이션 등이 필요하다.

iii. 귀환 직전 : 새로운 직무 부여, 본사와의 연계 제공, 사회적 귀환 지원, 귀환의식을 통한 경험 공유 등이 필요하다.

iv. 귀환 후 : 멘토를 통한 환경 재인식, 업무 재적응 지원, 경력컨설팅을 통한 경력계획 재설정 등이 필요하다.

| 3 | 고성과자와 저성과자의 관리

1) 핵심인재의 관리

① 핵심인재 관리의 중요성

급변하는 상황에 유연하고 빠르게 대응하려면 비즈니스 리더들이 필요한 전략을 상황에 맞춰 만들 수 있는 역량이 필요하다. 글로벌 인재사관학교로 불리는 GE에서는 핵심인재의 요건으로 4E+V를 정하고 있다. 이것은 에너지(Energy)가 넘치고, 활력(Energize)을 불어넣으며, 과감하게 결단(Edge)하고, 실행(Executive) 가능한 비전(Vision)을 갖고 있는 인재를 말한다.[29]

② 핵심인재의 개념

핵심인재를 정의하는 방식에는 여러 가지가 있다.

a. 성과(performance)와 역량(competence)의 두 기준 모두를 충족시키는 사람을 핵심인재(A-player)로 정의하기도 하고, 업무능력(ability)과 회사에 대한 충성도(loyalty)의 기준으로 핵심인재 여부를 판단하기도 한다.

b. 레팍과 스넬(Lepak & Snell)의 HR 아키텍쳐(HR architecture) 이론에서는 인적자원의 가치(value)가 높은 동시에 독특성(uniqueness)이 높아 대체되기 힘든 인적자원을 핵심인재로 정의한다.

c. 조직 비전과의 합치성인 핵심가치(core value)와 업무수행 능력을 뜻하는 전략적 가치(strategic value)로 인재유형을 구분하는 방법도 가능하다. 여기서는 두 가치 모두가 높은 인재를 핵심인재로 본다.

핵심가치 (비전과의 합치성)	전략적 가치 (업무수행 적합성)	인사관리 방향
High	High	인력 유지(retention)에 집중
High	Low	교육훈련 및 가치창출에 대한 재기회 제공
Low	High	핵심가치에 공감할 수 있도록 도와줌
Low	Low	아웃플레이스먼트(outplacement) 필요

③ 핵심인재의 관리를 위한 몰입형 인사관리

핵심인재의 유지와 동기부여를 위해서는 몰입형 인사관리가 필요하다. 그 세부내용은 엄격한 채용, 의사결정에의 광범위한 종업원 참여, 인적자원개발 프로그램에의 투자, 성과와 연계된 인센티브 등이다.

④ 역량중심 인사관리

a. 의미

인적자원의 역량(competency)을 분석하고 이를 기초로 하여 직무설계, 채용, 개발, 평가와 보상 등의 제반 인사관리기능들을 수행하는 활동이다. 여기서 역량은 고성과자가 가지는 공통특성으로서 지식, 기술, 자아개념, 특질, 동기를 포함한다.

b. 역량의 특징

역량은 i) 관찰 가능하며 ii) 성과 차이를 유발하는 결정적 요소로서, iii) 특정한 목표 및 상황과 연관되어 있고 iv) 교육훈련과 개발을 통해 향상시킬 수 있다.

c. 등장배경

직무중심 인사관리의 한계를 극복하는 동시에 구성원의 내재적 동기를 증진하고, 미래지향적 관점에서 구성원의 능력신장을 도모한다.

d. 역량중심 인사관리의 세부 기능[30)]

i. 확보 : 역량지원서와 Biodata, 역량면접 등의 방식을 활용한다.
ii. 개발 : 구체화된 역량사전(competency dictionary)을 구비하고 활용한다.
iii. 평가 : 개발목적의 다면평가를 실시하고, 평가항목 선정에 구성원의 참여를 보장한다.
iv. 보상 : 역량급이나 직능급을 활용한다.
v. 유지 : 능력과 적성을 동시에 고려하여 배치전환을 실시한다.

2) 저성과자의 관리[31)]

① 저성과자의 개념과 영향요인

저성과는 '정해진 성과 목표에 대한 기대를 충족시키지 못하는 낮은 결과'를 의미한다. 여기서 주의할 점은 저성과가 곧 구성원의 무능력을 의미하는 것은 아니라는 점이다. 그 이유는 i) 상대평가를 사용하는 대부분의 기업에서는 절대적 역량수준과 무관하게 상대적 저성과자가 발생하며, ii) 인간의 성과는 근무조건이나 과업의 특성과 같은 비인적 · 가변적 요인의 영향을 받기 때문이다.

② 저성과자의 유형 구분

저성과자는 현재의 업무성과(performance)와 미래의 성장잠재역량(competency)이 낮은 인력으로서 BCG 매트릭스의 개(dog)와 유사한 영역으로 해석할 수 있다. 이를 다시 성과정체형, 역량정체형, 경력정체형 등으로 구분할 수 있다.

a. 성과정체형 저성과자

조직에 기여하는 가치(value)가 적은 인적자원으로서 레팍과 스넬(Lepak & Snell)의 HR Architecture 모형상에서 협력형 · 순응형으로서, 동기부여 정책이 필요하다.

b. 역량정체형 저성과자

보유역량의 수준이 특정 직급에서 정체된 상태로서 상위직급으로의 승진이나 고급 업무의 부여가 어려운 인력으로서, 지식과 기술교육의 제공이 필요하다.

c. 경력정체형 저성과자

조직의 성장정체와 성장욕구의 좌절 및 근무의욕의 상실로 인한 저성과 인력이며, 직무재설계를 통해 성과를 높일 수 있다.

③ 기업조직에서 저성과자의 발생 원인[32]

a. 성과

ⅰ. 역할모호성(role ambiguity)으로 인해 저성과가 발생 가능하다.
ⅱ. 성과판단의 비교 대상(benchmark)이 부적절하여 조직구성원의 성과가 저평가될 수 있다.

b. 역량

ⅰ. 지식과 스킬의 노후화(deterioration)가 저성과를 유발하는 가장 중요한 요인이다.
ⅱ. 시간이 지나면서 구성원이 보유하는 능력이 변화할 수 있다.
ⅲ. 가치, 신념, 성격, 특질 등 심리적 변화로 인한 저성과도 발생 가능하다.
ⅳ. 연령에 따른 사회적 지위 변화(연장자 존중 문화)로 인하여 적당하게 일해도 인정을 받는 조직문화가 존재할 수 있다.

c. 동기

ⅰ. 개인 욕구의 내용과 종류가 변화하거나 경력목표의 변화 역시 성과저하를 유발할 수 있다.
ⅱ. 동기 측면에서 노력의 지속시간 단축 또는 연장이 발생할 수 있다.
ⅲ. 동기가 발생하는 과정(예 공정성 지각)의 변화로 인한 저성과도 가능하다.

d. 조직시스템

ⅰ. 종업원에게 적합하지 않은 경영방식(노동강도, 업무절차)이 존재할 수 있다.
ⅱ. 근무시간과 근무장소의 관리방식이 성과창출을 저해할 수 있다.
ⅲ. 업무시스템(장비, 시설, 도구)의 부적합으로 인한 문제가 발생할 수 있다.
ⅳ. 최근 서구에서 연구가 증가하고 있는 주제로서, 공간설계의 이슈(예 동선, 거리, 높이 등)로 인한 저성과 문제도 존재한다.

④ 저성과자 관리의 필요성

a. 조직차원 : 조직의 동요

저성과자는 동료 구성원들의 업무분위기를 저해하고 조직을 동요시킨다.

b. 집단차원 : 팀 성과의 저하

C-player의 낮은 직무성과는 집단 인센티브제하에서 종종 팀 전체 성과평가 결과를 왜곡할 수 있다.

c. 개인차원 : 직무만족의 저하

상대적으로 낮은 생산성과 상사로부터의 지적 등은 저성과자의 개인적인 직무만족도를 떨어뜨려 근로생활의 질(quality of working life)을 악화시킨다.

⑤ 저성과자 관리방식의 기본접근법

저성과자를 관용하는 정도의 순으로 방임형, 역량개발형, 직무관리형, 관계조정형, 퇴출형 등의 다섯 가지 저성과자 관리방식이 존재한다.

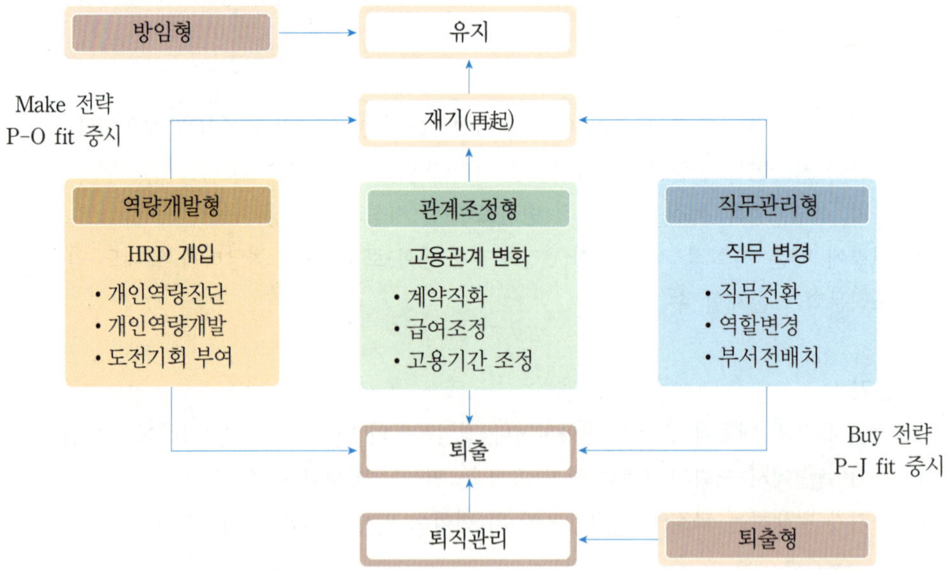

출처 : 성상현 등(2013)

a. 역량개발형

개인의 역량개발을 위한 인적자원개발에 집중하는 유형이다. 장기육성형 인적자원관리(make 전략)에 적합한 방식으로 개인-조직 적합성(person-organization fit: P-O fit)을 추구하는 조직에서 효과적으로 작동될 수 있다. 내부 인적자본의 향상과 교육훈련의 전이를 통한 기업성과 향상을 도모하는 적극적 관리방식에 해당한다.

b. 직무관리형

현재의 역량수준을 갖고 조직 내에서 수행 가능한 직무와 역할을 부여하고 이를 거부하거나 부적응시 퇴출하는 방식이다. 개인의 직무수행 가능성에 중점을 두는 인사관리방식(buy 전략)으로 개인-직무 간 적합성(person-job fit : P-J fit)을 우선적으로 추구하는 기업에 적합하다.

c. 관계조정형

성과부진자의 고용계약 내용을 변경하여 기여한 가치만큼 급부를 받도록 함으로써 고용유연성을 확보하는 방법이다. 임금유연성과 고용유연성이 있는 경우 적용이 용이하지만, 임금과 고용관계의 안정성을 강조하는 경직된 관행이 자리 잡은 기업에서는 적용하기 어렵다.

d. 방임형

저성과자를 의도적 또는 비의도적으로 조직 내에 방치하는 방식이다. 조직과 개인 모두에 위험을 초래한다.

e. 퇴출형

저성과자로 선별시 퇴출시키거나 전직지원프로그램에 입과시켜 교육을 제공한다. 퇴출형은 저성과자의 재도전 기회를 봉쇄함으로써 조직과 개인 모두에 손해를 입힌다.

⑥ 저성과자 관리의 실제

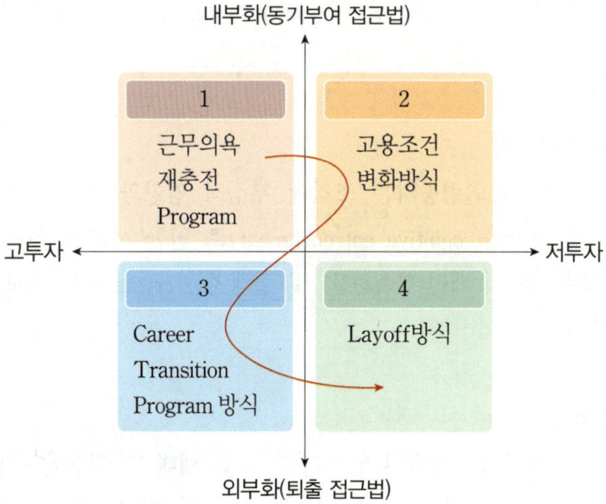

a. 내부화 접근법 : 조직 내에서 동기부여

- 내부화 · 고투자 방법 : 근무의욕을 재충전하고 역량을 개발할 수 있는 방식의 직무재설계와 경력경로설계가 이에 해당한다.

- 내부화 · 저투자 방법 : 보상이나 근속 조건을 변경함으로써 동기를 유발하거나 자발적인 이직을 유도한다.

b. 외부화 접근법 : 조직 밖으로 방출

- 외부화 · 고투자 방법 : 소위 '아웃플레이스먼트' 방법으로서 재취업을 알선하거나 관련기업으로 전보조치를 하는 것을 뜻한다.
- 외부화 · 저투자 방법 : 정리해고나 권고사직 등의 방법으로서 즉각적 실시효과가 있으나, 남아있는 구성원들에게 심리적으로 큰 충격을 줄 수 있다.

| 4 | 고령인력과 비정규직의 관리

1) 정년연장과 고령인력의 관리[33)]

① 정년연장과 고령화

a. 정년연장법의 등장

대한민국은 2024년 12월 기준으로 65세 이상 인구 비율이 20%를 넘어서며 UN이 규정한 초고령 사회(super-aging society)에 진입했다. 이처럼 가속화하는 고령화와 저출생의 추세 속에서 정년연장은 시대적 흐름으로 자리잡았으며, 「고용상 연령차별금지 및 고령자고용촉진에 관한 법률」 제19조에서도 "사업주는 근로자의 정년을 60세 이상으로 정하여야 한다"는 점을 명문화하고 있다.

b. 고령화와 생산성의 관계

일반적으로 조직구성원의 연령증가는 조직에 부정적 영향과 긍정적 영향을 동시에 미친다. 부정적 측면은 인지적 고착화(cognitive entrenchment)로 인한 사고의 유연성 저하와 관련이 있고, 긍정적 측면은 직무태도의 개선(만족증진) 및 결정지능(crystalized intelligence)의 발달에 기인한 판단능력의 개선 등이다.

c. 노동시장에의 영향

정년연장과 임금피크제 등은 '양질의 일자리'를 놓고 세대 간 갈등을 유발할 여지가 있다. 또한 고령화는 연공급제하에서 인건비를 상승시키는 요인이 되고, 이에 대응하여 장년층에 대한 대규모의 구조조정을 야기할 것이라는 우려도 존재한다.

② 정년연장과 인적자원관리

a. 확보관리와 직무관리

중고령층의 정년연장을 신입사원들의 자리 뺏기와 같은 세대갈등 문제로 바라볼 것이 아니라 오히려 중고령층에 적합한 직무를 기업이 발굴하여 해당 position에 인력배치를 하는 것이 필요하다. 예를 들면 전문직무 중에서는 교육과 자문 분야, 일반직무 중에서는 지원이나 기획 업무가 중고령층에 적합한 것으로 알려져 있다.

b. 교육훈련과 경력관리

기업은 생산성의 지속적 향상을 위해 장년층에게 교육훈련 기회를 더욱 더 많이 부여해야 한다. 기존 직무경험의 활용가능성 측면에서는 장년층에 대한 교육투자 효과성이 결코 청년층에 비해 낮다고 보기 힘들기 때문이다. 또한 승진적체가 발생한다면 이중경력제도(= 다중경력제도, 진로선택제도)를 통해 대응할 필요가 있다.

c. 평가(성과)관리

장년층의 성과평가에서는 평가신뢰도를 저해시키는 각종 오류요인들을 제거할 필요가 있으며, 역량평가에서는 요구역량을 재정의하고 이를 객관적으로 측정할 수 있는 평가시스템을 도입해야 한다.

d. 보상관리

고령화 사회에서 임금관리의 초점은 연공성의 완화를 목표로 하는 기본급 혁신에 있다. 기술급(skill-based pay)과 직무급(job-based pay)을 기초로 하여, 자연적인 임금인상을 지양하고 시장에서의 지배임률에 입각하여 시장임금과 개별임금의 일치화를 추구하는 정책이 필요하다. 또한 성과배분형 상여금의 비중을 기본급에 대비하여 늘리는 방안도 요청된다.

e. 유지관리

장년층에 어울리는 동기유발 요인을 찾고 이를 토대로 업무에 흥미를 가질 수 있도록 해야 하고, 기업의 니즈에 따라 방출이 필요한 경우에는 전직지원제도(outplacement)를 통해 경력단절을 막고 고용가능성(employability)을 증대시켜야 한다.

2) 비정규직의 관리[34)]

① 비정규직의 개념과 이론적 논의

a. 개념과 활용목적

비정규직(非正規職)은 전일제(full-time) 상시고용계약에 대한 상대적 개념으로서, 근로계약기간이 제한되어 있어 장기고용에 대한 기대가 불확정적이며 근로시간의 변동성 또한 큰 편이다.

켈러버그(Kelleberg, 2001)는 기업이 비정규직을 활용하는 이유가 유연성의 확보에 있다고 강조했으며, 우리나라의 사업체패널조사에서는 비정규직을 활용하는 가장 큰 이유로 i) 비용절감과 ii) 고용조정의 용이성이 지적되었다.

b. 유형

비정규직은 '고용의 지속성' 기준으로는 한시적 근로자, '근로시간' 기준으로는 시간제 근로자, '근로제공방식' 기준으로는 비전형 근로자를 모두 합한(합집합의 개념) 것이다.

c. 관련 이론

i. 이중노동시장(dual labor market, 분단노동시장) 이론

도링거와 피오르(Doeringer & Piore, 1971)는 전체 노동시장을 고용이 보장되고 임금수준도 높은 내부노동시장 중심의 1차 노동시장(숙련생산직, 사무관리직, 전문직 포함)과 고용이 불안하고 임금수준도 낮은 외부노동시장 중심의 2차 노동시장(비숙련생산직, 서비스직, 외국인, 단시간근로자, 계절근로자 포함)으로 구분하였다. 국내의 연구(황수경, 2003)에 따르면 우리나라에는 지나치게 경직된 내부노동시장과 지나치게 유연한 외부노동시장의 전혀 다른 두 유형의 시장이 공존하고 있다.

ii. 거래비용 이론(transaction cost theory)

윌리암슨(Willamson)의 이론에 따르면 고용의 내부화에 따른 비용(정규직 비용, ongoing costs)과 고용의 외부화에 따른 비용을 비교하여, 상대적으로 비용이 저렴한 고용 외부화를 추진하는 결과 비정규직이 활용된다.

iii. 자원의존이론(resource dependent theory)

페퍼와 샐린식(Pfeffer & Salancik)의 이론에 따르면 기업은 자원공급을 의존받는 외부환경으로부터의 충격을 줄이기 위한 주체적 노력을 기울인다. 정규직에 대한 통제가 쉽지 않은 상황에서 기업은 의존성과 불확실성을 줄이기 위해 비정규직을 활용하는 완충(buffering) 전략을 선택한다.

② 비정규직 활용의 인사전략적 고찰 : 장점과 단점

a. 장점

i. 비핵심인력에 대한 효율적 인사전략

Lepak & Snell의 HR architecture 모형에 따르면 인적자본의 유형은 인적자본의 가치(value)와 독특성(uniqueness)에 의해 정의된다. 가치와 독특성이 모두 낮은 비핵심인력은 회사가 내부고용할 필요를 느끼지 못하므로 외부화하는 것이 적합하며, 이러한 인적자원은 비정규 계약직의 형태로 주로 운용된다.

ii. 고용관리의 유연성을 제고하여 환경대응에 적합

비정규직 활용의 최대 장점 중 하나는 환경변화에 대한 적응성이 높아진다는 것이다. 일시적 수요에 대응하기 용이하고, 고용보장의 부담이 없으며, 임금관리 및 모집이나 선발에 소요되는 비용도 절감할 수 있다.

iii. 현실적 직무소개의 방안으로 활용 가능

비정규직의 활용은 선발오류를 피하는 수단으로 사용될 수도 있다. 즉 임시직 · 계약직 신분에서 평가한 이후 정규직으로 채용함으로써 잘못된 직원을 선발하는 위험비용을 절감할 수 있다.

b. 단점

i. 노노(勞勞) 갈등의 유발

사회비교이론(social comparison theory)에 따르면 비정규 근로자는 정규직 근로자와의 사회적 비교를 통해 자신들이 받아야 할 수준의 보상을 받지 못하고 있다고 인지할 경우 박탈감을 경험하게 되고, 그 결과 부정적 태도를 가짐으로써 정규직-비정규직 간의 갈등이 유발된다.

ii. 조직몰입 약화로 인한 제품과 서비스의 질 저하

사회교환이론(social exchange theory)에 따르면 비정규직은 조직으로부터 적절한 투자나 대우를 받지 못하기에, 조직에 대한 의무감이나 역할 내 행동(직무수행) 및 역할 외 행동(OCB)의 질적 · 양적 수준이 낮다.

iii. 인력의 잦은 교체로 인한 업무연속성의 저하

비정규직 근로자는 기본적으로 장기고용에 대한 기대를 가지기 힘든 여건에 놓여 있다. 따라서 업무의 연속성이 심각하게 떨어질 수 있으며, 이는 암묵지(tacit knowledge)가 활용되는 업무에서 치명적일 수 있다.

③ 비정규직 보호제도와 효과적 관리방안

a. 정부의 비정규직 보호대책

정부는 비정규직 근로자를 보호하기 위하여 사회안전망 확충 및 사회보험료의 지원, 차별시정제도의 활성화, 최저임금제 강화, 정규직으로의 전환을 독려하는 세제지원, 사내하도급 보호를 위한 가이드라인 제정, 고용형태 공시제도 등을 시행하고 있다.

b. 비정규직의 효과적 관리방안

i. 파견근로나 하청 활용시에는 믿을 수 있는 소수의 계약자와 지속적인 관계를 맺는다.

ii. 비정규 인력을 활용해야 하는 경우에는 반드시 구체적이고 명확한 목표를 제시하며, 업무 수행의 결과뿐만 아니라 과정도 관리(감시)한다.

iii. 위험도가 높은 업무에서 비정규 인력을 활용할 때는 반드시 위험에 대한 보상을 제공한다.

iv. 비정규직에 대한 차별을 극복하는 궁극적 대안 중 하나는 직무급(job-based pay) 체계로의 전환이다.

1) 김영재 · 김성국 · 김강식(2015), 『신인적자원관리론』(제3판), 서울 : 탑북스, pp.82~83.
이을터(2006), "전략적 인사관리와 기업성과 : 이론들과 연구방향", 「인사관리연구」, 30(3), pp.153~191.
국민대학교 산학협력단(2008), 몰입형 HR 관행과 기업성과, 한국직업능력개발원, pp.9~23.

2) 배종석(2012), 『인적자원론』(제2판), 서울 : 홍문사

3) 임창희(2014), 『인적자원관리』(제3판), 서울 : 비앤엠북스

4) 김영재 등, 전게서.

5) 배종석, 전게서.

6) 배종석, 전게서.

7) Pfeffer, J. (1998). *The human equation : Building profits by putting people first*. Boston, MA : Harvard Business School Press.

8) 김영재 등, 전게서 ; Noe, R. A., Hollenbeck, J. R., Gerhart, B., & Wright, P. M. (2012). *Human resource management : Gaining a competitive advantage*. (8th ed.). New York, NY : McGraw-Hill/Irwin.

9) 김식현(1999), 『인사관리론』, 서울 : 무역경영사, p.42. ; 김영재 등, 전게서, pp.75~79.

10) 김영재 · 김성국 · 김강식(2011). 『신인적자원관리(제2판)』, 서울 : 탑북스, pp.56~67.

11) 권석균 · 이병철 · 양재완(2021), 『지속가능 성장을 위한 인적자원관리』(제2판), 서울 : 시대가치, pp.112~117.
김영재 · 김성국 · 김강식(2015), 『신인적자원관리』(제3판), 서울 : 탑북스, pp.75~79.

12) 배종석, 전게서.

13) Daft, L. R. (2010). *Organization Theory and Design* (10th ed.). Mason, OH : South-Western Cengage Learning.

14) 김영재 등, 전게서, 제1장 3절.

15) Daft, *Op Cit*.

16) 임창희(2010), 『조직론』, 서울 : 학현사

17) 임창희(2014), 전게서, pp. 451~482.

18) 김영재 등, 전게서 ; 김성국(2012), 『인적자원관리 5.0』, 서울 : 탑북스

19) 이학종 · 김영조(2014), 『조직행동의 이해와 관리』, 서울 : 박영사, pp.65~67.

20) Robbins, S. P., & Judge, T. A. (2013). *Organizational behavior* (15th ed.). Upper Saddle River, NJ : Prentice Hall.

21) 김영재 등, 전게서.

22) 임창희, 전게서.

23) 김영재 등, 전게서 ; 임창희, 전게서.

24) 조혜원 · 함인희(2016), "기업 관리직의 젠더 격차와 유리천장 분석", 「한국사회정책」, 23(2), pp.49~81.
허식(2018), "지난 30년간(1986~2016) 우리나라 유리천장 현상의 변화에 관한 연구", 「응용경제」, 20(4), pp.37~59.
이주희(2017), "유리천장, 어떻게 깰 것인가", 「젠더리뷰」, 46, pp.26~33.

25) 이진규(2001), 『전략적 · 윤리적 인사관리』, 서울 : 박영사, pp.678~683.
; 현대경제연구원 편(2000), "밀레니엄 경영전략", 「Prime Business Report」, p.2.

26) 임창희, 전게서 ; 최종태(2000), 『현대인사관리론』(전정판), 서울 : 박영사

27) 최종태, 전게서, pp.854~859.

28) 김영재 등, 전게서 ; 권석균 등, 전게서, pp.465~472.

29) 심재우(2006), 『GE의 핵심인재는 어떻게 단련되는가』, 서울 : 스마트비즈니스

30) 임창희, 전게서.

31) 성상현 · 박희준 · 안종태(2013), “정년연장 시대의 저성과자 관리 : 인적자원 정책에 기반한 관리방안 모색”, 『대한경영학회지』, 26(12), pp.3257~3278.

32) 성상현 등, 상게논문.

33) 본 항의 내용은 2013년 10월 16일 한국인사관리학회에서 주최한 “정년 60세 시대의 대응방안” 정책심포지엄에서 발표된 원고를 토대로 정리한 것이다. 이 과정에서 사용된 학술발표자료의 출처는 다음과 같다.
- 안종태(강원대 교수) : 정년 60세 시대의 인력운영 및 인사제도 대응 방안
- 박희준(서울대 교수) : 정년 60세 시대의 인력운영 모델
- 윤동열(울산대 교수) : 장년층 적합 직무개발 및 직무능력 향상
- 성상현(동국대 교수) : 전략적 퇴직관리 방안
- 박우성(경희대 교수) : 직무/직군별 인사제도 운영방안
- 유규창(한양대 교수) : 직급 및 승급체계 개편
- 김동배(인천대 교수) : 임금체계의 혁신

34) 이영면(2015), 『고용관계론』(제5판) 서울 : 경문사, pp.89~126. ; 이영면(2016), “비정규직의 유형별 활용사유에 대한 실증분석과 시사점”, 「인사 · 조직연구」, 24(3), 9~40. ; 조봉순 · 김기태(2013), “기간제 근로자의 선택자발성이 직무태도에 미치는 영향”, 「인사 · 조직연구」, 21(4), 1~30.

INDEX

인명 색인

사항 색인

MEMO